O COMUNISTA EXPOSTO

W. Cleon Skousen

O COMUNISTA EXPOSTO

Desvendando o comunismo e restaurando a liberdade

Tradução de Danilo Nogueira

VIDE EDITORIAL

O comunista exposto: desvendando o comunismo e restaurando a liberdade
W. Cleon Skousen
1ª edição — março de 2018 — CEDET
Título original: *The Naked Communist — Exposing Communism and Restoring Freedom.*
Copyright © 2017, The W. Cleon Skousen Library e Izzard Ink Publishing Company

Os direitos desta edição pertencem ao
CEDET — Centro de Desenvolvimento Profissional e Tecnológico
Rua Armando Strazzacappa, 490
CEP: 13087-605 — Campinas, SP
Telefone: (19) 3249-0580
e-mail: livros@cedet.com.br

Editor:
Thomaz Perroni

Tradução:
Danilo Nogueira

Revisão ortográfica:
Eduardo Cardoso de Moraes

Capa:
Bruno Ortega

Diagramação:
Maurício Amaral

Conselho Editorial:
Adelice Godoy
César Kyn d'Ávila
Silvio Grimaldo de Camargo

FICHA CATALOGRÁFICA

Skousen, W. Cleon.

O comunista exposto: desvendando o comunismo e restaurando a liberade / W. Cleon Skousen; tradução de Danilo Nogueira — Campinas, SP: Vide Editorial, 2018.

ISBN: 978-85-9507-31-8

1. Comunismo

I. Autor II. Título

CDD – 320.532

ÍNDICE PARA CATÁLOGO SISTEMÁTICO
1. Comunismo - 320.532

VIDE Editorial — www.videeditorial.com.br

Reservados todos os direitos desta obra. Proibida toda e qualquer reprodução desta edição por qualquer meio ou forma, seja ela eletrônica, mecânica, fotocópia, gravação ou qualquer outro meio de reprodução, sem permissão expressa do editor.

SUMÁRIO

Prefácio da nova edição..7
A construção de *O comunista exposto* 9

Introdução: O surgimento do homem marxista.........................43
Capítulo 1: Os fundadores do comunismo 49
Capítulo 2: A atração do comunismo 73
Capítulo 3: A abordagem comunista à solução dos problemas mundiais...85
Capítulo 4: Uma breve crítica da abordagem comunista aos problemas do mundo 103
Capítulo 5: O surgimento do movimento revolucionário na Rússia ...131
Capítulo 6: Como a Rússia se tornou uma potência comunista mundial 151
Capítulo 7: O comunismo nos Estados Unidos.........................173
Capítulo 8: O comunismo e a Segunda Guerra Mundial 197
Capítulo 9: Os ataques comunistas ao mundo livre durante o pós-guerra 219
Capítulo 10: O comunismo sob Khrushchev 253
Capítulo 11: A conquista comunista de Cuba............................283

Capítulo 12: A tarefa futura 301

Capítulo 13: As 45 metas atuais do comunismo 337

Cinco perguntas vitais

    Primeira pergunta: Que dizem os defensores do comunismo? 375

    Segunda pergunta: Como um povo consegue construir uma nação livre? 401

    Terceira pergunta: Que é o capitalismo de livre-iniciativa? 411

    Quarta pergunta: Os primeiros cristãos praticavam o comunismo? .. 427

    Quinta pergunta: Qual é a arma secreta do comunismo? 431

Bibliografia 463

Índice remissivo 473

PREFÁCIO DA NOVA EDIÇÃO

MUITA COISA SE PASSOU NOS 60 ANOS DECORRIDOS APÓS A primeira publicação de *O comunista exposto: desvendando o comunismo e restaurando a liberdade*, em edição privada, em 1958. O livro chegou às livrarias na crista do movimento anticomunista nos Estados Unidos. W. Cleon Skousen estava estudando o comunismo e sua expansão implacável pelo mundo já havia várias décadas. A confusão sobre as metas fundamentais do movimento e sobre as filosofias e teorias que o levaram à popularidade estimularam Skousen a escrever este livro. Foi um sucesso imediato e tornou-se um dos livros mais bem vendidos nos Estados Unidos, figurando nas prateleiras de mais de um milhão de lares em todo o país.

Atualmente, depois de o comunismo ter causado a perda de aproximadamente 150 milhões de vidas, e ora ameaçando reacender sua expansão global, *O comunista exposto* continua tão relevante hoje quanto o era há 60 anos.

Em julho de 2014, o conhecido cirurgião e comentarista político Dr. Ben Carson, numa entrevista à Fox News, declarou: "*O comunista exposto* apresenta toda a agenda da esquerda. Lendo o livro, você vai pensar que foi escrito ano passado. Ele mostra o que as esquerdas estão tentando fazer com a família americana e como estão tentando destruir nossos valores e nossa moralidade judaico-cristã".

O presidente Ronald Reagan havia trabalhado com Skousen nas décadas de 1950 e 1960, no combate à expansão das idéias destrutivas do comunismo, e afirmou: "Ninguém está mais qualificado para discutir a ameaça que o comunismo representa para esta nação.

Você vai ficar alarmado, vai ficar informado e vai ficar satisfeito por ter ouvido W. Cleon Skousen".

Em 1961, Skousen adicionou ao seu livro as "45 metas do comunismo", que mapeavam os passos cujo objetivo era arruinar a cultura dos EUA. O propósito delas era abolir a Constituição e transformar o país num "redil" do governo mundial teorizado por Marx. Em 2017, só uma dessas 45 metas ainda não havia sido atingida.

Hoje, 60 anos depois, é mais importante do que em qualquer outro momento que entendamos essas regras comunistas e saibamos como elas erodiram a liberdade em todo o mundo. Com isso, os leitores de discernimento estarão preparados para agir. Saberão quais medidas são necessárias para resgatar a liberdade nesta nação, a última ainda de pé na oposição à fórmula de fracasso que destruiu centenas de milhões de vidas ao longo do século passado.

Izzard Ink Publishing, maio de 2017.

A CONSTRUÇÃO DE *O COMUNISTA EXPOSTO*

Ao final da Segunda Guerra Mundial, W. Cleon Skousen não tinha intenção de escrever um livro campeão de vendas em todos os Estados Unidos. Especialmente, não esperava escrever um livro que acabaria por ser incluído entre os grandes clássicos da Guerra Fria.

Ele estava procurando escrever um único e conciso volume que desse uma visão do comunismo, de suas táticas e estratégias, que fosse fácil de apreender e desobstruída. Esperava encontrar uma descrição clara da moralidade autodefinida do comunismo, sua rejeição à ética judaico-cristã, seu desejo de poder e controle e sua ameaça contra a liberdade em todo o mundo.

Skousen estava bem consciente de que as bibliotecas acadêmicas já possuíam alguns livros e artigos sobre o assunto. Até a enciclopédia tinha uma ou duas páginas sobre o comunismo. Mas ele não estava feliz com esses discursos mornos, e observou que as idéias mais importantes sobre o comunismo estavam espalhadas entre um número de fontes grande demais para que o leitor médio as pudesse alcançar e entender.

Um excesso de "ismos"

Naqueles anos do pós-guerra da década de 1940, os americanos não prestavam muita atenção ao comunismo, pelo menos não no princípio. Já estavam cansados de guerras mundiais e de todo o estresse e privação que elas traziam. Como cultura, agora queriam focar na construção de seu "sonho americano". Aquela coisa política chamada comunismo parecia uma preocupação insignificante, só mais um daqueles "ismos" que pertenciam à Europa ou a algum outro lugar longínquo — uma abstração política ou econômica da qual cabia aos políticos tratar, de modo que o resto de nós pudéssemos ocupar-nos alegremente das férias em Yellowstone, ou da compra de um carro novo ou daquela rádio-vitrola vistosa.

E, mesmo assim, aquela coisa não deixava os americanos em paz — continuava a esgueirar-se pelo meio das manchetes dos jornais matutinos e dos noticiários do rádio praticamente todos os dias.

Por volta de 1947, a União Soviética havia abandonado a política de cooperar com os EUA quando lhe convinha e estava arrastando a Europa Oriental para uma aliança econômica e militar. Qualquer sussurro de levante anti-stalinista dentro do promissor império soviético era esmagado rapidamente pela impiedosa máquina de guerra. É lamentável que, quando o coro de gritos de socorro finalmente atravessou o oceano para chegar às praias americanas, o brutamontes soviético avisou ao Ocidente que ficasse longe e ameaçou começar a Terceira Guerra Mundial, caso este se aproximasse. O resultado foi um impasse entre Oriente e Ocidente que em 1947 assumiu o nome de Guerra Fria, em si um mau presságio.

O Ocidente imaginava-se muito forte naqueles tempos. A CIA garantiu ao governo americano que a ameaça soviética continuava confinada a capacidades convencionais no continente europeu. "Entre as potências estrangeiras, somente a URSS era capaz de ameaçar a segurança dos Estados Unidos", afirmava o relatório com o carimbo SECRETO datado de 26 de setembro de 1947. "A URSS atualmente não tem capacidade de agressão militar fora da Europa e da Ásia, mas tem condições de invadir a maior parte da Europa, o Oriente Próximo, o norte da China e a Coréia".[1]

---

1 Central Intelligence Agency 1, "Review of the World Situation as it Relates to the Security of the United States". Estados Unidos, 26 de setembro de 1947, cópia nº 23, arquivo revelado.

E então, só dois anos depois, esta visão, razoavelmente benigna, foi anulada por uma grande explosão.

O poder mundial se afasta dos EUA

Em 1949, a União Soviética detonou sua primeira bomba nuclear, e a confiança do Ocidente em sua superioridade de uma hora para outra viu-se posta em cheque. Quatro anos depois, a União Soviética explodiu uma bomba de hidrogênio termonuclear, expandindo a Guerra Fria para uma verdadeira corrida pela superioridade nuclear.

Nesse ínterim, os comunistas chineses expulsaram seus arqui-inimigos, os nacionalistas chineses, e declararam ao mundo, em 1º de outubro de 1949, que mais uma potência comunista havia chegado ao palco mundial. Chamava-se República Popular da China e era encabeçada por Mao Tse-Tung.

Oito anos depois, a União Soviética conseguiu lançar o primeiro satélite artificial do mundo, em 4 de outubro de 1957. O Sputnik 1 deu cerca de 1.400 voltas em torno da Terra e levou milhões de pessoas ao terror de crer que um dia poderia haver bombas nucleares em órbita sobre suas cabeças.

Esses eventos deixaram os atarefados americanos pensando em voz alta sobre o que seria essa força mal definida, embora violenta, chamada comunismo, que parecia avançar tanto.

Em sua maioria, os americanos não entendiam o comunismo. Para alguns, era uma ferramenta de justiça social, só o "jeito russo" de impor a igualdade em países governados por ditadores. Para outros, era uma ideologia econômica que prometia um pagamento justo para os trabalhadores em todo o mundo. Os sindicatos mundo afora que haviam adotado as táticas de força comunistas para conseguir salários e benefícios melhores observavam com alegria o crescimento em seus quadros sociais com as novas regras marxistas. Para outros, o comunismo era uma continuação da Revolução Bolchevique de 1917, que tinha juntado forças persuasivas de anarquia e agitação social suficientes para derrubar o modo de vida americano.

Além disso, ainda havia a preocupante Guerra da Coréia, redes de espiões, inimigos infiltrados, espionagem, a prisão de Ethel e Julius Rosenberg, a grande Cortina de Ferro e o crescimento cada vez mais rápido do poderio militar soviético.

Não haveria um modo de deter o comunismo?

No início da década de 1950, o senador Joseph McCarthy protagonizou um esforço para expor a infiltração comunista no governo americano, exigiu medidas apropriadas para garantir a segurança dos EUA. Embora apartada dessas providências, o Comitê de Atividades Antiamericanas da Casa Branca realizou sua própria investigação paralela nessa mesma época.

Em 1957, a face pública do comunismo nos Estados Unidos parecia ter passado da fase de visibilidade máxima e estava desaparecendo pouco a pouco. O final da década viu o Partido Comunista dos EUA (CPUSA) perder membros. Seu quadro associativo caiu de 100.000 para menos de 10.000 inscritos. Mesmo assim, J. Edgar Hoover, então Diretor do FBI, sabia que o partido ainda contava com um crescimento subterrâneo, e os 1.500 informantes do FBI no CPUSA mantinham-se de olhos abertos.[2]

Elizabeth Bentley

A espionagem era um problema difícil e terrível para o FBI. O departamento havia concentrado enormes esforços para expor grupos subversivos e empreender a penosa tarefa de erradicar o comunismo dos níveis mais sensíveis e elevados do governo.

De vez em quando, os resultados compensavam seu trabalho árduo. Em 1945, por exemplo, a agente soviética Elizabeth Bentley desertou e informou as autoridades sobre a existência de 150 espiões soviéticos nos EUA. A lista incluía três nomes proeminentes: Harry Dexter White, Whitaker Chambers e Alger Hiss.

---

2 Gentry, K., *J. Edgar Hoover: The Man and the Secrets*. W. W. Norton & Company, 1991, p. 442.

Sua surpreendente história é analisada em seus pormenores no capítulo 7 de *O comunista exposto,* de Skousen.

Na época, os repórteres simpatizantes da causa comunista tentaram destruir a credibilidade de Bentley, referindo-se a ela como a "Mata Hari de noz moscada". Do outro lado, ela era descrita como ingênua e como "aquela nova-iorquina de corpo bonito e olhos azuis" que havia sido enganada pelos comunistas.

As caixas-fortes soviéticas são finalmente abertas

Bentley estava certa quando falava de seus parceiros espiões? Skousen apresentou a defesa dela, demonstrando que não só estava correta como também representava a ponta de um *iceberg* vermelho, que estava sub-repticiamente rasgando o casco dos grandes Estados Unidos. Os debates acerca de seu testemunho estagnaram até ficarem esquecidos por mais de 30 anos após a publicação do livro de Skousen.

E então sucedeu uma série surpreendente de eventos. O poderoso império soviético enfraqueceu-se na década de 1980 e entrou em colapso em 1991. Logo depois, os cofres secretos soviéticos e os arquivos da KGB-NKVD[3] foram abertos aos olhos do Ocidente.[4]

Após tradução e exame de milhares de documentos sobre espionagem revelados, surgiu a confirmação que reconheceu a verdade do testemunho de Bentley — Harry Dexter White, funcionário do alto escalão do Departamento do Tesouro dos EUA havia de fato sido espião e cometido atos de espionagem contra os Estados Unidos.[5] Os criptógrafos da Agência de Segurança

---

3 NKVD é a abreviatura de Comissariado do Povo para os Assuntos Internos. É o órgão soviético de polícia, sobretudo nos tempos de Stálin, e era mais conhecido por administrar o Gulag, realizar execuções em massa, forçar deportações em massa, praticar espionagem e cometer assassinatos políticos no exterior.

4 Veja Haynes, J., Klehr, H, e Vassiliev, A. *Spies: The Rise and Fall of the KGB in America.* Yale University Press, 2009.

5 Schecter, J. L. *Sacred Secrets: How Soviet Intelligence Operations Changed American History.* Potomac Books, 2003, p. 122.

Nacional (NSA) trouxeram uma corroboração adicional quando conseguiram conectar White a seu codinome soviético secreto — "Jurista".[6]

O envolvimento de Chambers na rede de espionagem foi confirmado, como o próprio Chambers havia confessado em seus livros e palestras.

E Alger Hiss, diplomata americano de alto escalão no Departamento de Estado, foi identificado com o "Ware Group", uma célula comunista subterrânea que operava em Washington, D.C. Perdurou certo grau de dúvida por muito tempo depois de sua prisão por falso testemunho em 1950. A mesma coleção de documentos soviéticos mostrou que Hiss havia sido agente de longa data do serviço de inteligência militar soviético. Também validou a conclusão dos analistas do Projeto Venona de que "Ales", um codinome usado nos telegramas soviéticos, era Alger Hiss.[7]

Uma tentativa de amansar o urso

Foi neste verdadeiro torvelinho de intrigas, espionagem e suspeitas internacionais que o escritor W. Cleon Skousen começou sua caminhada por uma difícil trilha para expor o comunismo em sua verdadeira face.

"Queria retratar os pensamentos mais íntimos do comunista", disse Skousen em 1958, "para que os americanos pudessem sentir que realmente entendiam as motivações e ambições de um comunista".

---

6 FBI Memorandum Mr. Ladd to J. Edgar Hoover: "Para informá-lo da identificação positiva do agente Jurista (codinome de um agente soviético que operava em 1944 e fora denominado pelo projeto Verona) como Harry Dexter White, já falecido. White havia sido Assistente Administrativo do antigo Secretário do Tesouro, Morgenthau". 16 de outubro de 1950, FBI Arquivo Venona, pp. 17-18.

7 O Projeto Venona é um dos muitos codinomes aplicados a um esforço conjunto de longo prazo entre EUA e Reino Unido para decifrar mensagens de código interceptadas, principalmente durante a Segunda Guerra Mundial. Os materiais do projeto foram divulgados em 1995 e deram apoio às provas já coletadas que envolviam diversos casos de espionagem de alto escalão. O programa durou de 1943 a 1980.

Consolidar pilhas de pesquisas complexas em uma compilação fácil de entender constituía a base do que ele queria fazer.

"Tinha a esperança de que, se puséssemos todo esse material dentro de uma só capa", disse ele aos repórteres em 1958, "o americano comum veria o quadro do comunismo com clareza suficiente para analisar a estratégia soviética enquanto estivesse lendo seu jornal diário".

Skousen era um grande estudioso da História. Adorava a Ciência Política e havia se formado em Direito esperando dar um mergulho mais profundo na ciência da Liberdade Constitucional e nas ameaças que esta enfrentava. Após a formatura na Faculdade de Direito da Universidade George Washington, iniciou uma carreira de 16 anos no FBI em 1935.

Trabalho em múltiplas funções

Skousen acompanhou de perto o funcionamento do FBI. Começou no degrau mais baixo, como mensageiro. Logo se tornou treinador, administrador de vários grupos de agentes, instrutor de armas de fogo, instrutor de polícia, assistente de inspetor e supervisor da seção de comunicação, que tinha 25 funcionários. Como acontece com todos os agentes, foi transferido para várias cidades espalhadas por todo o país, "para adquirir experiência", como se dizia na época.

Além disso, suas obrigações oficiais eram muitas vezes interrompidas por projetos e missões especiais que tiravam partido das suas muitas habilidades, tais como falar em público, ensinar, treinar e escrever.

Em 1945, escreveu um documento de relações públicas chamado "A história do FBI" [*The Story of the Federal Bureau of Investigation*]. Foi produzido como publicação oficial do FBI, impresso aos milhões e distribuído durante muitos anos.[8]

Skousen costumava dar entre 100 e 200 palestras por ano, cobrindo todo o país. Um dos seus superiores imediatos disse que

---

8 Anotação de WCS em uma cópia de arquivo de "A história do FBI".

ele era "um dos melhores oradores do FBI. É completamente leal e muito entusiasmado [...]".⁹

Uma vez, enquanto trabalhava na Califórnia, Skousen chegou ao escritório de manhã e se deparou com uma reunião imprevista. O agente encarregado, R. B. Hood, havia reunido cerca de 30 dos oradores recém-aprovados do FBI e pediu a eles que tomassem notas sobre uma palestra-modelo que iam ouvir. Em seguida, virou para Skousen e lhe pediu que desse a palestra-modelo. Posteriormente, Skousen comentou que fez o melhor que pôde, mas também disse: "Perdi cinco quilos dando a palestra!". Mais tarde, Hood anunciou que Skousen seria o novo instrutor de um curso sobre palestras que ia durar algumas semanas.¹⁰

Os estudiosos do comunismo no FBI

As atribuições oficiais de Skousen no FBI não o incluíam na unidade de contra-espionagem, onde o comunismo era examinado, e ele não produzia documentos sobre o assunto como parte de seu serviço.¹¹ Entretanto, os agentes nunca ficavam exclusivamente no setor de crimes ou de segurança. Eram sempre treinados em ambos os campos e estavam continuamente passando de um tipo de serviço para o outro. As tarefas regulares de Skousen incluíam contato com comunistas e simpatizantes do comunismo. Ele tinha muitas oportunidades para conversar com o pessoal do FBI que era "muito lido", versado no assunto e

---

9 Memorando do FBI, L. B. Nichols para o senhor Tolson, 6 de abril de 1945; e Relatório de Inspeção SAC R. B. Hood, datado de 16 de julho de 1946: "O agente Skousen possui uma excelente presença pessoal. Veste-se com cuidado e com roupas conservadoras, além de ter uma personalidade afável [...]. Também profere numerosas palestras em nome do FBI, pelas quais tem recebido inúmeras cartas elogiosas. É um excelente representante do FBI. *Status*: Excelente".

10 4 de março de 1949, nos Diários de W. Cleon Skousen.

11 Memorando do FBI, A. Jones para o senhor DeLoach, 12 de outubro de 1961, valida o trabalho de Skousen sobre o comunismo como empreendimento particular, fazendo notar que Skousen não havia recebido encargo oficial de divisões do FBI para estudar o comunismo.

conhecedor dele. Os diários de Skousen mencionavam por nome diversas pessoas do FBI que lhe ajudaram a orientar seus estudos sobre o comunismo:

D. M. "Mickey" Ladd, um homem que "provavelmente sabia mais sobre operações de espionagem comunista do que qualquer oficial do FBI", escreveu Skousen. Ladd foi o número três do FBI durante um breve período e era líder no serviço de contra-inteligência do órgão. Ele supervisionava as principais investigações a respeito da segurança nacional durante a Guerra Fria, inclusive os casos de Alger Hiss e de Julius e Ethel Rosenberg.

Lee R. Pennington Jr., "um de meus bons amigos e mentor acerca do comunismo em meus tempos de FBI", escreveu Skousen. Pennington era um agente do alto escalão do FBI, que trabalhou em íntima colaboração com J. Edgar Hoover e se especializou em identificar ativistas e simpatizantes do comunismo. Quando se aposentou, em 1953, era o terceiro agente do FBI em importância.

Guy Hottel, que "era meu SAC [*Special Agent in Charge*, 'Agente especial encarregado'] quando fiz meu treinamento preliminar como novo agente em Washington, D.C. Tinha profundo interesse na investigação de intrigas comunistas e criminosas na capital do país".[12] Hottel era bastante íntimo de Hoover e foi seu guarda-costas pessoal durante algum tempo.

William C. Sullivan foi o encarregado da divisão de inteligência doméstica, um especialista em comunismo que, durante um breve período, foi o terceiro entre os mais importantes do FBI. Foi o principal *ghostwriter* de *Um estudo do comunismo*, publicado em 1962, em que J. Edgar Hoover aparecia como autor.[13]

William C. Sullivan torna-se um amigo

Numa das muitas cartas entre os dois, Skousen contou a Sullivan que *O comunista exposto* iria para o prelo em poucas semanas

---

12 Diários de W. Cleon Skousen, anotação sem data, na pasta de Jan-Mar de 1998.
13 Theoharis, Athan G. *The FBI: A Comprehensive Reference Guide*. Greenwood Publishing Group, 1999.

e que "deveria realmente me referir a ele como 'o nosso livro', em razão da minha perpétua gratidão a você pela maravilhosa orientação que me deu para escrevê-lo. Lamento apenas que não pude escrever dois ou três parágrafos na introdução dando o crédito apropriado à sua contribuição. Entretanto, quando você o ler, tenho certeza de que vai apreciar os sentimentos que tenho por sua bela pesquisa, que desenterrou muito do ouro utilizado neste material".[14]

Cartas posteriores de Sullivan ajudaram Skousen a corrigir e acrescentar alguns detalhes e citações suplementares.[15]

Dos diversos amigos no FBI e de outras experiências em primeira mão, Skousen obteve conhecimentos e visões muito específicos daquilo que faz funcionar o comunismo e os comunistas.

Skousen explicou:

> Quando perguntei a um desses especialistas [do FBI] por que não distribuíamos essas informações [sobre o comunismo], ele me respondeu que elas "ainda não estavam num formato em que pudessem ser entregues ao público". Ele disse: "Você vai entender isso depois que tiver lido 175 volumes de materialismo dialético". Eu respondi: "Bom, então me ponha num simpósio, permita que eu me lance nisso". Ele respondeu que não havia simpósio, e que ninguém havia escrito nada.[16]

Um encontro com Hollywood

Uma experiência concreta do comunismo pode vir nas horas mais inesperadas, disse Skousen. Uma vez foi quando ele foi

---

14 W. Cleon Skousen para William C. Sullivan, 30 de dezembro de 1957, escrito em resposta a uma carta cordial de boas-festas de Sullivan para Skousen datada de 16 de dezembro de 1957.

15 Por exemplo, Sullivan para Skousen, 11 de setembro de 1958, proporciona citações de Stalin mais bem traduzidas do que as usadas por Skousen anteriormente. V. os Diários de W. Cleon Skousen, 1958.

16 De um discurso por W. Cleon Skousen, na Universidade Brigham Young, em Provo, Utah, 1967: *O comunista exposto: A história e filosofia do socialismo atualmente.*

escalado para servir de ligação entre o FBI e os estúdios de Hollywood. Hoover pediu a ele que "convertesse" uma conhecida estrela que tinha desempenhado um papel em ...*E o vento levou*, para que ela deixasse de dar apoio financeiro ao Partido Comunista e parasse de participar do Comitê Independente dos Cidadãos das Artes, Ciências e Profissões Liberais [*Independent Citizens Committee of the Arts, Sciences and Professions*], que alegava ser um grupo de apoio aos comunistas.[17]

"Marquei uma visita à bela casa que ela e a irmã tinham em Hollywood", disse Skousen de Olivia de Havilland, "mas, como todas as estrelas, elas tinham uma mansão muito pretenciosa na fachada e viviam num apartamento comum nos fundos".

Skousen começou contando a Olivia de Havilland que J. Edgar Hoover tinha ficado impressionado com seu desempenho no filme e achado que se alguém pudesse refrescar a memória dela sobre a importância dos Estados Unidos em sua vida e em sua carreira, talvez ela pudesse ser de grande utilidade. Após 45 minutos, ela não havia ficado convencida e jurou que nada a faria mudar de idéia quanto a sua relação carinhosa com os amigos do Comitê.

Skousen voltou ao escritório para trabalhar num plano que talvez o ajudasse. Pediu a um técnico que recuperasse as gravações secretas que o FBI havia feito dos comunistas quando Olivia de Havilland estava ausente das reuniões regulares. Descobriu que, pelas costas, esses supostos "amigos" zombavam dela e ridicularizavam sua ingenuidade, falando dela aos palavrões etc. Skousen mandou montar diversas dessas discussões em uma fita de trinta minutos e retornou à casa da atriz com um toca-fitas portátil.

"Disse-lhe que esperaria na porta de entrada até que ela acabasse de ouvir a fita e que depois poderíamos conversar, se ela quisesse". Não se passaram nem cinco minutos e ela voltou, "dizendo mais palavrões que um carroceiro", conta Skousen. Estava pálida e jurou nunca mais voltar. Foi aí que Skousen lhe sugeriu que pensasse sobre desempenhar uma das maiores performances

---

17 Meroney, J. *Olivia de Havilland Recalls her Role—In the Cold War*, Wall Street Journal, 7 de setembro de 2006.

de sua vida. A proposta conquistou sua atenção. Ele lhe pediu que divulgasse tudo o que sabia sobre os planos do partido para se infiltrar nos sindicatos de Hollywood e prometeu fazer com que algumas dessas informações vazassem para a imprensa. Depois, ela deveria retornar na reunião seguinte, fingindo estar indignada por alguém dali estar falando com o FBI e dizendo que se recusava a doar um tostão que fosse enquanto esse espião vil não fosse expulso, quem quer que fosse, e recebesse o tratamento adequado.[18]

Foi exatamente o que ela fez e, assim, conseguiu afastar-se do grupo sem criar suspeitas. Suas suspeitas posteriores sobre o Comitê dos Cidadãos a levaram a sair deste grupo, assim como a outros apoiadores de Hollywood. Ela e Skousen ficaram amigos e trabalharam, anos depois, para criar um grande evento chamado "A resposta de Hollywood ao comunismo".[19] O evento foi televisionado regionalmente e incluiu 40 dos atores e produtores amigos de Olivia, somados a uma audiência ao vivo de 15.000 pessoas, com milhões assistindo ao espetáculo pela televisão.

A educação é a mais importante das metas

Skousen ficava frustrado por tantas pessoas educadas tentando desenovelar o funcionamento do comunismo terem tão pouco impacto e influência sobre os homens de decisão do país.

> Ouvi especialistas em comunismo, durante a Segunda Guerra Mundial, contarem para nós, no FBI, quais eram as alternativas e o que aconteceria se os Estados Unidos escolhessem a alternativa errada. Invariavelmente, nós caíamos na armadilha. Eu disse para mim mesmo: "Aqui, estamos recebendo esclarecimentos de americanos que sabem as respostas e, ainda assim, a liderança tende a escolher as respostas erradas".[20]

---

18 Diários de W. Cleon Skousen, 28 de dezembro de 2002, reflexões sobre a carreira de Skousen no FBI.

19 Diários de W. Cleon Skousen, 1948–49.

20 W. Cleon Skousen, Pepperdine College Freedom Forum, 13 de abril de 1960.

Skousen dizia que desejava "informar tanta gente sobre o assunto [da liberdade e do comunismo], que não faria diferença quem dirigisse o Partido Democrata ou o Partido Republicano — eles seriam, antes de tudo, americanos".[21]

Skousen lamentava não haver um documento de referência que pudesse dar ao público um entendimento melhor do comunismo e que as pessoas ficassem flutuando em ignorância e desinformação.

"Pensei comigo mesmo: isso é uma coisa de doido, não é possível e, ainda assim, é verdadeiro", disse Skousen em 1958. "Como resultado, por anos e anos todo o pessoal da inteligência do Exército, do FBI, da inteligência da Marinha e os professores de Ciência Política têm patinado numa porção de material [sobre o comunismo], com a esperança de que estejam interpretando corretamente uma linguagem dúbia".

J. Edgar Hoover

Quando Hoover não podia aceitar convites para falar em público, outros agentes ou administradores devidamente treinados podiam atuar como substitutos. Os temas tratados por Skousen nessas palestras normalmente cobriam espionagem, delinqüência juvenil e histórias empolgantes da era dos gângsteres. Ele também era encarregado de abordar ameaças estrangeiras.

"Estava envolvido com esta história de comunismo praticamente desde o início de minha experiência no FBI", disse Skousen, não por interesse pessoal, mas porque Hoover fazia todos os agentes estudarem o comunismo.

> Somente dois de nós levávamos o caso a sério: Bill Sullivan e eu, e não demorou para que, depois de eu ter voltado de campo, fôssemos os únicos dois agentes com permissão para falar sobre comunismo, além do próprio Sr. Hoover. [...] Bill e eu preparávamos nossas palestras de modo a não colocar o diretor numa encrenca.

---

21 *Ibid.*

Tornávamos o comunismo ideologicamente censurável, citando o que diziam e faziam.[22, 23]

Skousen contou a um de seus biógrafos que a situação do comunismo era delicada demais para ser tratada por qualquer um. "A gente tinha o chefe do Partido Comunista no porão da Casa Branca, eles controlavam cerca de oito sindicatos, e o presidente queria manter os comunistas para conseguir os votos dos grandes sindicatos. Era uma coisa complicada".[24]

Além disso, o encargo do FBI era investigar o nazismo e o comunismo. "Hoover arriscou o pescoço investigado os comunistas", disse Skousen. "Na opinião dele, eles representavam uma ameaça maior que a dos nazistas. Ele também passava informações a McCarthy".[25]

À medida que o número de palestrantes sobre o comunismo ia aumentando com o decorrer dos anos, Hoover deixou claro que a lista dos palestrantes qualificados contava com seu pleno apoio. "Os representantes do FBI que têm o privilégio de falar perante diversos grupos em todo o país", disse Hoover, "falam com meu conhecimento e aprovação. Seus comentários sobre o comunismo não contradizem de modo algum as declarações feitas em minhas palestras".[26]

O relacionamento de Skousen com J. Edgar Hoover era amigável e solidário. Durante os anos em que Skousen trabalhou na sede do FBI, teve contato freqüente e regular com o diretor. Quando Skousen foi diretor da seção de comunicações, suas salas ficavam do outro lado do corredor onde estavam as salas do diretor.

---

22 Entrevista de W. Cleon Skousen a Crismon Lewis, 1998; *ibid*. Diários de W. Cleon Skousen, 1998.

23 Diários de W. Cleon Skousen, 28 de janeiro de 1948; menciona-se falar em nome de R. B. Hood sobre espionagem e crime à luz da crescente ameaça comunista nos EUA. A audiência era composta por 400 convidados do Clube de Cavalheiros Judeus do Wilshire Hebrew Temple, o maior e mais rico clube judaico fora de Nova York. Depois da palestra, "praticamente todos os presentes vieram apertar minha mão".

24 Entrevista de Crismon Lewis, *op. cit.*, 1998.

25 *Ibid.*

26 J. Edgar Hoover para William E. Fort Jr., 20 de março de 1962.

"J. Edgar Hoover foi o dínamo que abasteceu o tanque do FBI", escreveu Skousen em seus diários. "Possuía uma mente afiada, era profissional, muito preciso no que fazia e geralmente falava com a rapidez de uma metralhadora. Eu tinha Hoover como um grande amigo e como um dos seres humanos realmente superiores que havia conhecido em minha vida".[27]

"Meu assistente administrativo"

Durante a Segunda Guerra Mundial, J. Edgar Hoover atribuiu a Skousen certo *status* de executivo, por referir-se a ele em dúzias de cartas como "um de meus assistentes administrativos", ainda que tal posição não existisse formalmente no FBI àquela época.[28] Hoover também se referia a Skousen como "um administrador de extrema eficiência na sede do governo".[29] Essas atribuições, lidas com descuido, levaram a supor que o agente Skousen ocupasse posições que, na realidade, não ocupava.

"Muita gente foi contratada por se prever uma possibilidade de guerra", disse Skousen. "Estavam chamando todo o pessoal de campo que possuísse experiência administrativa. Todos os que estavam acima das divisões eram chamados assistentes administrativos. Havia oito assistentes administrativos, mas estavam subordinados ao diretor assistente, o Sr. Nichols".[30]

Estas cartas enviadas a audiências em perspectiva nas quais Skousen era chamado "meu assistente administrativo" haviam realmente sido escritas por Hoover?

---

27 J. Edgar Hoover para W. Cleon Skousen, 6 de janeiro de 1959. Hoover lastima: "Eu também lamento que seu trabalho não permita que você dê uma passadinha no meu escritório — seria um prazer ter uma oportunidade de falar com você".

28 Dúzias de exemplos citando Skousen como "um de meus assistentes administrativos" constam em cartas enviadas a audiências em perspectiva, anunciando Skousen como seu substituto. Por exemplo, Hoover diz a Bernard Batty, em 20 de março de 1944: "[...] é um prazer para mim sugerir W. Cleon Skousen, um de meus assistentes administrativos. Skousen faz excelentes palestras [...]. Atenciosamente, J. Edgar Hoover". Diários de W. Cleon Skousen, 1944.

29 J. Edgar Hoover para J. Willard Marriott, 7 de maio de 1958. V. arquivo de W. Cleon Skousen no setor de pessoal do FBI.

30 Entrevista de Crismon Lewis, *op. cit.*, 1998.

"J. Edgar Hoover era criticado por nunca permitir que saísse correspondência do FBI sem sua assinatura", disse Skousen. "Toda carta remetida da sede do FBI estampava o nome dele. Da mesa de J. Edgar Hoover a responsabilidade não passava. Todas as suas cartas eram assinadas pessoalmente por ele ou por seu secretário imediato, sob sua responsabilidade particular".[31]

A amizade entre Skousen e Hoover continuou mesmo após o fim dos 16 anos de carreira de Skousen no FBI. Em 1951, este recebeu uma oferta de emprego na Universidade Brigham Young, encargo que aceitou como um chamado de sua igreja para fortalecer a universidade e seu corpo docente. Em seu último dia no FBI, Skousen entrou no gabinete de J. Edgar Hoover para despedir-se. Hoover levantou-se e lhe perguntou: "Com quem você está zangado?".

"Não estou zangado com ninguém", respondeu Skousen.

"Por que pediu demissão, então?".

"Bom, sabe como são as coisas na Igreja dos Mórmons. Eles alcançam e escolhem a gente onde quer que a gente esteja trabalhando".

Hoover deu a Skousen um aperto de mão cordial. "Bom, acho que você está deixando de jogar na defesa para ir jogar no ataque", disse. "Sempre soube qual era a sua posição. Se algum dia quiser voltar, sabe que será sempre bem-vindo, é só me dizer".[32]

O diretor não endossa

Durante muitos anos, depois disso, Skousen de tempos em tempos presenteava Hoover com exemplares de seus novos livros, ou ia fazer uma visitinha quando estava em Washington. Hoover

---

[31] W. Cleon Skousen, "J. Edgar Hoover As I Knew Him" (O J. Edgar Hoover que eu conheci), palestra em uma homenagem póstuma ao recém-falecido J. Edgar Hoover, no Hilton Hotel, Boston, Mass., 1972.

[32] Entrevista de Crismon Lewis, *op. cit.*, 1998; ver também "J. Edgar Hoover As I Knew Him"; ver também *Behind the Scenes*, The Freemen Institute, novembro de 1979.

sempre escrevia agradecendo com cordialidade e observava acontecimentos notáveis da vida particular e pessoal de Skousen em bilhetes ou cartas afáveis.[33] Também gravou uma nota pessoal no exemplar de seu *Masters of Deceit* enviado por Skousen à sede do FBI para obter um autógrafo.

No que tange a'*O comunista exposto,* Hoover sempre seguiu a norma de jamais endossar projetos, programas ou livros de terceiros. Quando alguém lhe perguntava sobre escritos de ex-agentes, Hoover apropriadamente se recusava a comentar e distanciava o FBI deles, para que pudesse manter uma posição de neutralidade política.[34]

Mesmo assim, Hoover esteve próximo de apoiar *O comunista exposto*. Após haver recebido sua cópia autografada,[35] respondeu com uma nota amigável a Skousen: "Tenho certeza de que seus esforços relacionados a esta importante questão vão receber ampla atenção e consideração. É bondade sua me haver gratificado com uma cópia levando meu nome".[36] Posteriormente, Hoover tirou uns minutos de seu tempo para enviar a Skousen algumas resenhas elogiosas de *O comunista exposto*.

"Os anexos são muito elogiosos ao seu novo livro", disse ele em 1959, e "achei que você gostaria de vê-los. Com os melhores votos. Atenciosamente, J. Edgar Hoover".[37]

---

33 A correspondência particular de J. Edgar Hoover incluía comentários acerca do papel de Skousen como chefe de polícia em Salt Lake City e sua demissão, a publicação de *O comunista exposto*, cartas com cumprimentos referentes a assuntos familiares, uma visita dos Madrigal Singers da Universidade Brigham Young, convites para eventos desta universidade etc. Diários de W. Cleon Skousen.

34 W. Cleon Skousen para Jerry L. Rowley, 20 de janeiro de 1966.

35 Skousen enviou-lhe um exemplar encadernado em couro com a seguinte inscrição: "18 de março de 1958, a John Edgar Hoover, cuja sabedoria, lealdade e integridade deram a esta nação e ao pensamento de seu povo um forte apoio por quase duas gerações. Aceite um exemplar deste livro como expressão de minha mais profunda admiração, tanto como pessoa como na qualidade de líder da grande instituição americana que construiu. Sinceramente, W. Cleon Skousen".

36 J. Edgar Hoover para W. Cleon Skousen, 2 de abril de 1958.

37 J. Edgar Hoover para W. Cleon Skousen, 21 de maio de 1959.

Finalização do livro

A consolidação da pesquisa de Skousen em um livro completo recebeu vigoroso impulso após ele deixar o FBI. Em 1953, quando já estava trabalhando na universidade havia alguns anos, o presidente da universidade perguntou-lhe se ele participaria de um comitê encarregado de produzir um livro sobre o comunismo, talvez desenvolvido como texto acadêmico. Skousen aceitou com satisfação e voltou a trabalhar no que se deveria chamar *O comunismo e a herança americana*.[38]

Depois de alguns anos, o projeto parecia ter caído num atoleiro. Skousen escreveu ao presidente da universidade para expressar sua preocupação com o tempo que se estava gastando a discutir aspectos básicos de história do comunismo e teoria marxista que já estavam documentados.

"De muitas maneiras, esta se tornou a tarefa mais difícil de todas", disse Skousen em 1962:

> Naquela época, a literatura sobre o comunismo não apenas era técnica, mas também incoerente e dispersa. Além disso, não existia, em língua inglesa, um texto abrangente que tratasse da história, da filosofia e da natureza subversiva do comunismo. Por isso, o comitê lutou meses tentando alcançar uns poucos critérios fundamentais que servissem de alicerce a um texto, mas havia tantas divergências de opinião que logo se tornou evidente que o texto acabaria tendo de ser escrito por uma só pessoa e, depois, apresentado aos outros membros do comitê, para que eles dessem suas sugestões.

Com o vigoroso apoio do presidente, os outros professores concordaram em liberar Skousen de seus compromissos, de modo que pudesse terminar o livro só. Skousen precisou de mais cinco anos para concluir a tarefa.

Em busca do título correto

O primeiro título que Skousen escolheu para o livro foi "O comunismo e a herança americana". Depois, mudou para "O grito

---

[38] Há uma cópia dos primeiros 17 capítulos, com página de rosto, nos arquivos de Skousen.

do comunismo". Ainda não se havia decidido, mas estava mais inclinado ao último.[39]

Um dia, então, ocorreu de ele tocar no assunto com seu amigo e famoso produtor de cinema Cecil B. DeMille, que também fazia veemente oposição ao comunismo e defesa da liberdade. DeMille estava terminando seu filme épico *Os dez mandamentos* quando Skousen ofereceu a ele um rascunho final do texto e lhe pediu sua opinião. Após algumas semanas, DeMille respondeu: "Cleon, o que você fez foi despir o comunismo de todo seu fingimento e propaganda. Por isso, eu chamaria o livro de *The Naked Communist* [literalmente, 'O comunista nu']". Foi isso que Skousen fez — e o resto é história.[40]

Ao receber a primeira edição, DeMille comentou: "Seu novo livro, *O comunista exposto,* é um tratamento muito útil de uma questão à qual os americanos precisam estar sempre alerta".[41]

Um estouro de vendas

Em 1958 Skousen se havia disposto a propagar "a palavra" com tanta paixão que deixou de lado as grandes editoras e financiou a primeira tiragem de 5.000 exemplares de *O comunista exposto* com suas próprias economias. A princípio, o livro não vendeu e ficou estocado em estrados na garagem de um amigo. Demorou cerca de um ano para o livro pegar. E quando pegou, parecia um incêndio.

A primeira tiragem foi vendida em poucos meses. Logo em seguida, saía a segunda, e a terceira estava quase esgotada antes mesmo de sair do prelo. Em dois anos, as tiragens cresceram de 10.000 exemplares para 20.000 e, em certo ponto, subiram a 50.000.

Os elogios ao *Comunista exposto* vinham de todos os lados. Além da nota de J. Edgar Hoover mencionada anteriormente,

---

39 Monroe Stearns, editor, Prentice-Hall, Inc. para W. Cleon Skousen, 26 de maio de 1955.

40 Diários de W. Cleon Skousen, 28 de dezembro de 2002.

41 Cecil B. DeMille para W. Cleon Skousen, 10 de abril de 1958.

outros amigos do FBI parabenizaram Skousen pela qualidade do trabalho. Skousen escreveu em seu diário que vendeu "várias centenas de exemplares a ex-colegas do FBI".[42]

O ex-diretor adjunto do FBI Stanley J. Tracy comentou: "É o livro sobre comunismo mais poderoso que já li. É a seqüência lógica de *Masters of Deceit*, de J. Edgar Hoover. É o livro perfeito para servir de material a professores universitários e tem seu lugar nas prateleiras de todas as bibliotecas universitárias e públicas do país".[43]

Paul Harvey, analista de notícias de um programa de rádio de alcance nacional, disse a sua audiência: "Nunca dei a livro algum um endosso tão isento de ressalvas".[44]

O conselheiro da embaixada da China em Washington, D.C., escreveu para dizer: "Enviamos vários exemplares do livro ao Ministério do Exterior em Taipé, sugerindo que fosse traduzido para distribuição. Manteremos V. S.ª informado de qualquer novidade".[45]

O embaixador da China nos Estados Unidos escreveu: "Ao despir o comunismo de sua aura de 'racionalismo' e 'inevitabilidade' e expor o que ele é em sua feia nudez, V. S.ª traçou um mapa de ação para o mundo livre neste período crucial da história humana".[46]

O colunista e comentarista de rádio conhecido em todos os Estados Unidos George E. Sokolsky desafiou os americanos que apoiavam o comunismo a acordar e prestar atenção: "Para esses advogados de Chicago e outros que realmente querem saber o

---

[42] Diários de W. Cleon Skousen, 1958–1961.

[43] Skousen disse que Stanley Tracy "foi o assistente imediato de Hoover durante muitos anos. Trabalhei em estreita colaboração com ele em diversos projetos para o diretor. [...] Quando escrevi *O comunista exposto*, ele foi um dos primeiros funcionários do FBI a dar ao livro um apoio caloroso". Diários de W. Cleon Skousen, pasta de janeiro-março de 1998.

[44] Paul Harvey para W. Cleon Skousen, 7 de outubro de 1958.

[45] Samuel C. H. Ling para W. Cleon Skousen, 1º de dezembro de 1958.

[46] Dr. George K. C. Yeh para W. Cleon Skousen, 8 de outubro de 1958.

que estão aplaudindo, recomendo um livro. Esse livro se chama *O comunista exposto*".⁴⁷

A Associação dos Advogados Americanos recomendou o livro em seu relatório anual de 1958. A Escola de Inteligência do Exército dos EUA incluiu a obra em sua lista de leituras recomendadas. Deputados, senadores, escolas e universidades de todo o país escreveram para expressar sua gratidão e apoiar o livro de Skousen.

De Skousen, Ronald Reagan escreveu, em 1964: "Ninguém está mais bem qualificado para discutir a ameaça que o comunismo representa para esta nação".⁴⁸

O comunista exposto nada tinha que agradasse a imprensa de esquerda. A revista *Look* disse, em seu número datado de 13 de março de 1962, que a recepção popular do livro foi "fabulosa, porque nunca foi resenhado pelo *The New York Times*, pelo *New York Herald Tribune* ou pela *Saturday Review*, as três publicações obrigatórias", mas estava vendendo "[...] 1.000 exemplares por dia e encontra-se agora na 11ª impressão".⁴⁹

Metodologia

Parte da grande contribuição d'*O comunista exposto* para o conhecimento da história e das metas do comunismo deve-se em boa medida às praxes e aos procedimentos de pesquisa de Skousen. Os problemas que ele enfrentava eram a barreira da língua e a inacessibilidade. Na época, a maioria dos fatos históricos, das citações e biografias relacionadas ao comunismo e a seus fundadores estava publicada em francês, alemão ou russo e era impressa na Europa. Havia pouquíssimos livros disponíveis para os estudantes americanos. A resposta para Skousen era restringir-se a fontes disponíveis em inglês.

---

47 George E. Sokolsky, em sua coluna "These Days", 14 de janeiro de 1959.

48 Ronald Reagan para John Mathias, 19 de fevereiro de 1964, *op. cit.*, Diários de W. Cleon Skousen, 1964.

49 Revista *Look*, 13 de março de 1962.

Preferi fazer minha análise a partir das fontes comunistas originais e tirar minhas próprias conclusões, porque havia descoberto que muitos dos apologistas modernos da teoria comunista haviam tentado distorcer as doutrinas originais, num esforço para racionalizar suas incoerências.

No que tange aos eventos modernos, citou autores que estavam então pesquisando ativamente a conspiração comunista. Esses autores são citados na bibliografia.

"Minha bibliografia contém grande percentual de fontes comunistas originais", disse Skousen. "Praticamente todos estes textos foram publicados nos Estados Unidos pela International Publishers de Nova York, entre 1930 e 1940. São esses os livros que possuo em minha biblioteca e são esses os livros que cito".[50]

O movimento anticomunista

O movimento anticomunista dos anos 1950 e 1960 absorveu Skousen e seu livro em uma corrida de fervor pró-EUA e anticomunista. Skousen fez uma média de 400 palestras por ano durante exaustivos cinco anos. Num só dia, chegou a dar seis palestras, seu recorde particular. O grau de intensidade era marcadamente superior ao dos tempos em que palestrava pelo FBI. Toda essa exposição pública gerou muitas indagações acerca da formação de Skousen e de seus conhecimentos a respeito do comunismo.

À medida que seu nome foi ficando mais conhecido, suas credenciais passaram a sofrer exageros, a ponto de algumas pessoas começarem a dizer que ele era "um dos principais assessores de J. Edgar Hoover" e "o principal especialista do FBI em matéria de comunismo", afirmações que Skousen jamais havia feito e que o fizeram lutar para corrigi-las.

O FBI faz um exame mais atento

Logo após a publicação de *O comunista exposto*, em 1958, o FBI decidiu produzir uma resenha oficial do livro. A divisão

---

50 W. Cleon Skousen, "My Reply to Dr. Richard D. Poll and His Critique of *The Naked Communist*", publicação do autor.

de inteligência doméstica do FBI queria ver que tratamento havia sido dado à instituição e como, de modo geral, Skousen lidou com a questão do comunismo.

Salvo por afirmar que o livro continha alguns erros de menor importância, "que não diminuem sua eficácia geral", a resenha foi favorável e quase chegou ao endosso proibido.

"O livro é bem escrito", dizia a resenha:

> É um acréscimo considerável ao crescente número de livros anticomunistas. Mostra com clareza a ameaça que o comunismo representa para o mundo. Incorpora em um volume muitos aspectos do comunismo, incluindo teorias comunistas, vidas de líderes comunistas, a brutalidade do comunismo em sua marcha rumo à conquista do mundo, suas falácias e sugestões de como enfrentá-lo no período que vai desde hoje até 1970.[51]

A CIA faz um exame mais atento

O órgão nacional de espionagem também estava interessado em *O comunista exposto*, e os poucos exemplares de que dispunham na biblioteca da CIA estavam sempre emprestados. Skousen havia escrito uma carta de apresentação a Allen Welsh Dulles, então diretor da CIA, mas a resposta veio assinada por seu assistente em exercício, Paul W. Howerton.

"Estamos sabendo da existência do livro e, na verdade, encomendamos nossos exemplares já em maio", escreveu Howerton em setembro de 1958. "Temos exemplares na biblioteca principal e na de treinamento. Talvez seja de seu interesse saber que, quando tentei tomar emprestado um dos exemplares para refrescar minha memória, estavam todos indisponíveis, emprestados a membros de nossa organização".

Em 1986, quase 30 anos após a carta de Howerton, Skousen foi convidado para uma visita particular na sede da CIA, em Langley, Virginia. Foi levado à biblioteca principal e depois

---

[51] Memorando do FBI, de A. H. Belmont para L. V. Boardman, 8 de abril de 1958, ref. 67-69602.

a uma salinha lateral, em cuja porta havia uma placa onde que se lia: "H. I. C. — Historical Intelligence Collection" [Coleção de História da Inteligência]. Dentro da salinha, havia centenas de livros antigos, do piso até o teto, a maioria em inglês, outros escritos no alfabeto cirílico ou em chinês, outros ainda em árabe ou hebraico moderno. Os temas iam desde histórias de espionagem de Tom Clancy, Ian Fleming e dúzias de outros autores até manuais de táticas militares, de inteligência e livros americanos e estrangeiros sobre a arte da espionagem. A maioria eram primeiras edições, e muitos estavam autografados. Então, o bibliotecário dirigiu a atenção de Skousen para a estante que estava junto à parede, próxima do canto da sala. Ali estavam três exemplares de *O comunista exposto*, um deles em espanhol.

"Foi nossa bíblia durante a guerra fria", disse o bibliotecário:

> Não tínhamos nada que nos ajudasse a entender o inimigo até a chegada desse livro. Foi nossa melhor referência até a chegada de outros materiais, e foi uma ajuda enorme. Cada um de nós na inteligência tinha seu exemplar — gasto e com orelhas, como estes. Poderia nos dar um autógrafo, por favor?[52]

A resposta de Hollywood ao comunismo

O entusiasmo anticomunista não era apenas uma paixão do povo americano, como disseram alguns com desprezo, mas uma reação às contínuas provocações e ameaças de Khrushchev e outros líderes comunistas mundo afora. Talvez a maior resposta à arrogância soviética tenha sido a grande manifestação anticomunista na noite de 16 de outubro de 1961. Foi chamada "A resposta de Hollywood ao comunismo". Uma multidão com mais de 15.000 pessoas compareceu ao Hollywood Bowl e, segundo se estima, de 4 a 6 milhões também assistiram pela televisão.

A lista de luminares que participaram da manifestação era um verdadeiro *quem é quem* de Hollywood: John Wayne, que conduziu

---

52 Visita à sede da CIA, maio de 1986, com o filho Paul B. Skousen.

o juramento à bandeira, Jimmy Stewart, Walter Brennan, Tex Ritter, Linda Darnell, George Murphy, Rock Hudson, Ozzie e Harriet Nelson, Maureen O'Hara, Vincent Price, Nat King Cole, Walt Disney, John Ford, Roy Rogers e Dale Evans, Don DeFore, Ronald Reagan, Pat O'Brien, Connie Haines, Jane Russell, Robert Stack, o senador Thomas J. Dodd (Partido Democrata de Connecticut), Dr. Fred Schwartz, Edgar Bergen, Buddy Ebsen, Cesar Romero, Pat Boone e outros tantos.

Os oradores do evento foram os principais anticomunistas do dia, incluindo Skousen. O jornal *Los Angeles Mirror* retratou a atração contínua que Skousen exercia sobre o público.

"A audiência entusiasmada, que várias vezes aplaudiu de pé durante as quatro horas de manifestação", disse um jornalista, "reservou grande parte de seus aplausos a Skousen, ex-oficial do FBI, que apresentou um plano de cinco passos para a luta contra o comunismo".[53]

Skousen ficou emocionado com a recepção. "Quando terminei de lhes dizer 'o que podemos fazer para derrotar o comunismo', eles aplaudiram de pé. Foi emocionante porque essas são as sugestões que os professores universitários de esquerda têm criticado e afirmado que nunca seriam aceitas pelo povo".[54]

Solicitações de entrevistas e palestras jorraram após o evento do Hollywood Bowl. Skousen viu-se cruzando o país durante meses a dar centenas de palestras e entrevistas — algumas vezes viajando de helicóptero. Falou para casas lotadas no Madison Square Garden e outros locais em grandes cidades. Em fevereiro de 1962, o programa do Hollywood Bowl já havia sido retransmitido para 20 milhões de pessoas. O país estava acordado e em pé.

Alguns ex-colegas azedam

Por motivos desconhecidos, alguns dos antigos colegas de Skousen do FBI não viam com bons olhos o sucesso do livro e sua popularidade crescente. Conforme aumentava a paixão

---

53 *Los Angeles Mirror*, 17 de outubro de 1961.
54 W. Cleon Skousen para Eric N. Skousen, 19 de outubro de 1961.

anticomunista, também crescia a preocupação de algumas pessoas no FBI. Dentro do órgão, dizia-se que Skousen estava tentando lucrar com o movimento anticomunista, apoiando-se no fato de que havia trabalhado no FBI.

William C. Sullivan, amigo e mentor de Skousen, por exemplo, pintou Skousen como extremista através de notas oficiais. Em janeiro de 1963, Sullivan incluiu em um de seus memorandos alguns comentários pejorativos do almirante Chester Ward, que, durante 16 anos, fez parte do Conselho de Relações Exteriores. Ward afirmava haver conhecido Skousen pessoalmente e referiu-se a ele como um "vigarista sem princípios no movimento anticomunista", que era "louco por dinheiro e agia em benefício de interesses particulares".[55]

Em notas posteriores, outros funcionários do FBI com convicções semelhantes não incluíram o nome do almirante Ward como fonte e disseram simplesmente que Skousen "era caracterizado como vigarista" e "louco por dinheiro", como se essa descrição fosse um fato estabelecido e plenamente aceito. A esses rótulos espúrios, M. A. Jones acrescentou a alegação incomprovada de que Skousen "está fazendo tudo e qualquer coisa para explorar a questão do comunismo [...] [e] não hesitou em tirar proveito de sua antiga ligação com o FBI para adquirir envergadura como escritor e palestrante sobre anticomunismo".[56]

Memorandos escritos por Sullivan, M. A. Jones, pelo Sr. DeLoach, A. H. Belmont, W. R. Wanall e outros que se referiam a Skousen muitas vezes incluíam as seguintes palavras: "Nos últimos tempos, tem-se alinhado intimamente com a extrema-direita, como a John Birch Society", com freqüentes menções a outros nomes "de direita", como Frederick Schwartz e Dan Smoot, sempre referidos com desprezo.[57]

---

[55] Memorando do FBI, William C. Sullivan para A. H. Belmont, 2 de janeiro de 1963.

[56] Memorando do FBI, M. A. Jones para Sr. DeLoach, 10 de agosto de 1964.

[57] *Ibid.*

E a John Birch Society?

O bom amigo de Skousen em Washington, D.C., era Ezra Taft Benson, Secretário da Agricultura durante o governo Eisenhower. Benson ajudou a colocar vários exemplares de *O comunista exposto* na Casa Branca, no Departamento de Estado, em órgãos da administração federal, no Congresso e em outros locais. Skousen e Benson apoiaram a John Birch Society (JBS) nos primeiros tempos, mas esse apoio não durou muito.

"Nenhum de nós dois entrou para a sociedade", disse Skousen, "mas escrevi *The Communist Attack on the John Birch Society* [O ataque comunista à John Birch Society] por tratar-se de uma organização que se mantinha no encalço dos elementos subversivos em nossa sociedade e publicava o que descobria e, por isso, estava sendo criticada e atacada".[58]

Depois de algum tempo, Skousen e Benson tiveram que se distanciar da JBS. "Com o tempo, [a JBS] assumiu posições um tanto extremas, como fazer campanha pelo *impeachment* do Presidente da Suprema Corte", disse Skousen. "Entraram fundo na arena política. Eu recuei. Nunca fui membro, mas defendi a JBS quando os comunistas tentaram destruí-la".[59]

Ser tachado de membro da JBS foi doloroso? "Doloroso é haver gente ignorante", disse Skousen, "que não faz o que a gente pede, que é se manter informado. Passam adiante meras fofocas".[60]

Companheiros empreendem a jornada juntos

Em dado momento, Skousen soube de comentários negativos a respeito dele, pessoalmente, que estavam começando a circular por canais dentro do FBI. Escreveu para Hoover:

> Há vários anos que praticamente todas as palestras públicas que fiz têm sido gravadas. Acho que essas gravações vão demonstrar que sou tão contrário ao extremismo quanto qualquer um de meus

---

[58] Entrevista de Crismon Lewis, *op. cit.*, 1998.
[59] *Ibid.*
[60] *Ibid.*

críticos. Mesmo assim, eles continuam a recorrer a afirmações desonestas e imprecisas num esforço para criar uma imagem de *O comunista exposto* e de mim mesmo como proponentes de extremismo radical.[61]

Ao refletir sobre o assunto, Skousen continuou surpreso com o fato de seu velho amigo Bill Sullivan se ter voltado contra ele e, posteriormente, contra o próprio Hoover. Skousen inferiu que um fator que havia contribuído para essa mudança foram as inclinações políticas de Sullivan. De acordo com o *The New York Times*, Sullivan era "o primeiro democrata de esquerda a atingir os mais altos escalões do FBI",[62] inclinação política que era o oposto polar das de Skousen e Hoover.

Há muitos anos havia bastante movimentação política na Colina do Capitólio para se livrarem de Hoover. "Existe uma grande possibilidade", disse Skousen, "de que Robert Kennedy tenha convencido Bill Sullivan a ajudar na derrubada de Hoover para que ele [Sullivan] pudesse ser nomeado diretor. [...] Isso lhe subiu à cabeça e provocou uma encrenca séria no FBI, que acabou com Hoover trancando a sala de Sullivan para que ele não pudesse mais entrar".[63]

O Prefeito J. Bracken Lee

Em 1957, Skousen aceitou a proposta de reconstruir o departamento de polícia de Salt Lake City ocupando o posto de Chefe de Polícia. Teve a recomendação pessoal de Hoover. Em três anos e meio, Skousen deu passos largos na transformação do departamento em um órgão profissional e polido. O novo emprego retardou seu empenho em terminar *O comunista exposto*, e ele trabalhava duro no livro à noite, para poder de dia trabalhar

---

61 W. Cleon Skousen para J. Edgar Hoover, 12 de junho de 1962.

62 Obituário, "William C. Sullivan, Ex-FBI Aide, 65, Is Killed in a Hunting Accident", *The New York Times*, 10 de novembro de 1977.

63 Entrevista de Crismon Lewis, *op. cit.*, 1998.

duro como Chefe de Polícia. Era bem quisto entre seus policiais e também entre o povo de Salt Lake City. Os crimes reduziram-se, a prostituição abandonou a cidade e a revista *TIME* falou em "força policial modelo".[64] Os editores da *Law and Order*, revista especializada para gerentes das forças policiais, pediram a Skousen que escrevesse sobre o sucesso de suas políticas em artigos mensais. Esses artigos foram publicados no país inteiro.

Então veio o prefeito J. Bracken Lee — recém-eleito com a promessa de "deixar as coisas um pouco mais relaxadas" em Salt Lake City com a substituição de Skousen na chefia de polícia.

Lee não gostava da severidade de Skousen na aplicação da lei, particularmente no que se referia à proibição do jogo e de clubes de *striptease*. Em sua tentativa de sujar a reputação de Skousen, o prefeito entrou em contato com o FBI para ver se obteria qualquer informação que desacreditasse Skousen e justificasse sua demissão. Ficou desapontado ao saber que Skousen gozava de boa reputação no FBI e o havia deixado por vontade própria, para ajudar a Universidade Brigham Young.[65]

Lee arranjou outras acusações e usou táticas de pressão para obter uma maioria de 3 para 2 entre os membros do conselho diretor da cidade para demitir Skousen.

Após a demissão, a cidade sentiu-se ultrajada, e seu protesto chegou a Washington, D.C.[66] Apoiadores de todas as partes do país telefonaram e escreveram protestando contra a trapalhada insensata de Lee.[67]

---

64 *TIME Magazine*, 4 de abril de 1960.

65 Memorando do FBI, C. D. DeLoach para Mohr, 31 de março de 1960.

66 William C. Sullivan, diretor adjunto do FBI e amigo particular, escreveu: "Não tenho a menor dúvida de que, sendo um homem de princípios e idéias e com coragem de ater-se a eles, você se indispôs com as forças opostas do mundo". William C. Sullivan para W. Cleon Skousen, 4 de abril de 1960, Diários de W. Cleon Skousen 1960.

67 Diários de W. Cleon Skousen, 1960–1961. "Uma multidão enraivecida queimou uma cruz em frente ao gramado da casa de Lee com a inscrição 'Lee, você é um idiota'; a revista *TIME* disse que, 'sem dúvida, Lee era o homem mais impopular da cidade'", 4 de abril de 1960.

Lee justificou suas medidas chamando Skousen de um "impostor de primeira" que "havia gastado e utilizado mal os recursos públicos", "tinha uma boa conversa", era "um servidor público extravagante e desperdiçador" e abusava dos funcionários da cidade para escrever O *comunista exposto*.[68] Outros ainda chamavam Skousen de um "Hitler incipiente" que administrava o departamento de polícia de Salt Lake City como se fosse a "Gestapo".[69] Lee acrescentou depois: "Todos tinham medo dele, o que me deixava preocupado".[70] As mesmas palavras emergiram em 2008, quando irrompeu um ataque renovado ao caráter de Skousen, em razão de seus livros mais vendidos, *The 5000 Year Leap* [O salto de 5000 anos] e *The Making of America* [A construção da América].

Mas, no fim das contas, nenhuma das acusações de impropriedade financeira feitas por Lee resistiu a um exame mais detido. Os depoimentos feitos por altos funcionários e pessoal em geral, juntamente com os registros contábeis, demonstraram que Lee estava errado. Lee nem sequer chegou a assinar uma petição judicial referente às pretensas irregularidades.[71] Mas a sorte estava lançada.

Logo após ser demitido, Skousen recebeu dos homens e mulheres da força policial — oficiais e subalternos — uma proclamação de despedida assinada. Foram ainda mais adiante, arriscando-se a ser alvo da ira do prefeito ao publicar um editorial no *Police Mutual Aid Magazine* e na *Gunsmoke* louvando a "integridade sem igual e a habilidade executiva [de Skousen] que permitiram que nossa força policial alcançasse reconhecimento nacional".[72]

---

68 J. Bracken Lee para Education Information, Inc., 16 de agosto de 1960. Toda a equipe administrativa rejeitou as acusações do prefeito Lee. A filha de um dos secretários foi contratada como datilógrafa por Skousen durante algum tempo, mas não era servidora pública da cidade. Diários de W. Cleon Skousen, 1960.

69 Veja, por exemplo, Dennis L. Lythgoe, *Let'em Holler. A Political Biography of J. Bracken Lee*, Utah State Historical Society, 1982.

70 JoAnn Jacobsen-Wells, "J. Bracken Lee, at 83, Still Pulls No Punches", *Salt Lake Tribune*, 10 de agosto de 1981.

71 V. Rudger Phelps, "J. Bracken Lee's Biggest Political Blunder", 1961.

72 *Police Mutual Aid Magazine*, abril de 1960; *Gunsmoke*, abril de 1960.

Epílogo

Skousen resistiu bem em meio aos altos e baixos que vieram junto com a publicação de *O comunista exposto*. Poucas semanas após sua demissão da chefia de polícia, estava focado em escrever outro livro e havia caído na estrada a dar palestras. Coletou material para atualizar *O comunista exposto*, de modo a adaptar o livro às rápidas mudanças que ocorriam no mundo comunista. Dentro de um ano, havia condensado a atividade e os objetivos comunistas em 45 metas. As "45 metas do comunismo" foram incluídas na oitava edição, publicada em março de 1961. Dois anos depois, essas mesmas 45 metas eram lidas no *Congressional Record*, o diário do Congresso dos EUA,[73] fato desprezado por seus detratores, que o julgaram sem sentido, mas que deu às 45 metas uma imortalidade profética que continua viva em milhares de artigos e comentários disponíveis na *internet* nos dias de hoje.

Skousen permaneceu vigilante em relação a suas amizades no FBI, mantendo contatos, compartilhando informações e preservando um relacionamento amigável. Aqueles de seu estado e universidade que o atacavam publicamente ainda recebiam exemplares de cortesia de seus novos livros à medida que ficavam prontos, com notas amigáveis dizendo que não os queria mal e desejava que permanecessem amigos.

Em 1962, as vendas de *O comunista exposto* haviam ultrapassado um milhão de exemplares, e o livro continuava vendendo antes da queda causada pelo arrefecimento do movimento comunista de meados aos fins da década de 1960.

O livro foi traduzido para o espanhol e vendeu bem nas grandes cidades hispano-americanas. Seções do livro apareceram em diversas línguas em todo o mundo. Durante o governo Reagan, praticamente todos assentiam com familiaridade ao serem questionados sobre haver lido o livro.[74]

---

73 Diário do Congresso — **Apêndice, pp. A34-A35, 10 de janeiro de 1963**, *Current Communist Goals*, prolongamento das declarações de sua Excelência A. S. Herlong Jr. da Flórida na Câmara dos Deputados.

74 Diários de Paul B. Skousen, 1985-1988.

Quando o livro fez 50 anos, em 2008, renasceu o interesse pela obra. Quando esta edição estava indo para o prelo, as vendas permaneciam fortes.

Um clássico da Guerra Fria

Nos fins da década de 1990, o livro de Skousen foi introduzido no dourado e elevado domínio dos clássicos americanos, apesar de ser escrito por um autor considerado "de direita" pelos que são "de esquerda". A honraria foi concedida como parte de uma epifania que, admite-se, foi como um tiro pela culatra para os historiadores americanos. Após tantas décadas de crescente progressivismo, os historiadores americanos predominantes de repente perceberam que, na verdade, existia um lado conservador na história americana, um lado que produziu a Revolução Reagan e a melhor categoria de produtos culturais americanos.

"Os historiadores praticamente ignoraram o conservadorismo americano moderno", escreveu Patricia Cohen em um artigo para o *The New York Times* em 1998. "No que poderia ser a *mea culpa* da esquerda versão anos 1990, os historiadores progressistas estão confessando aquilo de que os conservadores sempre os acusaram: agir com viés".[75]

Lisa McGirr, professora de esquerda em Harvard, destacou que os grupos conservadores divergentes estavam dispersos e desarticulados até a chegada do comunismo. Foi o grande inimigo comum que causou a coalescência das ditas visões extremas e moderadas durante o pós-guerra em uma só força política. E que faziam os americanos para garantir sua força política na década de 1950? McGirr apontou para as mensagens dos anticomunistas: "Mães, dentistas, empresários e engenheiros do setor de armas trocavam entre si boletins informativos e livros como *O comunista exposto*, que advertiam contra o perigo comunista".[76]

---

75 Patricia Cohen, "Leftist Scholars Look Right At Last, And Find A History", *The New York Times*, 18 de abril de 1998.

76 *Ibid.*

A série

Uma dúzia de anos após a primeira edição de *O comunista exposto*, Skousen publicou uma resenha de *Tragedy and Hope*, de Carroll Quigley. Sua resenha chamava-se *O capitalista exposto* e foi publicada em 1970. Skousen salientou pontos importantes do livro de Quigley com longas citações, "para que ninguém me possa acusar de fazer observações fora do contexto", disse ele. Quigley apresentou-se como sujeito qualificado e com informações privilegiadas para contar a história de como os mais ricos do mundo promoviam o comunismo e o socialismo.

O projeto que ficou inacabado quando Skousen faleceu em 2006 era a verdadeira história do socialismo e receberia o título de *The Naked Socialist* [O socialista exposto]. O livro foi terminado por um de seus filhos em 2014. A obra traz uma clara descrição do funcionamento do socialismo e de como este, sob qualquer de seus diversos nomes e sinônimos, sempre destrói a liberdade. Sem jargões econômicos e políticos, mostra o impacto corruptor do socialismo sobre as nações e civilizações em toda a história, até os dias de hoje. Também mostra como a Constituição Americana foi moldada de modo a abolir todos os sete pilares do socialismo.

Edição de sexagésimo aniversário

Nesta edição do sexagésimo aniversário de *O comunista exposto: desvendando o comunismo e restaurando a liberdade*, sua primeira revisão em 51 anos, o texto permanece em sua contundente forma original, com poucas adições.

Quase 60 anos após a publicação das 45 metas do comunismo, todas senão uma delas foram atingidas e estão descritas em um novo capítulo.

Outros materiais relacionados à pesquisa e aos interesses de *O comunista exposto* estão disponíveis no *site* oficial de W. Cleon Skousen, www.wcleonskousen.com.

Paul B. Skousen
Salt Lake City, Utah, 7 de maio de 2017.

INTRODUÇÃO

O SURGIMENTO DO HOMEM MARXISTA

É TERRÍVEL E ATERRADOR QUANDO UM HOMEM SE PÕE A CRIAR todos os outros homens à sua própria imagem. Essa se tornou a meta e a ambição absorvente de Karl Marx. Não que ele quisesse tornar todos os homens iguais a si próprio; na verdade, era bem o contrário. A imagem que ele queria construir era a de um grande colosso humano, com Karl Marx sendo seu cérebro e construtor, e todos os outros homens servindo a ele como olhos, ouvidos, pés, mãos, boca e goela. Em outras palavras, Marx examinou o mundo e sonhou com um dia em que todo o corpo da humanidade seria forçado a se transformar em uma gigantesca imagem social, totalmente de acordo com o sonho de Marx de uma sociedade perfeita.

Para atingir sua meta, Marx precisava de duas coisas: em primeiro lugar, a aniquilação de toda oposição, a queda de todos os governos, economias e sociedades existentes. "Então", escreveu ele, "caminharei entre as ruínas como criador!". A segunda coisa de que ele precisava era um novo tipo de ser humano.

Via uma raça regimentada de homens pavlovianos cujas mentes pudessem ser postas em ação imediata por sinais de seus senhores. Queria uma raça de homens que não dependesse mais de livre-arbítrio, ética, moral ou consciência para obter orientação. Talvez sem bem perceber, Marx estava pondo-se a criar uma raça de seres humanos condicionados a pensar como criminosos.

Produzir uma raça dessas havia sido o sonho de homens sedentos por poder durante mais de 4.000 anos. Ninrode fez o projeto,

Platão deu-lhe polimento, Saint-Simon sublimou-o — e agora Marx o materializou.

Hoje essa raça de homens com condicionamento criminal caminha pela Terra em número suficiente para conquistar países e continentes, para alterar leis e fronteiras, para decretar guerra ou paz. Podia muito bem ser chamada *Homo marxianus* — o homem marxista. Ficou terrivelmente claro que ele pretende tornar-se o homem do século XX.

O *Homo marxianus* é assustador e intrigante para o resto da humanidade, porque as mentes criminalmente condicionadas não respondem da maneira como as pessoas normais esperam.

Por exemplo, se uma pessoa bem-intencionada convidasse um criminoso profissional para jantar em sua casa, o hóspede provavelmente ficaria de olhos inquietos a observar a fina variedade de boas comidas, a prataria cara e as taças reluzentes sem nada perceber da sinceridade e amizade que o anfitrião lhe estava tentando transmitir. Na verdade, o criminoso provavelmente concluiria que seu anfitrião não só tem coração mole como também miolo mole. No fim, acabaria julgando que alguém tão fraco não pode merecer tantas coisas boas. Então passaria o resto do jantar pensando em como poderia voltar, na calada da noite, para aliviar seu anfitrião do peso de ter todos aqueles ricos tesouros.

Qualquer pessoa familiarizada com a história da liderança comunista durante os últimos cem anos vai reconhecer de imediato esse tipo de mente em ação. O abuso flagrante da amizade e generosidade dos EUA durante a Segunda Guerra Mundial é um caso típico.

O *Homo marxianus* causa perplexidade a todos aqueles que procuram trabalhar com ele, pois parece irracional e, portanto, imprevisível. Na realidade, entretanto, o homem marxista reduziu sua filosofia ao menor denominador comum de valores tirados completamente crus da natureza. Vive exclusivamente pela lei da selva da sobrevivência egoísta. Em termos desses valores, é quase tão racional a ponto de ter precisão matemática. Na calma ou na crise, suas respostas são uniformemente elementares e, portanto, altamente previsíveis.

Como o *Homo marxianus* se considera feito inteiramente da poeira da terra, não finge ter qualquer outro papel. Nega a si próprio a possibilidade de possuir uma alma e repudia sua potência de imortalidade. Crê que não há criador nem propósito ou razão em sua existência, salvo a acumulação incidental de forças acidentais na natureza.

Carecendo de moral, aborda todos os problemas de modo direto e descomplicado. A autopreservação é dada como justificativa única de seu próprio comportamento, e "motivos egoístas" ou "cretinice" são suas únicas explicações para o comportamento dos outros. Com o *Homo marxianus*, a assinatura de cinqüenta e três tratados e a subseqüente violação de cinqüenta e um deles não constituem hipocrisia, mas estratégia. A subordinação da mente de outros homens ao obscurecimento da verdade não é falsidade, mas uma ferramenta essencial do governo. O homem marxista convenceu-se de que nada é mau, desde que atenda ao chamado da conveniência. Libertou-se de todas as restrições da honra e da ética que o confinavam e que a humanidade havia tentado usar como base para a harmonia nas relações humanas.

A história está demonstrando que, em razão de seu condicionamento mental, o *Homo marxianus* seja talvez o mais inseguro de todos os homens no que tange a seus sentimentos. Como crê ser ele próprio um fenômeno acidental em um universo sem propósito, tem um apetite insaciável de trazer todas as coisas para seu total domínio. Admite que, enquanto não saciar seu apetite, não poderá sentir-se seguro. Não só tem de conquistar a raça humana como também atribuiu a si próprio a tarefa de conquistar a matéria, o espaço e todas as forças da realidade cósmica, de modo a gerar ordem a partir do caos natural. Tem de fazer isso, diz ele, porque o homem é a única criatura existente que possui a capacidade acidental, embora afortunadíssima, do pensamento inteligente e criativo. Crê que, como o *Homo marxianus* é o mais avançado tipo de homem, tem de aceitar as responsabilidades de um ser supremo. É perfeitamente sincero ao declarar que o *Homo marxianus* se propõe a ser o governador final e deus da Terra e, depois, do próprio universo.

Sob o impacto dessas amplas ambições teóricas, muitos não-marxistas foram colhidos na maré emocional dessa fantasia ideológica e se permitiram levar pela corrente às praias do que pensavam ser a terra prometida do homem feito Deus. Entretanto, nos últimos anos um número cada vez maior desses peregrinos arriscou sua vida para retornar à realidade. Todos eles retornam com a mesma história. Notaram que o *Homo marxianus* se comporta exatamente como a criatura formada pela selva que ele acredita ser. Vê a todos com temerosa suspeita e reage a cada problema como se sua própria existência estivesse em jogo. Embora exija o direito de governar a humanidade, rejeita com desdém lições básicas aprendidas durante milhares de anos de experiência humana. Os peregrinos que retornam prestam um só testemunho: o *Homo marxianus* inverteu a direção da história. Ele voltou o homem contra si próprio.

É nessa crise histórica que o homem se encontra hoje. O homem marxista não poderia ter vindo ao mundo em um momento mais ilógico. Numa era em que os avanços tecnológicos finalmente tornaram possível alimentar, vestir e alojar adequadamente toda a raça humana, o homem marxista surge como uma ameaça a essa conquista pacífica. Sua sensação de insegurança o leva a exigir controle exclusivo dos afazeres humanos numa época em quase todos os outros povos gostariam de criar uma Organização das Nações Unidas genuína, dedicada à paz e à prosperidade mundial. Embora um homem possa viajar a uma velocidade superior à do som e proporcionar freqüentes e íntimos contatos entre todas as culturas e povos, o homem marxista insiste em criar barreiras de ferro atrás das quais possa trabalhar em segredo.

O homem marxista não faz segredo de seus objetivos finais. Está a fim de dominar o mundo. Como o *Homo marxianus* ainda é adolescente, sabe que não pode devorar toda a raça humana em uma só bocada. Portanto, precisa ficar satisfeito com um pedaço de cada vez. Como veremos adiante, ele adotou um "cronograma de conquista", o qual está cumprindo com mortal fixação. Segundo a profecia comunista, o tempo está esgotando-se para o mundo livre.

Este impasse deixa a parte inconquistada da atemorizada humanidade com somente três possíveis caminhos para o futuro:

1. Capitular humildemente.
2. Tentar coexistir.
3. Pôr-se a derrubar o brutamontes fanfarrão.

No que tange a este autor, não há dúvida alguma quanto ao caminho que, em última análise, os homens livres devam tomar. Na verdade, é a única escolha permitida pela lei da sobrevivência. Certo é que ninguém que tenha sentido o pulsar da liberdade em suas veias possa admitir a capitulação como solução. E ninguém que saiba o que está por trás do programa letal de "coexistência" do comunismo ousaria aceitar essa proposta como solução a longo prazo.

Que sobra, então?

Muitos anos atrás, quando ainda trabalhava no FBI, este autor ficou a par daquilo que os especialistas em marxismo já sabiam havia muito tempo: que há maneiras precisas para se deter o comunismo. Além disso, se os homens livres se moverem a tempo, podemos chegar ao sucesso sem maiores guerras! É por isso que este livro foi escrito. Foi escrito sob a convicção de que o homem moderno seria realmente tolo se houvesse aceitado o fenômeno do *Homo marxianus* como algo permanente no mundo.

Há razões históricas bem estabelecidas e fáceis de entender para que toda influência legítima seja utilizada para remover esse bloqueio do caminho do progresso humano normal. Isso deve ser feito em benefício do *Homo marxianus* e do resto da humanidade. Ele é a vítima de uma experiência feita pelo próprio homem, preso na armadilha de seu próprio ciclo de negação humana. Enquanto os homens livres forem maioria prevalecente na terra, haverá boas chances de se quebrar esse ciclo. Para tanto, contudo, os homens livres devem chegar a uma solidariedade inteligente e dinâmica, com pelo menos a mesma força que possuem os propósitos ilusórios, embora firmemente fixados, do *Homo marxianus*.

Na conclusão deste estudo, há uma lista de políticas que, se aplicadas em tempo, podem remover o bloqueio que o homem marxista colocou no caminho da raça humana. Essas políticas são soluções que florescem automaticamente com o entendimento da história, da filosofia e dos objetivos fundamentais do marxismo. Também há os fatos concretos que surgiram de nossa amarga experiência tentando lidar com o homem marxista.

Se um número suficiente de pessoas estudar o problema e mover-se pelo mundo em uma coalizão vasta e unida, é totalmente possível que a raça humana possa celebrar o encerramento do século XX com a seguinte realização monumental:

Liberdade a todos em nosso tempo!

CAPÍTULO 1

OS FUNDADORES DO COMUNISMO

Neste capítulo, tentaremos conhecer dois homens. O primeiro é Karl Marx, o iniciador do comunismo; o segundo, Friedrich Engels, seu colaborador. Tentaremos apresentar a vida de ambos da maneira como são apresentadas pelos comunistas — não como visionários e reformadores sociais brandos, como tantos livros estão sempre ansiosos por descrevê-los, mas sim como revolucionários agressivos, violentos e sedentos de poder, conforme eram vistos por seus seguidores mais próximos. Embora apresentando um breve resumo, este capítulo procura incluir detalhes suficientes para que o estudioso do comunismo possa responder às seguintes perguntas:

Por que os autores marxistas consideram o fundador do marxismo um "gênio", ainda que admitam francamente que fosse "um homem violento, brigão, controverso, um ditador e ferrabrás"?

Marx tinha boa formação? Qual era sua nacionalidade? Onde escreveu a maior parte de seus textos revolucionários?

Como é que Marx nunca teve profissão, ofício, ocupação ou meio confiável de sustento?

Quais eram as diferenças entre Engels e Marx?

Quais eram as seis metas principais apresentadas por Marx e Engels no *Manifesto comunista*?

Por que Marx acreditava que uma de suas principais tarefas era "destronar Deus"? Por que ele acreditava que seu livro *O capital* mudaria o mundo?

Por que Marx tentou duas vezes criar organizações devotadas a promover a revolução mundial e não conseguiu?

Londres, 1853

Num dia gelado e enevoado de 1853, um funcionário do governo britânico postou-se diante de um casebre no coração dos cortiços de Londres. Bateu na porta e, logo em seguida, a porta abriu-se. Quando entrou na sala, espessas nuvens de fumaça de tabaco envolveram sua cabeça, fazendo com que se engasgasse e tossisse, enquanto seus olhos lacrimejavam. Através da névoa, viu o proprietário da moradia: um barrigudo descabelado, de barba desgrenhada. O homem saudou o funcionário com carregado sotaque alemão, ofereceu-lhe um cachimbo de barro e indicou-lhe uma cadeira com o espaldar quebrado.

Se o funcionário não estivesse bem informado, jamais teria imaginado que o sujeito desgrenhado sentado à sua frente possuía o título de doutor, concedido por uma universidade; nem que sua esposa, que acabara de levar as crianças apressadamente para um quarto aos fundos, era filha de um aristocrata alemão. Mas era essa a verdade: aquela era a residência do Dr. Karl Marx e sua esposa.

Naquele momento, Karl Marx era um fugitivo político — enxotado da Alemanha, França e Bélgica. A Inglaterra havia concedido domicílio a ele e a outros líderes revolucionários do continente, e Marx era grato por isso, que lhe proporcionou um suporte vitalício para continuar seu trabalho revolucionário.

Nesse dia em especial, a presença do funcionário não era motivo de alarme. Era uma visita rotineira que o governo britânico fazia a todos os exilados políticos que vivessem na Inglaterra. E o funcionário também não era hostil; achava a família Marx estranha, porém interessante, gente capaz de conversar animadamente sobre os problemas do mundo enquanto se encontrava, feliz, em um ambiente doméstico de confusão incompreensível. O funcionário incluiu suas perplexas observações a respeito da família Marx no relatório oficial:

> [Marx] mora em um dos piores, portanto um dos mais baratos bairros de Londres. Ele habita dois cômodos. O cômodo que tem frente para a rua é a sala de visitas, e o dormitório fica nos fundos. Não existe uma só peça de mobiliário limpa ou decente em qualquer dos dois cômodos; tudo está quebrado, rasgado e esfarrapado, recoberto por uma grossa camada de poeira e em grande desordem. No meio da sala, há uma mesa grande, de modelo antigo, coberta por uma toalha de oleado. Sobre ela, há manuscritos, livros e jornais, junto de brinquedos das crianças, quinquilharias várias, a cesta de costura da dona da casa, xícaras quebradas, colheres, facas e garfos sujos, lampiões, um tinteiro, copos, cachimbos de barro holandeses, cinzas de tabaco — tudo numa pilha, sobre a mesma mesa [...]. Mas essas coisas não causavam o menor constrangimento a Marx ou a sua esposa. A recepção é a mais amigável possível, e eles cordialmente ofereciam cachimbos, tabaco e o que mais possa haver. Com o tempo, desenvolve-se uma conversa inteligente e interessante, que compensa as deficiências domésticas.[1]

É assim que somos apresentados a uma das personalidades mais dramáticas a passarem pelas páginas da história durante o século XIX — alguém que teria impacto ainda maior morto do que vivo. Os biógrafos tiveram de enfrentar o enigma da vida de Marx. Em dado momento, Marx seria considerado "o maior gênio de sua época", e, logo depois, até mesmo seus discípulos se sentiriam forçados a dizer que se tratava de "um homem violento, brigão, controverso, um ditador e ferrabrás, em luta com o mundo todo e sempre alarmado com a possibilidade de não ser capaz de afirmar sua superioridade".[2]

Essas eram as forças avultantes e contraditórias da dinâmica humana que achavam expressão na personalidade turbulenta de Karl Marx.

Infância e adolescência de Karl Marx

Karl Marx veio à luz em Trier, Alemanha, em 5 de maio de 1818. Certamente, não havia por que se envergonhar de seus

---

[1] Wilson, Edmund, *To the Finland Station*, pp. 217–218.
[2] Ruhle, Otto, *Karl Marx*, pp. 209–308.

ascendentes. Havia muitas gerações que seus ancestrais, de ambos os lados, vinham sendo estudiosos excepcionais e rabinos distintos. Entretanto, o pai de Karl Marx decidiu romper os elos com o passado, tanto os religiosos como os profissionais. Retirou sua família da sinagoga, ingressou em uma congregação protestante local e, em seguida, procurou fazer carreira profissional como advogado. Karl Marx tinha seis anos de idade quando essas raízes lhe foram cortadas, e alguns entre seus biógrafos atribuem sua posterior rejeição à religião a conflitos antecipados por essa súbita mudança em sua vida.

Na escola primária, o jovem Karl mostrou-se um aluno esperto, brilhante. E também revelou uma qualidade que lhe desgraçaria pelo resto da vida — sua incapacidade para manter amigos. Raramente encontramos, em qualquer dos escritos de Marx, referências a amizades felizes da infância. Dizem os biógrafos que ele era demasiadamente enérgico, ansioso por dominar a situação, preocupado com seu sucesso pessoal e beligerante em sua auto-afirmação para conseguir manter muitos amigos. Entretanto, a Karl Marx não faltavam sentimentos ou uma genuína ânsia por afeto. As cartas que ocasionalmente escrevia aos pais quando iniciou sua carreira universitária, aos 17 anos, revelam afeições profundamente sentimentais e femininas. Eis um exemplo:

> Na esperança de que o mau tempo sobre nossa família se disperse aos poucos; de que me seja permitido compartilhar de vossos sofrimentos e misturar vossas lágrimas às minhas e, talvez, em ligação direta convosco, demonstrar a profunda afeição, o imenso amor que nem sempre tive condições de expressar como gostaria; na esperança de que vós também, meu carinhoso e eternamente amado pai, tendo em mente o quanto meus sentimentos foram agitados pelas tempestades, me perdoareis, pois meu coração vos deve ter parecido perder-se tantas vezes quando os lavores de meu espírito me privavam do poder da palavra; na esperança de que logo estejais gozando de plena saúde e de que tenha eu a possibilidade de ter-vos em meus braços e dizer-vos como me sinto, vosso afetuoso filho, Karl.

Essas demonstrações de afeto devem ter surpreendido o velho Marx. Em suas obrigações como pai, ele nunca conseguiu aconselhar ou confrontar seu filho genioso sem precipitar uma explosão emocional. As cartas de Karl Marx faziam freqüentes referências às violentas discussões entre ele e seus pais; as cartas de seus pais queixam-se de seu egoísmo, sua falta de consideração para com a família, sua constante exigência de dinheiro e sua descortesia em deixar de responder à maioria das cartas que lhe escreviam.

O jovem Marx

Foi no outono de 1835 que Karl Marx ingressou na Universidade de Bonn para estudar Direito. Este foi um ano frenético. Marx escandalizou seus pais ao entrar para uma sociedade de freqüentadores de tabernas, endividar-se profundamente e quase ser expulso por "bebedeiras e tumultos noturnos". Seu desempenho nos estudos era muitíssimo insatisfatório, e ele ameaçou tornar-se poeta de profissão em vez de advogado. No verão de 1836, bateu-se em um duelo e foi ferido acima do olho. Foi finalmente decidido que seria melhor para a Universidade de Bonn se Karl Marx fosse transferido para alguma outra universidade. Seu pai concordou plenamente, e Karl foi enviado a Berlin.

Foi na Universidade de Berlin que as potências intelectuais de Karl Marx começaram a se manifestar e toda a matriz de sua vida começou a tomar forma. Embora cumprisse o desejo de seu pai e estudasse Direito, tudo não passava de uma camuflagem desanimada para encobrir sua ávida exploração na Filosofia. No meio desses estudos, seu pai morreu, e Marx anunciou imediatamente que seguiria carreira acadêmica; desejava ocupar a cátedra de filosofia de alguma universidade. Escolheu como tese de doutoramento "A diferença entre a filosofia natural de Demócrito e a de Epicuro".

Nesse estudo, defendeu o materialismo de Epicuro, que previa um princípio energizante na matéria. Acreditava que, se a matéria fosse autodinâmica, não haveria necessidade de criador, planejador ou força governante do universo. Os sentimentos anti-religiosos de Marx encontraram expressão em sua tese ao selecionar o grito de Prometeu como sua divisa: "Em uma só palavra — odeio todos os deuses!". Durante este período de incubação intelectual, três desejos dominaram o pensamento de Karl Marx: descobrir uma filosofia da natureza, repudiar por completo todas as formas de religião e obter a mão da filha do Barão de Westphalen em casamento.

Quando Marx estava na Universidade de Berlin, juntou-se a uma escola de esquerda de hegelianos, seguidores do filósofo alemão Georg Wilhelm Friedrich Hegel. Naquele momento, toda a energia desse grupo era consumida pelo desejo de liquidar o cristianismo. David Friedrich Strauss havia publicado sua *Vida de Jesus* em 1835 e chocado toda a Alemanha com a afirmação de que os evangelhos não eram documentos históricos verdadeiros, mas sim meros mitos que ele cria se haverem desenvolvido a partir do imaginário comum entre os cristãos primitivos. Um companheiro próximo de Marx, Bruno Bauer, escreveu sobre o mesmo tema em 1840, sob o título de *Crítica histórica dos evangelhos sinóticos*. Nessa obra, o autor alegou que os evangelhos haviam sido forjados, que Jesus nunca havia existido e era uma figura ficcional e que, portanto, o cristianismo era uma fraude.

A essa altura, Bauer e Marx resolveram criar coragem para publicar uma revista de ateísmo, mas o empreendimento não obteve patrocínio e morreu na gestação.

Todavia, a campanha anticristã ganhou outro eloqüente protagonista, chamado Ludwig Feuerbach, que em 1841 publicou seu *Essência do cristianismo*. Ele não apenas ridicularizava o cristianismo, mas também apresentava a tese de que o homem é a mais elevada forma de inteligência do universo. Esse exótico lampejo de especulação fascinou Marx, que já incluíra a mesma idéia em sua tese de doutorado. Marx havia dito abruptamente que era necessário "reconhecer como a mais alta das divindades a própria autoconsciência humana!".

A reação do governo a essa campanha anticristã tomou um aspecto sério, o que levou Marx a concluir que não seria prudente apresentar sua tese à Universidade de Berlin, onde estivera estudando. Seu amigo Bruno Bauer lhe sugeriu que fosse à Universidade de Jena. Marx aceitou a sugestão e acabou por receber seu grau de doutor em filosofia nesta instituição, em abril de 1841.

Logo a seguir, no entanto, um duro golpe derrubou sua apaixonada ambição de se tornar professor de filosofia em uma universidade alemã. Esse golpe resultou da colaboração entre Marx e Bauer na redação de um panfleto que foi rigorosamente investigado em razão de seu tom revolucionário. Quando o governo prussiano identificou os autores, Bauer foi sumariamente demitido da Universidade de Bonn, e Marx foi notificado de que jamais teria permissão para ensinar em uma universidade alemã.

A chama do espírito revolucionário ardeu intensa em Marx, e ele convenceu-se de que precisava iniciar um movimento para reformar o mundo. Contudo, para conseguir levar a cabo essa tarefa, precisava da companhia de Jenny von Westphalen, a atraente e benquista filha de um aristocrata alemão que morava na cidade onde Marx nascera. Durante sete anos, ele correspondeu-se com ela. Uma de suas cartas deixava claro que, casando-se com ele, ela se tornaria a esposa de um revolucionário: "Jenny! Se ao menos pudermos unir nossas almas, com desdém lançarei minha luva à face do mundo e hei-de caminhar sobre os destroços como criador".[3]

Casaram-se em junho de 1843. Naquele momento, o noivo estava desempregado, e Jenny von Westphalen logo descobriu que essa seria uma característica permanente de toda sua vida de casados. Karl Marx jamais alcançou a menor compreensão da responsabilidade assumida pelo marido como chefe de família. Mesmo assim, Jenny von Westphalen continuou leal e devotada a Karl Marx, sob circunstâncias que teriam arrasado uma mulher

---

3 Wilson, Edmund, *To the Finland Station*, p. 115.

de menos fibra. Após o casamento, tiveram uma lua-de-mel de cinco meses, depois da qual foram a Paris, onde Marx esperava colaborar na publicação de um jornal revolucionário chamado "Anuários franco-alemães". O periódico faliu após o primeiro número, e Marx passou os quinze meses seguintes com a agradável tarefa de "estudar e escrever".

Esse seria o padrão em toda sua vida. Mais tarde, enquanto sua família passava fome, ele poderia ser encontrado na biblioteca, dedicando-se ao estudo da matemática superior, uma área interessante, mas que não lhe traria renda alguma. Voltaire referiu-se com escárnio à geração de homens incapazes de conduzir sua própria família e que, por isso, retiravam-se para o sótão, porque de lá conduziriam o mundo inteiro. Marx parecia encaixar-se nesse modelo. Embora parecesse fisicamente indolente, Marx era capaz de realizar quantidades prodigiosas de trabalho intelectual, desde que se tratasse de um assunto que lhe interessasse. Salvo isso, nem se mexia. Como resultado dessas características de personalidade, Marx jamais teve profissão, ofício, ocupação ou meio confiável de sustento. Acerca dessa fase de sua carreira, um biógrafo simpático a ele declara:

> Achava o trabalho regular uma coisa maçante; as ocupações convencionais o deixavam mal-humorado. Sem um tostão no bolso e com a camisa empenhada, examinava o mundo com ar de grão-senhor [...]. Nunca teve dinheiro na vida. Era de uma ineficiência ridícula em suas tentativas de enfrentar as necessidades econômicas de casa e da família, e sua incapacidade para questões financeiras fez com que passasse por uma série infinda de lutas e catástrofes. Sempre estava endividado e sob incessantes cobranças dos credores [...]. Metade dos bens da família estava sempre na casa de penhores. Seu orçamento desafiava todas as tentativas de se pôr a vida em ordem. Sua bancarrota era crônica. Os milhares e milhares que Engels lhe entregava derretiam-se entre seus dedos como se fossem neve.[4]

Essa afirmação nos leva ao único amigo íntimo que Karl Marx chegou a ter — Friedrich Engels.

---

4 Ruhle, Otto, *Karl Marx*, pp. 383–384.

Friedrich Engels

Sob muitos aspectos, Engels era o perfeito oposto de Karl Marx. Era alto, esguio, vivaz e afável; apreciava o atletismo, gostava de gente e, por natureza, era otimista. Nasceu em Barmen, na Alemanha, em 28 de novembro de 1820, filho de um industrial que possuía grandes tecelagens em Barmen e também em Manchester, na Inglaterra. Desde a mais tenra idade, Engels aborreceu-se sob a disciplina férrea de seu pai e aprendeu a desprezar as tecelagens e tudo que representavam. Naturalmente, foi alinhando-se ao "proletariado industrial" conforme amadurecia.

Para o filho de um empresário burguês, Engels teve uma educação surpreendentemente limitada; pelo menos, não incluía qualquer formação acadêmica ampla. Mas, o que lhe faltava em instrução formal, ele supriu com trabalho árduo e talento nato. Passou tempo considerável na Inglaterra e aprendeu tanto inglês quanto francês, com tanta habilidade que conseguiu vender artigos a revistas de esquerda em ambas as línguas.

Os biógrafos destacaram que, enquanto o cordial e atraente Engels diferia em traços pessoais do Marx pensativo e desconfiado, ambos seguiram um caminho idêntico de desenvolvimento intelectual. Engels, como Marx, teve amargas brigas com o pai, afeiçoou-se à leitura da vida de Jesus escrita por Strauss, juntou-se aos mesmos hegelianos de esquerda que atraíram Marx, tornou-se agnóstico e cínico, perdeu a confiança na economia baseada em livre-iniciativa da Revolução Industrial e concluiu que a única esperança para o mundo era o comunismo.

Engels já era um admirador de Marx muito antes de o conhecer pessoalmente. Em agosto de 1844, foi a Paris com o propósito específico de visitar Marx. A atração magnética entre os dois foi instantânea. Após dez dias, ambos sentiam que seu destino era trabalharem juntos. Foi dentro desses dez dias que Marx converteu Engels de comunista utópico em revolucionário declarado; convenceu Engels de que não havia uma verdadeira esperança para a humanidade no idealismo de Robert Owen ou de Saint-Simon e de que as circunstâncias exigiam uma revolução militante para derrubar a sociedade existente. Engels concordou e voltou à Alemanha.

Seis meses depois, Marx foi expulso da França, junto com outros espíritos revolucionários, e fixou residência em Bruxelas. Lá, Marx e Engels escreveram *A sagrada família*, livro concebido para trazer à sua roda os comunistas que estivessem dispostos a repudiar completamente qualquer ligação com as chamadas "reformas pacíficas" da filantropia, do utopismo ou da moralidade cristã. A bandeira vermelha da revolução havia sido içada, e Marx e Engels supunham-se sua guarda real.

A estranha relação desenvolvida com rapidez entre Marx e Engels somente pode ser entendida quando se percebe que Engels considerava um privilégio ligar-se a um gênio como Marx. Entre outras coisas, ele julgava uma honra ter permissão para assumir a responsabilidade pelo sustento financeiro de Marx. Logo após Marx ser expulso da França, Engels enviou-lhe todo o dinheiro que tinha em mãos e prometeu enviar mais.

> Por favor, aceita como natural que terei o maior prazer do mundo em colocar à tua disposição os honorários que espero logo receber por meu empreendimento literário inglês. Não preciso de dinheiro agora, porque meu chefe (pai) há de me manter com fundos. Não podemos permitir que os cães, com seu comportamento infame, deleitem-se a envolver-te em embaraços pecuniários.

Essa nova parceria entre Marx e Engels deu a ambos a coragem para iniciar imediatamente a Liga Comunista Internacional, com base na necessidade de uma revolução violenta. Planejavam utilizar trabalhadores da Alemanha e da França como espinha dorsal de sua nova máquina política, mas desapontaram-se amargamente. Após passar muitos meses entre operários franceses, Engels reprovou-os, porque "preferiam os devaneios mais absurdos: planos pacíficos para inaugurar a felicidade universal". Marx disse que o combustível para a revolução na França não existia. Assim, tendo falhado na construção de sua própria organização revolucionária, Marx e Engels decidiram tomar posse da que já existia. Em agosto de 1847, conseguiram obter o controle da Sociedade Educacional dos Trabalhadores em Bruxelas. Essa vitória lhes rendeu prestígio imediato entre as organizações reformistas da Europa. Também deu a eles a primeira oportunidade para estender sua influência na Inglaterra. Nesse ponto, Marx e Engels teriam ficado surpresos se soubessem que a Inglaterra, e não o continente, se tornaria o quartel-general de suas atividades revolucionárias.

O Manifesto comunista

Em novembro de 1847, chegou de Londres a notícia de que a Federação dos Justos (posteriormente conhecida como Liga Comunista) desejava que Marx e Engels participassem de seu segundo congresso como representantes das organizações comunistas de Bruxelas. Marx e Engels não só participaram do congresso como praticamente tomaram conta dele. Passavam a maior parte da noite acordados a fazer planos e, usando de estratégias astutas em todas as reuniões, conseguiram fazer com que o congresso adotasse suas perspectivas fundamentais. Marx e Engels foram então designados para a escrita de uma declaração de princípios, ou um "Manifesto ao mundo". Retornaram a Bruxelas e dedicaram-se imediatamente à tarefa, com Marx vertendo sobre o texto seu apelo apaixonado por uma revolução. Ao terminarem, anunciaram à humanidade que o novo programa do comunismo internacional tencionava: (1) a derrubada do capitalismo; (2) a abolição da propriedade privada; (3) a eliminação da família como unidade social; (4) a abolição de todas as classes; (5) a derrubada de todos os governos; e (6) o estabelecimento da ordem comunista com a propriedade comum dos bens em uma sociedade sem classes nem estados. *O Manifesto comunista* era claríssimo quanto ao rumo a ser tomado:

> Em poucas palavras, os comunistas de todos os lugares apoiam todo e qualquer movimento revolucionário contra as condições sociais existentes. Que as classes dominantes tremam ante a idéia de uma revolução comunista! Os proletários nada têm a perder nela, salvo suas amarras. Eles têm um mundo a ganhar. Trabalhadores do mundo, uni-vos!

A Revolução de 1848

O clarão vermelho da revolução fez-se ver muito antes do que Marx ou Engels previram. Em fevereiro de 1848, enquanto a tinta d'*O Manifesto comunista* ainda secava, o espírito revolucionário do proletariado francês uniu-se ao ressentimento da burguesia contra Luís Filipe, e seguiu-se um violento levante que acabou por expulsar o imperador do país. Imediatamente depois, estabeleceu-se um governo provisório que incluía membros da Liga Comunista, os quais prontamente convocaram Marx a comparecer em Paris. Marx chegou entusiasmado à capital francesa, munido da plena autoridade do quartel-general da Liga Comunista para estabelecer a sede internacional em Paris e arquitetar a revolução nos outros países a partir de lá.

Marx sabia que o sucesso inebriante do levante na França havia induzido os componentes radicais do governo provisório a enviar "legiões" aos países vizinhos. Seu objetivo era iniciar rebeliões em todos os países e erigir a revolução em uma conflagração esplendorosa. Embora fosse exatamente essa a posição que Marx vinha defendendo havia muitos anos, ele percebeu subitamente que uma campanha dessa magnitude naquele momento poderia ser um tiro pela culatra e levar à perda do apoio das massas nos países aos quais legiões haviam sido enviadas. Ainda assim, o plano foi aprovado, e as primeiras legiões foram enviadas para a Alemanha. Marx foi logo atrás e começou a publicar um periódico em sua própria língua, chamado *Rheinische Zeitung*.

Os líderes revolucionários não tardaram a perceber que Marx constituía um risco para a propaganda. Esse fato ficou penosamente evidente quando ele foi enviado, junto de outros membros da Liga Comunista, para organizar os trabalhadores do Vale do Reno. Marx, quando convidado para discursar perante o Congresso Democrático Alemão, desperdiçou sua oportunidade de ouro. Carl Schurz diz:

> Estava ansioso para ouvir as sábias palavras que, eu supunha, sairiam da boca de um homem tão célebre. Fiquei muito desapontado. O que Marx disse era sem dúvida importante, lógico e claro; mas

jamais vi alguém com uma arrogância tão insuportável: não concedia sequer um instante de consideração a qualquer opinião que diferisse da sua. Tratava abertamente com desprezo a qualquer um que o contradissesse [...]. Aqueles a quem ele havia ofendido com suas maneiras grosseiras sentiam-se inclinados a votar a favor de qualquer coisa contrária a seus desejos [...] em vez de conquistar novos partidários, repeliu muitos que se poderiam inclinar a dar apoio.[5]

Desde o começo, a revolução na Alemanha havia sido anêmica, atingindo um estado de vergonhoso colapso em 16 de maio de 1849. A Marx foram concedidas 48 horas para abandonar o país, então ele não permaneceu mais do que o tempo suficiente para tomar um empréstimo, imprimir a última edição de seu jornal em tinta vermelha e sair correndo para refugiar-se na França.

Mas na França não havia refúgio. Marx chegou em Paris sem vintém e exausto, tão somente para descobrir que a influência comunista na nova república já havia murchado e perecido. A Assembléia Nacional estava nas mãos da maioria monarquista.

Na primeira oportunidade, ele fugiu da França, deixando a família para segui-lo mais tarde, pois não dispunha de recursos. Decidiu exilar-se permanentemente em Londres.

O fim da liga comunista

Embora Marx tivesse de apertar sua família em um apartamento barato, de um só dormitório nos cortiços de Londres, estava satisfeito o suficiente com seu bem-estar, a ponto de voltar sua atenção de imediato à tarefa de reavivar as chamas da revolução. A despeito de seu ânimo dedicado, os esforços de Marx resultaram em mais mal do que bem. Seu espírito agitador parecia sempre disposto a criar dissensões e brigas nas fileiras de seus aliados, e ele logo rompeu com seus antigos companheiros. O Comitê Central foi tirado do alcance de sua influência e transferido para Colônia, e lá ficou até 1852, quando todos os líderes comunistas da Alemanha foram capturados e sentenciados a longos períodos

---

5 Ruhle, Otto, *Karl Marx*, pp. 157–158.

de prisão por atividade revolucionária. Marx fez tudo que podia para salvar os camaradas que dele se haviam afastado. Juntou documentos, recrutou testemunhas e apresentou diversos argumentos jurídicos que julgava proveitosos, mas, apesar de seus préstimos, as sentenças de "culpado" retiravam do contingente revolucionário um líder do partido após outro. E assim anunciou-se o fim da Liga Comunista.

A família de Karl Marx

Dessa época em diante, a família Marx viveu em Londres, na mais extrema pobreza. A correspondência de Marx expressava uma combinação peculiar de emoções durante esse período. Por um lado, expressava enternecida preocupação com o bem-estar de sua esposa e filhos. Confessou em uma carta a Engels que as "lágrimas e lamentações noturnas" de sua mulher eram quase insuportáveis. Depois, na mesma carta, explicou jovialmente como estava gastando todo seu tempo a estudar história, política, economia e os problemas sociais, de modo a equacionar as respostas para todos os problemas do mundo.

Em 1852, sua pequena filha Francisca morreu. Dois anos depois, morria seu jovem filho Edgar, e dois anos a seguir um bebê morreria ao nascer.

Uns poucos parágrafos de uma carta escrita pela esposa de Marx indicam a surpreendente lealdade desta mulher, que via seus filhos esfaimados morrendo ao seu redor, enquanto o pai passava dias e noites na biblioteca do Museu Britânico:

> Deixe-me descrever um dia de minha vida como ela realmente é [...]. Como as amas de leite são extremamente caras por aqui, decidi amamentar o bebê, a despeito das terríveis dores nos seios e nas costas. Mas o pobre anjinho bebeu tanta tristeza com o leite que está sempre reclamando, com dores intensas dia e noite. Desde que veio ao mundo, nunca dormiu uma noite por inteiro. No máximo, duas ou três horas. Nos últimos tempos, tem tido espasmos violentos, de modo que está sempre entre a vida e a morte. Nesses momentos, suga com tanta força que o bico de meu seio fica ferido

e sangra; muitas vezes, o sangue escorre para a boquinha dele. Um dia, estava sentada assim, quando apareceu nossa senhoria [...]. Como não podíamos pagar a conta (de cinco libras) na hora, entraram dois corretores e tomaram posse de todos os meus pertences — roupas, roupa de cama e até o berço e os brinquedos da menininha, o que fez com que as crianças chorassem amargamente. Ameaçaram levar tudo em duas horas (felizmente, não o fizeram). Se isso tivesse acontecido, teria de deitar no chão, com meus filhos enregelados junto a mim [...].

No dia seguinte, tivemos de ir embora. Estava frio e chovia. Meu marido tentou encontrar alojamento, mas, quando dizia que tínhamos quatro filhos, ninguém nos aceitava. No fim, um amigo ajudou. Saldamos a dívida, e eu rapidamente vendi minhas camas e roupas de cama para pagar o farmacêutico, o padeiro e o leiteiro.[6]

Assim passaram-se os anos. Centenas de cartas, literalmente, foram trocadas entre Engels e Marx, e praticamente todas se referiam, aqui ou ali, a dinheiro. Esta frase é característica das cartas de Engels: "Em anexo, uma ordem postal de cinco libras", enquanto as cartas de Marx estão cheias de passagens exasperadas, como: "Minha mãe assegurou-me positivamente de que vai protestar qualquer letra emitida em seu nome"; "Há dez dias não recebemos uma viva alma nesta casa".

"Você há de convir que estou afundado até as orelhas em encrencas pequeno-burguesas".

Em certo ponto dessa amarga existência, pareceu surgir um súbito lampejo de esperança. Durante um período particularmente desesperador, em que Engels não pôde ajudar, Marx viajou para a Holanda, onde um tio próspero generosamente lhe presenteou com 160 libras. Era o suficiente para reestabelecer Marx financeiramente, saldar suas dívidas e lhe possibilitar um recomeço. Mas, com o dinheiro no bolso, Marx resolveu fazer um passeio pela Alemanha. Visitou sua mãe em Trier, tomou inúmeras bebedeiras com seus velhos amigos, fez-se fotografar e, de modo geral, atuou como um diletante. Dois meses depois, voltou para casa. A esposa

---

6 Ruhle, Otto, *Karl Marx*, pp. 202–204.

deu boas-vindas ao marido turista, pensando que então poderia pagar as contas, comprar roupas e mobília e morar em um lugar melhor. Ficou horrorizada ao saber que restava quase nada das 160 libras.

A fundação da Primeira Internacional

Em 1862, fez-se uma grande feira internacional em Londres para exibir com orgulho as realizações industriais do capitalismo no século XIX. Os promotores da feira desejavam criar uma atmosfera de boa vontade internacional e, por isso, convidaram todos os países não somente a expor em suas bancas, mas também a enviar representantes de seus trabalhadores para trocar idéias e boa vontade com os trabalhadores dos outros países que estariam participando.

Os líderes trabalhistas britânicos, que vinham ganhando força desde 1860, consideraram esta uma excelente oportunidade para estabelecer uma organização internacional de trabalhadores. Portanto, aproveitaram a chance para travar firmes amizades com os líderes de Itália, Alemanha, França, Polônia e Holanda. No devido tempo, conseguiram estabelecer uma "Internacional" permanente, com sede em Londres. Um dos líderes desse movimento era um alfaiate chamado Eccarius, que havia sido o braço direito de Marx nos dias da Liga Comunista. Logo que o novo movimento começou a tomar impulso, Eccarius convidou Marx para participar.

Imediatamente, Marx começou a afirmar sua posição — mas dentro dos limites. Essa era a lição que em parte havia aprendido com o fracasso da Liga Comunista. A nova organização chamava-se Associação Internacional dos Trabalhadores, à qual referem-se com freqüência como Primeira Internacional. Enquanto Marx se conteve, conseguiu exercer influência considerável sobre os líderes trabalhistas de diversos países. Com cuidadosas manobras de bastidores, conseguiu fazer com que quase todas as suas idéias fossem adotadas, em detrimento de programas mais pacíficos, sugeridos por "reformadores com mentalidade social". Mas tudo isso parecia conversa mole e sem naturalidade para Marx. Admitiu a Engels que se havia forçado a fazer concessões para manter a paz:

> Todas as minhas propostas foram aprovadas pelo subcomitê. Só uma coisa: fui obrigado a prometer inserir no preâmbulo às regras duas frases sobre "dever" e "direito"; também sobre verdade, moralidade e justiça — mas estão colocadas de tal modo que não vão poder fazer mal [...]. Ainda vai demorar algum tempo até que o movimento acorde novamente para permitir a velha audácia no discurso. Temos de ser fortes na substância, mas moderados na forma.[7]

A despeito de sua determinação para ser "moderado", não demorou muito até os verdadeiros sentimentos de Marx virem à tona. Estava preocupado com duas coisas: em primeiro lugar, com a necessidade de criar um núcleo firme de revolucionários disciplinados que pudesse inflamar os trabalhadores das principais indústrias de todos os países com a disposição para agir e, em segundo lugar, com a necessidade de eliminar qualquer pessoa que pudesse ameaçar sua liderança nesse novo movimento. O que Marx tinha em mente era realizar um expurgo no partido.

O primeiro a sentir a força da nova campanha foi Schweitzer, líder trabalhista alemão. Todos os estudiosos de Marx e Engels parecem concordar que ambos eram totalmente impiedosos quando se tratava de lidar com um camarada selecionado para ser liquidado no partido. O panfleto propagandístico lançado contra Schweitzer alegava que este trabalhava para Bismarck, o Homem de Ferro da Alemanha. Embora fosse mera invenção, nenhuma afirmação poderia ser mais devastadora para a reputação de Schweitzer. Ainda hoje, alguns historiadores se baseiam nas acusações de Marx para afirmar que Schweitzer era um traidor da causa trabalhadora.

Outro pilar do partido a cair com o expurgo foi Mikhail Bakúnin, o primeiro russo a interessar-se nas atividades revolucionárias. Bakúnin fugira de uma prisão russa e residia em Genebra.

---

7 Ruhle, Otto, *Karl Marx*, pp. 248–249.

Ele defendia os princípios de Marx com tanto entusiasmo que alguns componentes do movimento trabalhador começaram a se atrair por sua liderança. Foi fatal. Marx imediatamente se pôs a destruir Bakúnin. A técnica foi a mesma usada contra Schweitzer, exceto que Marx e Engels acusaram Bakúnin de ser agente do czar da Rússia. Tal acusação teve efeito desastroso durante um tempo. Em seguida, divulgaram uma acusação que depois se demonstrou totalmente falsa — de que Bakúnin se havia apropriado de 25.000 francos. Finalmente, para dar o golpe de misericórdia, Marx conseguiu fazer com que a Internacional expulsasse Bakúnin da associação. Com esse ato, Marx acreditava secretamente que havia destruído o último homem que poderia ameaçar seriamente sua liderança. O que Marx não sabia é que, a despeito de suas ofensas, Bakúnin continuaria leal aos preceitos marxistas e inclusive traduziria suas obras para o russo, plantando assim a semente daquilo que produziria a primeira nação do mundo moderno a viver sob uma ditadura comunista.

Entretanto, a ansiedade de Marx para expurgar a Internacional de todos os seus inimigos pessoais criou tantas suspeitas, desconfianças e dissensões partidárias que quase provocou a total destruição da organização. Na verdade, o fim da primeira internacional veio de reboque com a expulsão de Bakúnin. Os sindicatos ingleses começaram a abandonar a causa da revolução internacional, e os grupos de trabalhadores do continente, a ignorar as ordens da Associação. Finalmente, em 8 de setembro de 1873, o último congresso da Associação Internacional dos Trabalhadores realizou-se em Genebra, e Marx descobriu que os treze delegados que finalmente concordaram em participar tiveram de ser praticamente "desenterrados". Para todos os efeitos, a Primeira Internacional havia morrido.

Marx escreve um livro para mudar o mundo

Boa parte da motivação de Marx para tornar a Associação Internacional dos Trabalhadores um grande movimento era seu desejo de pôr em prática as próprias teorias que estava lutando para pôr no papel. Durante muitos anos, cuidou com carinho de seus dois projetos do coração — a Internacional e seu "livro". Ambos os projetos drenaram sua força física. Tudo isso fez ressurgir um antigo problema hepático, e Marx logo começou a sofrer com bolhas que ameaçavam cobrir todo seu corpo. As enfermidades seriam um tormento até o fim de seus dias. Em carta a Engels, verteu reclamações sobre a dor e o desapontamento que estava sofrendo:

"Para meu extremo desgosto, após não ter conseguido dormir a noite toda, descobri mais duas bolhas de primeira ordem em meu peito". Depois, escreveu: "estou a trabalhar feito burro de carga, vendo que preciso fazer o melhor uso do tempo disponível para meu trabalho, e os carbúnculos continuam lá, embora causem só problemas locais, sem interferir em meu cérebro". Após um ataque particularmente severo, escreveu: "Dessa vez, foi realmente sério — a família não sabe quão sério foi. Se isso se repetir mais três ou quatro vezes, estou acabado. É surpreendente o quanto estou devastado e fraco a mais não poder, não na cabeça, mas no tronco e membros [...]. Não tenho condições de me sentar, mas, deitado, a intervalos, tenho conseguido continuar meu trabalho".

O "trabalho" a que Marx se refere era a pesquisa e preparação do primeiro volume d'*O capital*. Marx estava convencido de que uma revolução jamais se concretizaria sem que as massas trabalhadoras possuíssem uma filosofia revolucionária de história, economia e progresso social. Escreveu *O capital* para demonstrar como a derrubada violenta da ordem presente não só era justificada como inescapável. Em outro momento, examinaremos as teorias de Marx, mas, neste ponto, basta apontar que Marx via a escrita de seu livro como uma missão desagradável, que precisava ser cumprida para que o comunismo internacional pudesse germinar e florescer.

Durante 1865, quando se esforçava para preparar a versão final de seu primeiro volume para impressão, Marx disse a Engels que desejava "terminar isso rápido, porque a coisa se havia tornado um perfeito pesadelo para mim". De vez em quando, sua doença lhe dava trégua, e ele finalmente escreveu a Engels: "No que se refere ao maldito livro, é assim que termina a história. Foi concluído no final de dezembro". Engels garantiu a Marx que o sofrimento e a ansiedade por conta da finalização do livro eram uma provação tão grande para ele quanto para o próprio Marx. Escreveu: "No dia em que o manuscrito for para o prelo, vou tomar um porre inesquecível!".

Foi só em março de 1867 que todas as revisões terminaram e Marx foi à Alemanha para fazer publicar o livro em sua própria língua. Logo começou a distribuição.

Contudo, quando o livro chegou às livrarias, não foi nem de longe o triunfo literário que Marx e Engels esperavam. Sua linha de pensamento tinha um desenho muito fino para as classes trabalhadoras e estava longe de ser persuasiva para os reformadores intelectuais. Ficou para os intelectuais de outra geração fazer d'*O capital* a principal desculpa para seu ataque contra a ordem das coisas existente.

Os anos finais

Em 1875, Marx estava pouco satisfeito com sua vida de lutas. A Internacional havia-se desintegrado à sua volta, e o livro que escrevera para justificar sua política estava juntando poeira nas livrarias de todo o continente. Marx continuou a escrever mais dois volumes, mas a chama se extinguia. Após sua morte, ficou para Engels a tarefa de publicar o segundo volume em 1885 e o terceiro em 1894.

Os anos finais de Karl Marx foram estéreis e solitários. Em sua derrota abjeta, voltou-se ao seio da família. Sempre havia Jenny para dar-lhe conforto e consolação. Mas os filhos de Marx retiveram as cicatrizes de sua criação. Quando Marx interferiu em um namoro de sua filha Eleanor, ela foi viver com Edward Aveling e, depois de uma existência miserável com ele, cometeu suicídio. Outra filha, Laura, casou-se com um médico renegado e acabou por morrer com ele em um pacto de suicídio.

Em 1878, Marx havia abandonado praticamente todos os aspectos de seu trabalho. Sua sólida autoconfiança despedaçara-se. Era ignorado pelos líderes trabalhadores e ridicularizado pelos reformadores. Suas palavras tinham pouco peso, quer na Inglaterra, quer no exterior.

Seu ânimo estava a ponto de romper-se quando o tempo levou o único espírito semelhante ao seu, à exceção de Engels — Jenny Marx. Essa delicada, aristocrática e sofredora companheira morreu de câncer em 2 de dezembro de 1881. Treze meses depois, a filha favorita de Marx, Jenny, também morreu de repente. Daí em diante, notou Engels, Marx, o homem, podia considerar-se morto. Sobreviveu à morte de sua filha Jenny somente dois breves meses. Em 14 de março de 1883, às 2h45min da tarde, morreu, aos 64 anos, sentado sozinho em sua cadeira.

Três dias depois, seis ou sete pessoas acompanharam o caixão de Karl Marx ao cemitério de Highgate, em Londres, e lá seu amigo de todas as horas, Friedrich Engels, leu o discurso fúnebre. Era o tipo de discurso que Marx gostaria de ter ouvido. Deu a Marx em sua morte o que jamais havia recebido em vida: uma homenagem inequívoca de elogios fulgurantes.

Epílogo

Assim terminou a carreira dinâmica, turbulenta e inquieta de Karl Marx. Para todos os padrões, foi uma vida patética, cheia de ambições candentes, constantes frustrações e contínuos fracassos. Quer vejamos do ponto de vista de amigo ou inimigo, talvez a real tragédia da vida de Marx tenha sido o fato de que, por alguma razão surpreendente, quase por instinto, ele houvesse plantado a semente da autodestruição em todos os projetos que promoveu.

Podemos debruçar-nos sobre os quase infindáveis produtos de sua pena — os livros pesados e complexos ou as resmas de correspondência febril, cheia de ataques e sem sentimentos, em que Karl Marx projetou no comunismo a própria essência de sua natureza. Seus ressentimentos da autoridade política expressavam-se no grito retumbante pela revolução universal. Sua recusa ou incapacidade de competir em uma sociedade capitalista extraiu dele uma denúncia ácida dessa economia e uma profecia de que sua destruição estava inexoravelmente decretada. Sua profunda sensação de insegurança impeliu-o a criar, a partir de sua própria imaginação, um dispositivo para interpretar a história que tornou o progresso inescapável e o advento do comunismo inevitável. Suas atitudes pessoais perante religião, moral e concorrência na existência cotidiana levaram-no a ansiar por uma época em que os homens não teriam religião, moral nem concorrência em seu dia-a-dia. Queria viver em uma sociedade sem classes, estados ou concorrência, na qual haveria tanta produção de tudo que o homem, só em produzir conforme sua capacidade, automaticamente supriria em superabundância todas as suas necessidades materiais.

Outra característica que Marx compartilhou com sua cria intelectual — o comunismo — é que ambos devem ser vistos à distância para serem admirados, mesmo pelos amigos. É por essa razão que os biógrafos muitas vezes tratam de Marx como se este fosse duas pessoas. De certa distância, podem achar que admiram suas teorias; mas, ao chegar perto, Marx se torna uma entidade diferente. Assim, Bakúnin poderia considerar Marx "o supremo gênio econômico e socialista de nossos dias" e dar a seguinte avaliação de Marx, o homem: "O egoísmo de Marx toca as raias da insanidade [...]":

> Marx amava sua própria pessoa muito mais do que a seus amigos e apóstolos, e não havia amizade que resistisse ao mais leve ferimento em sua vaidade. Marx jamais esquece uma desfeita a sua pessoa [...]. Tem de ser adorado, tornar-se seu ídolo para o amar em troca; para você ser tolerado, ele precisa ao menos que o tema. Gosta de rodear-se de pigmeus, lacaios e aduladores. Mesmo assim, há algumas pessoas notáveis entre seus íntimos. Em geral, entretanto, pode-se dizer que, nos círculos dos íntimos de Marx, havia pouca franqueza fraterna, mas muito de maquinação e diplomacia. Há um tipo de luta tácita e um denominador comum entre os amores-próprios das diversas pessoas envolvidas, e, onde opera a vaidade, não há mais lugar para o amor fraterno. Todos em

guarda, com medo de serem sacrificados ou aniquilados. O círculo de Marx é um tipo de sociedade de admiração mútua. Marx é o principal distribuidor de honras, mas é o invariavelmente pérfido e malévolo, nunca franco e aberto, incitador da perseguição daqueles de quem suspeita, ou que tiveram a má sorte de não conseguir demostrar toda a veneração que ele espera. Quando ordenava uma perseguição, não havia limite para a vilania e infâmia do método.

O ácido de intolerância fervente que Marx tantas vezes derramava sobre as cabeças de seus seguidores pode ser explicado em parte por sua completa certeza de que as teorias que havia concebido eram jóias infalíveis da verdade cósmica. Em seus dias gloriosos de abundante força, Marx muitas vezes impressionava a oposição com declarações de autoconfiança capazes de mover montanhas: "A evolução histórica está do nosso lado", gritava a seus seguidores:

> O capitalismo, a que as leis da evolução deram vida, será destruído pela força inexorável dessas mesmas leis. A burguesia, gestora do sistema capitalista, surgiu no palco da história com este sistema e deve sair de cena junto dele. São vocês, proletários, que mantêm o capitalismo vivo por força de seu trabalho e mantêm toda a sociedade capitalista com os frutos de sua indústria. Mas o socialismo tem de ser uma conseqüência orgânica do capitalismo, e a essência deste último está implícita na essência do primeiro. Com o fim do capitalismo, vem o início do socialismo, como conseqüência lógica. Vocês, proletários, como classe, sendo os incorporadores das forças e tendências que hão de expulsar o capitalismo, devem necessariamente dar fim à burguesia. Vocês simplesmente precisam, como classe, fazer a revolução que sua missão exige que façam. Só precisam de vontade! A história tornou essa tarefa tão simples quanto possível para vocês. Vocês não precisam criar novas idéias, fazer planos, descobrir um novo estado futuro. Vocês não precisam "antever dogmaticamente o mundo"; vocês precisam somente pôr mãos à obra que está à sua espera. Os meios usados para executar sua obra serão encontrados na luta de classes incessante, calculada, consistente, cuja coroa será a vitória da revolução social.

Quando Marx morreu, pouco havia a lhe sugerir, em suas últimas horas, que ele seria lembrado por aquilo que tanto havia buscado e não conseguiu realizar — uma genuína revolução. Enquanto a Europa Ocidental descartou a violência revolucionária como mera fase das reformas sociais do século XIX, um gigante dormente da Europa Oriental estava prestes a ser rudemente acordado pelo chamado às armas revolucionário feito por Marx. Esse gigante, é claro, era a Rússia.

Antes de estudarmos a revolução na Rússia, temos de voltar nossos olhos a um breve exame das teorias que Karl Marx e Friedrich Engels legaram a seus discípulos do comunismo mundial. Nessas teorias, podemos encontrar a explicação de muitas coisas ocorridas na Revolução Russa e em atividades comunistas subseqüentes, sem as quais seria difícil ou impossível entendê-las.

CAPÍTULO 2

A ATRAÇÃO DO COMUNISMO

"Como poderia um grande cientista, ou qualquer pessoa com tanta educação, enganar-se com o comunismo?". Durante os últimos setenta anos, esta questão ecoou sobre a terra a cada vez que aparecia um novo caso de espionagem vermelha. Muitos ficaram surpresos ao descobrir que o comunismo atrai certas pessoas com boa formação intelectual porque inclui uma intrigante "filosofia da natureza". Nessa filosofia, o comunismo parece explicar a origem e o desenvolvimento de tudo que existe — vida, planetas, galáxias, evolução e até mesmo a inteligência humana. Para aqueles que nunca haviam mergulhado na filosofia, esses conceitos às vezes se mostravam envaidecedores e persuasivos. Por isso, trataremos deles nesse capítulo.

Este pode ser um material de leitura difícil. Entretanto, as teorias do comunismo serão muito mais acessíveis nesta forma breve e concentrada do que seriam se o estudante tentasse passar meses a cavoucar os vastos tratados técnicos da literatura comunista.

Nenhum estudante deve abandonar seus estudos de marxismo enquanto não houver encontrado as respostas para questões como:

Que é a "lei dos opostos" comunista?

Que é a "lei da negação"?

Como o filósofo comunista explica a origem da vida? O universo tem um criador ou um propósito?

Que significa o conceito comunista de que tudo é conseqüência de acidentes acumulados?

O comunismo tem um deus? Que Feuerbach disse ser realmente o deus do homem? Quem deve refazer o mundo segundo Marx? Como Marx e Engels justificaram o uso da violência?

Qual é a falácia básica da "lei dos opostos" comunista? Qual é a falácia inerente da "lei da negação"? Qual é o ponto fraco da "lei da transformação"?

A defesa do comunismo

A influência de Marx e Engels continuou sobre a Terra, não simplesmente porque eles eram contrários a tantas coisas, mas principalmente porque eram a favor de algo. Em uma palavra, prometiam satisfazer as duas maiores necessidades da humanidade: a paz universal e a prosperidade universal.

O próprio fato de que o comunismo oferecia uma salvação a todas as pessoas confusas, insatisfeitas e infelizes do mundo lhe garantiu uma audiência, não somente dos trabalhadores sem privilégios, mas também de muitos aristocratas, ricos e teóricos da política e da economia.

Quando essas pessoas começaram a ouvir como Marx e Engels iriam atingir a paz universal e a prosperidade universal, começaram a dividir-se em campos nitidamente contra ou a favor do comunismo. Um grupo insistia que valia a pena tentar o comunismo, a despeito do sangue que seria derramado (afinal de contas, que é uma guerra a mais em se tratando da passagem para a paz permanente?). O outro insistia que o comunismo é o repúdio completo de todo atributo humano decente. Significaria a perda sumária de todos os ganhos obtidos pelo homem em séculos de luta.

Qual será, então, a defesa do comunismo?

Neste capítulo, tentaremos reduzir o pensamento comunista à sua fórmula básica. O estudante notará logo que Marx e Engels trataram de muito mais assuntos do que revolução pela violência e economia comunista. Na verdade, desenvolveram um esquema de idéias projetado para explicar tudo que existe. Essa filosofia é o orgulho e a alegria de todo intelectual comunista moderno e, portanto, merece um exame cuidadoso.

A filosofia comunista da natureza

Para começar, a idéia comunista básica é a de que tudo que existe pode ser explicado por uma coisa — a matéria. Além da matéria, nada há. A matéria é a explicação total para átomos, sistema solar, plantas, animais, seres humanos, consciência psíquica, inteligência humana e todos os aspectos da vida. A filosofia comunista afirma que, se a ciência conseguir saber tudo que se pode saber sobre a matéria, saberemos tudo que existe para saber sobre tudo.[1] Portanto, o comunismo atribuiu à ciência a tarefa monumental de tornar o homem totalmente onisciente — de conhecer toda a verdade —, mas limitou a investigação a uma realidade — a matéria. A matéria é aceita conclusivamente como o princípio e fim de toda a realidade.

A filosofia comunista propõe-se, portanto, a responder três perguntas:

Qual é a origem da energia ou do movimento na natureza?

O que leva as galáxias, os sistemas solares, planetas, animais e todos os reinos da natureza a sofrerem aumento constante em sua quantidade numérica?

Qual é a origem da vida, a origem das espécies e a origem da consciência e da mente?

Marx e Engels responderam a essas três perguntas com suas três leis da matéria:

> **A LEI DOS OPOSTOS** — Marx e Engels começaram com a observação de que tudo que existe na natureza é uma combinação de opostos.[2] A eletricidade é caracterizada por cargas positivas e negativas. Os átomos são constituídos por prótons e elétrons unidos por

---

[1] Engels, Friedrich, *Ludwig Feuerbach*, International Publishers, Nova York, 1934, p. 31.

[2] Conze, E., *Dialectical Materialism*, London, N.C.L.C Society, 1936, p. 35.

forças contraditórias. Cada corpo orgânico possui tanto qualidades de atração como de repulsão. Mesmo os seres humanos descobrem, por introspecção, que são a unidade de qualidades opostas — egoísmo e altruísmo, coragem e covardia, traços sociais e anti-sociais, humildade e orgulho, masculinidade e feminilidade. A conclusão comunista é a de que tudo que existe "contém duas partes ou aspectos mutuamente incompatíveis e exclusivos, e todavia igualmente essenciais e indispensáveis".[3]

Assim sendo, o conceito comunista é o de que essa unidade de opostos na natureza é o que torna cada entidade autodinâmica e proporciona motivação constante para o movimento e a mudança. Essa idéia foi tomada de Georg Wilhelm Hegel (1770–1831), o qual afirmou que: "A contradição [na natureza] é a raiz de todo movimento e vitalidade".[4]

Essa afirmação nos apresenta à primeira observação da dialética comunista. A palavra "dialética" tem um significado especial para os comunistas: representa a idéia de conflito na natureza. Quem se inicia no estudo da filosofia comunista pode entender melhor o sentido de dialética se trocar esta palavra por "conflito" sempre que ela aparecer.

Neste ponto, espera-se que o estudante entenda que cada coisa existente no universo se encontra em estado de movimento porque é um pacote de forças opostas em luta dentro de si. Isso nos leva à segunda lei da matéria.

A LEI DA NEGAÇÃO — Após explicar a origem do movimento e da energia no universo, os autores comunistas começam a explicar a tendência na natureza a se aumentar constantemente a quantidade de todas as coisas. Concluiu-se que toda entidade tende a negar a si própria para se reproduzir em maior quantidade. Engels citou o caso da semente de cevada, que, em seu estado natural, germina a partir de sua própria morte, ou seja, sua negação produz uma planta. A planta, por sua vez, cresce até atingir a maturidade

---

3 Conze, E., *Dialectical Materialism*, pp. 51–52; v. também Engels, Friedrich, *Socialism: Utopian and Scientific*, pp. 47–48.

4 Citado por V. Adoratsky, *Dialectical Materialism*, pp. 26–27.

e, então, é ela própria negada após produzir muitas sementes de cevada. Desse modo, toda a natureza está em constante expansão através da morte. Os elementos de oposição que produzem conflito em cada coisa e lhe conferem movimento também tendem a negar a coisa em si; mas, nesse processo dinâmico de morte, a energia é liberada para expandir-se e produzir mais entidades do mesmo tipo.[5]

Tendo explicado o aumento numérico no universo, os filósofos comunistas concentraram-se na causa de todas as diferentes criações na natureza.

A LEI DA TRANSFORMAÇÃO — Esta lei diz que o contínuo desenvolvimento quantitativo de uma classe particular resulta, muitas vezes, em um "salto" na natureza, que produz uma forma ou entidade completamente nova.[6] Considere, por exemplo, o caso dos alcanos:

> A química é testemunha de que o metano é composto de um átomo de carbono e quatro de hidrogênio. Sendo assim, se adicionarmos ao metano mais um átomo de carbono e dois ou mais de hidrogênio (um simples aumento quantitativo, já que ambos os elementos já existem no metano), teremos uma substância inteiramente nova chamada etano. Se agregarmos mais um átomo de carbono e dois de hidrogênio ao etano, teremos o propano, substância química totalmente diferente. Outra adição quantitativa de um átomo de carbono e dois de hidrogênio resulta em uma quarta substância química, o butano. E ainda outra adição quantitativa de um átomo de carbono e dois de hidrogênio resulta em uma quinta substância química, o pentano.[7]

Os filósofos marxistas concluíram imediatamente ser esta a chave do "poder criador" na natureza. A matéria não só é autodinâmica e inclinada a aumentar a si própria numericamente como,

---

[5] Engels, Friedrich, *Anti-Duhring*, p. 138.

[6] *Ibid.*, p. 145.

[7] McFadden, Charles J., *The Philosophy of Communism*, p. 50; v. também C. Porter, *The Carbon Compounds*, p. 10.

por acumulação quantitativa, também é capaz de dar "saltos" para novas formas e novos níveis de realidade.

Marx e Engels então acreditaram não somente haver encontrado uma explicação para a "origem das espécies" como também uma emocionante explicação para o maior dos mistérios: que é a vida?

A origem da vida, da consciência e da mente

Com base nesse princípio, os filósofos comunistas concluíram que o fenômeno da vida era produto de um desses saltos. Engels disse que a complexa estrutura química da matéria evoluiu até a formação de substâncias albuminosas e que dessas substâncias albuminosas emergiu a vida. Na verdade, insistia em que, da mesma forma que não pode haver matéria sem movimento, não pode haver albumina sem vida. Seria uma característica inerente da albumina — uma forma superior de movimento na natureza.[8]

Engels também sugeriu que, logo que a vida emergia espontaneamente da substância albuminosa, esta obrigatoriamente se tornava mais complexa. O materialismo dialético é uma filosofia evolucionária. Entretanto, o comunista não crê que novas formas da natureza sejam resultado de mudanças graduais, mas sim que a multiplicação quantitativa constrói a dinâmica de um "salto" da natureza, o qual produz mudança ou uma nova espécie.

O comunista crê que o fenômeno da consciência tenha emergido incidentalmente desses saltos. A criatura torna-se consciente das forças que atuam sobre ela. Então, em um nível ainda mais alto, surgiu outra forma de vida, com a capacidade emergente de trabalhar com essas impressões — de dispô-las em associações —, e desse modo surgiu a mente, como qualidade inteligente, autoconhecedora e autodeterminante da matéria. Entretanto, a matéria é o principal, a mente é secundária. Onde não há matéria, não há mente — portanto, não pode haver alma, nem imortalidade, nem Deus.

Com o estabelecimento da Lei da Transformação, a filosofia da natureza do comunismo tornou-se completa. Os materialistas

---

8 Engels, Friedrich, *Anti-Duhring*, pp. 78, 85.

dialéticos acreditavam ter feito uma grande contribuição à compreensão do universo pelo homem. Com essas leis, também concluíram haver demonstrado que:

    1. A matéria é a união de opostos geradores de um conflito que a torna autodinâmica e auto-energizante; sendo assim, ela prescinde de uma fonte exterior de energia para a manifestação de seu movimento;

    2. Em seu padrão de constante negação ou morte, a natureza tende a multiplicar-se e preencher o universo com um desenvolvimento ordenado, ou a aumentar sem necessidade de uma inteligência orientadora; e

    3. Pela Lei da Transformação, a matéria é capaz de produzir novas formas sem necessidade de um poder criativo ou ordenador externo a si própria.

Engels vangloriava-se de que, com a descoberta dessas leis, "o último vestígio de um criador exterior ao mundo havia sido obliterado".[9]

Deste breve resumo, ver-se-á que o intelectual comunista crê que tudo que existe surgiu do movimento incessante entre as forças da natureza. Tudo é produto da acumulação de acidentes. Não há desígnios. Não há leis. Não há Deus. Há somente matéria e energia na natureza.

Em relação ao homem, o filósofo comunista ensina ser este um animal graduado — um acidente da natureza, como as demais formas de vida. Ainda assim, supõe-se que o homem tenha a sorte acidental de possuir a mais avançada inteligência existente. Isso se diz para tornar o homem o verdadeiro deus do universo. É exatamente isso que Ludwig Feuerbach tinha em mente quando dizia: "O momento decisivo da história será aquele em que o homem se tornará consciente de que o único Deus do homem é o próprio homem".

Isso explica o zelo quase apaixonado dos líderes comunistas em destruir todas as formas de religião e adoração a Deus. Nikolai Lênin declarou: "Temos de combater a religião — é esse o ABC

---

9 Engels, Friedrich, *Anti-Duhring*, p. 18.

do materialismo e, conseqüentemente, do marxismo". Quando perguntaram a Karl Marx qual era seu objetivo na vida, ele respondeu: "Destronar Deus e destruir o capitalismo!". Entretanto, é interessante notar que, tendo denunciado a Deus, as escrituras, a moral, a imortalidade, o julgamento eterno, a existência do espírito e a santidade da vida humana individual, os materialistas dialéticos transformaram tudo isso no culto a si próprios.

Concluíram que o homem é o epítome da perfeição entre as realizações da natureza e, portanto, o centro do universo.

Porém, se supusermos que o homem possui a mais avançada inteligência existente, a reconstrução do mundo torna-se sua obrigação manifesta. Naturalmente, Marx acreditava que sua tarefa fosse a inescapável responsabilidade dos líderes comunistas, já que estes são os únicos a possuir um entendimento verdadeiramente científico do progresso social e econômico. Marx e Engels aceitaram o fato de que a reconstrução do mundo seria uma tarefa cruel e impiedosa, que envolveria a destruição de tudo que estivesse em seu caminho. Isso se faz necessário, diziam eles, para permitir à liderança comunista varrer da existência os pecados sociais e econômicos da imperfeição humana de uma só vez e, então, introduzir gradualmente uma sociedade em perfeita harmonia, que permita a toda a humanidade viver cientificamente, com segurança e felicidade, durante todas as eras futuras.

Entretanto, antes de se aventurar em tão arriscada rota, os fundadores do comunismo perceberam que teriam de desenvolver uma abordagem inteiramente nova à moral e à ética para seus seguidores. Lênin resumiu essa abordagem da seguinte maneira: "Afirmamos que nossa moralidade está totalmente subordinada aos interesses da luta de classes do proletariado".[10] Em outras palavras, o que quer que tenda a viabilizar o conceito comunista de melhoria material é bom do ponto de vista moral, e aquilo que não o fizer é mau. O propósito desse conceito é simplesmente dizer que "os fins justificam os meios". Não é errado enganar, mentir, violar juramentos e até mesmo destruir vidas humanas se

---

10 Lênin, V. I., *Religion*, p. 47.

for por uma boa causa. Esse código de ausência de moral explica o comportamento amoral por parte dos comunistas, que é tantas vezes incompreensível aos não-comunistas.

Uma breve crítica da filosofia comunista da natureza

A experiência mostra que muitas vezes o comunista recém-convertido sente uma espécie de superioridade onisciente sobre os não-convertidos. Ele sente que o universo finalmente se apresenta diante dele de maneira simples e compreensível. Se jamais lutou com problemas filosóficos antes, provavelmente se sentirá esmagado pela possibilidade apaixonante de que, por meio do materialismo dialético, o homem tenha finalmente resolvido todos os problemas básicos que tinha de resolver para entender o universo. Com a mente nesse estado, o estudante freqüentemente abandonará sua postura de indagação crítica. Beberá do doutrinamento a doses fortes, pela completa segurança de que finalmente descobriu a verdade em sua forma fundamental.

Há muitas coisas, contudo, que o estudante atento reconhecerá imediatamente como falácias na filosofia comunista da natureza. Veja, por exemplo, a Lei dos Opostos: essa lei proclama que toda matéria é uma unidade de opostos e que, dessa oposição manifesta por elementos contraditórios, deriva a energia. Isso, supõe-se, explica a origem do movimento. Porém, dois elementos contraditórios jamais se juntariam, salvo se já possuíssem energia em si. As forças contraditórias da natureza possuem energia sem depender uma da outra. Sua junção apenas unifica energias ou movimentos que já existiam. Portanto, como estudiosos da filosofia já apontaram, a Lei dos Opostos comunista não explica o movimento, mas pressupõe sua existência![11]

Ou, nas palavras jocosas de um autor: "A possibilidade de dois elementos inertes produzirem um conflito e criarem movimento não é maior do que a possibilidade de mil capitalistas mortos e um milhão de comunistas mortos produzirem uma guerra de classes".

---

11 Para uma ampla discussão deste problema, veja *The Philosophy of Communism*, por Dr. Charles McFadden, p. 177–184.

Lembremos que a segunda lei da matéria, conforme os comunistas, é a Lei da Negação. É o princípio de que as forças contraditórias em uma entidade tendem à negação desta. Porém, pelo processo de morte essas forças de movimento são liberadas para um desenvolvimento ainda mais amplo. Assim, uma semente de cevada germina e é negada para produzir uma planta que, por sua vez, é negada para produzir certa quantidade de novas sementes. Dessa maneira, explica-se o aumento numérico na natureza.

Contudo, como explica o Dr. McFadden em *The Philosophy of Communism*, a Lei da Negação nada explica; ela meramente descreve um fenômeno da natureza. É verdade que o intuito da natureza é se reproduzir em quantidades cada vez maiores, mas a morte ou negação de um ascendente não possui relação necessária com seu poder de reprodução. O crescimento e a morte de qualquer ser prossegue, quer se reproduza ou não, e alguns seres se reproduzem repetidamente antes de ocorrer qualquer negação.

Além disso, a primeira e a segunda leis da matéria deixam o filósofo comunista na situação de defender que o movimento e a vida não só são autodinâmicos, autocriadores e espontâneos, mas que o desenvolvimento de uma semente de cevada, para que se torne uma planta, e a produção de muitas sementes de cevada pela planta são resultado de acumulação de acidentes. Engels deplorava a possibilidade de ser abandonado nessa situação e francamente concordava que há "lei, ordem, causalidade e necessidade na natureza".[12] Mesmo assim, não admitia a possibilidade de *design* inteligente na natureza, mas dizia que as sementes de cevada produzem mais sementes de cevada porque a natureza da coisa assim o exige.[13] Por que a coisa o exige? Por mais que o pormenor possa ser obscurecido pela terminologia filosófica, o estudante terá pouca dificuldade para perceber que Engels está argumentando que as forças cegas e desprovidas de compreensão do movimento mecânico na natureza são capazes de se ordenar para produzir coisas intrincadas, projetadas antecipadamente

---

[12] Citado por V. I. Lênin *in Materialism and Empiro-Criticism*, p. 125.
[13] Engels, Friedrich, *Anti-Duhring*, p. 79.

para atingir um fim pré-determinado. Que há, por exemplo, na semente de cevada que exija que ela negue a si mesma e produza uma planta? E que regra da razão leva o materialismo dialético a explicar o fato de que uma semente de cevada germinada sempre produzirá certo tipo de planta e nada além disso?

As autoridades apontam que Engels desenvolveu um padrão de pensamento que o levou a conclusões que ele mesmo reconhecia serem impossíveis de se demonstrar na natureza e então se retirou para trás de generalidades obscuras, as quais o estudante julga nebulosas e intangíveis.

A terceira lei — a Lei da Transformação — também descreve um fenômeno da natureza, mas falha ao explicá-lo. Confirma que, na natureza, descobrimos espécies amplamente separadas, com características e qualidades distintivas. Porém, enquanto alguns desses "saltos" podem ser produzidos com certas substâncias inorgânicas somente por acumulação quantitativa (como acontece com os alcanos), isso não explica como são produzidas as novas qualidades. Além disso, quando esse mesmo princípio é usado para explicar a vida como algo que emerge espontaneamente em substâncias albuminosas, o filósofo comunista está opondo-se a toda a experiência científica. A demonstração universal da natureza é o fato de que só a vida cria vida. Não se tem conseguido produzir vida, sintética ou espontaneamente, quer no laboratório, quer na natureza.

As fraquezas básicas da filosofia comunista são os fatores que finalmente convenceram Whittaker Chambers (americano que foi espião comunista) de que ele havia sido enganado. Apesar da carregada terminologia da dialética comunista, ele finalmente se convenceu de que forças materiais da natureza, cegas e desprovidas de compreensão, jamais poderiam produzir — a despeito do tempo de que dispusessem — coisas tão complexas como as que encontramos ao nosso redor.

Como tantas vezes apontado pelos estudiosos do problema,

> as probabilidades contrárias à possibilidade de a natureza, por si só, produzir um órgão tão complexo como o olho, com milhares de partes infinitesimais combinadas exatamente da maneira exigida

pela visão, são quase incalculáveis, matematicamente. Mas o olho é somente uma das muitas partes complexas do corpo humano. As possibilidades de a natureza não produzir precisamente aquela organização material encontrada em cada um dos outros órgãos e glândulas são igualmente elevadas. Mas isso não é tudo: porque, no ser humano, todos esses órgãos e glândulas estão organizados em uma unidade funcional perfeita; e o ser humano é único entre as incontáveis espécies da natureza, inanimadas e animadas, cada qual com sua maravilhosa organização, similar nas mínimas partes.

Foi esse tipo de pensamento que, por fim, despertou Whittaker Chambers para a percepção de que as realidades ao seu redor eram muito mais complexas e profundas do que a explicação comunista do "movimento na matéria" poderia sequer começar a satisfazer ou explicar. Nessas condições, iniciou-se sua retirada da filosofia comunista.

A maior tragédia do comunismo, entretanto, é o fato de que seus fundadores não pararam na "especulação inofensiva" do materialismo dialético. Eles decidiram-se a permear todos os aspectos da existência humana com os princípios que julgavam haver descoberto. Assim, promoveram uma nova abordagem para a história, a economia, a política, a ética, o planejamento social e até mesmo para a ciência. No *Manifesto comunista*, Marx e Engels admitiram que os críticos do comunismo poderiam afirmar que ele "abole verdades eternas, abole toda a religião, toda a moralidade, em vez de as constituir sobre um novo princípio; portanto, age em contradição com toda a experiência histórica".[14]

Como mais de um terço da população mundial está atualmente sujeita ao aterrorizante "plano de ação" impingido pelos fundadores do comunismo a toda a humanidade para seu próprio bem, tentaremos descobrir como o comunismo propõe resolver os problemas do mundo.

---

14 Marx e Engels, *Communist Manifesto*, Authorized English Translation, p. 40.

CAPÍTULO 3

A ABORDAGEM COMUNISTA À SOLUÇÃO DOS PROBLEMAS MUNDIAIS

AGORA, CHEGAMOS À PARTE DO COMUNISMO QUE É a mais conhecida e familiar. Pelo menos, mais gente ouviu falar do plano de ação comunista do que da filosofia comunista da natureza, que acabamos de cobrir. Aqui vão algumas perguntas sobre a solução marxista dos problemas mundiais, as quais todo estudante do comunismo deve ser capaz de responder:

Por que Marx e Engels acreditam haver descoberto uma lei inexorável na história que lhes permite predizer o curso futuro do desenvolvimento humano?

Que é "determinismo econômico"? Que é a "teoria ativista"? De acordo com Marx e Engels, existe "livre-arbítrio"? Os seres humanos podem escolher o tipo de sociedade em que viverão ou são vítimas de forças materiais que os cercam?

Como Marx e Engels explicaram o progresso humano como produto da luta de classes?

Qual é a teoria comunista da propriedade privada? Por que esta é considerada uma maldição?

Como Marx e Engels explicaram a origem do Estado? Por que acreditavam ser o Estado "contrário à natureza"?

Como explicaram a origem da religião, da moral e do direito positivo?

Que se espera alcançar durante a "ditadura do proletariado" comunista?

Por que dizem os comunistas que o "socialismo" é somente um estágio temporário do progresso humano?

Como eles se propuseram a desenvolver uma civilização que consiste em uma sociedade sem classes e sem Estado?

A interpretação comunista da história

Em nossos tempos, poucas pessoas tiveram a ocasião de se sentar com um comunista profissional e ouvir suas opiniões. Caso surja a ocasião, o estudante terá a imediata impressão de que os comunistas têm consideração reverente pelo registro do passado do ser humano. O motivo disso é que Marx e Engels pensavam que seus estudos do passado os haviam conduzido à descoberta de uma lei inexorável que perpassava toda a história, como uma brilhante linha vermelha. Acreditavam ainda que, acompanhando essa linha, seria possível predizer, com certeza positiva, o padrão do progresso humano no futuro.

Que Marx e Engels descobriram durante seu estudo da história? Em primeiro lugar, concluíram que a autopreservação é o instinto supremo do homem e, portanto, todo o modelo da conduta humana só pode ter sido conduzido pela tentativa de se arrancar da natureza aquilo que suprisse as necessidades da vida. É um processo dialético — o homem contra a natureza. Isso leva a uma conclusão monumental: todo o desenvolvimento histórico é resultado do "determinismo econômico" — o esforço do homem para sobreviver. Diziam que tudo que o homem faz — seja organizar um governo, estabelecer leis, apoiar determinado código moral ou praticar uma religião — não passa do resultado de seu desejo de proteger os modos de produção então utilizados para suprir as necessidades da vida. Além disso, acreditavam que, se alguma força revolucionária alterasse os modos de produção, a classe dominante criaria imediatamente um tipo de sociedade diferente, para proteger a nova ordem econômica.

> Exige uma profunda intuição compreender que as idéias, opiniões e concepções, em uma palavra, que a consciência do homem muda com cada mudança nas condições de existência material [...].

Que mais prova a história das idéias, além de que a produção intelectual muda de caráter em proporção às mudanças de produção material?[1]

Para se avaliar esse ponto de vista, é necessário entender a concepção mecanicista que Marx e Engels possuíam do modo como funciona a mente humana. Diziam eles que o cérebro, após receber impressões do mundo exterior, leva automaticamente o indivíduo a agir (esta é a teoria ativista). Não acreditavam ser possível a aquisição de conhecimento que não levasse à ação. Por exemplo, quando os homens se conscientizaram de que a escravidão era um modo satisfatório para se cultivar a terra, construir um prédio ou usufruir de diversos tipos de serviços, esse conhecimento moveu a classe dominante a criar uma sociedade que protegia os interesses daqueles que possuíam escravos. E, nos tempos modernos, Marx e Engels acreditavam que a classe burguesa ou proprietária havia feito o mesmo através da criação instintiva de uma sociedade que protegesse seus interesses capitalistas. Como disseram ao burguês no *Manifesto comunista*:

> Suas próprias idéias são resultado das condições de produção e propriedade burguesas, da mesma forma que seu direito; não passam da vontade da classe, tornada lei para todos, um desejo cujo caráter e cuja direção essenciais são determinados pelas condições econômicas de existência em sua classe.[2]

Disso se vê que Marx e Engels não acreditavam que o homem pudesse escolher arbitrariamente entre diversas formas de sociedade, mas sim que tinha de escolher a que melhor promovesse o modo de produção prevalecente. A própria natureza da composição materialista do homem exigia essa escolha. "Os homens são livres para escolher esta ou aquela forma de sociedade? De modo algum".[3] De acordo com Marx, aquilo a que chamamos "livre-arbítrio" é nada mais, nada menos que a consciência das forças

---

[1] Marx-Engels, *Communist Manifesto*, p. 39.
[2] Marx-Engels, *Communist Manifesto*, p. 35.
[3] Karl Marx, *Poverty of Philosophy*, p. 152.

impulsoras que levam o indivíduo à ação; ao agir, ele não tem a liberdade de mudar o curso que lhe foi ditado por sua própria natureza.

> O comunismo desconhece a idéia de liberdade como possibilidade de escolha entre virar à direita ou à esquerda; conhece-a somente como possibilidade de deixar a energia atuar quando já se escolheu para que lado ir.[4]

Em outras palavras, a mente humana adquire conhecimento de circunstâncias econômicas e "escolhe" tomar a direção necessária para preservar o modo de produção corrente. Logo, são livres somente no sentido em que são movidas a decidir que despenderão grandes somas de energia na construção de uma superestrutura de governo, moral, direito e religião, a qual irá perpetuar essas circunstâncias econômicas básicas. No alicerce dessas atividades da sociedade está o "determinismo econômico". "O modo de produção da vida material determinou o caráter geral do processo social, político e espiritual da vida".[5]

Marx e Engels acreditavam então haver descoberto algo muito mais vital ao bem-estar humano do que uma simples explicação da história. Na verdade, acreditavam ter identificado no determinismo econômico a força criativa básica do progresso humano. Após realizar essa importante descoberta, julgaram que, se de alguma forma conseguissem impor à humanidade a influência de um sistema de produção altamente aperfeiçoado, isso automaticamente resultaria em uma sociedade altamente aperfeiçoada, que, por sua vez, produziria um tipo superior de ser humano. Em outras palavras, desejavam inverter a abordagem judaico-cristã, que busca aprimorar a humanidade para aprimorar a sociedade. Mais uma vez, estavam reafirmando sua convicção de que os seres humanos não são os criadores da sociedade, mas sim seus produtos. "As causas finais de todas as mudanças sociais e revoluções políticas devem ser buscadas não no cérebro dos homens, não em

---

4 N. Berdyaev, *Vital Realities*, p. 175.
5 Karl Marx, *Contribution to Critique of Political Economy*, p. 11.

sua visão da paz e da justiça eternas [...] mas sim na economia de cada época em particular".⁶

Por isso, Marx e Engels advogavam a mudança na estrutura econômica como única maneira válida para se aprimorar a sociedade e refinar a constituição intelectual da humanidade. Mas como introduzir um sistema de produção e distribuição novo e aprimorado entre os homens? Que procedimento histórico o determinismo econômico seguiu inconscientemente para trazer a espécie humana a seu presente estado de desenvolvimento?

O progresso humano explicado nos termos da luta de classes

Marx e Engels responderam sua própria pergunta concluindo que, desde o início dos tempos, o modo de produção e os meios de distribuição sempre produziram duas classes básicas de pessoas: as proprietárias dos meios de produção e, portanto, exploradoras, e os que nada têm e, por isso, vendem ou trocam seu trabalho físico para sobreviver. O elemento de conflito entre esses dois grupos foi identificado por Marx e Engels como a força fundamental da história que levou a sociedade a evoluir para níveis cada vez mais altos de realização.

> A história de toda sociedade que nos precede é a história da luta de classes. Homem livre e escravo, patrício e plebeu, senhor e servo, mestre e jornaleiro de guilda, em uma palavra, opressores e oprimidos sempre estiveram em constante oposição, sempre mantiveram uma luta [...] ininterrupta, que sempre termina ou com uma reconstituição revolucionária da sociedade como um todo, ou na ruína comum das classes em disputa.⁷

Aqui, mais uma vez, Marx e Engels estavam aplicando os princípios da dialética. Todas as sociedades foram uma combinação de forças ou classes opostas — os exploradores e os explorados. Esse entrechoque sempre gerou a força dinâmica

---

6 Friedrich Engels, *Socialism—Utopian and Scientific*, p. 54.
7 Marx-Engels, *Communist Manifesto*, p. 12.

que impulsionou a sociedade para um novo desenvolvimento. A transição, notaram eles, muitas vezes se viu acompanhada por revoluções e violência.

Mas será que o curso dos eventos humanos deve sempre seguir esse ciclo infindável de choques entre duas classes opostas da sociedade? Será que sempre tem de haver uma revolução para se produzir novas ordens que, por sua vez, serão destruídas por uma revolução que então produzirá outras? Marx e Engels vislumbraram um dia em que haveria unidade entre os homens, em vez de oposição; paz, em vez de guerra. Essa esperança, é claro, violava sua própria teoria dialética, a qual afirmava que nada na natureza pode estar em repouso — tudo é uma unidade de forças em oposição. Mesmo assim, Marx e Engels concluíram que, como haviam descoberto a lei inexorável da história e a luta de classes como seu recurso de auto-aprimoramento, usariam uma luta de classes terrível e derradeira com o propósito de eliminar para sempre aquilo que havia causado todos os conflitos anteriores nas sociedades. Qual seria esta terrível característica de todas as sociedades passadas que causou egoísmo, inveja, luta de classes e guerra? Marx e Engels acreditavam que tudo isso poderia ser reduzido a uma única raiz — a propriedade privada. Perpetrando-se a rebelião final da classe revolucionária para derrubar a propriedade privada, a luta de classes tornar-se-ia desnecessária, pois não haveria mais por que lutar.

A teoria comunista da propriedade privada

Por que os comunistas acreditam que a propriedade privada seja a raiz de todos os males?

Engels escreveu que, nos tempos primitivos, os povos seguiam o princípio da propriedade comum de tudo, exceto dos bens mais pessoais, como roupas e armas. Então, julgava que, com a domesticação da terra e dos animais, certas pessoas passaram a produzir mais bens do que necessitavam para si e, portanto, começaram a substituir o excedente por outros bens, dos quais não dispunham.

Esses bens utilizados para troca seriam naturalmente identificados com a pessoa que os possuía, e assim teria nascido o conceito de propriedade privada.[8]

Engels então postulou que os proprietários de terras ou de outros meios de produção evidentemente usufruiriam do melhor dos recursos econômicos da comunidade e, em última análise, essa vantagem possibilitaria que contratassem outros homens para realizar seu trabalho; poderiam ditar pagamentos, horários e condições de trabalho aos empregados, garantindo desse modo sua própria liberdade e *status* social enquanto exploravam as classes trabalhadoras. Sendo assim, disse Engels, da propriedade privada eclodiram o antagonismo de classe e seu séquito: a ganância, o orgulho, o egoísmo, o imperialismo e a guerra; e a propriedade privada também traria a necessidade da criação do Estado.

A teoria comunista da origem do Estado

Engels concluiu que, quando a classe desprovida de propriedades fosse explorada até um ponto em que houvesse risco de revolta, a classe dominante criaria um órgão de poder para manter "a lei e a ordem", isto é, um sistema de leis para proteger a propriedade privada e as vantagens da classe exploradora. A nova ordem, disse ele, é o Estado.

> O Estado, então, é [...] simplesmente um produto da sociedade em determinado estágio de evolução. [A criação de qualquer tipo de governo] é a confissão de que a sociedade se tornou desesperadamente dividida contra si mesma, enredou-se em contradições irreconciliáveis, as quais não é capaz de eliminar.[9]

O Estado, portanto, foi projetado para adiar o Dia do Juízo. O governo é o "instrumento do poder" — um acessório artificial da sociedade — criado para o fim específico de proteger a classe

---

8 V. Friedrich Engels, *The Origin of the Family, Private Property and the State*.
9 Friedrich Engels, *The Origin of the Family, Private Property and the State*, p. 206.

privilegiada e sua propriedade privada das exigências legítimas da classe explorada. Marx e Engels argumentavam que, se pudessem de alguma maneira eliminar a propriedade privada, seria eliminada também a luta de classes, e o Estado deixaria de ser necessário e definharia aos poucos.

A teoria comunista da origem e significância econômica da religião

Marx e Engels acreditavam ainda que outro grande mal havia surgido da propriedade privada — a exploração da religião. Reconheceram, evidentemente, que as raízes da religião provavelmente foram estabelecidas muito antes da instituição da propriedade privada. No entanto, acreditavam que, uma vez que não possuía origem divina, a religião deveria ser produto dos esforços frenéticos do homem primitivo para explicar as forças da natureza e as experiências psíquicas do ser humano, tais como os sonhos. Quando a propriedade privada emergiu como fundamento da sociedade, a religião teria sido utilizada como instrumento de supressão da rebelião da classe explorada.

De acordo com Marx, era a classe proprietária que desejava ver seus trabalhadores a aprender humildade, paciência e resignação; a suportar os males empilhados sobre suas costas, na esperança de que a justiça fosse feita "em outra vida". Ele disse que a religião era o ópio do oprimido. Dizia-se aos trabalhadores que não julgassem, mas continuassem passivos perante seus senhores e a cumprir seus deveres. "A religião é o suspiro do oprimido, o sentimento de um mundo sem coração, assim como o espírito de uma situação sem espírito: é o ópio do povo".[10]

Isso explica a presença de vigorosas campanhas anti-religiosas no programa comunista. "Uma das mais importantes tarefas da Revolução Cultural que afeta as grandes massas é a de combater sistêmica e inabalavelmente a religião — o ópio do

---

10 *Selected Essays of Marx*, p. 16.

povo".[11] Não podem restar dúvidas de que o novo Estado da URSS é liderado pelo Partido Comunista, com um programa permeado do espírito do ateísmo militante.[12] "Suprimimos o clero reacionário? Sim, suprimimos! Uma pena é que não tenha sido totalmente liquidado".[13]

A teoria comunista da origem e significância econômica da moral

Até este ponto, Marx e Engels acreditavam haver determinado que o mal da propriedade privada é o responsável pela origem dos antagonismos, pela criação do Estado e pela exploração da religião. A partir daí, anexaram uma explicação similar à origem e à importância econômica da moral. Engels e Marx negaram a possibilidade de haver um princípio eterno para os padrões morais de "certo e errado" estabelecidos no código judaico-cristão. Lênin resumiu as idéias deles ao dizer o seguinte:

> Em que sentido negamos a ética e a moral? Negamo-las no sentido em que são proclamadas pela burguesia, que as deduz dos mandamentos de Deus. Nós, evidentemente, afirmamos não crer em Deus. Sabemos perfeitamente bem que o clero, os proprietários de terras e a burguesia afirmam falar em nome de Deus para proteger seus próprios interesses como exploradores. Negamos toda moralidade baseada em conceitos sobre-humanos ou exteriores às classes. Afirmamos que isso é um engodo, uma trapaça, um obscurecimento das mentes do trabalhadores e camponeses em proveito dos proprietários de terras e dos capitalistas.[14]

Os marxistas crêem que mandamentos como "não furtarás" e "não cobiçarás" são exemplos da busca da classe dominante pela imposição do respeito à propriedade às massas exploradas,

---

11 *Program of the Communist International*, International Publishers, New York, 1936, p. 54.
12 E. Yaroslavsky, *Religion in the USSR*, p. 59.
13 Joseph Stalin, *Leninism*, Vol. 1, p. 387.
14 V. I. Lênin, *Religion*, pp. 47–48.

que não têm alternativa senão cobiçar a riqueza e a propriedade de seus senhores. Como disse Engels: "'Não furtarás'. Essa lei se torna assim uma lei moral eterna? De modo algum".[15] Eles denominaram esses ensinamentos "moral de classe", um código projetado para proteger a classe proprietária.

Ao rejeitar o código da moral judaico-cristã, no entanto, Engels tentou exprimir que o comunismo estava somente se elevando a um nível mais alto, no qual a conduta humana seria motivada exclusivamente pelas necessidades da sociedade: "Afirmamos que nossa moralidade é totalmente subordinada aos interesses da luta de classes do proletariado". Porém, apesar dessa tentativa de obscurecer com delicadeza o verdadeiro significado do pensamento moral comunista, Engels não conseguiu evitar a revelação ocasional daquilo que estava em sua mente: "Rejeitamos, portanto, qualquer tentativa de se impor sobre nós um dogma moral, qualquer que seja [...]".[16]

Em outras palavras, o comunismo se propõe a substituir a moral judaico-cristã pela completa ausência de moral. Que era exatamente isso o que os comunistas mais tarde deduziram dos ensinamentos de seus líderes, demonstram as palavras do marxista americano moderno:

> Consigo mesmo [o comunista], os fins justificam os meios. Se sua tática é "lícita" ou "moral" ou não, é questão que não lhe importa, desde que ela seja eficaz. Ele sabe que as leis, bem como o código moral atual, são criação de seus inimigos mortais [...]. Conseqüentemente, ele as ignora na medida do possível, e essa postura está de acordo com seus objetivos. Sua proposta é desenvolver, sem levar em conta os conceitos capitalistas de "legalidade", "justiça", "direito" etc., um poder maior do que o detido por seus inimigos capitalistas [...].[17]

---

15 V. I. Lênin, *Religion*, p. 47 [O trecho todo segue assim: "Ao surgir a propriedade privada sobre as coisas móveis, impôs-se, necessariamente, em todas as sociedades nas quais existe essa instituição, um preceito moral, comum a todas elas: 'Não furtarás'. Transformou-se este preceito, por esse simples fato, numa norma eterna de moral? Não" — NE].

16 Friedrich Engels, citado em *Handbook of Marxism*, p. 249.

17 William Z. Foster, *Syndicalism*, p. 9.

Desta maneira, Marx e Engels já haviam completado seus objetivos primeiros de realizar um estudo intensivo da história. Acreditavam ter explicado satisfatoriamente a origem de diversas instituições da sociedade, por meio da demonstração de que eram todas elas produto do determinismo econômico, e julgavam haver desvendado até sua fonte a causa de conflito, iniqüidade e injustiça entre os homens — a propriedade privada. Só uma tarefa restava aos mestres-arquitetos — a aplicação de um "plano de ação" que sanasse para sempre os males econômicos, políticos e sociais de toda a humanidade.

O plano de ação comunista

À medida que Marx e Engels analisavam a civilização moderna, concluíam que a sociedade capitalista estava chegando rapidamente ao ponto em que uma revolução se tornaria inevitável. Raciocinaram do seguinte modo: depois da derrubada do feudalismo, surgiu a sociedade capitalista, que, em um primeiro momento, consistia principalmente de pessoas que possuíam sua própria terra ou suas próprias oficinas. Cada um fazia seu trabalho e colhia os benefícios econômicos a que tinha direito. Então veio a Revolução Industrial, e a oficina particular foi suplantada pela fábrica. Os produtos não vinham mais da oficina, mas sim da fábrica, onde o esforço unido de diversas pessoas produzia o bem. Engels dizia que a fabricação, portanto, se havia tornado produção social, em vez de produção privada. Logo, seria errado se indivíduos continuassem a ser proprietários das fábricas, porque estas se tornaram instituições sociais. Ele dizia que nenhum indivíduo deveria obter os lucros de algo que havia exigido o trabalho de muitos para ser produzido.

"Mas", perguntaram os críticos, "os trabalhadores não compartilham dos lucros da fábrica por meio de seus salários?".

Marx e Engels não acreditavam que salários constituíssem compensação adequada ao trabalho executado, salvo se os trabalhadores recebessem todos os rendimentos da venda do bem. Como as mãos do trabalhador produziam o bem, eles acreditavam que este deveria receber tudo aquilo que o bem valia. Julgavam que a gestão e a operação de uma fábrica tinham natureza simplesmente "burocrática" e que, em um futuro próximo, a classe trabalhadora se ergueria e tomaria posse das fábricas ou meios de produção para operá-los como seus.

"Mas o investimento do capitalista não o qualifica a receber algum lucro? Sem sua disposição para arriscar riquezas consideráveis, haveria alguma fábrica?".

Marx e Engels respondiam dizendo que toda riqueza era criada pelo trabalhador. O capital nada cria. Marx e Engels acreditavam que algumas pessoas conseguiram acumular riqueza porque se haviam apoderado dos frutos do trabalhador, por meio de juros, aluguéis ou lucros. Diziam que isso era a "mais valia", que fora sugada do trabalho dos homens no passado e deveria ser confiscada dos capitalistas pelos trabalhadores no presente.

Marx e Engels já se atreviam a prever a direção final do desenvolvimento da civilização capitalista moderna. Diziam que, da mesma forma que as oficinas particulares foram substituídas pela fábrica, esta seria substituída pela grande empresa. Diziam que o monopólio do capital se concentraria nas mãos de menos e menos pessoas, ao mesmo tempo em que o número de trabalhadores explorados cresceria em proporção inversa. Enquanto uns poucos se tornariam cada vez mais ricos, a classe explorada ficaria cada vez mais pobre. Previam que os membros da dita classe média, proprietários de pequenas oficinas e negócios, seriam expulsos da existência econômica, porque não teriam como competir com gigantescas companhias. Também previam que o governo seria o instrumento de poder utilizado pelos grandes bancos e proprietários industriais para proteger suas riquezas escusas e suprimir a revolta das massas exploradas.

Em outras palavras, todos os níveis da sociedade eram forçados a se colocar nos campos opostos de duas classes antagônicas — a classe exploradora, dos proprietários capitalistas, e a classe cruelmente explorada, a dos trabalhadores desprovidos de propriedade.

Previam, a seguir, que o explosivo da revolução entre essas duas classes seria detonado pelo avanço inevitável do aperfeiçoamento tecnológico da indústria capitalista. A rápida invenção de mais e mais máquinas eficientes tenderia a criar mais e mais desempregados, cujas famílias morreriam de fome ou, talvez, sobreviveriam em um nível de subsistência. Em determinado momento, haveria tanto ódio, ressentimento e antagonismo entre as classes que os trabalhadores se sentiriam motivados a formar batalhões de combatentes para derrubar seus opressores por meio de violência, de modo que os meios de produção e toda a propriedade privada pudessem ser tomados por aqueles e operados exclusivamente em seu proveito.

É diante deste aspecto que comunistas e socialistas tomam caminhos diferentes. Os socialistas sustentaram, desde o princípio, que o controle centralizado de toda terra e indústria pode ser atingido pacífica e legalmente. Marx condenou essa postura como sonho vão e fantástico; ele esperava pela revolução. Mesmo assim, logo notou que havia algumas vantagens em fazer avançar algumas leis que concentrassem maior poder econômico no governo central. No entanto, nada via nessas "pequenas vitórias dos socialistas" senão um amaciamento psicológico, uma preparação para a revolução que estava por vir.

Marx apontava com particular ênfase que a revolução tinha de ser completamente impiedosa, para poder ser bem-sucedida. Não deveria ser uma "reforma", porque as reformas sempre acabam "substituindo um grupo de exploradores por outro" e, portanto, os reformadores

> não sentem a necessidade de destruir a antiga máquina do Estado, ao passo que a revolução proletária remove todos os grupos de exploradores do poder para colocar em seu lugar o líder dos trabalhadores e explorados [...] logo, não pode evitar a destruição da antiga máquina do Estado e sua substituição por outra nova.[18]

Marx, além disso, justificava o uso da violência na criação da nova sociedade porque acreditava que, se os princípios morais

---

18 Citado de *Problems of Leninism*, de Joseph Stalin, pp. 16-17.

fossem seguidos, a revolução abortaria. Apontava o fracasso da revolução socialista na França em 1871:

> Dois erros roubaram a brilhante vitória de seus frutos. O proletariado parou no meio do caminho: em vez de prosseguir com a "expropriação dos expropriadores", deixou-se levar pelos sonhos de estabelecer a suprema justiça no país [...]. O segundo erro foi sua magnanimidade desnecessária: em vez de aniquilar seus inimigos, procurou exercer influência moral sobre eles.[19]

Marx tentou suavizar o golpe de sua doutrina de violência afirmando que ficaria perfeitamente satisfeito se o estado capitalista fosse transformado em uma sociedade comunista por meios pacíficos. Entretanto, lembrou que essa transformação seria possível somente se os capitalistas cedessem voluntariamente seu poder e propriedades aos representantes dos trabalhadores, sem luta. A conclusão lógica foi de que isso seria tão improvável que seria necessário admitir que a violência revolucionária é inevitável.

Marx e Engels também estavam convictos de que a revolução deveria ter alcance internacional. Sabiam que nem todos os países estariam simultaneamente prontos para a revolução, mas todos os autores marxistas destacaram a "impossibilidade de uma vitória completa e final do socialismo em um único país sem a vitória da revolução nos demais".[20]

A ditadura do proletariado

Como já acreditavam que a revolução seria inevitável, o questionamento seguinte de Marx e Engels era se deveriam esperar que ela viesse com a sucessão natural dos eventos ou agir para promovê-la e apressar a evolução da sociedade em direção ao comunismo. Eles resolveram que seu dever manifesto se tornara tomar as devidas providências para que a revolução tivesse uma promoção vigorosa. Por que prolongar o sofrimento? A velha sociedade estava condenada. À luz dos princípios descobertos por

---

19 Karl Marx, *The Civil War In France*, p. 80.
20 *Program of the Communist International*, pp. 34–35.

Marx e Engels, talvez a raça humana pudesse poupar-se de uma dúzia de gerações de exploração e injustiça simplesmente pela condensação imediata de toda a presente fase da evolução social em uma única geração de reajuste violento.

Acreditavam que tudo poderia ser feito em três passos: primeiro, a eliminação completa da antiga ordem. "Só existe uma maneira de se simplificar, abreviar, concentrar a agonia mortal da velha sociedade, bem como o parto sangrento do novo mundo — o terror revolucionário".[21] Depois, os representantes da classe trabalhadora deveriam estabelecer uma ditadura do proletariado. Joseph Stálin descreveu o que deve ser feito durante esse período de ditadura:

> 1. Supressão completa da antiga classe capitalista.
>
> 2. Criação de um exército de "defesa" para a consolidação dos laços com o proletariado de outras nações e para o desenvolvimento e a vitória da revolução em todos os demais países.
>
> 3. Consolidação da unidade das massas no apoio à ditadura.
>
> 4. Estabelecimento do socialismo mundial através da eliminação da propriedade privada e da preparação da humanidade para a instauração definitiva do comunismo pleno.[22]

Em terceiro lugar, a transição do socialismo para o comunismo pleno. O socialismo caracteriza-se pela propriedade estatal de toda terra e meios de produção. Marx e Engels acreditavam que, após algum tempo, quando a consciência de classe desaparecesse e não houvesse mais resistência a se superar, o Estado pouco a pouco definharia, e então a propriedade seria "comum" a toda a humanidade. Posteriormente, Lênin explicou que a ditadura do proletariado pavimentaria o caminho para essa fase final; disse que a ditadura seria uma

> organização para uso sistemático de violência por uma classe contra outra, por uma parte da população contra a outra [...]. Mas, na luta pelo socialismo, estamos todos convencidos que isso

---

21 Citado no Neue Rheinische Zeitung, por J.E. LeRossignol em *From Marx To Stalin*, p. 231.

22 Joseph Stalin, *Problems of Leninism*, pp. 26–27.

se desenvolverá ainda mais em direção ao comunismo e, ao lado disso, toda necessidade do uso de força, da sujeição de um homem pelo outro e de uma parte da sociedade pela outra desaparecerão, porque o povo se habituará a observar as condições elementares da existência social sem força e sem sujeição.[23]

Mesmo nos estágios finais do socialismo, Lênin visualizava um mundo sem tribunais, advogados, juízes, governantes, mandatários e até mesmo policiais. Todos eles seriam varridos para o limbo dos apêndices inúteis e esquecidos que caracterizavam a antiga ordem do capitalismo decadente. Lênin dizia que a homogeneidade espontânea das massas socializadas tornaria supérflua toda essa maquinaria. Acreditava que a nova sociedade alteraria inclusive a natureza humana, até que a resistência à sociedade comunal se tornaria

> uma rara exceção, que provavelmente seria acompanhada por uma punição tão célere e severa (porque os trabalhadores armados são homens práticos, sem o sentimentalismo dos intelectuais, e dificilmente permitiriam que alguém zombasse deles) que a necessidade de se observarem as regras simples e fundamentais da vida social em comum logo se tornaria um hábito. Então a porta para a transição da primeira fase do comunismo para sua fase final (o comunismo pleno) estará aberta.[24]

A sociedade sem classe e sem Estado do comunismo pleno

Todo marxista espera ardentemente que a nova sociedade produza as alterações necessárias na natureza humana antes que o comunismo pleno se torne uma realidade. As pessoas deverão esquecer que um dia foi possível se obter renda da simples propriedade de bens ou do trabalho produtivo. Em outras palavras, os salários serão abolidos. Precisarão esquecer que houve uma época em que alguns recebiam muito, ao passo que outros recebiam pouco. Deverão perder toda a esperança em uma escala de pagamentos graduada segundo diferenças de produtividade ou ocupação. De-

---

23 V. I. Lênin, *Imperialism: The State and Revolution*, p. 187.
24 *Ibid.*, p. 759.

verão esquecer todas as diferenças de habilidade, treinamento e capacidade mental ou física. Deverão chegar à concepção de que, caso alguém dê o melhor de si no tipo de trabalho ao qual esteja mais bem preparado, merece o mesmo pagamento que os demais, sejam quais forem sua produtividade e seus resultados.

Essa é a promessa comunista de que "cada um produzirá conforme sua capacidade e receberá conforme sua necessidade". O ser humano deverá abandonar o velho incentivo dos lucros e adquirir a mentalidade de que deve fazer o máximo de esforço para o benefício da sociedade como um todo e, ao mesmo tempo, ficar satisfeito em receber proventos baseados em suas necessidades de consumo.

Marx e Engels presumiam que, em um sistema assim, o volume da produção seria tão formidável que se poderia prescindir de mercados, dinheiro e preços. Os bens ficariam acumulados em locais centrais, e aqueles que trabalhassem teriam direito a se abastecer de acordo com suas necessidades. Marx e Engels acreditavam que em momento algum haveria motivações especiais para se tomar mais do que o necessário, pois a superabundância de bens permitiria que o trabalhador se satisfizesse à vontade. Os serviços, da mesma forma, estariam disponíveis em locais acessíveis, e cada um poderia solicitá-los conforme necessário.

Nessas agradáveis circunstâncias, explicam os autores marxistas, a maquinaria governamental do Estado deixaria de ser necessária:

> Somente o comunismo torna o Estado absolutamente desnecessário, porque nele não haverá ninguém mais a suprimir — "ninguém" no sentido de uma classe, da luta sistemática contra determinado setor da população. Não somos utópicos (a acreditar que a sociedade pode funcionar em um nível sublime de perfeição) e jamais negaríamos que excessos por parte de alguns são possíveis e inevitáveis ou que seja necessário suprimir tais excessos. Mas, em primeiro lugar, para esse fim não se necessita de qualquer maquinaria ou aparato especial de repressão: tudo será feito pelo próprio povo armado, com a mesma rapidez e prontidão com que gente civilizada, mesmo na sociedade moderna, separa um par de brigões ou não permite que uma mulher seja ultrajada. E, em segundo lugar, sabemos que a causa

social fundamental dos excessos [...] é a exploração das massas, suas carências e a pobreza. Com a remoção dessa causa principal, é inevitável que os excessos comecem a "definhar". Não sabemos com que velocidade e em que sucessão, mas sabemos que definharão. Com seu definhamento, o Estado também há de definhar.[25]

É significativo que a teoria comunista trate o proletariado como um ramo sem igual da raça humana. Supõe-se que o proletariado seja uma raça especial que floresceria e se transformaria quase que automaticamente em um ser econômico-social apenas com sua libertação do governo opressivo. Presume-se que o governo não seja senão uma ferramenta da classe capitalista e, por conseqüência, a necessidade de qualquer tipo de governo seria obliterada com a destruição da classe capitalista. Os líderes comunistas sempre se sentiram confiantes de que, quando o proletariado assumisse o governo, não desejaria oprimir quem quer que fosse e, portanto, a necessidade de um governo deixaria de existir.

Também vale a pena notar que Lênin desejava que o proletariado fosse um "povo armado". Essa perspectiva não lhe deixava receoso; ele possuía uma confiança ilimitada de que os membros do proletariado jamais abusariam do poder da forma como os capitalistas haviam feito. Além disso, Lênin presumia que o proletariado era capaz de reconhecer a justiça instintivamente. Este não somente usaria suas armas para derrubar qualquer ato não-socializante na comunidade mediante "ações de massa" espontâneas, mas seus componentes teriam ainda a capacidade de suprimir em si próprios, heróica e genuinamente, qualquer tendência egoísta e não-socializante. Teriam adquirido o "hábito" de viver em uma ordem social comunal e se "acostumado a observar as condições elementares de existência social sem uso de força ou sujeição".

Lênin afirma então que, desaparecidos os dispositivos governamentais e com o modelo comunista de sociedade sem classes ou estados estabelecido em todo o mundo, finalmente "poderíamos falar em liberdade!".[26]

---

25 E. Burns, *Handbook of Marxism*, p. 747.
26 *Ibid.*, p. 745.

CAPÍTULO 4

UMA BREVE CRÍTICA DA ABORDAGEM COMUNISTA AOS PROBLEMAS DO MUNDO

Os ESTUDANTES MODERNOS DA HISTÓRIA E DA ECONOMIA terão pouca dificuldade para descobrir por si próprios em quê a teoria do comunismo afasta-se dos aspectos mais elementares da realidade.

Os discípulos de Marx vêem nas teorias do comunismo a mais penetrante análise da história já feita pelo homem, mas muitos estudiosos vêem a própria estrutura do comunismo mais ou menos como produto dos tempos em que Marx e Engels viveram. Seus escritos são claro reflexo da tentativa deliberada de conciliar as cinco grandes influências de sua geração, as quais tentaram unir em um único padrão de pensamento. Estas foram as influências que marcaram as mentes de Marx e Engels:

Primeiro, os violentos distúrbios econômicos de seu tempo. Acredita-se que essas perturbações tenham exacerbado a sensibilidade de Marx e Engels acerca do lugar da economia na história.

Segundo: a ampla popularidade do filósofo alemão Georg Wilhelm Hegel. Sua teoria da "dialética" foi adotada por Marx e Engels, com pequenas modificações a fim de explicar os fenômenos da natureza, a luta de classes e o triunfo inevitável de uma futura sociedade proletária.

Em terceiro lugar, o ceticismo religioso do materialismo oitocentista. Essa posição levou-os a explicar tudo o que existe nos termos de um único fator — a matéria. Negavam o "*design* inteligente" no universo, a existência de Deus, a divindade da religião e os preceitos morais dos ensinamentos judaico-cristãos.

Quarto: os ideais sociais e econômicos do comunismo utópico. Marx e Engels decidiram que queriam uma sociedade comunista, mas acreditavam que esta deveria ser uma sociedade controlada; portanto, abandonaram o princípio de fraternidade dos utópicos e declararam que o comunismo se iniciaria somente sob uma poderosa ditadura.

Quinto: o espírito revolucionário dos anarquistas. Marx e Engels prometeram duas coisas que atraíam os anarquistas — o uso de revolução violenta para pôr abaixo os poderes existentes e, finalmente, a criação de uma sociedade sem classes nem Estado.

É por causa dessas cinco importantes influências que o estudante do comunismo verá em sua doutrina um vasto conglomerado, projetado, ao que parece, para ser tudo para todos.

O comunismo como subproduto da Revolução Industrial

Marx e Engels nasceram em meio à Revolução Industrial. Antes dessa revolução, quatro em cada cinco cidadãos eram agricultores; quando Marx e Engels estavam entrando na universidade, no entanto, a migração em massa para os centros industriais atingia as proporções de uma enchente. A concentração demográfica disso resultante criou cidades repletas de cortiços, os quais, por sua vez, contribuíram para o aumento de doenças, vícios e violência. Foi uma reação em cadeia, surgida na surpreendente era das máquinas. Os pioneiros da Revolução Industrial viam as máquinas como monstros inanimados que batiam e bombeavam e acabariam por libertar a humanidade da escravidão da economia de subsistência, mas os críticos negativos só viam nelas os problemas gerados — deslocamentos demográficos, desajustes nas pessoas, famílias e comunidades e, finalmente, o trato desumano com homens, mulheres e crianças que serviam à indústria.

Desse modo, Marx e Engels tiveram, como tantos outros, uma reação violenta aos tempos em que viviam. Por ser um período de distúrbios econômicos, talvez seja compreensível que eles tenham chegado à conclusão de que as forças econômicas sejam a cruel e impiedosa mão de ferro que guia o curso de toda a história humana. É nesse ponto que iniciamos nossa crítica da teoria comunista.

A interpretação comunista da história

FALÁCIA 1 — A primeira falácia do comunismo é sua tentativa de simplificação excessiva da história. Marx e Engels tentaram transformar a história, de um sistema fluido, alimentado pela atividade humana de milhões de colaboradores, em um curso fixo e sem desvios, predeterminado, que poderia ser mapeado no passado e com futuro previsível, com base em um simples e único critério — a economia. É óbvio que a economia desempenha um papel vital e robusto na história da humanidade, da mesma forma que fatores como clima, topografia, acesso a oceanos e hidrovias continentais, invenções mecânicas, descobertas científicas, afinidades nacionais e raciais, afeições filiais, religião, desejo de aventuras exploratórias, sentimentos de lealdade, patriotismo e uma multidão de outros elementos.

Muitos comunistas modernos admitiram que a história foi moldada por todas essas diferentes influências, mas insistiram que Marx e Engels pretendiam incluí-las todas no determinismo econômico, porque tudo isso tem efeito, direto ou indireto, sobre a vida econômica da humanidade. Entretanto, os escritos de Marx e Engels não refletem essa interpretação. Mesmo que refletissem, o marxista moderno ainda estaria em apuros, porque, se o determinismo econômico pretende incluir todas as influências da vida, então a fórmula comunista para interpretar a história deveria ser: "Tudo determina tudo". Como base de interpretação histórica, seria um absurdo.

Outro grupo de comunistas modernos tentou livrar Marx e Engels dos estritos limites do determinismo econômico ao sugerir que as circunstâncias econômicas não são o determinante absoluto do curso da história humana, mas simplesmente condicionam os seres humanos a trilhar dado caminho.[1] Mas isso, é claro, embora mais

---

1 V. Shirokov-Mosley, *A Textbook of Marxism*, p. 22.

próximo da verdade, presume o elemento variável do livre-arbítrio na construção da história, algo que Marx e Engels negaram enfaticamente. Na verdade, o determinismo econômico, em seu sentido absoluto, firme e fixo, é o próprio alicerce da previsão de Marx e Engels de que a sociedade deve seguir um curso inevitável de desenvolvimento do capitalismo para o socialismo e do socialismo ao comunismo. É isso o que eles queriam dizer ao afirmar, acerca do capitalismo, que: "Sua queda e a vitória do proletariado são igualmente inevitáveis".[2]

Além disso, quando qualquer marxista moderno procura defender que o curso do progresso humano não é fixo e inevitável, destrói toda a justificativa da revolução comunista — a violenta agitação que Marx afirma como única maneira de "se simplificar, abreviar, concentrar a agonia mortal da velha sociedade".[3] Não há desculpa para o uso de violência com o fim de concentrar e simplificar a morte da velha sociedade, salvo se a morte de tal sociedade for, na verdade, inevitável. É esse o cerne do argumento de Marx. Sua desculpa para a revolução fraqueja se admitirmos que a morte da velha sociedade não passa de uma entre diversas possibilidades e talvez não seja inevitável. Da mesma forma, essa desculpa desmorona se for demonstrado que a sociedade atual não está morrendo, mas na verdade está mais robusta do que nunca e parece estar contribuindo mais para o bem-estar da humanidade a cada geração que passa.

Assim sendo, a interpretação comunista da história, baseada no determinismo econômico, passa a ser uma haste fraca e quebradiça, mesmo nas mãos de seus defensores. Os discípulos de Marx reconheceram suas fraquezas e tentaram fazer alguns remendos, mas estes só criaram novas fendas na madeira já seca e frágil da lógica comunista.

> FALÁCIA 2 — Marx e Engels não só impuseram à história uma simplificação excessiva como também se apoiaram em uma segunda falácia para justificar a primeira: afirmaram que a mente humana

---

2 Marx-Engels, *Communist Manifesto*, p. 29.
3 Karl Marx, citado por J.E. LeRossignol em *From Marx To Stálin*, p. 321.

é incapaz de possuir livre-arbítrio moral, no sentido de que faz escolhas na direção do curso da história. Eles acreditavam que as circunstâncias materiais forçassem a mente humana a se mover em determinada direção e que o homem não dispõe de livre-arbítrio para resistir a essa força.

Isso soa como os ensinamentos dos materialistas mecanicistas do século dezenove, que afirmam ser o cérebro humano uma espécie de pastilha passiva de cera, que recebe impressões do mundo exterior e depois dá a elas respostas automáticas; porém, Marx e Engels não desejavam ser identificados com essa escola de pensamento. Afirmaram, então, que os materialistas comuns haviam cometido um erro: o cérebro não é passivo como uma pastilha de cera, mas sim uma materialização que não só recebe impressões do mundo exterior como tem a capacidade de as assimilar por um processo de análise e síntese. Em seguida, vem o curinga.

Declararam que, após assimilar as impressões do mundo exterior, o cérebro sempre opta por fazer o que for necessário para preservar o indivíduo à luz das circunstâncias materiais. De maneira sutil, estavam simplesmente afirmando que o homem é vítima de seu ambiente material. Seguindo uma linha de pensamento ligeiramente diferente, chegaram exatamente às mesmas conclusões dos materialistas mecanicistas, a quem eles próprios haviam repudiado.

Lembraremos, do capítulo anterior, que Marx e Engels identificaram aquilo que chamamos "livre-arbítrio" com nada mais nada menos que uma percepção consciente das forças materialistas a impelir o indivíduo à ação. Essa percepção consciente da "necessidade natural" faz o homem pensar que está escolhendo um curso de ação quando, na verdade, está simplesmente observando a si próprio a seguir os ditados das circunstâncias materiais.

Mais uma vez, vemos que Marx e Engels simplificaram demais. As complexidades do comportamento humano não podem ser explicadas somente em termos de respostas "inevitáveis" a circunstâncias materiais. Muitas vezes, os homens desafiam as circunstâncias materiais por tantas outras motivações, como o desejo de auto-expressão, o poder instigante da convicção religiosa, o impulso do senso de dever moral, a satisfação do orgulho pessoal ou a realização de uma ambição pessoal.

Essa falácia — a recusa de reconhecer o homem como sujeito moral e seu poder de fazer escolhas — é fatal ao marxismo. É o erro inicial sobre o qual se ergue uma multiplicidade de outras falácias. Quando o comunismo diz que a mente humana é vítima absoluta das circunstâncias materiais e que a história da humanidade não passa da resposta inevitável dos seres humanos a condições físicas, deve demonstrar essas alegações com exemplos. Repare em como essa falácia complica-se conforme Marx e Engels tentam utilizá-la para explicar a estrutura da sociedade.

A explicação comunista da sociedade

> FALÁCIA 3 — Em primeiro lugar, Marx e Engels disseram que a forma da sociedade é determinada automaticamente pelas condições econômicas que motivaram a classe dominante em qualquer momento. Como disse Marx: "Os homens são livres para escolher esta ou aquela forma de sociedade? De modo algum. Tome um estado particular de desenvolvimento nas forças produtivas do homem e chegará a uma forma particular de comércio e consumo. Tome um estágio particular de desenvolvimento de produção, comércio e consumo e terá uma estrutura social correspondente, uma organização correspondente da família, ordem e classes, numa palavra, uma sociedade civil correspondente. Pressuponha uma sociedade civil particular e obterá condições políticas particulares que são a única expressão oficial desta sociedade civil".[4]

Parece inconcebível que Marx e Engels possam ter permitido que esse simples sonho obscurecesse completamente os fatos da história e levasse ambos à convicção de que, quando existe certo tipo de produção, também existirá certo tipo de sociedade. Antigamente, o modo de produção permaneceu o mesmo durante séculos, ao passo que a sociedade passou por mudanças quase

---

4 Karl Marx, *Poverty of Philosophy*, pp. 152–153.

que contínuas. Os historiadores e economistas notaram que, se a história demonstra alguma coisa, demonstra o fato de que não há relação direta entre o modo de produção e a forma que a sociedade assume. Vejamos por quê:

A origem do Estado

> FALÁCIA 4 — Marx e Engels acreditavam que o Estado (qualquer forma de governo soberano) é um apêndice desnecessário à sociedade, criado pela classe dominante para preservar à força seus interesses e suprimir a revolta da classe explorada. Eles não acreditavam que governo algum em época alguma representasse os interesses de todo o povo ou mesmo o bem-estar da maioria. No *Manifesto comunista*, disseram: "O [poder] executivo do Estado moderno não passa de um comitê para gestão dos negócios comuns de toda a burguesia (classe proprietária)".[5]

Sociólogos, psicólogos, historiadores e cientistas políticos apontam que não há como — não até onde chega nossa imaginação — considerarmos o governo um apêndice da sociedade, pois ele é o próprio núcleo da vida em grupo. Essa afirmação é válida porque a sociedade não pode existir sem que seja governada com algum grau de autoridade, e a presença da autoridade na sociedade constitui um "governo". O homem, por natureza, é um ser social e político e, logo, a criação do governo com função de dirigir os membros da comunidade para seu bem-estar comum é simplesmente uma expressão inerente da própria natureza do homem. Portanto, uma sociedade sem Estado (uma civilização sem governo), aquilo que Marx e Engels defendem com vigor, seria uma multidão desorganizada. Não seria nem de longe uma sociedade.

> FALÁCIA 5 — Marx e Engels também encontram dificuldades quando a forma do Estado foi explicada como conseqüência inevitável de alguma forma particular de circunstâncias econômicas. Se fosse verdade, o mesmo modo de produção sempre produziria a

---

5 Marx-Engels, *Communist Manifesto*, p. 15.

mesma forma essencial de governo. Façamos um exame da história de Grécia e Roma na Antigüidade. Em ambas as nações, o modo fundamental de produção era a escravidão. De acordo com a explicação marxista, suas formas de governo deveriam permanecer mais ou menos iguais enquanto o mesmo modo de produção (a escravidão) permanecesse em vigor.

Mas, ao contrário da expectativa marxista, vemos ambos os governos passando por muitas mudanças, embora o modelo de produção permanecesse o mesmo. Em Atenas, houve uma sucessão de monarquias hereditárias, seguidas de repúblicas aristocráticas e democráticas, depois o despotismo dos trinta tiranos e, finalmente, reestabeleceu-se a democracia. Em Roma, no começo havia uma realeza eletiva, que foi seguida pela república aristocrática e depois democrática, e, por fim, a monarquia absoluta dos césares. São incidentes típicos da história, nos quais a forma de governo mudou enquanto o modelo de produção permaneceu o mesmo.

Agora vamos ilustrar a falácia dessa teoria comunista de outra maneira: se a forma do Estado é fixada pelo determinismo econômico, ela deve mudar quando muda o modo de produção. No entanto, essa mudança é um acontecimento raro. Veja, por exemplo, a história dos Estados Unidos. A forma de governo dos EUA é, em sua essência, a mesma desde que o país foi fundado. O governo na economia escravagista do sul era diferente do governo da economia industrial do norte? O governo no sul mudou depois da abolição da escravidão? O modo de produção mudou, mas a forma de governo permaneceu a mesma. Em outras palavras, o ser humano pode criar a forma de governo que quiser, sem referência ao modo de produção prevalecente. Há muitos exemplos históricos que claramente refutam esse importante conceito comunista.

FALÁCIA 6 — Junto com a criação do Estado, os comunistas afirmam que o ordenamento jurídico também é desenvolvido para proteger a classe exploradora e, além disso, que se o modo de produção mudar, o ordenamento jurídico terá de ser reformulado, para dar apoio ao novo modo de produção. É lógico que isso significa que, a cada vez que ocorre uma mudança revolucionária no modo de produção, haverá alguma mudança revolucionária no sistema jurídico; em caso algum o mesmo ordenamento jurídico seria capaz de atender nações com diferentes modos de produção.

Aqui também a história provoca confusão quando a teoria comunista é aplicada a situações específicas. Um dos melhores exemplos é a história do mundo ocidental, na qual mudanças radicais nos meios de produção foram muitas vezes acompanhadas por nada mais que alterações de pequena importância nos diversos ordenamentos jurídicos. A sociedade capitalista moderna em toda Europa e América é, de modo geral, regulada por ordenamentos jurídicos baseados nos mesmos princípios, como aqueles que vigoraram séculos antes da Revolução Industrial. Na Inglaterra, a *common law* foi desenvolvida nos tempos da economia feudal. A derrubada do feudalismo só a fortaleceu, e ela ficou ainda mais forte depois da Revolução Industrial. Nos Estados Unidos, a abolição da escravatura não derrubou o ordenamento jurídico nem dos estados nem da nação como um todo. Estes são simples exemplos de um fato histórico bastante óbvio: não há dependência essencial entre o método de produção da sociedade e o ordenamento jurídico que ela resolve criar.

O que é religião

> FALÁCIA 7 — O comunismo também alega que a religião não tem origem divina e é simplesmente uma ferramenta criada pela classe dominante para reprimir a classe explorada. Marx e Engels descreviam a religião como o ópio do povo, concebida para que o povo se deixasse levar à humilde submissão e aceitação do modo de produção prevalecente, o qual a classe dominante deseja perpetuar. Qualquer estudante de história concordará que houve momentos na história em que gente inescrupulosa e mesmo organizações religiosas desorientadas abusaram do poder da religião, da mesma forma que se abusou de todas as outras instituições da sociedade em diversas ocasiões.

Mas não é o abuso das religiões que Marx e Engels tanto deploravam, e sim a própria existência da religião. Consideravam a religião uma criação da classe dominante, uma ferramenta e uma arma nas mãos dos opressores. Apontavam a tríplice função da religião do seu ponto de vista: primeiro, ensina o respeito aos direitos de propriedade; segundo, ensina aos pobres seus deveres para com a propriedade e prerrogativas da classe dirigente; e, terceiro, inspira um espírito de aquiescência entre os pobres explorados, de modo a destruir seu espírito revolucionário.

A falácia dessas alegações é óbvia para qualquer estudante dos ensinamentos judaico-cristãos. O ensinamento bíblico do respeito à propriedade aplica-se igualmente a pobres e ricos, adverte ao rico que deve dar ao trabalhador seu justo pagamento e compartilhar de sua riqueza com os necessitados. Repetidamente, o Velho Testamento denuncia o rico egoísta, porque "o espólio dos pobres está em vossas casas. Que quereis vós, que esmagais o meu povo e moeis o rosto do pobre? diz o Senhor".[6]

A denúncia dos ricos egoístas pelo Novo Testamento é igualmente clara:

> Atendei, agora, ricos, chorai lamentando, por causa das vossas desventuras, que vos sobrevirão [...]. Eis que o salário dos trabalhadores que ceifaram os vossos campos e que por vós foi retido com fraude está clamando; e os clamores dos ceifeiros penetraram até aos ouvidos do Senhor dos Exércitos.[7]
>
> É mais fácil um camelo passar pelo buraco de uma agulha do que um rico entrar no reino de Deus.[8]

Quanto à alegação comunista de que a religião torna o ser humano passivo, só temos a observar que o poder dinâmico das convicções religiosas é justamente o que impede uma pessoa com sólida formação religiosa de aceitar a opressão e as ordens dos comunistas. Quem quer que pratique os ensinamentos da filosofia judaico-cristã não irá mentir nem roubar porque lhe mandaram fazê-lo; não irá derramar sangue inocente; não irá participar da

---

[6] Is 3, 14–15.
[7] Tg 5, 1–6.
[8] Mt 19, 24.

prática comunista diabólica do genocídio — o extermínio sistemático de nações ou classes inteiras.

Fica evidente, dos numerosos escritos do comunismo, que o que o comunista teme na religião não é o que torna os religiosos passivos à classe dominante, mas o que os impede de tornarem-se passivos à disciplina comunista. As profundas convicções espirituais levantam-se como muralha de resistência para desafiar os ensinamentos e práticas do comunismo.

Além disso, o comunista vê na ideologia dinâmica dos ensinamentos judaico-cristãos uma força pela paz que corta nas entranhas a campanha comunista pela revolução mundial. Como disse Anatole Lunarcharsky, ex-comissário popular de educação russo:

> Odiamos os cristãos e o cristianismo. Mesmo os melhores entre os cristãos devem ser considerados nossos piores inimigos. Pregam o amor ao próximo e a misericórdia, que são contrários a nossos princípios. O amor cristão é um obstáculo ao desenvolvimento da revolução. Abaixo o amor ao próximo! O que queremos é o ódio [...]. Somente então poderemos conquistar o universo.[9]

A teoria comunista da moral

> **FALÁCIA 8** — Os escritores comunistas também sustentam que o código de ética judaico-cristão é moralidade de "classe". Com isso, querem dizer que os Dez Mandamentos e a ética do cristianismo foram criados para proteger a propriedade privada e a classe proprietária. Para mostrar até que ponto os autores comunistas foram para defender essa opinião, vamos mencionar diversas de suas interpretações dos Dez Mandamentos. Eles acreditam que "honrarás pai e mãe" tenha sido criado pelos judeus antigos para enfatizar a seus filhos que estes constituíam propriedade particular de seus pais. "Não matarás" foi atribuído à crença da classe dominante de que seus corpos eram propriedade privada e, portanto, deveriam ser protegidos juntamente com outros direitos de propriedade. Consideraram que "não cometerás adultério" e "não cobiçarás a

---

[9] Citado no Congressional Record, Vol. 77, pp. 1539–1540.

mulher de teu próximo" foram criados para acrescentar a idéia de que o marido era senhor da casa, e sua esposa, propriedade privada que pertencia estritamente a ele.

Essa última linha de raciocínio causou algumas conseqüências catastróficas quando os comunistas chegaram ao poder na Rússia. No anseio de tornar as mulheres "iguais aos homens" e impedir que se tornassem propriedade privada, degradaram a mulher até o nível mais baixo e primitivo. Alguns líderes comunistas advogaram o completo libertinismo e a promiscuidade como substitutos ao matrimônio e à família. Estes excertos de um decreto publicado pelo Soviete de Saralof ilustram isso:

> A partir de 1º de março de 1919, fica abolido o direito de posse de mulheres entre as idades de 17 e 32 anos [...] sendo que o presente decreto não se aplica a mulheres com cinco filhos [...]. Em virtude do presente decreto, nenhuma mulher poderá ser considerada propriedade privada, e todas as mulheres se tornam propriedade da nação [...]. A distribuição e manutenção de mulheres socializadas, em conformidade com a decisão das organizações responsáveis, são prerrogativa do grupo anarquista de Saralof. Todas as mulheres assim colocadas à disposição da nação devem, dentro de três dias a contar da publicação do presente decreto, apresentar-se pessoalmente no endereço indicado e prestar todas as informações necessárias [...].

> Qualquer homem que queira fazer uso de uma mulher socializada deve deter um certificado emitido pelo conselho administrativo de um sindicato ou pelo soviete dos trabalhadores, soldados ou camponeses, atestando que pertence à classe trabalhadora. Cada trabalhador fica obrigado a contribuir com 2% de seu salário para o fundo [...]. Os cidadãos do sexo masculino que não pertencem à classe trabalhadora podem gozar dos mesmos direitos, desde que paguem um valor equivalente a 250 francos franceses ao fundo público [...]. Qualquer mulher que, em virtude do presente decreto, seja declara propriedade nacional, receberá do fundo público um salário equivalente a 575 francos franceses por mês [...].

As mulheres grávidas serão dispensadas de seus deveres durante quatro meses antes e três meses depois do nascimento da criança [...]. Um mês após o nascimento, as crianças serão colocadas em uma instituição a que será confiado seu cuidado e educação. Permanecerão na instituição para completar sua instrução e educação, a expensas do fundo nacional, até atingirem a idade de dezessete anos [...]. Todos os que se recusarem a reconhecer o presente decreto e a cooperar com as autoridades deverão ser declarados inimigos do povo, anti-anarquistas e sofrerão as conseqüências de seus atos.[10]

Outro documento que ilustra o tipo de "liberação" recebido pelas mulheres sob a versão comunista da moralidade está contido na decisão do funcionário de um soviete, na qual dizia: "Não existe violação de mulher por homem; aquele que diz que a violação é errada nega a Revolução Comunista de Outubro. Defender uma mulher violada é revelar-se burguês e partidário da propriedade privada".[11]

Somente mais um pensamento deve ser mencionado a respeito da alegação comunista de que a moralidade judaico-cristã representa uma moralidade de "classe": é o fato de que não só é bastante simples ilustrar que tal alegação não é verdadeira como também é bastante simples ilustrar que o mais perfeito exemplo de moralidade de "classe" na face da Terra atualmente é o comunismo. Dos 180.000.000 de habitantes da Rússia, somente 3.000.000 são membros do Partido Comunista. Essa pequena minoria governante obriga impiedosamente o restante do povo a aceitar suas decisões sobre o que é bom e o que é mau.

A moralidade comunista segue uma fórmula simples. Tudo que promove a causa comunista é bom; qualquer coisa que a prejudique é má. Quando examinada, essa filosofia demonstra ser um

---

10 Citado por Gabriel M. Roschini em seu artigo "Contradictions Concerning the Status of Women in Soviet Russia", que apareceu em *The Philosophy of Communism*, por Giorgio La Pira e outros, Fordham University Press, Nova York, 1952, pp. 97–98.

11 Outchit Gazeta, 10 de outubro de 1929. Citado por Charles J. McFadden em *The Philosophy of Communism*, pp. 292–293 e nota.

código de oportunismo e conveniência, ou um código de total falta de moral. Qualquer um que não se ajuste aos ditames do Partido sobre o que seja bom para o comunismo e o que não o seja fica sujeito às mais severas penalidades, de acordo com os artigos 131 e 133 da Constituição Soviética. Assim sendo, o exemplo perfeito da moralidade de classe, que os marxistas atribuem ao código judaico-cristão, é encontrado no próprio plano de ação do comunismo.

A teoria comunista da luta de classes

> FALÁCIA 9 — A próxima falácia é a alegação de Marx e Engels de que descobriram o segredo do progresso humano. Esse segredo foi identificado por eles como a "luta de classes".

Como o estudante deve lembrar, eles disseram que, quando os homens se conscientizaram de que a escravidão era um modo satisfatório de produção, construíram uma sociedade voltada para a proteção dos direitos do senhor de escravos. Acreditavam ainda que, se esse estado de coisas jamais houvesse sido posto em causa, o modo de produção pela escravidão se teria tornado uma característica fixa, e a sociedade, do mesmo modo, se teria fixado. Mas Marx e Engels descobriram, como todo estudante de história, que a ordem econômica havia passado da escravidão para o feudalismo e do feudalismo ao capitalismo. Que causou essas mudanças? Concluíram que foi a luta de classes. Concluíram que os escravos haviam derrubado seus senhores e criado um novo modo de produção baseado no feudalismo. A sociedade, então, desenvolveu-se para proteger esse modo de produção, até que os servos derrubassem seus senhores e estabelecessem um modo de produção caracterizado pelo capitalismo de livre-empresa. A sociedade moderna, diziam eles, existe para proteger o capitalismo.

Os críticos declaram que Marx e Engels parecem haver ignorado alguns dos fatos mais óbvios da história. A decadência e a queda de civilizações antigas, por exemplo, tais como Egito,

Grécia e Roma, nada tiveram que ver com revoltas de escravos contra seus senhores.

> Os escravos daqueles tempos eram, em sua maior parte, criaturas subservientes, abjetas e indefesas, cujos murmúrios e rebeliões eram suprimidos com horrível crueldade. Não eram lutas de classes do tipo marxista imaginário e não trouxeram a transição para o feudalismo. O próprio Engels disse que, nos fins do Império Romano, os escravos eram poucos e caros; que os latifúndios, grandes propriedades agrícolas baseadas em trabalho escravo, haviam deixado de ser lucrativos; que a agricultura de pequena escala por colonos e rendeiros era relativamente lucrativa; e que, em poucas palavras, "a escravidão morrera porque deixara de ser compensadora". Então vieram as invasões bárbaras, a queda de Roma e o estabelecimento do feudalismo como resultado da conquista de uma civilização superior por uma civilização inferior, não pela alegada força propulsora de uma luta de classes.[12]

Existem problemas históricos semelhantes para Marx e Engels ligados à transição da sociedade do feudalismo ao capitalismo.

> **FALÁCIA 10** — O comunismo não falha somente quando tenta explicar o progresso passado com base na luta de classes, mas também ao prever que, no futuro, o antagonismo de classes aumentaria sob o capitalismo. Cem anos não conseguiram desenvolver as duas classes violentamente antagônicas que Marx e Engels disseram ser inevitáveis.

Os agitadores comunistas fizeram tudo que estava a seu alcance para atiçar a chama da consciência artificial de classe na mente dos trabalhadores, mas a luta básica entre capital e trabalho não havia sido derrubar o capitalismo, e sim conseguir para os trabalhadores uma parte mais justa dos frutos do capitalismo. Durante os últimos vinte anos, por exemplo, o trabalhador atingiu, nos Estados Unidos, um *status* mais elevado do que em qualquer outra época. Os comunistas tentaram assumir a liderança dessa tendência à reforma; porém, quanto mais os trabalhadores ganhavam, mais independentes se tornavam — não só

---

12 J. E. LeRossignol, *From Marx To Stálin*, pp. 152–153.

por fazerem valer seus direitos em relação aos empregadores, mas também por se livrarem dos agitadores comunistas na liderança de seus sindicatos. Os trabalhadores não atenderam à convocação comunista para derrubar o capitalismo, e os autores comunistas admitiram essa verdade com certo amargor.

Ao mesmo tempo, tanto os governos quanto os líderes industriais desenvolveram a filosofia de que o fortalecimento do poder aquisitivo da classe trabalhadora é essencial para se manter as engrenagens da indústria em movimento. O trabalhador, portanto, chegou mais próximo de assumir seu próprio papel como parte integrante do capitalismo do que havia chegado em qualquer época anterior. Essa tendência desmonta totalmente o comunismo, pois faz do trabalhador uma parte indispensável do capitalismo, em vez de seu inimigo com consciência de classe.

> FALÁCIA 11 — Outra premissa comunista que falhou foi o pressuposto de que, sob o capitalismo, toda a riqueza seria gradualmente monopolizada, até que um punhado de pessoas seria proprietário de tudo, e a classe explorada, sem propriedades, tornar-se-ia a maioria esmagadora da humanidade. Em vez de crescer, entretanto, a população proletária sem propriedades está diminuindo sob o capitalismo. Marx escreveu seu volume maciço sobre *O capital* enquanto vivia na mais abjeta pobreza; via o proletariado como os que viviam em condições similares às suas próprias — gente que absolutamente não possuía propriedades ou interesses capitalistas.

Atualmente, nos Estados Unidos, nação altamente capitalista, as únicas pessoas que poderiam ser classificadas como proletárias, de acordo com a definição de Marx, são os que não têm terra, poupança, seguridade social, benefícios de aposentadoria, seguro de vida nem títulos públicos ou privados, pois tudo isso representa a propriedade de riqueza produtiva ou fundos em dinheiro acima e além das necessidades imediatas de consumo. Tal classe de proletariado desprovido de bens existe de fato nos Estados Unidos, assim como sempre existiu em todos os países em todas as épocas, mas o fato significativo é que o proletariado nos Estados Unidos se constitui de uma parcela tão pequena da população que Marx dificilmente o desejaria reivindicar. Sob o capitalismo americano, a riqueza viu-se mais amplamente distribuída entre o povo do que em qualquer grande país na história. Isso reduziu a classe desprovida de propriedades que Marx tinha em mente a pouco mais que uma parcela ínfima da população.

Em contraste com essa situação, notamos que o país no qual a maioria da população é realmente um proletariado desprovido de propriedades é a pátria do comunismo, onde a ditadura do proletariado está em vigor há mais de trinta e cinco anos.

> FALÁCIA 12 — A teoria de Marx sobre os salários também caiu por terra com o passar do tempo. Ela previa que o desenvolvimento tecnológico tornaria as máquinas cada vez mais eficientes e, portanto, tiraria o trabalho de tantos trabalhadores que a concorrência pelos empregos aumentaria até que os salários se tornassem mais e mais miseráveis. Na verdade, o desenvolvimento tecnológico criou mais empregos do que os destruiu, e a tendência do capitalismo é, a longo prazo, aproximar-se cada vez mais do sonho econômico do "pleno emprego", excetuando-se os intervalos de recessão.
>
> FALÁCIA 13 — Como Marx acreditava que os salários se tornariam cada vez menores, presumiu que a única maneira de se atingir um nível de vida satisfatório seria deter propriedades. Por isso, afirmou que a posse de propriedade era a única distinção entre o proletariado e a classe exploradora: conclusão que foi outro grande erro. Atualmente, algumas pessoas conseguem receber 10.000 dólares pelos serviços que prestam, ao passo que outras vivem de rendas de 2.500 dólares derivadas de propriedades. Nesses casos, seria cômico denominar proletário o primeiro grupo e o segundo de burguesia exploradora. No capitalismo, deter propriedades certamente não é a única maneira de se obter uma independência econômica satisfatória.
>
> FALÁCIA 14 — Marx e Engels tampouco conseguiram prever o que aconteceria com a classe média no capitalismo. Marx disse que a classe média seria forçada a seguir o triste processo de declínio à classe desprovida de propriedade, de modo que, no fim, haveria somente duas classes violentamente antagônicas — os capitalistas e o proletariado sem propriedades. Aconteceu exatamente o contrário: estudos feitos por economistas demonstram que a classe média (gente que não é extremamente próspera nem excepcionalmente

pobre) está crescendo rapidamente. Como grupo, a classe média cresceu em número, riqueza e proporção em relação ao resto da população.[13]

FALÁCIA 15 — Outra falácia do comunismo é a teoria de que a luta de classes leva necessariamente ao progresso. Com essa teoria, Marx e Engels tentaram aplicar a dialética de sua filosofia, a qual afirma que, da luta entre duas forças opostas, surge uma inescapável evolução. Essa afirmação não explica a ausência de progresso que caracterizou muitas nações durante séculos — países como a Índia, China, Egito e Arábia e a Ásia Oriental.

Ela também não explica um dos fatos mais óbvios da história: o retrocesso das civilizações. Toda a experiência humana demonstra que as nações ascendem ao topo de sua força e então entram em decadência moral e intelectual, até perder sua posição cultural e sua predominância econômica. Esse fato se torna muito mais fácil de se demonstrar na história do que a teoria de que a luta de classes alçou o homem à ascensão através de uma série contínua de estágios chamada "progresso necessário".

FALÁCIA 16 — Afinal, como a luta de classes não consegue explicar o passado, também não conseguiu ajudar Marx e Engels a prever o que aconteceria em sua própria época. Eles afirmaram que o comunismo viria primeiro em países mais capitalistas, porque a luta de classes se intensificaria à medida que o capitalismo se desenvolvesse. Conforme esse princípio, acreditavam que o comunismo viria primeiro na Alemanha.[14] Alguns anos depois, Marx mudou sua previsão para a Inglaterra.[15]

Irônico que o comunismo (ao menos a ditadura do proletariado) tenha vindo primeiro na Rússia — um país que, em termos econômicos, era dos menos desenvolvidos da Europa. Além disso, o comunismo chegou à Rússia como um golpe, e não pela luta de classes por parte dos trabalhadores: foi por meio da intriga conspiratória de V. I. Lênin, encorajado pelo alto comando

---

13 Ralph E. Blodgett, *Comparative Economic Systems*, p. 735.
14 Marx-Engels, *Communist Manifesto*, p. 58.
15 Marx citado por M. D'Arcy em *Christian Morals*, p. 172.

alemão a entrar na Rússia durante os últimos meses da Primeira Guerra Mundial e usar um pequeno núcleo de revolucionários para tomar o governo provisório que há pouco forçara o czar a abdicar e, naquele momento, representava a classe trabalhadora tanto quanto qualquer outro governo, buscando estabelecer uma constituição democrática.

O comunismo, portanto, não chegou à Rússia como conseqüência natural da luta de classes, mas sim como qualquer outra ditadura — pela força militar de uma pequena minoria. Esse fato nos leva à falácia da "ditadura do proletariado".

A ditadura do proletariado

> FALÁCIA 17 — Essa proposta de monopólio do poder econômico e político foi concebida com o fim de fazer muito pelo bem da humanidade, mas sua prática demonstrou que não passa de um sonho falso. A ditadura do proletariado foi projetada, por exemplo, para distribuir a fruição da riqueza entre a gente do povo por meio da abolição da propriedade privada e da disposição dos meios de produção nas mãos do governo. Por que desejavam fazê-lo? Afirma-se que seria para impedir que toda propriedade e riqueza caísse nas mãos de capitalistas particulares.

Mas que aconteceu quando os comunistas tentaram fazer isso na Rússia? Destruíram o pouco de divisão da riqueza que havia e logo recolocaram a economia de volta no feudalismo — um sistema econômico sob o qual poucas pessoas privilegiadas distribuem o suprimento às necessidades da vida por determinações arbitrárias, ao mesmo tempo em que ditam a maneira como todos os estágios da vida deveriam ser vividos pelos cidadãos.

A insensatez de Marx e Engels foi não discernir a diferença entre o direito à propriedade privada e o abuso da propriedade privada. Pretendiam livrar-se do abuso abolindo o direito. O problema da humanidade não era o direito à propriedade privada, e sim o meio de se prover a distribuição eqüitativa dos direitos de propriedade de modo que mais gente pudesse gozar deles. Sendo assim, a teoria comunista não resolve o problema pelo simples fato de que, ao colocar toda a propriedade sob supervisão dos fâmulos de uma ditadura, promove o monopólio da propriedade em vez de uma melhor distribuição de seus frutos.

FALÁCIA 18 — A ditadura do proletariado também foi concebida para compensar cada um pelo trabalho realizado, e não pelo fornecimento de salários. Porém, abolindo os salários em benefício de certificados de trabalho, os líderes comunistas estavam simplesmente abandonando o meio de troca corrente. Após a Revolução Comunista na Rússia, descobriu-se que essa idéia forçava o país a recorrer a um sistema primitivo de trocas, tão desastroso que teve de ser abandonado após alguns anos. Os comunistas aprenderam que o problema de equalizar os salários não poderia ser resolvido pela abolição dos salários.

FALÁCIA 19 — A ditadura do proletariado também pretendia permitir a criação de um vasto exército de "defesa", que libertaria os proletariados de outras nações até que a ditadura viesse a cobrir toda a Terra.

Essa tentativa velada de obscurecer as ambições imperialistas dos líderes comunistas de conquistar o mundo todo ainda é empregada. Seus exércitos sempre foram descritos como exércitos de "defesa", e as vítimas de sua agressão, como "libertas". A história recente tem oferecido um trágico relato do papel desempenhado pela libertação comunista.

FALÁCIA 20 — Esperava-se que a ditadura do proletariado desse ainda aos líderes comunistas o tempo necessário para demonstrarem às massas a eficácia de seu plano, com o fim de garantirem unidade de apoio ao "comunismo pleno", que viria a seguir. A ditadura comunista na Rússia não teve esse poder de persuasão. Na verdade, a violência autorizada contra a classe capitalista logo teve de ser acionada com a mesma fúria contra o proletariado ou a classe trabalhadora, de modo que as massas se reduziram a um estado de aquiescência entorpecida e temerosa, em vez de formarem uma "unidade de apoio" à causa comunista.

A sociedade sem classes e sem Estado do comunismo pleno

FALÁCIA 21 — O sonho comunista de um grandioso "novo mundo" do futuro é baseado na crença de que um regime de violência e coerção sob a ditadura do proletariado possibilitaria o estabelecimento de uma sociedade que produziria uma nova ordem de homens, que se habituaria a observar aquilo que Lênin chamava de "regras simples e fundamentais da vida social e cotidiana de todos".

A falácia dessa promessa está na interpretação distorcida do comportamento humano apresentada pelo comunismo. O comunismo presume, com base no materialismo dialético, que mudanças no exterior do homem sempre causarão mudanças internas nele. A inter-relação entre o ambiente externo e a constituição interna do homem é indiscutível, mas o ambiente somente o condiciona, não altera sua natureza. Por exemplo, da mesma maneira que os homens sempre continuarão a rir, comer, reproduzir-se, aproximar-se para formar grupos e desvendar o desconhecido, sempre apreciarão o prazer de possuir bens (que confere o prazer de compartilhar), terão o desejo de auto-expressão ou autodeterminação, a ambição de melhorar seu padrão de vida e a motivação para exceder os demais. Essas qualidades são inerentes a todas as gerações e não podem ser eliminadas por leis ou ignoradas.

Portanto, não há quantia de violência ou coerção capaz de habituar alguém a observar as "regras simples e fundamentais da vida social cotidiana em comum" caso tal vida social viole a própria natureza do homem. Não importa o quão reprimido seja o homem, em sua natureza sempre será mantido um instinto apaixonado de amor à liberdade para expressar os desejos que lhe pertencem por herança, não por aquisição. Ou seja, esses desejos não podem ser ignorados, e é por isso que não serão aniquilados, mesmo com a repressão impiedosa de uma combativa ditadura do proletariado. Eles certamente hão de se erguer e auto-afirmar no mesmo instante em que a ditadura mostrar sinais de enfraquecimento.

Sessenta séculos de história demonstraram que uma sociedade é bem-sucedida somente quando tempera os instintos e inclinações naturais do homem. Na verdade, essas mesmas qualidades da natureza humana que o comunismo tentaria abolir são exatamente aquilo que, nas circunstâncias apropriadas, os homens crêem ser as fontes de satisfação, força e bem-estar que conduzem ao progresso, tanto o indivíduo quanto a sociedade como um todo.

> **FALÁCIA 22** — Marx e Engels estavam tão ansiosos por desacreditar o capitalismo que gastaram a maior parte de seu tempo nisso e nunca chegaram a revelar o modelo completo do "comunismo pleno" que deveria substituir o capitalismo; mesmo assim, temos informações suficientes para revelar suas fraquezas congênitas. Uma delas é o axioma de que "cada um produzirá conforme sua capacidade e receberá conforme sua necessidade".

Essa afirmação pode parecer excelente quando se está lidando com um deficiente físico, porque a sociedade está disposta a fazer pelo deficiente aquilo que ele não pode fazer por si próprio. Mas o que acontece quando essa afirmação se aplica a toda a sociedade? Não faz muito tempo que um professor perguntou a seus alunos o que achavam desse *slogan* comunista, e todos pareceram concordar que era uma boa coisa. O professor então disse que lhes daria uma pequena demonstração do que aconteceria se "cada um produzisse conforme sua capacidade e recebesse conforme suas necessidades":

> Para ser aprovado nesta disciplina, você precisa de nota 75. Por isso, se alguém ficar com 95, tirarei 20 pontos dessa pessoa e os darei a quem tenha ficado com somente 55. Por isso, se algum aluno ficar com 90, tirarei dele 15 pontos e os darei a quem tenha ficado só com 60. Dessa maneira, todos se sairão bem.

Imediatamente, houve uma enxurrada de protestos por parte dos mais inteligentes e estudiosos, enquanto que os preguiçosos e menos estudiosos julgaram aquilo uma boa idéia. Finalmente, o professor explicou:

> A longo prazo, não creio que algum de vocês gostaria desse sistema. O que aconteceria é o seguinte. Em primeiro lugar, as pessoas altamente produtivas — que sempre constituem uma minoria, tanto na escola como na vida — acabariam perdendo o incentivo para produzir. Para que se esforçar para alcançar notas altas se parte de delas seria cortada por "autoridades" e transferida a outra pessoa? Em segundo lugar, os alunos menos produtivos — que

constituem a maioria, na escola e em outros locais — se veriam livres da necessidade de estudar ou produzir durante algum tempo. Essa situação continuaria até que os mais produtivos afundassem ou fossem empurrados ao nível dos alunos de baixa produtividade e, portanto, nada tivessem a contribuir com seus companheiros. Nesse momento, para que todos pudessem sobreviver, a "autoridade" não teria alternativa senão instituir a todos um sistema de trabalho compulsório com punições, mesmo aos de produtividade baixa. Claro que se queixariam com amargor, embora sem entender o que havia acontecido.[16]

Em termos de comunismo, a necessidade de uma "autoridade" significaria simplesmente o retorno à ditadura do proletariado, com o objetivo de forçar todos os trabalhadores a produzir mais para suprir as necessidades da vida. Mas a ditadura do proletariado não consegue, nem com uso de força, fazer com que os homens produzam conforme sua capacidade. Como no exemplo citado pelo professor, isso se sucede porque o comunismo destruiu deliberadamente os mais simples incentivos ao trabalho. Mencionemos quatro deles:

1. Recompensa maior por produção maior.

2. Recompensa maior por esforço para aprimoramento de produtos.

3. Aumento na recompensa por esforço para prestar melhores serviços.

4. Direito do trabalhador de adquirir e beneficiar propriedades via acumulação de recompensas passadas (lucros) acima e além das necessidades de consumo e, dessa forma, melhorar seu padrão de vida e o padrão de vida de sua família.

Os líderes comunistas parecem ter entendido mal a lição universal de que o maior inimigo do homem é a inércia, e que a mola mestra da ação para combater a inércia não é a força, mas a oportunidade de auto-aperfeiçoamento. Marx e Engels insistiam que essa atitude é egoísta e "não-socializante", mas o fato é que o trabalhador sente dificuldade em trabalhar com maior esforço para

---

16 Relatado por Thomas J. Shelly, instrutor de economia e história na Yonkers High School, Yonkers, New York.

encher o estômago da "sociedade" quando os frutos de seu trabalho não cuidam de si próprio e de sua família em primeiro lugar.

Os comunistas acreditaram que poderiam eliminar essa atitude "não-socializante" por meio da força, mas trinta e cinco anos de ditadura na União Soviética foram uma demonstração vívida de que o homem não trabalha conforme sua capacidade, a não ser que seja recompensado conforme sua capacidade. Até mesmo os líderes comunistas sabem que o uso da força falhou. Sob o açoite da ditadura, os trabalhadores mal produziram o suficiente para sua sobrevivência.

Os líderes comunistas disseram então que a ditadura deveria continuar indefinidamente. Enquanto os trabalhadores não produzissem conforme sua capacidade, certamente não se poderia falar em "comunismo de verdade", no qual cada um recebe conforme sua necessidade.

> **FALÁCIA 23** — Ao examinar as teorias de Marx e Engels, o estudante logo se dá conta de que eles não pensaram em alguns dos mais elementares fatos da vida. Por exemplo, presumiram que, em uma sociedade sem Estado, o governo das massas (que sempre acaba sendo um governo de máfias) saberia distinguir e discernir melhor do que os poderes executivo, legislativo e judiciário de um governo organizado. Supor tal coisa como perspectiva do comunismo pleno vai de encontro a toda a experiência humana anterior.
>
> **FALÁCIA 24** — Esta teoria presume que, sob a opressão imposta pela ditadura do proletariado, os homens perderiam ou destruiriam completamente seu instinto de aquisição. Marx e Engels deixaram claro que esperavam que a ditadura conduzisse as pessoas ao "hábito" de não possuir ou não desejar possuir bens.

Mas que acontece quando a sociedade sem Estado tem início e uma geração inteiramente nova entra em cena, sem memória da opressão impiedosa que habituou seus pais a observarem as "regras simples e fundamentais da vida social cotidiana em comum"? Suponha que um grande número de pessoas se recuse a realizar o tipo de trabalho ou a parcela de trabalho delas esperada, de modo que sejam consideradas culpadas por "não produzir conforme sua capacidade", ou que exijam da sociedade sem classes nem Estado mais do que aquilo que se acredita ser sua parte.

O que aconteceria caso se organizassem, se armassem secretamente e promovessem uma rebelião inesperada para tomar para si a riqueza que a sociedade sem classes nem estado se recusa a lhes dar? Não seria necessário restabelecer de imediato a ditadura do proletariado para suprimir essa oposição? Talvez o instinto de aquisição seja mais difícil de suprimir do que julgavam Marx e Engels. Na verdade, com o conhecimento de que dispomos sobre milhares de anos de comportamento humano, será provável que o comunismo ultrapasse o estágio da ditadura do proletariado em algum momento?

> FALÁCIA 25 — Por fim, o comunismo pleno promete que, mesmo na falta dos incentivos habituais ao trabalho, a sociedade sem classes nem Estado produzirá maiores quantidades de bens do que qualquer sistema poderia produzir hoje em dia. De acordo com essa teoria, pretende-se que a produção comunista alcance de alguma forma um estado de saturação absoluta, em que todas as necessidades humanas serão satisfeitas. Deverá haver estocagem e distribuição de suprimentos de acordo com as necessidades de todos. Também haverá serviços disponíveis em postos centrais, que serão disponibilizados em tal quantidade que os fatores de competição entre os consumidores serão eliminados. Assim, o comunismo promete acabar com os mercados, os preços e o dinheiro.

O que acontecerá, então, se a meta de saturação absoluta não for atingida? A ditadura do proletariado não teria de ser chamada à ação mais uma vez para suprimir as insatisfações? Um bom exemplo do problema seria o caso dos automóveis. Quantos automóveis teriam de ser produzidos para se atingir um nível de satisfação absoluta dos desejos (que, no fim das contas, se tornariam sinônimo de necessidades, na ausência de uma autoridade estatal) de dois bilhões de pessoas? No capitalismo, a necessidade econômica de uma família é satisfeita com um ou dois carros. O que aconteceria se essa margem de necessidade econômica fosse removida? No comunismo pleno, um bom trabalhador teria direito a tantos carros quantos desejasse. Caso ele não consiga tudo quanto deseja, o monstro do egoísmo erguerá sua feia cabeçorra. Tantas e tantas vezes os escritos comunistas prometeram uma produtividade suficiente para eliminar o fator de egoísmo que conduz à luta de classes.

E o que aconteceria quando saíssem novos modelos? A sociedade sucateará automaticamente os carros antigos quando um novo modelo for lançado? No comunismo pleno, quem desejaria um carro velho? Pode parecer um pouco absurdo, mas na verdade esse seria um problema muito comum e viria ligado a diversos tipos de produto. Alguém teria de optar por permanecer sem trocar de carro por mais um ou dois anos, ou então toda família desejaria um carro novo. Cada família poderia até mesmo exigir diversos carros novos.

Os problemas de um sistema como esse atingiriam proporções extraordinárias, e qualquer esperança de se eliminar moedas, mercados e preços cairia no esquecimento. Um sistema desses também exigiria uma máquina governamental muito maior do que a do capitalismo de livre empresa, e a perspectiva de se produzir bens e serviços em tais quantidades, a qual levaria o Estado a perecer, desafia tanto a razão quanto a esperança.

O comunismo como abordagem negativa à solução de problemas

Para concluirmos essa discussão sobre as falácias básicas do comunismo, talvez devêssemos fazer um comentário resumido da mais significativa de todas as suas falácias, a saber, a doutrina comunista de que é possível eliminar problemas com a eliminação da instituição da qual eles emanam. Talvez nem mesmo Marx e Engels estivessem conscientes daquilo que estavam fazendo, mas o estudante há de notar a que nível essa abordagem domina todos os problemas que eles se propuseram a resolver.

Veja, por exemplo, os problemas do governo. Marx e Engels resolveriam esses problemas trabalhando para chegar ao dia em que pudessem eliminar o governo. Os problemas morais seriam resolvidos eliminando-se a moral. Problemas resultantes da religião seriam eliminados com a eliminação da religião. Problemas conjugais, domésticos e familiares seriam eliminados pela eliminação do casamento, do lar e da família.

Problemas resultantes dos direitos de propriedade seriam resolvidos impedindo a todos de possuir direitos de propriedade. O problema da eqüidade dos salários seria resolvido abolindo-se os salários. Problemas ligados a dinheiro, mercados e preços seriam resolvidos ao eliminar-se o dinheiro, os mercados e os preços. Problemas de concorrência na produção e distribuição seriam resolvidos proibindo-se à força a concorrência.

Enfim, resolveriam todos os problemas da sociedade moderna utilizando-se da revolução para destruir essa sociedade. Parece que o fantasma do comunismo pode erguer-se das entranhas da Terra somente através das cinzas de tudo o que hoje existe. O comunismo deve ser construído por um propósito — destruir. Somente depois de uma grande destruição, os líderes comunistas ousam esperar que se possa oferecer a seus discípulos a possibilidade de liberdade, igualdade e justiça.

É essa desalentadora e nebulosa promessa para o futuro que o comunismo oferece ao mundo de hoje. Até a chegada desse dia, os líderes comunistas pedem à humanidade que suporte a conflagração da violência revolucionária, a supressão e liquidação de grupos de resistência, a expropriação de propriedades, a ditadura do proletariado, que eles próprios dizem basear-se "na força e sem restrição de quaisquer leis", a suspensão de todas as liberdades civis — supressão da liberdade de imprensa, de expressão e de reunião —, a existência de campos de trabalho escravo, cidadãos sendo constantemente observados por polícias secretas, longos períodos de serviço militar, a pobreza da agricultura coletiva, o risco de ser liquidado caso se descubra associação a desviacionistas e, finalmente, a tolerância de uma ordem econômica que prometa pouco mais que uma vida a nível de subsistência para as próximas gerações.

Mais de quarenta anos se foram desde que líderes comunistas se apoderaram de uma nação para demonstrar pela primeira vez a um mundo curioso as maravilhas que podiam operar. A partir daquele país, expandiram seu domínio até o ponto em que um terço da raça humana já se curva a seus ditames ferrenhos. Aqueles que escaparam de sua tirania são testemunhas de que o homem marxista produziu uma monstruosidade política que reúne relíquias de quase todas as formas de degradação e tortura inventadas pela mente humana desde o alvorecer da história.

Enquanto fingia libertar a humanidade das alegadas opressões do capitalismo, o homem marxista desafiou a luz branca e cálida da civilização do século XX para introduzir a escravidão em escala sem precedentes na história da raça humana. Enquanto afirmavam apoiar os "direitos do homem comum", os marxistas assassinaram seus concidadãos, dos *kulaks* aos democratas, em números que desconcertam a racionalidade. E, enquanto se descrevia como epítome daquilo que de melhor há na natureza — a criatura de ciência, a inteligência suprema do universo — o *Homo marxianus* lançou mão de sua astúcia para agravar ainda mais crimes que dificilmente seriam replicados pelas tribos mais predatórias dos tempos pré-históricos.

É por esse motivo que os homens de discernimento descreveram o comunismo como algo que nega a história e inverte seu curso, que voltou o homem contra si próprio. Em vez de resolver os complexos e numerosos problemas da vida moderna, a abordagem negativa do marxismo simplesmente ressuscitou problemas primitivos que as gerações passadas da humanidade batalhadora já haviam resolvido.

Para apreciarmos com maior precisão o que vem ocorrendo, examinemos agora as circunstâncias que possibilitaram a projeção da primeira nação controlada pelo comunismo na história do mundo.

CAPÍTULO 5

O SURGIMENTO DO MOVIMENTO REVOLUCIONÁRIO NA RÚSSIA

Os EVENTOS DESCRITOS NESTE CAPÍTULO SÃO FATOS bastante familiares aos marxistas bem-informados. Os comunistas muitas vezes baseiam seus argumentos na interpretação desses eventos e, portanto, o estudante deverá encontrar utilidade nestas informações históricas.

Este capítulo também inclui as biografias dos principais líderes comunistas — Nikolai (V. I.) Lênin, Leon Trótski e Joseph Stálin.

O exame das seguintes questões indicará algumas das respostas pelas quais este capítulo foi concebido:

Quem lançou o marxismo na Rússia em 1868? Por que Marx considerava esse homem seu "inimigo"? Após o assassinato de Alexandre II, que disse Marx sobre a possibilidade de uma revolução comunista na Rússia?

Que tipo de ambiente produziu Nikolai Lênin? Por que seu irmão foi enforcado?

Quem organizou os bolcheviques? Que significa esse nome? De que eles chamavam seus inimigos? Tratava-se de uma designação apropriada ou era uma questão de estratégia?

Qual a formação de Leon Trótski? Onde ele arranjou esse nome? Como escapou da Sibéria? Por que se opôs a Lênin em 1903?

A Revolução Russa de 1905 foi liderada por poucos radicais ou foi uma revolta geral do povo? Por que Lênin e os bolcheviques se opuseram ao Manifesto de Outubro, que prometia um governo representativo ao povo?

De que tipo de lar veio Joseph Stálin? Por que ele foi expulso do seminário onde se preparava para o sacerdócio? Que as atividades criminosas de Joseph Stálin em 1907 revelam sobre sua personalidade? Qual foi a extensão das atividades de Stálin como organizador sindical, propagandista e líder revolucionário durante esse período? Qual era seu relacionamento com Lênin?

Que levou a Rússia à beira de outra rebelião geral durante a Primeira Guerra Mundial? Qual foi a atitude do czar durante a crise?

O marxismo chega à Rússia

Em 1885, um cidadão americano, Andrew D. White, retornou de uma temporada no exterior como adido à embaixada americana em São Petersburgo e descreveu a situação russa da seguinte maneira: "O sistema de governo como um todo é do barbarismo mais atroz do mundo. Não há sobre a Terra igual exemplo de sociedade política tão degradada, povo tão massacrado e sistema público tão inescrupuloso".[1]

Quando White fez essa declaração, a Rússia contava com pouco mais de 70 milhões de habitantes. Dentre esses, 46 milhões viviam na prática como cativos, na qualidade de servos.

Lembremos que Marx e Engels foram levados a um ardor colérico quando viram as condições reinantes entre os operários ingleses, e o padrão de vida na Inglaterra era bem superior ao dos camponeses russos. Os servos russos, além de famintos, explorados e paupérrimos, ainda estavam sujeitos a um sistema feudal ferrenho de supressão política. Havia sempre o flagelo da polícia secreta, a ameaça de prisão e condenação aos campos de trabalhos forçados na Sibéria e as cruéis indecências impostas a eles

---

[1] De uma carta de Andrew D. White datada de 9 de novembro de 1885, Berlim, presente na White Collection, Cornell University.

pelos onipresentes militares do czar. O servo russo parecia não gozar de qualquer proteção sagrada a sua pessoa, seus bens, seus filhos e, por vezes, nem à sua esposa. Todos estavam sujeitos aos caprichos mesquinhos dos ávidos oficiais da burocracia corrupta do czar.

Entre 1861 e 1866, o Czar Alexandre II tentou sinceramente eliminar a instituição da servidão sancionando várias leis de emancipação. Entretanto, para todos os fins, as vidas empobrecidas dos camponeses continuaram inseguras, duras e ásperas. Havia uma revolução preparando-se.

O marxismo chegou à Rússia em 1868, quando a tradução d'*O capital* realizada por Bakúnin escapou à censura imperial e circulou entre os liberais e radicais como um naco escolhido de carne espiritual. Para a Rússia, isso significava acender-se a chama brilhante do *Manifesto comunista* original: "Que as classes dominantes tremam à idéia de uma revolução comunista! Os proletários nada têm a perder nela, salvo suas correntes [...]. Trabalhadores do mundo, uni-vos!".

Os movimentos revolucionários russos logo começaram a tomar forma, e por volta de 1880 já se podia dizer que o marxismo lá havia assumido uma posição firme. O primeiro ato de violência significativa veio em 1881, quando o Czar Alexandre II morreu sob o impacto mortal de uma bomba lançada à carruagem imperial por Ignátius Grinevítsky, membro do grupo revolucionário "A vontade do povo".

O sucesso no assassinato do czar levou muitos marxistas a acreditar que a hora da revolução irrestrita estaria próxima. Em Londres, o envelhecido Marx começou a receber perguntas de seus discípulos na Rússia. Queriam saber se era possível realizar uma revolução na Rússia, embora a economia do país jamais tivesse passado pelo desenvolvimento capitalista que Marx sempre afirmara como pré-requisito. Marx estudou o problema com diligência e, finalmente, opinou que a Rússia dispunha da "mais rara e apropriada oportunidade jamais oferecida a qualquer país de se saltar a fase de desenvolvimento capitalista". Em outras palavras,

Marx estava sugerindo a possibilidade de uma revolução imediata na Rússia.

Esse posicionamento significou uma virada teórica completa por parte de Marx. Também admitia o erro de uma de suas previsões anteriores, a saber, a de que a revolução viria primeiro em nações de economia capitalista altamente desenvolvida, como a Alemanha e a Inglaterra. Entre seus amigos, declarou: "É uma ironia do destino que os russos, contra quem lutei por vinte e cinco anos, e não somente em publicações alemãs, mas também nas francesas e inglesas, sempre foram meus benfeitores".

Com efeito, é irônico que os marxistas russos tenham permanecido leais a Marx e a suas teorias a despeito da pilha de insultos verbais e editoriais que este lhes dirigiu. Essa lealdade jamais foi tão verdadeira quanto no caso de Bakúnin, o primeiro marxista russo, que promoveu as teorias de Marx e Engels com tal zelo que ambos temeram que ele chegasse a dominar a Primeira Internacional. Entretanto, os marxistas fizeram-no objeto de seu expurgo político.

Mesmo no fim, contudo, Bakunin reafirmou sua fé no marxismo e, após se referir ao "ódio furioso" de Marx contra ele, concluiu: "Essa situação me fez abominar intensamente a vida pública. Já basta para mim, e, após ter devotado todos os meus dias à luta, sinto fadiga [...]. Que outros, mais jovens, metam mãos à obra. De minha parte, não mais me sinto forte o suficiente [...]. Portanto, saio da arena e faço apenas um pedido a meus queridos contemporâneos — esquecimento".

Em 1876, Bakúnin havia pousado o fardo de sua vida, mas os "jovens" a quem legara o marxismo e a revolução do povo russo já estavam começando a aparecer entre os homens.

Em 1870, nasceu Nikolai Lênin, e tanto Joseph Stálin como Leon Trótski vieram ao mundo em 1879. Outros viriam, mas esses seriam os principais líderes a dar continuidade às tradições de Bakúnin, fazendo por Marx o que este nunca conseguiu fazer por si próprio: provocariam uma convulsão revolucionária em uma grande nação e fariam as vezes de parteiras do nascimento da primeira ditadura comunista do mundo.

Os primeiros anos de Nikolai (V. I.) Lênin

Marx jamais imaginaria que o primeiro ditador comunista seria um homem como Lênin, nascido em 22 de abril de 1870, em Simbirsk, às margens do Volga. Seu pai era conselheiro de Estado, com título de nobreza hereditário, e sua mãe era alemã, de fé luterana. Lênin tinha cabelos ruivos, maçãs do rosto salientes e os olhos amendoados de seus ancestrais tártaros de Astrakhan.

Seu nome original era Vladímir Ilich Ulyánov, mas "Nikolai Lênin" é o codinome revolucionário que o tornou famoso. Em criança, recebeu educação rigorosa de um pai considerado "liberal", embora fosse conselheiro de Estado. Seu pai tinha ideais humanitários e morreu trabalhando para fundar 450 escolas primárias em dezessete anos. Lênin tinha quinze anos quando seu pai faleceu, e logo depois disso sua família sofreu uma tragédia ainda maior — seu irmão mais velho foi enforcado.

Alexandre estava com quase vinte e um anos. Havia perdido sua fé religiosa um pouco antes e fora profundamente marcado pela filosofia materialista. Também havia começado a sentir a necessidade de uma ação direta e decisiva para se obter reformas sociais na Rússia.

Enquanto freqüentava a Universidade de São Petersburgo, Alexandre combinou com vários colegas que fabricaria uma bomba com o intuito de assassinar o Czar Alexandre III. A bomba foi fabricada dentro de um dicionário médico falso e constituía-se de dinamite e balas envenenadas com estricnina. A polícia descobriu a conspiração pouco antes de sua execução, e o grupo todo foi detido sumariamente. Logo vieram o julgamento e a condenação, e em maio de 1887 os jornais de São Petersburgo anunciaram que o irmão mais velho de Lênin havia ido para o cadafalso.

Passado o alvoroço, Lênin, que recém havia completado 17 anos, voltou a ler Marx e os outros escritores revolucionários com enorme seriedade. Como seu irmão, Lênin havia perdido a fé religiosa há dois ou três anos e estava a reconciliar-se com o pessimismo da interpretação marxista da vida. Além disso, a morte do irmão acelerou sua determinação de tornar-se um revolucionário ativo tão cedo quanto possível.

Para dar a si próprio algum tipo de *status* profissional, Lênin fez um estudo intensivo de direito. Por intercessão de sua mãe, recebeu permissão para realizar o exame final na Universidade de São Petersburgo e ficou em primeiro lugar entre 124 alunos. Lênin então tentou exercer a advocacia, mas por algum motivo perdia quase todas as causas. Por isso, abandonou o direito e jamais retornou a ele.

De 1891 a 1892, a fome e a epidemia de cólera assolaram a Rússia. Lênin vivia na mesma região em que Tolstói, o famoso escritor e filantropo, estava tentando amparar a coragem do povo com a organização de centenas de postos de distribuição de sopa grátis, além de doar sementes e cavalos a camponeses empobrecidos. Mas Lênin não queria saber de nada disso. Nem auxiliava no estabelecimento dos centros de distribuição de sopa, nem se juntava ao comitê de ajuda. Mais tarde, foi acusado de acolher a fome com satisfação, como meio de acentuar o sofrimento do povo e incendiar seu desejo revolucionário de agir. Não restam dúvidas de que, durante esses anos, o programa marxista estava forçando o pensamento de Lênin a torná-lo um revolucionário inflexível.

Logo depois, Lênin fixou residência em São Petersburgo. Estava então com 23 anos e ansioso por iniciar suas atividades revolucionárias. Juntou-se então à União da Luta pela Liberação da Classe Trabalhadora. Entretanto, em 1895 Lênin descobriu que tinha tuberculose do estômago. A doença exigiu uma viagem à Suíça para tratamento em um sanatório especial. Enquanto esteve na Europa Ocidental, fez contato com George Plekhánov, o líder dos marxistas russos exilados.

Lênin passava longas horas com Plekhánov e sentia-se muito lisonjeado por este, o principal entre os radicais russos exilados, compartilhar com ele, um novato, seus planos para uma violenta revolução e derrubada do czar. Plekhánov também ficou impressionado com Lênin. Sentia o calor do ódio brilhante que Lênin sentia por tudo quanto estivesse maculado pelo regime do czar e, portanto, decidiu que Lênin deveria voltar à Rússia, reunir os marxistas e organizar um partido comunista nacional nos moldes social-democratas alemães, que gozavam de grande sucesso. Também pediu a Lênin que começasse a publicar um periódico revolucionário.

Essa tarefa foi aceita por Lênin como uma missão heróica à qual havia sido predestinado. Voltando à Rússia, organizou greves, treinou recrutas, formulou estratégias políticas e escreveu artigos inflamados. Contudo, em meio à promissora campanha, um agente policial traiu o grupo e Lênin viu-se sentenciado ao exílio na longínqua Sibéria. Lênin aceitou essa interrupção de sua carreira revolucionária com amarga resignação.

Logo após sua chegada à Sibéria, juntou-se a Lênin uma jovem marxista que ele havia conhecido em 1894, chamada Nadejda Krúpskaya. Ela recebeu permissão para ir por solicitação de Lênin, sob a condição de que legalizassem sua união com uma cerimônia de casamento. O matrimônio violava o princípio marxista da "abolição da família", mas eles consentiram, para que pudessem ficar juntos. Lênin agora tinha uma companheira tão dedicada à revolução quanto ele próprio. Não tiveram filhos, e os mais próximos diziam que eles deliberaram não os ter, porque ambos sentiam que suas missões na vida seriam prejudicadas por tal empecilho.

Lênin empregou o tempo passado na Sibéria em estudar, escrever resmas de cartas com tinta secreta, solidificar o programa do novo Partido Social-Democrata da Rússia e terminar seu livro chamado O desenvolvimento do capitalismo na Rússia.

Ao ser libertado em 1900, Lênin já se havia tornado um conspirador revolucionário calculista e de pleno direito. Viajou imediatamente para Munique, na Alemanha, onde começou a imprimir um periódico chamado A faísca, que podia ser contrabandeado para a Rússia. Assim começaram dezessete anos de exílio quase contínuo na Europa Ocidental para Lênin e sua esposa. Em raras ocasiões, visitaram a Rússia em segredo. Levavam vida modesta e viajavam com pouca bagagem. Era como se estivessem aguardando que a voz da história lhes atribuísse seus papéis revolucionários.

Origem dos bolcheviques

Em 1903, Lênin e sua mulher estabeleceram-se em Londres. Tinham a impressão de que estavam entrando onde Marx tinha saído. Marx havia morrido havia dezessete anos, e ambos fizeram peregrinações ao cemitério onde estava localizado seu túmulo.

Em julho daquele ano, realizou-se em Londres um congresso dos social-democratas russos. Vieram da Rússia e de vários grupos de exilados russos da Europa Ocidental 43 delegados. Como presidente do congresso, Lênin começou com postura moderada e imparcial, mas, à medida que as discussões prosseguiam, ficou horrorizado por descobrir que o congresso se encaminhava na direção do socialismo pacifista, e não da revolução combativa. Lênin imediatamente rodeou-se de seus amigos e seguidores e cindiu o congresso questionando se a participação no Partido deveria ser limitada aos revolucionários mais radicais, como ele próprio defendia, ou ampliada para incluir qualquer um que simpatizasse com o movimento.

Nessa disputa, ele reuniu temporariamente a seu lado a maioria do congresso, então usou essa situação para chamar os que o apoiavam de bolcheviques (termo oriundo de uma palavra russa que significa "maioria") e os que se opunham a ele de mencheviques (que provém da palavra russa que significa "minoria"). O valor propagandístico de um nome de partido que significa "maioria" é fácil de reconhecer. Era outro exemplo da determinação absoluta de Lênin a explorar cada situação com o intuito de fazer dela uma ferramenta para promover sua estratégia política global.

Nesse congresso em particular, entretanto, a vitória de Lênin durou pouco. Vários grupos juntaram forças contra ele e, em pouco tempo, descobriu-se que ele estava representando visões minoritárias na maioria das questões. Mesmo assim, Lênin continuou chamando seus seguidores de bolcheviques e os que lhe faziam oposição de mencheviques.

A história de Leon Trótski

Um dos que se opunham a Lênin era um fanático de vinte e três anos chamado Leon Trótski. No futuro, Lênin e Trótski uniriam forças, mas, nesse congresso de 1903, estavam em campos opostos. Pausemos nossa narração para darmos uma breve atenção à biografia de Trótski.

Em muitos aspectos, Lênin e Trótski têm formações semelhantes. Ambos vinham de famílias abastadas, tiveram boa educação, desiludiram-se e envolveram-se em atividades revolucionárias e cumpriram pena na Sibéria.

Leon Trótski nasceu com o nome de Lev Bronstein. Seu pai era um *kulak*, um camponês rico, que havia fugido das campanhas antijudaicas do czar e se afastado da vida urbana para ser lavrador junto ao Mar Negro, onde havia mais tolerância religiosa. Entretanto, à medida que a família prosperava, seus membros pouco a pouco abandonavam a sinagoga e a observância do sabá. Por fim, o pai de Trótski declarou-se abertamente ateu.

Quando Trótski foi para a escola, carregou consigo as simpatias pelo materialismo que herdara de seu pai. Esses posicionamentos logo deram frutos. Nos fins de sua vida escolar, não só exibia o ceticismo desdenhoso de um materialista convicto, mas também mostrava sinais de estar a tornar-se um radical político. Embora essa tendência desagradasse muito o pai de Trótski, nada conseguia dissuadi-lo de suas idéias. Sempre irrompiam cenas ruidosas entre os dois quando Trótski voltava para casa de férias, e após alguns anos Trótski se havia alienado completamente da família.

Nessas circunstâncias, quando Trótski foi apresentado ao marxismo não lhe foi difícil encontrar um lugar para a novidade em sua mente. Sua conversão foi facilitada pelo fato de que fora instruído nessa matéria por uma jovem atraente, seis anos mais velha que ele, que posteriormente se tornou sua esposa. Seu nome era Alexandra Lvovna.

Trótski tinha apenas 19 anos quando Alexandra e ele decidiram ajudar a organizar a União dos Trabalhadores da Rússia Meridional. Entre outras, recebeu a tarefa de imprimir um jornal ilegal. Como era de se esperar, esse empreendimento logo o levou à prisão. Trótski passou os três anos seguintes na solitária e, depois de uma série de transferências para diversas prisões, acabou na Sibéria, onde Alexandra encontrou-se com ele. Ambos foram sentenciados a cumprir pena em uma região fria, inóspita e de poucos povoados. Tiveram dois filhos durante esse exílio.

Trótski escapou em 1902, escondido em uma carga de feno. Chegou à Ferrovia Transiberiana e usou um documento de identidade falso para se apresentar como "Trótski" — o nome de seu falecido carcereiro! Daquele ponto em diante, usou este nome. Com a ajuda de diversos camaradas marxistas, viajou para Londres, onde chegou a tempo de participar do já mencionado congresso social-democrata. Tempos depois, sua mulher e seus filhos foram juntar-se a ele.

Em seu primeiro encontro Lênin e Trótski se deram bem. Lênin descreveu Trótski como um revolucionário de "raras habilidades"; Trótski pagou o elogio sugerindo que Lênin fosse nomeado presidente do congresso. Durante o congresso, entretanto, Trótski viu o suficiente de Lênin para ficar apreensivo quanto à fria navalha de aço da sua mente. Ficou chocado com a indiferença deplorável exibida por Lênin ao cortar a fala de alguns dos mais velhos e respeitados membros do Partido quando estes se opuseram a suas opiniões (a gentil consideração de Trótski pelos sentimentos de seus camaradas em 1903 contrastaria fortemente com seu posicionamento de 1917 a 1922, quando supervisionou pessoalmente o expurgo impiedoso de muitas centenas de camaradas suspeitos de desvios da política estabelecida pelo Partido).

No fim das contas, a oposição temporária a Lênin em 1903 não prejudicou a carreira revolucionária de Trótski. Nos anos imediatamente seguintes, Trótski tornou-se um brilhante escritor e orador, bem como uma personalidade célebre na Europa Ocidental, muito antes de Lênin. É descrito como um intelectual bonito, arrogante e anti-social, que às vezes ofendia seus companheiros marxistas com seu gosto por roupas elegantes. O contorno de seu nariz e o bigode valeram-lhe o título de "A águia jovem".

Voltemos agora à rápida sucessão dos eventos na história do movimento revolucionário russo.

A Revolução Russa de 1905

Em 1903 a situação política da Rússia se havia tornado explosiva. Nicolau II não havia percebido, mas ele seria o último dos czares. Como administrador, demonstrou surpreendente fraqueza. Quando jovem, era agradável e amigável — e os liberais russos tinham a esperança de que, após ascender ao trono, ele adotaria as reformas tão necessárias ao país para que assumisse seu lugar entre as nações progressistas do mundo. Contudo, ficaram desapontados. Nicolau II perpetuou as políticas imperialistas de seu pai, Alexandre III, e fez cumprir as duras políticas internas de seu avô, que havia sido assassinado. Na verdade, para satisfazer suas próprias ambições expansionistas, Nicolau II mergulhou a Rússia em uma guerra sem sentido contra o Japão em 1903. Quase imediatamente viu as forças russas sofrerem uma derrota humilhante.

A guerra russo-japonesa durou pouco mais de dois anos e, quando se aproximava de seu mortificante desfecho, a pressão política e econômica sobre o povo russo fez o império romper suas costuras. Houve assassinatos de funcionários públicos, protestos em massa e uma greve geral que paralisou mais de 2,5 milhões de trabalhadores. O czar usou todas as formas possíveis de repressão para suprimir a rebelião, mas nem prisões e execuções em massa conseguiram conter aquela maré. Toda a população pegou em armas: banqueiros, camponeses, professores e analfabetos caminhavam lado a lado em protestos.

Um exemplo típico das manobras desajeitadas do czar perante a revolução foi o Massacre do Palácio de Inverno. Esse evento ocorreu em um domingo, dia 22 de janeiro de 1905, quando George Gapon, um sacerdote, liderou uma passeata de milhares de trabalhadores desarmados até a frente do Palácio de Inverno, para apresentar uma petição pacífica por melhores condições de trabalho. À medida que se aproximavam do palácio, podia-se ver que agitavam grandes retratos de Nicolau II enquanto cantavam alegremente "Deus salve o czar". Era uma cena estranha. A pobreza evidente dos trabalhadores contrastava vividamente com o magnífico esplendor do Palácio de Inverno do czar, uma grande e extravagante estrutura capaz de abrigar mais de 6.500 hóspedes em apartamentos ricamente decorados.

No entanto, o czar não saiu para receber os manifestantes. Em vez do czar, os manifestantes encontraram soldados a rodear todo o palácio. No princípio, ficaram apreensivos com a situação, mas se sentiram mais seguros uma vez que não houve ordem de disparo. Então ouviram subitamente o grito rouco de um comando militar em *stacatto*. Imediatamente, as tropas do czar abriram fogo contra a multidão. A salva avassaladora levou as primeiras fileiras ao chão, enquanto os outros manifestantes pisoteavam uns aos outros tentando fugir aterrorizados. As tropas continuaram a disparar até a multidão se dispersar por completo. Cerca de 500 pessoas foram mortas na hora e 3 mil ficaram feridas. Esse incidente tornou-se notório na história russa, ficando conhecido como Domingo Sangrento.

As notícias dessa atrocidade espalharam-se como uma enchente sobre as estepes e planícies da Rússia. O povo já estava fervendo de ressentimento contra o fardo da guerra russo-japonesa, e esse novo ultraje era suficiente para desencadear uma revolta universal. No princípio, algumas pessoas tentaram usar da violência, mas, de modo geral, o principal método de retaliação foi aquele que paralisou e economia de guerra do czar: deixou-se de trabalhar. Em questão de meses, a máquina econômica da Rússia parou de todo. Fábricas fecharam, lojas ficaram vazias, jornais deixaram de ser impressos, não havia movimentação de secos nem de combustíveis e o produto das colheitas ficou a apodrecer nas docas de carga. Pela primeira vez em sua carreira, o Czar Nicolau II ficou profundamente assustado. Abandonou a guerra contra o Japão e concordou em ouvir as exigências do povo.

Essas exigências consistiam em quatro coisas:

    1. Proteção do indivíduo, permitindo-se a liberdade de consciência, de expressão, de reunião e o direito de formar sindicatos.

    2. Direito de voto para a Duma (a assembléia do povo) a todas as classes.

    3. Revogação automática de qualquer lei sancionada pelo czar sem o consentimento da Duma.

    4. Direito à assembléia do povo de decidir sobre a legalidade de quaisquer decretos sancionados pelo czar.

Essas exigências foram feitas através de um documento chamado Manifesto de Outubro. Esse manifesto ilustra claramente que as massas populares não tencionavam destruir o czar, mas desejavam simplesmente estabelecer uma monarquia restrita, como a inglesa. Esse acordo enfureceu os marxistas. Eles desejavam que a revolução continuasse até que o czar fosse forçado a uma rendição incondicional, seguida de abdicação. Só nesse momento conseguiriam estabelecer uma ditadura comunista.

Leon Trótski, que se havia apressado para retornar à Rússia quando a revolta se iniciou, pôs-se de frente a uma multidão que celebrava a aceitação do manifesto pelo czar e rasgou perante todos uma cópia do documento, declarando que o manifesto traía a revolução. Sem demora, juntou-se a outros marxistas para montar a máquina política que acenderia a chama renovada da atividade revolucionária. A principal ferramenta para se alcançar esse intento era a organização de uma grande quantidade de sovietes (conselhos de trabalhadores nos diversos sindicatos). Lênin chegou tarde, em novembro de 1905, e concordou em juntar-se a Trótski para uma "segunda revolução". Após sessenta dias, no entanto, o movimento marxista havia desabado: Trótski fora preso, e Lênin fugira para regiões mais seguras.

Assim findaram 14 meses de desesperada revolta contra o czar, os primeiros 12 pertencentes ao povo como um todo, os dois últimos, aos marxistas. Ao todo, as tropas imperiais haviam sido convocadas a agir mais de 2.500 vezes. Nessas batalhas entre o povo e as tropas, 14 mil foram mortos, aproximadamente mil foram executados, 20 mil foram feridos ou lesionados e 70 mil foram presos.

Com a liderança nos estágios finais da revolução, Trótski recebeu dura sentença do tribunal czarista. Foi condenado por violência revolucionária e exilado para a Sibéria por um período indefinido. No entanto, Trótski nunca chegou à Sibéria: empreendeu arriscada fuga no meio do inverno e, após viajar quase 700 quilômetros em um trenó puxado a renas, cruzou os Montes Urais a cavalo e escapou para a Finlândia, onde se juntou a Lênin e diversos outros marxistas.

Foi enquanto estava na Finlândia que Trótski elaborou cuidadosamente sua teoria da "revolução permanente". Essa teoria defendia um ataque comunista contínuo a todos governos existentes até que eles fossem derrubados e a ditadura do proletariado, consolidada. Com isso, Trótski convergiu quase perfeitamente com Lênin. Talvez sem nem reparar, com essa fala se havia tornando um bolchevique de pleno direito.

Nesse momento em particular, o movimento bolchevique estava em sua maré mais baixa. Seus líderes não haviam conseguido cumprir a promessa de fazer com que o czar abdicasse, e a continuação da revolução de outubro após o manifesto havia aborrecido o czar a ponto de fazê-lo praticamente repudiar o documento. Ele havia permitido a eleição de uma Duma pelo povo, mas também conseguira retirar todos os poderes reais da assembléia. O povo sabia que estava sendo vítima de fraude, mas não havia modo de fazer valer o manifesto sem se fomentar outra revolução, e o momento não parecia adequado para isso. Ainda havia grupos isolados a agitar-se contra o czar e seus ministros, mas a maioria deles, assim como os líderes bolcheviques, havia sido forçada a fugir para a Europa Ocidental por questão de segurança.

Para rejuvenescer a influência decrescente do Partido Bolchevique, Lênin passou a promover uma série de reuniões. Em um desses conclaves, apareceu em cena uma nova figura revolucionária: era Joseph Stálin, que viera como obscuro delegado de um pequeno grupo bolchevique da Transcaucásia. Lênin imediatamente reconheceu nele um genuíno revolucionário da classe camponesa — rude, incansável, lutador, homem de ação impiedoso. Lênin tinha um posto para uma personalidade como essa e, portanto, alistou Stálin em seu departamento.

E assim chegamos à terceira importante personalidade que desempenhou papel proeminente no movimento revolucionário russo.

A história de Joseph Stálin

O nome original de Joseph Stálin era Djugashvíli. Nasceu em 21 de dezembro de 1879, numa cidadezinha chamada Gori, quase na fronteira com a Turquia. A humilde casa de madeira que primeiro o abrigou foi transformada em monumento nacional e está protegida por uma cobertura.

O pai de Stálin era sapateiro, e seu alcoolismo acabou por lhe custar a vida. Stálin tinha apenas onze anos quando seu pai morreu. Depois da morte do marido, a mãe de Stálin lavou, esfregou, costurou e cozinhou para arranjar o dinheiro necessário para que Stálin fosse à escola. Como sua mãe queria que fosse sacerdote, matriculou-o no seminário teológico de Tíflis, que ficava próximo.

À medida que foi aprendendo a viver no seminário, Stálin foi descobrindo que estava em uma colméia de sociedades secretas. Muitas delas estavam promovendo os escritos ateístas de Feuerbach e Bauer, bem como os escritos revolucionários de Marx e Engels. Em pouco tempo, Stálin convenceu a si mesmo de que preferia a revolução à religião e, por isso, começou a agir com vigor nas organizações clandestinas existentes entre os alunos do seminário. Continuou nessas atividades por quase três anos, mas foi enfim desmascarado em maio de 1899 e expulso do seminário por "falta de vocação religiosa".

Uma vez no mundo exterior, Stálin empregou todo seu tempo como revolucionário marxista profissional. Organizava greves, comemorações ilegais do Primeiro de Maio, e, finalmente, fugiu para Batumi, onde se tornou o principal agitador de trabalhadores para o Partido Social-Democrata. Acabou sendo preso e, depois de ficar na prisão até 1903, foi sentenciado a três anos de exílio na Sibéria.

Ainda estava na Sibéria quando ouviu falar na cisão entre bolcheviques e mencheviques. Stálin logo se sentiu um bolchevique convicto e, após escapar da Sibéria no ano seguinte, retornou a Tiflis e tornou-se o líder dos bolcheviques da Transcaucásia. Durante a revolução de 1905, liderou uma rebelião fracassada em sua província natal, na Geórgia, e depois partiu imediatamente para a Finlândia, para participar de uma conferência bolchevique e fazer contato com Lênin.

Daí em diante, Stálin serviu como ajudante de ordens de Lênin, pelo qual tinha grande admiração. Não demorou muito para que seu zelo pela causa comunista começasse a manifestar-se com grande força.

Stálin envolve-se em atividades criminosas

No verão de 1907, Joseph Stálin teve um encontro secreto com Lênin em Berlim. Depois, voltou a Tiflis e organizou um assalto. Não era uma simples aventura à la Robin Hood para roubar dinheiro dos ricos, mas sim uma grande operação de quadrilha, com completo desprezo pela vida de homens, mulheres e crianças da própria cidade natal de Stálin.

Uma poderosa bomba foi lançada em frente a um comboio que transportava dinheiro do correio para a filial do Banco do Império em Tiflis. A bomba destruiu os cavalos que puxavam a carroça, matou diversos civis e feriu mais de 50 crianças e adultos. No pânico que se seguiu, sacos contendo 341 mil rublos (equivalentes a 170 mil dólares) foram tirados da carroça pelos homens que haviam lançado a bomba e levados embora a toda pressa.

O crime refletiu tal desprezo pela vida humana que autoridades, tanto na Rússia como no exterior, investigaram todas as pistas que pudessem levar às identidades dos criminosos. Por fim, o dinheiro foi encontrado nas mãos de um íntimo colaborador de Stálin, Maxim Litvinov (homem que Stálin posteriormente mandou aos Estados Unidos, em 1933, para obter o reconhecimento da União Soviética). Litvinov e um de seus companheiros foram presos em Paris pela polícia francesa quando tentavam trocar os rublos por francos, para depois enviar o dinheiro para Lênin. Com o tempo, as autoridades desvendaram os detalhes do crime e os nomes dos autores foram divulgados. Mesmo assim, Stálin conseguiu permanecer livre durante muitos anos e prosseguiu com suas atividades revolucionárias.

Stálin como organizador sindical, escritor e líder bolchevique

Os anos de 1907 a 1913 foram de trabalho duro para Joseph Stálin. Ninguém podia acusá-lo de ser um simples "comunista intelectual", como às vezes se dizia de Lênin. Stálin aprendeu todos os truques de propaganda, política de pressão, comunicação de massa e técnicas de greve e agitação trabalhista. Algumas de suas experiências mais significativas ocorreram na agitadíssima área industrial de Baku. Naquela área, era missão de Stálin organizar milhares de trabalhadores de extração e refinamento de petróleo. Com esse objetivo em mente, criou um sistema tríplice de organizações legais, semilegais e totalmente ilegais. Impôs sua liderança de maneira tão categórica aos trabalhadores desses grandes centros industriais que conseguiu organizar um poderoso soviete (conselho de trabalhadores) industrial, dominado de alto a baixo por seus colegas bolcheviques.

Stálin nunca se tornou grande orador em virtude de seu forte sotaque georgiano, mas, entre 1907 e 1913, se tornou um proficiente escritor revolucionário. Durante algum tempo, publicou um jornal socialista em Tiflis chamado *Dio* ("Tempo"), em que surpreendeu até mesmo os bolcheviques com seus ataques cruéis contra os mencheviques. Em 1910, foi para São Petersburgo e escreveu para o jornal social-democrata, o *Svezda* ("Estrela"), e depois para o *Pravda* ("Verdade"). Foi nesses periódicos que Joseph Djugashvili ficou conhecido pela primeira vez por seu pseudônimo Stálin, que quer dizer "o homem de ferro".

Em 1912, Stálin recebeu reconhecimento especial quando Lênin se separou completamente dos social-democratas e criou um partido bolchevique independente. Nessa nova organização, Lênin nomeou Stálin para o comitê central.

Mas, já no ano seguinte, a carreira de Stálin foi interrompida quando ele foi preso e enviado para a Sibéria. Para Stálin, era só a velha história de sempre. Desde 1903, ele já havia sido preso oito vezes, exilado sete e fugido seis. Mas não haveria fuga de sua última prisão: ele foi enviado para uma das mais remotas regiões da Sibéria.

Com a chegada da Primeira Guerra Mundial, Stálin particularmente não desejava fugir. Disse aos amigos que iria relaxar e gozar suas "férias" na Sibéria, porque, se fugisse, poderia ser convocado às forças armadas. Nada queria ter com o serviço militar.

O papel da Rússia na Primeira Guerra Mundial

Lembremos que o ano de 1914 encontrou os principais países europeus flexionando seus músculos militares. Era inevitável que o mais leve erro de cálculo nas relações diplomáticas pudesse pôr em atividade um vulcão de destruição humana. A faísca no barril de pólvora foi o assassinato do herdeiro do trono austro-húngaro pelo membro de uma sociedade secreta sérvia em 28 de junho de 1914.

O Império Austro-Húngaro estava atrás de uma desculpa para invadir a Sérvia e, por isso, as tropas puseram-se em marcha. Essa invasão irritou o czar, pois a Sérvia estava em seu calendário de conquistas, e, por isso, declarou guerra à Áustria-Hungria. A Alemanha saiu em defesa desta e declarou guerra à Rússia. Na época, a França era aliada da Rússia e, portanto, a Alemanha usou essa aliança como pretexto para uma declaração de guerra.

Essa declaração trouxe a Inglaterra ao conflito, como aliada da França. E assim a máquina da guerra começou a rolar.

Do ponto de vista do czar, a Primeira Guerra Mundial não foi uma grande surpresa. Há anos ele estava se preparando para a guerra, montando uma poderosa máquina militar. Mas o povo russo não tinha preparo psicológico necessário para isso.

Por quase dez anos, houvera uma tensão crescente entre o povo e o czar, porque este não havia concedido o governo constitucional que prometera no Manifesto de Outubro de 1905. É claro que, quando o povo se viu ameaçado por um ataque no início da Primeira Guerra Mundial, uniu-se instintivamente para sua defesa e o Czar Nicolau de imediato interpretou essa reação como um sinal de que lhe dariam leal apoio durante todo o conflito.

No entanto, dentro de poucos meses o desgaste da guerra começou a se fazer sentir. Em 1915, havia grandes reclamações e, em 1916, a máquina de guerra do czar estava se encaminhando para um colapso, aos trancos e barrancos. Em três anos, a Rússia havia mobilizado mais de 13 milhões de homens, mas cerca de 2 milhões foram mortos, aproximadamente 4 milhões foram feridos e 2,5 milhões foram feitos prisioneiros. Havia 24 meses que todas as notícias da frente de batalha eram ruins. Os exércitos russos foram expulsos da Galícia dos Cárpatos, da Polônia Russa e de parte da Lituânia, da Sérvia e de Dardanelos.

Quando o Império Otomano entrou na guerra, reduziu o comércio internacional russo a um fio e, assim, isolou a Rússia do fornecimento de armas e munições de seus aliados. As novas tropas enviadas à frente de batalha muitas vezes estavam tão mal equipadas que alguns soldados tiveram que pegar os fuzis dos mortos que encontravam no caminho. A falta de munição freqüentemente levava os oficiais a restringir a infantaria à provisão de quatro cartuchos por arma.

Nesse momento, o czar foi informado pelo embaixador britânico de que toda a frente de batalha oriental poderia desabar se as coisas não melhorassem. As deserções do exército russo haviam atingido proporções escandalosas, e os trabalhadores e camponeses ameaçavam uma revolta. A falta de alimentos havia aumentado, porque o governo estava comprando cereais com dinheiro em espécie praticamente sem valor. Nas cidades, o custo de vida havia triplicado, enquanto que os salários só haviam sofrido pequenos ajustes.

Mas o czar não via motivo para alarme; dominara a revolta de 1905 e pretendia fazer o mesmo então. Para demonstrar sua completa confiança na situação, anunciou que faria uma viagem à frente de batalha, para animar as tropas com sua presença.

O que ele parecia haver esquecido é que as condições do povo eram quase idênticas às que haviam precipitado a revolução de 1905. Era tarde demais para animar as tropas com a presença do czar; seu reino já estava condenado. Embora ainda não soubesse, Nicolau II perderia seu trono em questão de meses e, logo depois, perderia também sua vida.

CAPÍTULO 6

COMO A RÚSSIA SE TORNOU UMA POTÊNCIA COMUNISTA MUNDIAL

A HISTÓRIA DA REVOLUÇÃO BOLCHEVIQUE NA RÚSSIA e dos vinte anos seguintes poderia ser chamada "o Novo Testamento moderno do marxismo". Os comunistas apresentam esse período como prova histórica de que é possível pôr em prática as teorias de Marx. É interessante notar, entretanto, que algumas das mais fortes provas contra o comunismo também são reveladas nesse mesmo momento épico da história. Todos os fatos pertinentes desse período foram reunidos neste capítulo, de modo a permitir que o estudante julgue por si próprio.

O exame das seguintes questões indicará alguns dos problemas que surgem com maior freqüência nas discussões deste período:

Que forçou o czar a abdicar? Onde estavam os líderes comunistas naquela época? De que modo a Revolução Russa de março de 1917 foi idêntica à revolução de 1905? Como Lênin voltou à Rússia? Por que as autoridades alemãs queriam ajudar Lênin?

Quando se realizaram as eleições de 25 de novembro de 1917, que porcentagem do povo votou contra o regime de Lênin?

Que motivo tinha Lênin para tirar a Rússia da Primeira Guerra Mundial? Por que o tratado que ele firmou com os alemães foi considerado "uma grande catástrofe para a Rússia"?

Que sucedeu quando Lênin aplicou as teorias de Marx à economia russa? Por que Lênin mandou executar o czar e sua família?

Que circunstâncias forçaram Lênin a abandonar muitas das teorias favoritas de Marx?

Por que Lênin escreveu, em seu leito de morte, que esperava que jamais se permitisse a Joseph Stálin assumir o poder? Qual era o propósito do primeiro Plano Qüinqüenal de Stálin?

Por que o Partido Comunista Soviético tentou depor Stálin em dezembro de 1932? Que salvou Stálin?

Por que Stálin fez executar quase todos os líderes do Partido Comunista? Em 1938, que Stálin disse estar pronto a fazer?

A Revolução Russa de março de 1917

Era o dia 8 de março de 1917 quando o crescente espírito de revolução na Rússia ultrapassou as margens e inundou o czar e seu regime com a indignação do povo. A violência foi relativamente pequena. O sentimento de revolta era tão generalizado que, dado o sinal, um quarto de milhão de manifestantes apareceu nas ruas da capital. Quando as massas de manifestantes tomaram conta da capital, a revolução automaticamente tomou conta do império.

Foi uma revolução com vasto significado para o mundo inteiro. Lembremos que a primavera de 1917 foi um estágio muito crítico da Primeira Guerra Mundial. Os Estados Unidos estavam entrando na luta, e França, Grã-Bretanha e Itália estavam quase exaustas. Como a frente de batalha ocidental mal estava se agüentando contra o avanço da Alemanha e das potências centrais, o colapso da frente de batalha oriental e de sua máquina de guerra, com seus milhões de russos, poderia significar um desastre inequívoco para os aliados.

A Revolução Russa também teve grande significado para a Alemanha. O kaiser sabia que, se a Rússia se retirasse da guerra, seria possível transferir o grande contingente alemão do leste para o oeste. Essa transferência lhe daria força imensamente superior, capaz de esmagar toda a resistência.

Mas quem estava por trás da revolução russa nunca pretendeu permitir o desmoronamento da frente de batalha oriental. A revolta contra o czar era para salvar a Rússia, não para levá-la à destruição. Logo que se estabeleceu o governo provisório, anunciou-se um amplo programa para criar uma forma de governo democrático e constitucional e para fazer pressão em benefício de uma vigorosa continuação da guerra. Esse fato restaurou a esperança dos aliados ocidentais. Estados Unidos, Inglaterra, França e Itália imediatamente reconheceram o novo regime, e os corações dos povos livres em todo o mundo apoiaram a nova estrela de liberdade que se parecia levantar sobre o povo jubiloso da Rússia.

Quanto ao czar, era-lhe difícil entender o que havia acontecido. No início da revolução, Nicolau II recusou-se categoricamente a admitir que seu governo se havia desintegrado. Quando começaram os protestos, ele dissolveu a Duma e ordenou que suas tropas dispersassem as multidões. Dentro de uma semana, seus próprios ministros estavam sugerindo que abdicasse, pois sua causa estava perdida.

Mas só quando seus generais sugeriram a abdicação é que ele resolveu capitular. Ele e sua família então foram presos no palácio imperial, nas cercanias de Petrogrado [o nome de São Petersburgo na época]. Embora o povo houvesse sofrido muito sob seu governo, não era intenção do governo provisório assassinar o czar, mas sim mandá-lo à Inglaterra assim que as condições da guerra o permitissem.

Com o czar sob controle, o governo provisório lançou-se à dupla tarefa de iniciar amplas reformas internas e, simultaneamente, reorganizar as forças militares da Rússia. Na frente de batalha, as tropas começaram a responder, exibindo um novo espírito de luta, e dentro de um mês houve um progresso notável na implantação de reformas internas. Pela primeira vez na história, o povo russo tinha uma perspectiva de governo social-democrático. O príncipe Lvov, que se juntara à revolta do povo, declarou, confiante: "Devemos considerar-nos os mais felizes dos homens, porque nossa geração se encontra no mais feliz período da história russa".

A destruição dos planos de democracia na Rússia

O aspecto mais significativo da abdicação do czar e do estabelecimento do governo provisório na Rússia foi o simples fato de que os bolcheviques ou comunistas não tinham nada a ver com isso. Essa revolução foi iniciada pelo mesmo tipo de gente que iniciara a revolta contra o czar em 1905. Essas pessoas representavam o que de melhor havia no povo russo — aristocratas liberais, intelectuais, homens de negócios, milhões de camponeses e de operários. Mas não havia nenhum líder bolchevique à vista. Lênin estava exilado na Suíça; Trótski, em Nova York; e Joseph Stálin encontrava-se preso na Sibéria. Lamentavelmente para sua propaganda futura, os bolcheviques jamais conseguiram os louros pela revolução de março de 1917, que derrubou o czar.

Foi a generosidade do governo provisório que permitiu o retorno dos líderes bolcheviques. Todos os prisioneiros políticos da Sibéria foram libertados, e todos os exilados políticos no exterior, convidados a retornar. Quando o governo britânico soube que deixariam Lênin voltar, avisaram o aliado russo que seria um erro gravíssimo. Na verdade, Lênin só conseguiu voltar à Rússia graças à ajuda de agentes alemães. Logo ficou claro por que razão os alemães estavam cooperando.

Os alemães ficaram alarmados com a perspectiva de uma reação do povo russo e estavam procurando alguma oportunidade de promover confusão e falta de unidade dentro do governo provisório russo. Uma breve conversa com Lênin na Suíça foi o suficiente para convencer os alemães de que este era o homem certo para realizar o que eles queriam. Assim, transferiram Lênin, sua esposa e tantos outros exilados russos até a Suécia, atravessando a Alemanha. Foi simples para Lênin partir de imediato para a capital russa.

Quando chegou a Petrogrado, então novo nome de São Petersburgo, que depois ainda foi alterado para Lêningrado [e depois voltou a ser São Petersburgo], uma escolta militar ajudou Lênin a subir no teto de um carro blindado, à volta do qual uma vasta multidão esperava por um elogio a seu sucesso. Mas, quando as palavras de Lênin começaram a fluir, não se mostraram nada elogiosas. Sua dicção inflamada equivalia literalmente a uma nova declaração de guerra!

Fez uma denúncia amarga dos esforços do governo provisório para estabelecer uma república. Exigiu uma ditadura do proletariado de tipo comunista e convocou uma luta pela posse das propriedades rurais e a sujeição imediata do povo russo à disciplina econômica do socialismo pleno. Denunciou todos os outros esforços para continuar a guerra e disse que deveriam negociar uma trégua imediata com a Alemanha (posteriormente, foi acusado de remover a Rússia da guerra para pagar seus débitos em relação aos alemães).

Em questão de semanas, a Rússia começou a ouvir a propaganda dos líderes bolcheviques ecoando o programa que Lênin estabelecera em seu discurso de Petrogrado. Stálin, que acabava de voltar da Sibéria, escreveu artigos para o novo jornal comunista insistindo em uma contra-revolução. Trótski, que havia retornado de Nova York, lançou mão de sua brilhante oratória para incitar os sindicatos e as forças armadas a derrubar o governo provisório. "Paz, Terra e Pão" era o lema bolchevique. Nas circunstâncias da época, tal propaganda tinha seu apelo.

Lênin fugindo para salvar sua vida

O governo provisório tentou acautelar o povo quanto às promessas tentadoras dos bolcheviques, mas já estava perdendo prestígio, pois as massas exigiam reformas com maior rapidez do que o novo regime conseguia fazer. Essa situação tendia a desacreditar as vozes dos líderes do governo. Na verdade, durante julho de 1917, começaram a surgir novamente revoltas de camponeses, trabalhadores e militares, e Lênin concluiu que chegara o momento de atacar. Presumiu que, como o exército russo estava desesperadamente envolvido na tentativa de deter as forças alemãs na frente de batalha, não seria difícil dominar a guarda nacional, formada por velhos e meninos. Entretanto, foi um erro de cálculo. Quando Lênin atacou com as forças bolcheviques, o governo provisório não só suprimiu a insurreição como também forçou Lênin a fugir para a Finlândia para salvar sua vida.

Daí em diante, Lênin procedeu com mais cautela. Permitiu que seus subordinados organizassem novas forças revolucionárias ao mesmo tempo em que dirigia o trabalho no exterior. Um de seus subordinados era Trótski, que agora se identificava abertamente com os bolcheviques e estava subindo à segunda posição dentro do Partido com grande rapidez. Recebeu a tarefa de organizar a "Guarda Vermelha" de rebeldes armados entre os sindicatos, o exército, a marinha e os camponeses.

No início de outubro, Lênin sentiu que já era seguro voltar à Rússia e, em 7 de novembro, tomou a fatídica decisão de iniciar uma revolução total contra o governo provisório. A revolução começou quando Lênin ordenou a Trótski que mandasse a Guarda Vermelha disparar contra o Palácio de Inverno e tentasse tomar todas as outras fortalezas do governo. Sob o forte ataque, esses postos logo se renderam, e quase todos os membros do governo provisório foram capturados. Foi o início daquilo que os escritores comunistas chamam os "dez dias que abalaram o mundo".

Dentro de algumas semanas, o uso de força e violência permitiu aos bolcheviques tomar o poder em quase todas as cidades importantes. O exército regular não podia voltar em socorro do governo provisório e, sendo assim, o povo se viu atacado pelos bolcheviques anarquistas em um momento em que quase não havia força alguma para resistir. Em meados de dezembro, os bolcheviques estavam eliminando os últimos restos da resistência obstinada, bem antes que o povo soubesse que seus sonhos de uma democracia haviam morrido.

A Rússia repudia o comunismo nas urnas

Antes de sua derrubada, o governo provisório havia estabelecido o dia 25 de novembro como data para uma eleição nacional, com o intuito de criar a assembléia do povo, ou o congresso. Os próprios bolcheviques haviam feito muito barulho exigindo essa eleição e, portanto, Lênin não se atreveu a adiá-la, embora ainda estivesse consolidando seu poder. As eleições se realizaram como programado.

Os resultados foram catastróficos no que tangia ao sonho de apoio popular de Lênin. Mais de 75% da população votou contra ele. É evidente que isso significava que os representantes eleitos pelo povo fariam oposição ao regime bolchevique; por isso, quando esses representantes se reuniram em 18 de janeiro de 1918, Lênin já sabia o que fazer.

Exigiu que o Congresso do Povo deixasse todas as funções legislativas nas mãos do "Congresso dos Sovietes", que era controlado pelos bolcheviques, e então votasse por sua própria dissolução. Seria tão ilegal e ridículo que o Congresso do Povo nem queria falar da proposta. Lênin invocou então seus "recursos finais" — a força. Na manhã do dia seguinte, guardas armados entraram na sala de reuniões e ordenaram aos delegados que suspendessem os trabalhos. Ao verem os fuzis, os delegados sabiam que não havia alternativa. Abandonaram o local, embora relutantes.

Esse ato ilegal soou o toque de finados para a democracia na Rússia. Mesmo assim, Lênin sabia que esse expediente impiedoso havia dado a seus inimigos uma potente arma de propaganda para seu descrédito. Ficou resolvido que todos os golpes posteriores das forças vermelhas teriam de dar a ilusão de ter seguido processos democráticos normais. No momento, entretanto, o dano estava feito. Os comunistas haviam derrubado a coisa mais semelhante a um governo representativo que os russos já tinham visto. Agora, o povo estava prestes a aprender um pouco sobre a ditadura do proletariado.

Lênin retira a Rússia da guerra

Uma das primeiras ambições de Lênin era acabar com a frente de batalha oriental e tirar a Rússia da guerra. Além de cumprir as promessas que ele talvez houvesse feito aos alemães, Lênin tinha um motivo muito importante para tomar essa medida: acreditava que o desgaste da guerra tornaria possível estabelecer uma série de revoluções comunistas envolvendo todos os grandes países capitalistas. Por isso, queria desenlear a Rússia do conflito de modo a preparar o país para seu papel como a "pátria do comunismo". Assim, teria uma chance de consolidar seu poder na Rússia e depois supervisionar as revoluções nos países cansados da guerra, de modo a trazer o mundo todo para a ditadura do proletariado dentro de um breve período.

No entanto, tirar a Rússia da guerra não era uma tarefa fácil. Havia meses que os exércitos russos batiam em retirada diante de forças militares superiores. Assim, quando Lênin finalmente conseguiu um armistício com as potências centrais e ofereceu a possibilidade de se negociar uma solução pacífica, foi tratado como líder derrotado de um país conquistado. As exigências feitas pela Alemanha eram absurdas. Lênin hesitou. Para ajudar na persuasão, os alemães avançaram ainda mais fundo no território russo e logo começaram a ameaçar a própria Petrogrado. Lênin rapidamente transferiu seu governo para Moscou e fez algo que era uma profunda humilhação para um revolucionário comunista: pediu socorro aos antigos aliados capitalistas da Rússia — França, Inglaterra e Estados Unidos.

Sofreu ainda a humilhação de ser ignorado por esses países. Lênin havia destruído o equilíbrio da defesa aliada quando retirou suas tropas do conflito. Agora, esses países estavam tão ocupados em defender-se da grande ofensiva alemã planejada para a primavera que não tinham nem desejo nem os meios de ajudar Lênin a sair do problema em que ele se havia metido.

Sagaz jogador político que era, Lênin pesou suas chances de sobrevivência naquela situação e decidiu forçar seu próprio partido a apoiar a aceitação das exigências indecentes das potências centrais. Até mesmo a disciplina ferrenha do comitê diretor do Partido Bolchevique relutou diante da proposta de Lênin, mas ainda assim ele conseguiu forçar uma decisão de sete a quatro.

Como resultado, foi assinado um acordo entre a Rússia e as potências centrais em 3 de março de 1918, que se tornou famoso como o Tratado de Brest-Litovsk.

Nele Lênin aceitou os termos que tiraram do Império Russo 62 milhões de habitantes, mais de 3 milhões de quilômetros quadrados de terra arável, 26% de suas estradas de ferro, 33% de suas fábricas, 75% de suas minas de carvão e 75% de suas minas de ferro. Além disso, Lênin prometeu que a Rússia pagaria às potências centrais 1,5 bilhão de dólares em indenizações!

Esse seria o fim da guerra que havia custado ao povo russo 8,5 milhões de baixas.

A primeira tentativa de transformar a Rússia em um país comunista

Com a Rússia fora da guerra, Lênin sentiu confiança suficiente para subordinar a economia russa às teorias comunistas. Confiscou toda a indústria de seus proprietários particulares, colocando tudo sob administração governamental. Tomou posse de toda a terra que pertencia à aristocracia, ao czar e à Igreja. Também se apossou de todo o gado e os implementos que normalmente eram usados nessas terras. Em seguida, aboliu os salários, que foram substituídos por pagamentos diretos em bens. Essa mudança colocou a Rússia sob um sistema de escambo lento e primitivo e gerou o racionamento de todos os bens domésticos de acordo com a classe de cada um. Por exemplo, um operário ou soldado recebia dezesseis quilos de pão, ao passo que um não-trabalhador, tal como um gerente, recebia somente cinco. Lênin também tornou todo o trabalho sujeito à mobilização. Aqueles que possuíam capacidade técnica poderiam ser obrigados a aceitar qualquer trabalho que lhes fosse atribuído. A venda a varejo ficou nas mãos do governo.

No que se referia aos camponeses, Lênin distribuiu entre eles a terra confiscada, mas exigiu que trabalhassem a terra sem contratar auxiliares e sem vender a produção. Tudo deveria ser entregue ao governo. Além disso, era proibido vender, arrendar ou hipotecar terra.

Em março de 1918, os bolcheviques mudaram seu nome para "Partido Comunista Russo".

O povo russo, no entanto, não aceitou bem a nova ordem desde o princípio. Sem incentivo pessoal aos trabalhadores, a produção das fábricas e propriedades agrícolas caiu para quase nada. A produção fabril reduziu-se a 13% do que era antes da guerra, e a agrícola, para a metade. O mercado negro começou a florescer. Os operários começaram a furtar bens das fábricas e trocá-los por alimentos que os camponeses ocultavam do governo. Não demorou para que os camponeses já estivessem retendo mais de um terço daquilo que colhiam.

Como era de se esperar, essa decomposição da economia russa fez com que toda raiva e frustração dos líderes bolcheviques sobrasse para o povo. Todos os métodos de terror foram utilizados para forçar o povo a produzir. Essas medidas ocasionaram retaliações.

Durante o verão de 1918, uma violenta guerra civil irrompeu quando a Guarda Branca prometeu derrubar os vermelhos e libertar o povo russo. Os aliados ocidentais, embora sob pressão, simpatizavam com esse movimento e lhe enviaram suprimentos, equipamento e até mesmo as tropas que podiam, para ajudar a libertar o povo russo do jugo bolchevique.

Lênin sabia que se tratava de uma crise da mais alta ordem. Portanto, decidiu contra-atacar em três direções diferentes ao mesmo tempo. Para resistir aos grupos militares organizados, autorizou Trótski a forçar a mobilização de um Exército Vermelho, que acabou por totalizar cinco milhões de soldados. Para resistir ao sentimento anti-bolchevique e à recusa ao trabalho por parte do povo, organizou a polícia secreta ou Cheka. Essa entidade tinha poder de investigar, prender, julgar e executar suspeitos. As autoridades afirmam que, durante a guerra civil, dezenas de milhares morreram perante seus pelotões de fuzilamento. Finalmente, Lênin atacou o czar. Para evitar qualquer possibilidade de desenvolvimento de um novo partido monárquico, mandou assassinar o czar, a imperatriz, seus filhos e sua comitiva em Yekaterinburg, destruindo completamente seus corpos em seguida. O assassinato em massa ocorreu em 16 de julho de 1918.

Seis semanas depois, a terrível vingança dos Russos Brancos quase tirou a vida de Lênin. A aristocracia bolchevique foi apanhada em circunstancias vulneráveis, e uma salva de tiros de fuzil assassinou o chefe da Cheka e feriu Lênin seriamente. Para se vingar, a Cheka executou 500 pessoas sumariamente.

Quando chegou o fim da Primeira Guerra Mundial, em 11 de novembro de 1918, pouco efeito houve sobre a situação da Rússia. A guerra civil continuou com violência ainda maior, e os bolcheviques recobraram seus esforços para transformar a Rússia em um país comunista. Lênin continuou a organizar os conselhos de trabalhadores em todas as partes do império, e esses sovietes, por sua vez, enviavam delegados ao Soviete Supremo, na capital. Utilizando os contatos do império nos sindicatos dominados pelos bolcheviques, Lênin levou avante suas políticas. Por detrás dos sovietes, estava a força do Exército Vermelho e o terror da Cheka.

A despeito desses métodos coercitivos, Lênin descobriu que estava perdendo a batalha. Durante algum tempo, foi encorajado pelo fato de que Estados Unidos, Inglaterra, França e Japão começaram a retirar suas tropas e suprimentos da Rússia, seguindo a política de "autodeterminação dos povos" das Liga das Nações, mas a luta feroz contra os Russos Brancos prosseguia.

O ponto de ruptura para Lênin veio entre 1921 e 1922 quando a ineficiência econômica do regime bolechevique foi agravada por uma fome desastrosa. As safras frustraram por completo ao longo do Volga — o celeiro da Rússia. Nikolaus Basaeches escreveu:

> Ninguém que esteve naquela área de fome, ninguém que viu aquele povo faminto e brutalizado conseguirá esquecer do espetáculo. O canibalismo tornou-se comum. O povo em desânimo se arrastava, como múmias marrons [...]. Quando essas hordas caíam em um vilarejo despreparado, eram capazes de massacrar todos os seus habitantes.

Bandos de crianças órfãs e selvagens vagavam como lobos famintos pelas cidades e pelos campos. Estima-se que, durante o ano de 1922, mais de 33 milhões de russos estavam morrendo de fome e cinco milhões realmente morreram. O povo dos Estados Unidos ficou tão chocado com essa quantidade quase inconcebível de sofrimento humano que levantou fundos para a Comissão Hoover alimentar mais de 10 milhões de russos em 1922.

O fim de um sonho comunista

Mesmo antes desse desastre, Lênin forçou-se a admitir que encarregara seu país de uma tarefa impossível. Sua revolução comunista não tinha trazido paz à Rússia, mas sim uma terrível guerra civil, em que 28 milhões de russos perderam suas vidas. Os princípios do socialismo, a que Lênin havia forçado seu povo goela abaixo, não aumentaram a produção, como prometera Marx, mas a reduziu ao ponto de que, mesmo em tempos normais, não bastaria para vestir ou alimentar metade da população.

Foi sob essas circunstâncias e à luz desses fatos que Lênin reconheceu sua derrota e ordenou a retirada. Já em 1921, anunciou um Novo Programa Econômico.

Essa humilhante reversão política foi adotada pelos comunistas para impedir que fossem destronados. Lênin restaurou o pagamento de salários, o que gerou imediatamente a circulação de moeda, em substituição ao sistema de trocas. Em vez de centros de comércio do governo, permitiu que empresas privadas começassem a comprar e vender, de modo que, em menos de um ano, três quartos de toda a distribuição de varejo estava em mãos comerciantes privados. Violou a santidade da memória de Marx encorajando os camponeses a arrendar mais terra e a contratar outros camponeses para trabalhar. Também tentou encorajar a iniciativa privada, prometendo aos camponeses que poderiam vender a maior parte do que colhessem no mercado aberto, em vez de ter tudo tomado por agentes do governo, como antes.

Em questão de poucos meses, a penúria e a fome da velha economia comunista começaram a desaparecer. A lei da oferta e da procura havia começado a ter seus efeitos, de modo que a iniciativa privada começava a proporcionar aquilo de que o povo precisava. Nas cidades, um ar de relativa prosperidade rapidamente retornava às ruas desoladas e às lojas vazias.

A subida de Stálin ao poder

Lênin mal viveu o suficiente para ver o Novo Programa Econômico entrar em vigor. Teve seu primeiro derrame em 1922 e morreu em 20 de janeiro de 1924. Quando viu seu fim se aproximar, ficou alarmado diante da possibilidade de Joseph Stálin tornar-se seu sucessor. Por muitos anos, Lênin havia usado Stálin para executar tarefas que exigiam os métodos mais impiedosos, mas agora temia o que poderia acontecer caso Stálin se valesse dos mesmos métodos para dominar o Partido Comunista.

Em 25 de dezembro de 1923, enquanto guardava seu leito de morte, sem poder falar e semiparalisado, Lênin escreveu o seguinte apelo dramático aos membros do Politburo (o supremo conselho governativo do Partido Comunista e, portanto, de toda a Rússia):

> Stálin é rude demais, e essa falha, inteiramente suportável nas relações entre nós, comunistas, torna-se insuportável no cargo de Secretário Geral. Portanto, proponho que os camaradas encontrem um modo de remover Stálin do posto e nomear outro homem que difira de Stálin em todos os aspectos [...] a saber, que tenha mais paciência, que seja mais leal, mais educado e mais atento aos camaradas, menos caprichoso etc. Essa circunstância pode parecer insignificante, mas creio que, do ponto de vista da prevenção de uma cisão e do ponto de vista do relacionamento entre Stálin e Trótski, não seja algo desprovido de significado, ou uma insignificância que pode adquirir significado decisivo.

O tempo demonstrou que Lênin sabia do que estava falando. A postura de Stálin perante a vida pode ser vista em uma declaração que fez posteriormente, quando subiu ao poder: "Escolher a vítima, preparar os planos minuciosamente, colocar em ação uma vingança implacável e depois ir para a cama [...] não existe nada mais doce no mundo".

Em 1927, Stálin havia alcançado justamente o que Lênin temia que ele alcançasse — o controle total do Império Russo. Não só havia deposto Trótski, como também expulsara da arena todas as fontes de oposição importantes. Foi tão vitorioso na luta pelo controle do comunismo mundial que se sentiu forte o suficiente para tentar satisfazer uma de suas maiores ambições: estava determinado a fazer uma segunda tentativa de tornar a Rússia um país comunista.

O primeiro Plano Qüinqüenal

O primeiro Plano Qüinqüenal começou em 1928. Sua meta era varrer do mapa a próspera independência dos negociantes e agricultores que haviam prosperado durante o Novo Programa Econômico. Mais uma vez, houve grandes confiscos; mais uma vez, a polícia secreta executou multidões de russos que resistiam. Stálin estava determinado a ver a economia russa imediatamente forçada às fronteiras do socialismo teórico e a demonstrar ao mundo que poderia produzir e distribuir melhor do que os países capitalistas, tais como os Estados Unidos e a Grã-Bretanha. Dentro de semanas, entretanto, o Plano Qüinqüenal eliminou o vislumbre de prosperidade e relativa abundância que a Rússia tinha conhecido sob o Novo Programa Econômico. O racionamento voltou a ser necessário, e o detestado "pão de fome" feito de casca de bétula teve de ser reintroduzido.

O tema básico do Plano Qüinqüenal era constituído de indústria e agricultura coletivizadas. Stálin sabia que os camponeses prósperos (conhecidos por *kulaks*) resistiriam e, por isso, ordenou a completa liquidação dos *kulaks* como classe. Alguns destes destruíram suas propriedades, queimaram suas casas, abateram seu gado e fugiram para o Cáucaso, mas a maioria foi presa ou morreu no caminho. Os relatórios oficiais nos contam como vilarejos rebeldes foram arrasados pela artilharia e como, em uma área do Rio Don, 50 mil homens, mulheres e crianças foram dizimados, sobrando um vestígio de somente 2 mil pessoas que foram enviadas para a Ásia Central, enquanto a terra que cultivaram por gerações foi transformada em fazendas coletivas.

Stálin também incluiu no Plano Qüinqüenal uma aceleração da luta comunista contra a religião. Em 1930, a União dos Ateus Militantes contava com 2,5 milhões de associados ativos. Igrejas e catedrais foram transformadas em prédios seculares. A festa de Natal foi proibida, e a compra e venda de árvores de Natal, criminalizada. O domingo foi eliminado como dia de culto, e os trabalhadores tinham de fazer rodízio de folgas, de modo que as indústrias funcionassem dia e noite, sete dias por semana.

Stálin também tentou seguir a sugestão de Engels de desfazer a família. Todas as teorias de Marx e Engels estavam tomando vida sob a ditadura de Joseph Stálin.

Em 1930, Stálin estava começando a perceber que havia ido longe demais com sua pressão sobre a resistência sofredora do povo. Portanto, veio com uma expressão de profunda angústia para as massas sofredoras e pôs a culpa de todos os problemas nas costas dos funcionários públicos que, em seu excesso de zelo, excederam as metas e impuseram demandas desproporcionais ao povo, particularmente aos camponeses. Escreveu como se tivesse acabado de tomar conhecimento da terrível miséria que se apoderara do povo. Mas, tendo feito constar a prova de sua inocência, Stálin continuou aplicando táticas de terror que tornaram as condições mais terríveis do que antes.

A crise comunista de 1932-33

Em 1932, a situação chegou a uma crise. O povo russo havia sofrido fome, execuções em massa, a liquidação impiedosa da classe dos *kulaks*, a supressão de toda a empresa privada, deportações para a Sibéria e longas condenações a campos de trabalhos forçados. Os crimes contra a humanidade estavam numa escala comparável à das atrocidades nazistas cometidas mais tarde em Dachau, Buchenwald e Belsen.

Numa recente biografia de Stálin, Nikolaus Basseches diz que, durante 1932, os líderes do Partido Comunista sabiam que teriam de destronar Stálin ou enfrentar uma revolução. Até mesmo o exército estava à beira da revolta. O Politburo realizou uma reunião secreta em dezembro, e Stálin propôs várias medidas para oprimir ainda mais o povo; porém, dessa vez, mesmo aqueles que deviam sua existência política a Stálin votaram contra ele. Diz-se que Stálin ficou tão surpreso com essa manifestação de oposição que chegou a admitir a Molotov que talvez devesse aceitar e derrota e renunciar. Molotov, entretanto, teria encorajado Stálin a esperar um pouco mais, para ver se as coisas melhoravam.

Reconhecimento da Rússia comunista pelos EUA em um momento crítico

Molotov tinha razão. As circunstâncias subseqüentes ofereceram a Stálin uma solução para a crise. O primeiro fato foi a ascensão de Hitler ao poder em janeiro de 1933. As fortes políticas anti-comunistas de Hitler levaram muitos russos a crer que poderia haver uma guerra entre Rússia e Alemanha e, portanto, começaram a esquecer seu ressentimento contra Stálin em razão de sua preocupação com Hitler. O segundo fator que ajudou Stálin foi o reconhecimento do regime comunista pelo grande líder do capitalismo mundial — os Estados Unidos. Este último fator foi um acontecimento singular.

Durante dezesseis anos, os Estados Unidos se recusaram a reconhecer a Rússia, e os secretários de estados americanos desse período explicam o porquê com grande precisão. Em 1923, por exemplo, o Secretário Charles E. Hughes declarou:

> Não pode haver dúvida quanto à sincera amizade do povo americano em relação ao povo russo. E há, por essa mesma razão, um grande desejo de que nada seja feito (por exemplo, conceder reconhecimento) para dar o selo de aprovação às medidas tirânicas adotadas na Rússia ou tomar qualquer medida que possa retardar o gradual restabelecimento do direito do povo russo de viver em liberdade.

Muitas declarações dessas ao longo de vários anos deram a Stálin o aviso de que, para que os Estados Unidos reconhecerem a Rússia, várias mudanças nas políticas e táticas comunistas deveriam ser realizadas. Por isso, no início de 1933, quando Stálin enviou seu velho camarada Maxim Litvinov para negociar o reconhecimento dos EUA, ele sabia quais deveriam ser os termos. Em declarações escritas, Litvinov prometeu que, daquele momento em diante, a URSS não mais tentaria intervir em assuntos internos dos Estados Unidos, disse que a URSS não permitiria que seus funcionários usassem de propaganda ou agitação em detrimento do governo americano e, além disso, prometeu que a URSS não permitiria, em seu próprio território, a organização de grupos com o objetivo de provocar a queda do governo dos EUA.

Naquele momento, parecia que os comunistas iriam repudiar a Internacional Comunista e a revolução mundial. Com base nessas solenes promessas feitas por um representante oficial de governo, os Estados Unidos reconheceram a URSS em 1933. Foram essas as circunstâncias que levaram os EUA a mudar sua política em relação a URSS.

Em dez meses, no entanto, as autoridades americanas já sabiam que haviam sido vítimas de fraude. William C. Bullitt, o primeiro embaixador dos EUA, informou de Moscou que a revolução mundial estava na boca de todo funcionário soviético. Já havia planos em andamento para a Internacional Comunista, organização para promover a revolução mundial, realizar seu sétimo congresso na Rússia, embora esse encontro violasse a letra e o espírito das promessas feitas por Litvinov.

Os Estados Unidos protestaram vigorosamente contra Litvinov, que deu de ombros e respondeu que a URSS não tinha obrigação nenhuma para com a Internacional Comunista. Era óbvio que as condições na Rússia tinham mudado. Stálin novamente se sentia seguro em sua ditadura. O prestígio do reconhecimento pelos EUA atendia a seus propósitos, e as promessas da URSS já não passavam de papel picado.

Quando houve o Sétimo Congresso Mundial da Internacional Comunista, os Estados Unidos foram denunciados juntamente com todos os outros países capitalistas, e planos para a derrubada violenta do governo dos EUA foram defendidos abertamente.

De fato, como veremos no próximo capítulo, no mesmo momento em que Litvinov estava prometendo não interferir em assuntos internos dos Estados Unidos, havia em Washington funcionários da inteligência soviética ocupados em estabelecer redes de espionagem em diversos órgãos públicos.

Algumas autoridades americanas acreditam que os Estados Unidos deveriam ter rompido relações diplomáticas com a União Soviética no momento exato em que se descobriu que os líderes comunistas haviam violado desavergonhadamente suas promessas. Mas não foi isso que aconteceu. Os estrategistas diplomáticos da época defendiam a idéia de que deveríamos tratar os bolcheviques como meninões fanfarrões e deixar de lado suas delinqüências. Ainda justificavam que ao menos teríamos um posto de escuta na Rússia ao manter nosso embaixador lá. Foi com base nessa recomendação que a política americana de coexistência caiu mais um ponto. Nossos diplomatas decidiram aceitar a humilhação da tolerância apática à quebra de promessas e a abjeta submissão aos abusos comunistas. Isso impulsionou tremendamente o prestígio político de Stálin na Rússia.

O retorno de Joseph Stálin ao poder

Quando Stálin percebeu o desaparecimento do ressentimento público na Rússia, julgou que poderia agir com destemor novamente. Mas um ódio arraigado continuava a infectar as mentes dos líderes do Partido Comunista. Em segredo, admitiam entre eles que Stálin tinha de ser removido "para o bem do Partido". Portanto, os principais revolucionários da Rússia combinaram sub-repticiamente suas idéias para encontrar a melhor maneira de se livrar de Stálin. Finalmente, decidiram que o melhor era primeiro destruir os que viviam à sua volta e, depois, dar um golpe. A tentativa inicial foi contra Sergei Kirov — um dos favoritos do Homem de Ferro, que fora designado oficialmente pelo Politburo como sucessor de Stálin.

Kirov foi morto a bala, no estilo gângster, no 1º de dezembro de 1934. Diz-se que nada jamais afetou tanto Stálin quanto esse assassinato. Para ele, ficou bem claro quais eram as intenções de seus inimigos e, portanto, contra-atacou com um golpe de feroz eficácia. Foram publicadas listas com mais de mil pessoas, selecionadas de todos os lugares da Rússia, as quais foram sumariamente fuziladas.

Stálin então ordenou à polícia secreta que penetrasse em todas as fendas onde havia suspeitas no Partido, escavasse e cutucasse até encontrar quem estava por trás do assassinato de Kirov. Não foi uma tarefa difícil. Mesmo os mais insignificantes membros do Partido sabiam que alguns dos mais importantes nomes da Rússia estavam envolvidos na conspiração. Para salvar a própria pele, confessaram prontamente. Stálin ordenou a prisão de cada um dos suspeitos, junto com suas famílias, colaboradores e até mesmo correspondentes.

Dezenas de milhares foram trazidos diante dos pelotões de fuzilamento em execuções secretas, enquanto os mais proeminentes foram exibidos perante o mundo nos famosos julgamentos de expurgo de Stálin. Nesses julgamentos, os antigos companheiros de revolução de Stálin tentaram obter misericórdia para suas famílias confessando, na linguagem mais degradante, haver cometido todos os crimes de que foram acusados, mas nada lhes foi concedido.

A lista daqueles que sofreram condenação pública juntamente com suas famílias e amigos, conforme descreve Nikolaus Basseches, envolvia

> não só líderes do Partido [...] mas também uma boa dúzia de membros do governo ainda no exercício de seus cargos: o comandante supremo do exército, o chefe de estado-maior e quase todos os comandantes do exército; além disso, um número considerável de oficiais superiores: o ministro da polícia e os policiais dos mais altos postos, o vice-comissário do povo para assuntos estrangeiros e quase todos os embaixadores e ministros que representavam a União Soviética no exterior, quase toda a equipe de diplomatas do ministério em Moscou, bem como juízes de alto nível e membros dos governos das repúblicas federais.

Até mesmo Whittaker Chambers, que na época era espião comunista nos Estados Unidos, desconfiou que estava sendo cometido um horrível crime contra a humanidade na Rússia. Mas tarde, ele escreveu:

> O grande expurgo foi, no sentido mais literal de todos, um massacre [...] Esse grande massacre, provavelmente o maior da história, foi planejado e executado com deliberação [...] A estimativa de mortos varia entre várias centenas de milhares e vários milhões de homens e mulheres. O processo durou cerca de três anos, entre 1935 e 1938.

Stálin cria uma nova classe

Ao fim do processo, veio a execução dos executores. Desde tempos imemoriais, um dos truques prediletos de piratas e desordeiros políticos é escolher um bando de seguidores para cometer assassinatos e depois os assassinar para encobrir o crime original. Stálin seguiu o mesmo procedimento: selecionou uma personalidade patológica de nome Yeshov para criar o mecanismo policial secreto para o expurgo e depois atraiu alguns juízes à conspiração. Tanto a polícia como os juízes executaram fielmente suas hediondas missões, supondo que assim cairiam nas graças de Stálin, conquistando sua confiança e afeição.

Só quando se viram arrojados a calabouços infectos ou a encarar pelotões de fuzilamento perceberam que a suposta confiança e afeição de Stálin não passava de sua imaginação. Às centenas, os chefes das unidades policiais, chefes de campos de trabalhos forçados e juízes que haviam conduzido o expurgo em todos os distritos da URSS se encontraram enfrentando o mesmo destino de suas vítimas.

Mesmo Yeshov, cuja mente desequilibrada não havia acumulado violência e crueldades somente contra os inimigos de Stálin, mas também contra suas esposas e filhos, agora enfrentava a extinção. Foi levado pelo derradeiro arrastão do terror e sumiu no esquecimento junto com seus subordinados.

Tendo escapado à beira do desastre político, Stálin propôs-se imediatamente a consolidar seu poder inovando com um sistema comunista de espólios. Até aquele momento, os líderes comunistas reconheciam somente duas classes — operários e camponeses. Stálin decidira então identificar uma nova classe — a burocracia comunista ou classe oficial. Concedeu-lhes favores especiais, permitindo que fizessem suas compras em centros de compras "fechados". Esses centros possuíam grandes quantidades de artigos que jamais eram distribuídos aos trabalhadores. E Stálin providenciou para que seus nomeados obtivessem outros favores — residências, férias especiais e oportunidades educacionais excepcionais para seus filhos. Esse era o modo como Stálin estava construindo o novo Partido Comunista: com membros que lhe deviam lealdade absoluta.

Da mesma forma, deu-lhes proteção na nova constituição, apresentada ao Congresso dos Sovietes em 1936. Ela previa a proteção da "propriedade ocupacional". Assim, a classe oficial não podia ser privada de seus salários, artigos de consumo, residências ou poupança. Previa até que essa "propriedade ocupacional" poderia ser deixada como herança. Assim, à classe oficial era permitido acumular propriedades substanciais, transferíveis a beneficiários selecionados. Esses bens de herança (que a propaganda comunista havia denunciado com veemência durante mais de um século) também podiam ser deixados para quem não fosse parente do proprietário, sem restrições.

Para ilustrar melhor a total mudança de atitude de Stálin, ele adotou uma série de "reformas" de natureza puramente capitalista. Essas mudanças incluíam o pagamento de juros sobre poupanças, a emissão de obrigações que pagavam prêmios e a legalização de uma disparidade maior nos salários. Um trabalhador, por exemplo, poderia receber somente 100 rublos por mês, ao passo que um membro da classe oficial poderia receber 6 mil!

Tudo isso ilustra claramente um fato simples sobre os acontecimentos na Rússia. Os "sem nada" de ontem haviam tomado posse do reino. E sua política era igualmente simples: permanecer no poder para sempre e gozar dos espólios de sua conquista.

Em 1938, Stálin tinha confiança total de sua posição. Anunciou que o regime não possuía inimigos dentro da Rússia e que não havia mais necessidade de terrorismo ou repressão. Deixou claro, entretanto, que o programa comunista deveria prosseguir no exterior e que os atos terroristas contra o mundo capitalista deveriam ser aceitos como necessários e inevitáveis.

A Rússia estava então a se afirmar como potência mundial. E Stálin estava a manifestar claramente a decisão de entrar na nova fase de sua ditadura: a expansão do comunismo mundial.

CAPÍTULO 7

O COMUNISMO NOS ESTADOS UNIDOS

JÁ TRAÇAMOS A HISTÓRIA DO COMUNISMO RUSSO ATÉ 1938. Para apreciar o que aconteceu após 1938, é preciso entender o desenvolvimento histórico do comunismo nos Estados Unidos.

A conquista dos Estados Unidos por forças marxistas constituía parte importante do plano dos líderes comunistas havia muitos anos. "Primeiro, a Europa Oriental, depois as massas da Ásia. Então, cercaremos os Estados Unidos da América, que serão o último bastião do capitalismo. Não teremos de partir para o ataque; eles cairão em nossas mãos como uma fruta madura". Essa colocação é um reflexo claro da intenção marxista de derrubar os Estados Unidos por meio de subversão interna.

Muitas vezes, é difícil para nós entender o entusiasmo tantas vezes sentido pelos líderes comunistas em relação ao progresso de seu programa nos Estados Unidos. As respostas às seguintes questões indicarão por quê:

Os americanos que abraçaram o comunismo negligenciaram o vigoroso aviso dos Peregrinos? Por que os Peregrinos são descritos como praticantes do comunismo sob as "circunstâncias mais favoráveis"? Quais foram os resultados disso?

Quanto tempo depois da Revolução Russa o comunismo foi lançado nos Estados Unidos? Qual foi a extensão da primeira onda de violência comunista?

Como foi o depoimento sob juramento prestado por William Z. Foster sobre a revolução comunista nos Estados Unidos?

Por que Whittaker Chambers conseguiu fornecer tantos pormenores sobre o comunismo nos Estados Unidos? Em junho de 1932, Chambers foi convocado a pagar o preço por ser comunista — qual era esse preço? Como a filha de Chambers o influenciou a abandonar o comunismo?

Qual é a história de Elizabeth Bentley? Como ela se tornou a "esposa" comunista de um homem que ela sequer conhecia?

Como os comunistas designados como espiões russos conseguiram sair livres?

Que reação você esperaria dos líderes comunistas da Rússia ao examinarem a lista americana de altos funcionários do governo americano que se arriscaram à prisão e à desonra ao praticar espionagem e executar ordens de líderes soviéticos?

Os Pais Fundadores dos EUA tentam o comunismo

Uma das lições esquecidas da história dos Estados Unidos é de que os Pais Fundadores tentaram o comunismo antes de tentar a livre-iniciativa capitalista.

Em 1620, quando os Peregrinos desembarcaram em Plymouth, já estavam determinados a estabelecer uma colônia comunista. Em muitos aspectos, a sociedade comunal foi estabelecida sob as mais favoráveis circunstâncias. Em primeiro lugar, estavam isolados de ajuda externa e tinham uma enorme motivação para fazer com que o plano funcionasse: sua própria sobrevivência. Em segundo lugar, haviam selecionado um grupo de homens e mulheres religiosos com sentimentos cooperativos e fraternais uns com os outros. Os Peregrinos instituíram sua comunidade comunista com a maior das esperanças. O Governador William Bradford deixou um relato notável do que aconteceu:

> Esta comunidade [...] acabou por gerar muita confusão e descontentamento e retardar muito trabalho que poderia ser aplicado para seu benefício e conforto. Isso porque os jovens mais capazes e aptos ao labor e serviço reclamavam por ter de gastar seu tempo e forças trabalhando para as mulheres e filhos de outros homens,

sem que obtivessem recompensa alguma. Os mais fortes [...] não desfrutavam de mais alimentos e roupas que os fracos e incapazes de fazer um quarto do que faziam aqueles; essa diferença era vista como uma injustiça [...] e, para as mulheres casadas, ter de prestar serviços a outros homens, tais como preparar a carne dos animais que caçavam, lavar suas roupas etc. era julgado como um tipo de escravidão, que seus maridos também não conseguiam suportar (note que, mesmo em uma comunidade cristã, não se pode praticar o comunismo sem estabelecer uma ditadura).

Mas os colonos teriam continuado a suportar o comunismo se ele ao menos tivesse sido produtivo. O que preocupava o Governador Bradford era o fato de que a produção total nesse acordo comunitário era tão pequena que os colonos corriam o risco de morrer de fome. Portanto, disse ele:

> Depois de algum tempo e muito debate [...] o governador permitiu que dessem grãos a cada homem para seus próprios fins e que, nessa questão, confiassem em si próprios [...] e assim destinou a cada família um lote de terra, conforme o número de seus membros.

Uma vez que a família recebia terras e sementes, deveria semear, cultivar e colher, ou sofreria as conseqüências. O governador desejava que o povo continuasse vivendo junto como uma sociedade de amigos, mas a produção comunitária deveria ser substituída por uma produção privada em regime de livre iniciativa. Após um ano, o Governador pôde dizer:

> Foi uma mudança muito bem-sucedida, pois tornou todos muito industriosos, de modo que plantamos muito mais que antes [...]. As mulheres agora vão à roça de bom grado e levam as crianças consigo para a semeadura, coisa a que antes se diziam fracas demais, incapazes; as mesmas que antes reclamariam de tirania e opressão caso fossem mandadas ao trabalho.

Os Peregrinos descobriram o grande segredo humano de que qualquer homem se obriga a ir mais longe do que iria se fosse obrigado por outros. Meditando sobre os esforços para viver em uma sociedade comunista, o Governador Bradford escreveu sua conclusão:

A experiência realizada nesta causa e circunstância comuns, tentada durante vários anos e entre homens sóbrios e tementes a Deus, pode bem demonstrar que é vã a presunção de Platão e outros antigos — aplaudida por muitos em últimos tempos — de que transferir a propriedade para uma comunidade tornaria as pessoas alegres e prósperas, como se fossem mais sábias que Deus.[1]

Torna-se evidente que o Governador Bradford concluiu que o comunismo não só é ineficiente mas também antinatural e viola as leis de Deus. Esse fato pode introduzir um questionamento na mente de alguns estudantes que ouviram dizer que o comunismo proporciona o meio ideal para a prática dos princípios básicos do cristianismo. Refletimos sobre o pano de fundo histórico desse problema em outro momento.[2]

É interessante notar que, depois de experimentado pelos Peregrinos, o comunismo foi abandonado em benefício do capitalismo de livre-iniciativa que, com o passar dos séculos, se desenvolveu nos Estados Unidos mais do que em qualquer outro país. Em seus estágios iniciais, esse sistema foi descrito como instituição egoísta e sem coração, mas os economistas notaram que, após lenta e dolorosa evolução, finalmente se transformou em uma ferramenta socioeconômica que, até agora, produziu mais riqueza e a distribuiu com maior uniformidade entre o povo deste país do que qualquer outro sistema experimentado pelo homem moderno.[3] O processo evolutivo de continuar a melhorar e adaptar o capitalismo às necessidades de uma sociedade altamente industrializada ainda está em andamento.

O marxismo chega aos Estados Unidos

Quando a Revolução Bolchevique ocorreu na Rússia em 1917, certo grupo de americanos demonstrou particular interesse nela:

---

[1] William Bradford, *History of Plymouth*, pp. 160–162.

[2] Para uma discussão dessa questão, veja o apêndice "Os primeiros cristãos praticavam o comunismo?".

[3] Para uma discussão desse assunto, veja o apêndice "Que é capitalismo de livre-iniciativa?".

tratava-se da ala esquerda do Partido Socialista. Durante anos, os socialistas tentaram fazer com que o governo tomasse posse de todas as principais indústrias e socializasse o país, mas essa tentativa de reforma legislativa falhou. Súbito, em novembro de 1917, ouviu-se que os bolcheviques russos haviam lançado mão da violência revolucionária para tomar o poder e, em seguida, socializaram seu país do dia para a noite.

Tal expediente foi prontamente aceito pelos socialistas da esquerda americana como a fórmula apropriada para os EUA. Imediatamente, resolveram fundar um Partido Comunista e valer-se de atividades revolucionárias violentas para sovietizar os EUA o quanto antes. Tiveram grande apoio nessa empresa de um homem chamado John Reed, um jornalista que voltara recentemente da Rússia com entusiasmo resplandecente pelo comunismo mundial.

O grupo fez contato com Moscou e foi convidado para enviar delegados à Rússia em março de 1919, para auxiliar na Terceira Internacional (cópia da Primeira Internacional de Marx, com o intuito de promover a revolução mundial). Quando voltaram, começaram sua campanha. John Reed usou as colunas do *New York Communist* para agitar os trabalhadores. As fileiras comunistas incharam com os membros da antiga I. W. W. (International Workers of the World — Trabalhadores Industriais do Mundo), que se aproximaram do novo movimento e sugeriram que os membros do Partido aprendessem técnicas de sabotagem e violência que a I. W. W empregara durante a Primeira Guerra Mundial.

O movimento teve mais um incentivo quando o Partido Comunista Russo enviou um representante oficial do governo soviético para ajudar na organização de um governo bolchevique. Seu nome era C. A. Martens, e ele trouxe consigo uma quantia substancial de dinheiro para empregar na construção de células dentro dos sindicatos e das forças armadas dos Estados Unidos. Não bastava aos comunistas salvar o proletariado russo; o camarada Martens assegurava a todos que o ouvissem que a missão de Moscou era libertar os trabalhadores oprimidos da América. À medida que o movimento progredia, representantes foram enviados à Rússia com o objetivo de solicitar permissão para a criação do "Partido Comunista dos Trabalhadores dos Estados Unidos" como ramificação da Internacional Comunista, organização pela revolução mundial patrocinada pelos russos. Posteriormente, o termo "dos Trabalhadores" foi excluído.

Os diretores do novo Partido Comunista assinaram as "Vinte e Uma Condições para Admissão", documento que lhes causaria embaraços muitos anos depois, quando o Partido foi obrigado a registrar-se, em 1952, como órgão sob o controle da União Soviética.

Eis alguns compromissos característicos das "Vinte e Uma Condições para Admissão":

"O Partido Comunista (dos EUA) levará a cabo um programa inequívoco de propaganda para dificultar o transporte de munições de guerra para inimigos da República Soviética".

"O programa (do Partido Comunista dos EUA) necessita da sanção do congresso regular da Internacional Comunista".

"Todas as decisões da Internacional Comunista [...] obrigam todos os membros da Internacional Comunista (o que inclui o Partido Comunista dos EUA)".

"O dever de disseminar idéias comunistas inclui a obrigação especial de promover vigorosa e sistemática propaganda no exército. Onde essa agitação for proibida por leis excepcionais, ela deverá ser efetuada por meios ilegais".

"Todo partido que queira pertencer à Internacional Comunista deve promover o desenvolvimento sistemático e persistente da agitação comunista dentro dos sindicatos".

Foram compromissos básicos como esses que levaram o U.S. Subversive Activities Control Board (Comitê de Controle de Atividades Subversivas dos Estados Unidos) a fazer a seguinte declaração em 1953, após amplas audiências:

> Concluímos, com base nos autos, que há evidências preponderantes a estabelecer que os líderes dos argüidos (líderes do Partido

Comunista dos EUA) e seus membros consideram a lealdade devida aos Estados Unidos subordinada à sua lealdade e obrigações perante a União Soviética.⁴

A primeira onda de violência comunista atinge os Estados Unidos

Começando em 28 de abril de 1919, uma série de 36 bombas foi descoberta em cartas endereçadas a pessoas como o Procurador Geral da República Oliver Wendell Holmes, o Ministro da Corte Suprema J. P. Morgan, John D. Rockefeller e outras pessoas proeminentes. Uma das bombas chegou à casa do Senador Thomas W. Hardwick, que estava tentando impedir a imigração dos bolcheviques para os Estados Unidos. Uma das criadas da casa abriu o pacote e a bomba explodiu, fazendo com que perdesse as mãos.

Em 16 de setembro de 1920, uma grande bomba foi carregada em uma carroça até a esquina da Broadway com a Wall Street, em Nova York — o vórtice do capitalismo americano. O veículo parou diante do prédio de três andares em calcário, sem pompa, que era ocupado pela firma J. P. Morgan and Company.

Súbito irrompeu um grande rugido da carroça e chamas azuis e brancas dispararam ao céu. A bomba explodiu com tremenda violência, matando 30 pessoas imediatamente e ferindo outras centenas. Arruinou a parte interna dos escritórios da Morgan, quebrou janelas a quadras de distância e fez voar um tarugo de ferro que arrebentou uma janela no 34º andar do Equitable Building.

Esses atos de assassinato e violência criaram um intenso ressentimento contra os bolcheviques em todas as partes dos Estados Unidos. Em alguns casos, os cidadãos recorreram à contra-violência como retaliação. Inúmeras prisões foram determinadas pelo Procurador Geral da República e, finalmente, um carregamento inteiro de bolcheviques estrangeiros foi deportado para a Rússia via Finlândia, no navio S. S. Buford. A bordo do navio, estava a

---

4 *Final Report of the Subversive Activities Control Board*, abril de 1953, p. 208.

notória Emma Goldman, cujos discursos anarquistas um quarto de século antes induziram Leon Czolgosz a assassinar o Presidente McKinley. Mal sabia ela que, dentro de vinte e quatro meses, repudiaria Lênin e os bolcheviques e, por volta de 1940, sua última esperança seria morrer nos Estados Unidos.

William Z. inicia o movimento sindical comunista

Poucos nomes entre os líderes comunistas são hoje mais conhecidos do público americano do que o de William Z. Foster. Membro fundador do Partido nos Estados Unidos, era também a pessoa designada pelo Partido para assumir o comando dos sindicatos americanos. A maior parte dos fundos para a campanha foi enviada de Moscou, onde o Profintern (Internacional Vermelha dos Sindicatos) recebera 1 milhão de dólares do governo soviético para ajudar a disseminar o comunismo nos sindicatos de outros países.

O movimento de Foster chegou à frente de batalha trabalhista logo após o armistício, quando os trabalhadores já estavam em estado de agitação por conta das circunstâncias de guerra. Foster teve pouca dificuldade para promover greves em diversos setores importantes e, mesmo onde não havia tido participação alguma, muitas vezes recebia o crédito pela greve. Como resultado, muita gente começou a associar suas simpatias pró-trabalhador com o comunismo, sem perceber completamente o que estava fazendo.

Acredita-se que os trabalhadores das minas de carvão cederam às influências de Foster quando deram um voto entusiástico em favor da nacionalização do setor carvoeiro, e consta que o mesmo rótulo foi dado à greve do aço, pois Foster estava em evidência como seu agitador e promotor. Muita gente sabia que tanto os trabalhadores das minas de carvão como os das usinas de aço tinham muitas razões legítimas para entrar em greve, e o fato de que Foster e seus aliados comunistas se aproveitaram da oportunidade para esgueirar-se no movimento trabalhista parecia ter pequena importância.

Mas William Z. Foster nunca ocultou de fato sua ambição fundamental de derrubar o governo dos Estados Unidos pela violência e subordinar o trabalhador americano (assim como todos demais americanos) às deliberações de uma ditadura comunista copiada do modelo russo. Na verdade, Foster via a si próprio como o futuro ditador. Foi candidato à presidência dos EUA pelos comunistas em duas ocasiões e escreveu um livro chamado *Toward Soviet America* ("A caminho dos Estados Unidos Soviéticos").

Quando um comitê do Congresso o pôs sob juramento e fez-lhe perguntas sobre o comunismo, Foster comportou-se com loquacidade e franqueza:

O presidente: Os comunistas neste país advogam a revolução mundial?

W. Z. Foster: Sim.

O presidente: [Os comunistas] advogam uma revolução neste país?

W. Z. Foster: Disse que os comunistas advogam a abolição do sistema capitalista neste país e em todos os outros países...

O presidente: Os comunistas neste país se opõem à nossa forma republicana de governo?

W. Z. Foster: A democracia capitalista — certamente.

O presidente: O que o senhor advoga é a mudança de nossa forma de governo republicana para ser substituída pela forma de governo soviética?

W. Z. Foster: Já disse isso mais de uma vez.

O presidente: Ora, se entendo bem o que o senhor disse, os trabalhadores deste país vêem a União Soviética como sua pátria, correto?

W. Z. Foster: Os mais avançados vêem assim.

O presidente: Vêem a bandeira soviética como a sua?

W. Z. Foster: Os trabalhadores deste país e os trabalhadores de qualquer outro país têm só uma bandeira, e é a bandeira vermelha.

O presidente: ...Se tivessem que escolher entre a bandeira vermelha e a bandeira americana, senhor, vocês escolheriam a bandeira vermelha, correto?

W. Z. *Foster*: Já disse isso em minha resposta.

O *presidente*: Não quero forçar o senhor a responder, caso seja motivo de embaraço.

W. Z. *Foster*: Não há motivo algum de embaraço. Disse claramente que a bandeira vermelha é a bandeira da classe revolucionária e que nós fazemos parte da classe revolucionária.[5]

Entre 1921 e 1924, membros do Partido comunista procuraram evitar a prisão mediante operações clandestinas, mas quando as leis de emergência de tempos de guerra foram revogadas, os líderes comunistas voltaram à tona e continuaram sua campanha em benefício de uma revolução para derrubar o governo dos Estados Unidos.

Entretanto, durante alguns dos anos seguintes, a psicologia geral do país não incluía uma conscientização especial quanto à segurança. Foi uma época de modismos, frivolidade e frenesi pós-guerra generalizado. O cenário nacional era próspero e embriagador demais para que alguém se preocupasse com alguns fanáticos que desejavam dominar o mundo. De um modo ou de outro, a palavra "comunista" começou a ter um sabor distante, e falava-se em tom jocoso dos anos passados, com suas bombas, greves, prisões e deportações, como "os dias do grande temor vermelho".

Entretanto, um campo fértil para as conquistas comunistas estava em desenvolvimento entre as mesmas pessoas que menos os temiam. Os Estados Unidos estavam começando a sofisticar-se em uma atmosfera de intelectualismo imaturo. Os pedestais do passado se esboroaram ao grito de escândalo e com o barulho dos esqueletos chacoalhando nos armários. Havia chegado uma era de ousada desmistificação. Naquele momento, pouca gente percebeu que o colapso econômico e espiritual a que o país se estava dirigindo produziria uma revolta intelectual que possibilitaria que os agentes do comunismo ingressassem em todos os escalões da sociedade americana — incluindo alguns dos mais altos

---

[5] Excertos do relatório do *House Committee on Un-American Activities* do 76º Congresso, 3 de janeiro de 1939, pp. 18–21.

cargos no governo dos Estados Unidos. Isso nos leva à história de Whittaker Chambers. Como Chambers estava convertido ao comunismo durante esse período e se aprimorou até o mais alto nível de conspiração como líder da espionagem russa, suas revelações nos dão uma visão ampla e panorâmica do crescimento do comunismo nos Estados Unidos entre 1925 e 1938.

O crescimento do comunismo nos EUA na visão de Whittaker Chambers

Um breve exame da conversão de Whittaker Chambers ao comunismo talvez revele o padrão evolutivo seguido por um número considerável de jovens intelectuais americanos durante a década de 1920 e o início da década de 1930.

Whittaker Chambers foi criado em Long Island, próximo dos subúrbios de Nova York. Na casa dos Chambers, havia um pai frio e desinteressado (que era ilustrador de jornal), uma mãe afetuosa demais e, portanto, superprotetora (que havia sido atriz), uma avó louca e um irmão mais jovem por quem Chambers não sentia particular afeto fraternal.

Tanto Chambers como seu irmão mais novo atingiram a maturidade durante o frenético período do pós-guerra e, como muita gente de sua época, ambos tornaram-se vítimas morais e espirituais. O irmão de Chambers voltou do colégio cético e desiludido. Tornou-se alcoólatra e, finalmente, cometeu suicídio. A família inteira parecia ter degenerado em um padrão de vida que era precisamente o horrível picadinho sem propósito de que Marx e Engels falaram. Whittaker Chambers descreve suas próprias experiências do seguinte modo:

> Quando ingressei [na faculdade, logo após a Primeira Guerra Mundial], tinha uma visão conservadora da vida e da política e estava passando por uma experiência religiosa. Quando saí, por escolha inteiramente própria, já não era mais conservador e não tinha religião. Havia publicado em uma revista literária da faculdade uma pequena peça teatral ateísta [...]. No mesmo ano, fui à Europa e vi a Alemanha nas vascas da derrota. Voltei à Universidade

de Columbia, desta vez pagando do meu próprio bolso. Em 1925, saí da faculdade com o objetivo expresso de entrar para o Partido Comunista, porque havia começado a acreditar que o mundo em que vivemos estava morrendo e que somente uma cirurgia poderia salvar os destroços da humanidade, e o Partido Comunista era o cirurgião da história.[6]

Chambers começou a trabalhar para o comunismo com grande seriedade. Tornou-se co-editor do *The Textile Worker*, escrevia para o *Daily Worker*, tomou uma "esposa" comunista e aprendeu as táticas de greve da violência sindical. Ele escreveu que, durante esse período,

> aprendi que o Partido Comunista empregava gângsteres contra os chefões nas peleterias em certas greves [...]. Aprendi que os membros comunistas dos sindicatos lideravam seus próprios grupos de grevistas nas oficinas mantidas por fura-greves e, em alguns momentos, usavam suas afiadas facas de cortar peles para arruinar milhares de dólares em peles de vison.[7]

Ele tinha a intenção de tomar o programa comunista como modelo permanente de sua vida. Sem muita demora, foi abandonado por sua "esposa" comunista, que seguiu seu próprio caminho, e Chambers acreditou que fazer de sua união seguinte (em 1931) um "casamento burguês" em algum registro civil seria mais de seu feitio. Nesse estágio, Chambers jamais imaginaria possuir outras sensibilidades que um dia fariam com que abandonasse o comunismo para tornar-se editor sênior da revista *TIME*, com salário de cerca de 30 mil dólares por ano!

Em 1928, Chambers presenciou a primeira série de expurgos do Partido Comunista Americano. Durante muitos anos, o Partido foi dominado por Charles E. Ruthenburg, o "Lênin americano". Depois da morte repentina de Ruthenburg, houve uma corrida doentia pelo poder. Jay Lovestone saiu ganhando, com William Z. Foster representando uma pequena e barulhenta minoria. Mas

---

6 Chambers, Whittaker, *Witness*, p. 164.
7 *Ibid.*, p. 229.

Lovestone logo cometeu um sério erro político: tomou o partido de um dos mais poderosos oponentes de Stálin na Rússia, Nikolai Bukharin, que apoiava um programa menos violento do que aquele que Stálin tinha em mente.

Lovestone e William Z. Foster foram chamados a Moscou. Quando voltaram, Lovestone era um homem destruído. Havia sido chamado de traidor por Stálin e expulso do Partido. Stálin nomeou Foster herdeiro do trono. O passo seguinte era forçar todos os membros do Partido nos Estados Unidos a apoiar o programa radical de Foster ou ser expulso. A maior parte dos comunistas entendeu os sinais vindos de Moscou e jurou lealdade a Foster imediatamente. Mas Chambers não entendeu. Pareceu-lhe como se Stálin estivesse comportando-se exatamente do mesmo modo que um ditador fascista, forçando a maioria dos comunistas americanos a acompanhar uma liderança contra a qual já haviam votado. Chambers cessou suas atividades no Partido.

Durante dois anos, por vontade própria, Chambers ficou fora das fileiras regulares do Partido. Nunca foi expulso, não deixou de ser leal ao comunismo, mas estava ressentido com Stálin. A situação toda, entretanto, mudou com a Grande Depressão. A simpatia de Chambers pelos desempregados mais uma vez o aproximou do programa do Partido. Ele também se sentiu forçado a admitir que, aparentemente, a queda do capitalismo americano, prevista a tanto tempo, já havia chegado.

No espírito dos tempos, Chambers escreveu um conto chamado "Can You Hear the Voices?" ("Você está ouvindo as vozes?"). Foi um grande sucesso, sendo adaptado para o teatro, publicado como panfleto e saudado por Moscou como esplêndida literatura revolucionária. Logo em seguida, Chambers notou que estava sendo festejado pelo Partido Comunista Americano como se nunca o houvesse abandonado. Chambers logo voltou a trabalhar pela revolução.

Foi em junho de 1932 que Chambers foi convocado a pagar o preço por ser comunista. O Partido nomeou-o para servir como espião contra os Estados Unidos, a soldo da inteligência militar soviética. Por amor à esposa, Chambers tentou livrar-se da tarefa, mas um membro do comitê central de Nova York avisou-o de que não havia escolha.

Chambers logo se viu sob a disciplina ferrenha do aparato de espionagem russo. Como o comunismo se havia tornado sua fé, Chambers seguiu cegamente as instruções recebidas. Tornou-se especialista nas técnicas conspiratórias de reuniões clandestinas, escrita secreta e despiste de seguidores, não confiou em mais ninguém e manteve-se de plantão para os superiores.

Dentro de pouco tempo, Chambers foi escalado como principal contato da mais importante célula de espionagem na cidade de Washington. Chambers descreveu suas conexões de espionagem com as seguintes pessoas que, depois, tornaram-se altos funcionários do governo americano:

1. Alger Hiss, de quem Chambers se tornou grande amigo pessoal. Hiss iniciou sua carreira no Departamento de Agricultura e, depois, trabalhou no Comitê Especial do Senado que investigava a indústria de munições. Por algum tempo, trabalhou no Departamento de Justiça e, depois, no Departamento de Estado. Fez uma carreira meteórica e chegou a trabalhar como diretor do importantíssimo Gabinete de Assuntos Políticos. Foi assessor do Presidente Roosevelt em Yalta e secretário-geral da Assembléia Internacional que criou a Organização das Nações Unidas.

2. Harry Dexter White, que posteriormente chegou ao cargo de secretário assistente do Tesouro dos Estados Unidos e foi o autor do Plano Morgenthau.

3. John J. Abt, que trabalhou no Departamento de Agricultura, na Work Projects Administration, no Comitê do Senado de Educação e Trabalho e foi nomeado Assistente Especial do Procurador Geral da República, encarregado da seção do contencioso.

4. Henry H. Collins, que trabalhou na National Recovery Administration, no Departamento de Agricultura, no Departamento do Trabalho e no Departamento de Estado. Durante a Segunda Guerra Mundial, foi promovido a major do exército e, em 1948, tornou-se diretor executivo do Instituto Russo-Americano (citado pelo Procurador Geral da República como uma organização de fachada comunista).

5. Charles Kramer, que serviu na Comissão Nacional de Relações Trabalhistas, no Gabinete de Administração de Preços e, em 1943, juntou-se à equipe do Subcomitê do Senado de Mobilização para a Guerra.

6. Nathan Witt, que trabalhou no Departamento de Agricultura e depois foi secretário da Comissão Nacional de Relações Trabalhistas.

7. Harold Ware, que trabalhou no Departamento de Agricultura.

8. Victor Perlo, que trabalhou no Gabinete de Administração de Preços, na Comissão de Produção de Guerra e no Tesouro Nacional.

9. Henry Julian Wadleigh, que se tornou funcionário proeminente do Departamento do Tesouro.

Chambers testemunhou ter recebido tantos documentos confidenciais do governo por intermédio de seus contatos que precisou dos esforços contínuos de dois, às vezes três fotógrafos para microfilmar o material e manter o fluxo para a Rússia. Ele disse que considerava Alger Hiss sua principal fonte de informação e descreveu como este trazia todas as noites para casa uma pasta cheia de material do Departamento de Estado. Alguns desses documentos eram microfilmados; outros, copiados por Hiss em sua máquina de escrever, ou resumidos à mão. Muitos desses documentos datilografados e memorandos escritos com a letra de Hiss, confirmada por especialistas, tornaram-se famosos como os "Documentos Abóbora" ("Pumpkin Papers") e depois levaram Hiss à condenação por falso testemunho.

Anos depois, quando perguntaram a Chambers qual era sua explicação para o fato de que tantos americanos esclarecidos haviam sido logrados a cometer atos de subversão contra seu país natal, ele explicou que, uma vez convertido à ideologia comunista, o sujeito passava a considerar a espionagem um ato moral — um dever a ser cumprido em benefício da humanidade, pelo bem da sociedade futura.

A incrível extensão da participação de americanos na espionagem dirigida pelos russos contra os Estados Unidos durante a Depressão e a Segunda Guerra Mundial foi reconhecida apenas recentemente. Já se escreveram muitos livros que resumem os fatos desenterrados pelo FBI, pelo Poder Judiciário e pelo Congresso.

Whittaker Chambers rompe com o comunismo

Em 1938, no ápice de sua carreira de mensageiro e intermediário russo, Chambers viu sua filosofia materialista desmoronar. Foi numa manhã, ao alimentar sua filha, que Chambers de repente entendeu, enquanto observava a menina, que a delicada porém imensa complexidade do corpo e da personalidade humana não poderia ser explicada em termos de acidentes acumulados. Chambers data seu rompimento com o comunismo desse momento.

A princípio, ficou perturbado e tentou afastar a nova convicção de sua mente; mas, ao se abrir às evidências que o cercavam, ficou completamente persuadido de que estava vivendo em um universo cujo esquema era incrivelmente perfeito, sujeito à supervisão de uma Inteligência Suprema. Conseqüentemente, da mesma forma que a filosofia comunista o havia trazido para o movimento, seu colapso determinou que ele saísse. Demorou muitos meses para que ele finalmente se desenleasse do Serviço de Inteligência Soviético.

Chambers disse que, quando enfim rompeu com o comunismo, fez o que pôde para trazer consigo Alger Hiss, seu amigo próximo. Este, entretanto, não só se recusou a acompanhá-lo como, segundo Chambers, fez uma inflamada denúncia de sua tentativa de influenciá-lo.

Por observar o destino de outros, Chambers já tinha alguma idéia do que significava abandonar o aparato conspiratório do comunismo. Mesmo assim, o caminho que seguiu lhe trouxe sofrimentos físicos e psicológicos dos quais nem mesmo ele suspeitava.

Atualmente, não se pode encontrar melhor relato das agonizantes experiências daqueles que ousavam exibir o emblema de "ex-comunista" do que aquele encontrado na autobiografia de Chambers, *Witness*. Durante algum tempo, Chambers trabalhou portando um revólver, por medo de que a polícia secreta russa tirasse sua vida, assim como tirava a de tantos outros. Em outro momento, tentou tirar a própria vida, para não ter que expor os que antes haviam sido seus amigos mais íntimos.

Esses detalhes podem ser melhor apreciados em seu texto completo. Para nossos fins, basta apontar que, até o momento em que Chambers finalmente se decidiu a contar a história toda, o público americano quase não tinha consciência da vasta rede de atividades de espionagem que a Rússia havia construído em todos os estratos da sociedade americana. E essa condição desafortunada existia apesar de o FBI estar realizando cuidadosa reunião de fatos e avisando as autoridades sobre as atividades comunistas já havia muitos anos.

Finalmente, uma multidão de testemunhas confirmou que era tudo verdade.

Elizabeth Bentley assume quando Chambers sai

Chambers não tinha como saber que, após sua deserção do sistema de espionagem russo, os soviéticos nomeariam uma mulher como sua substituta. Seu nome era Elizabeth Bentley.

Elizabeth descendia de uma longa linha de ancestrais da Nova Inglaterra. Havia ingressado em Vassar e estudou na Itália durante um ano, retornando aos Estados Unidos em 1934 para encontrar o país mergulhado em profunda recessão. Sem conseguir arrumar emprego, concluiu que sua única chance era fazer um curso na área de negócios e, por isso, matriculou-se na Escola de Negócios da Universidade de Columbia. Lá encontrou diversas pessoas que lhe foram amigáveis e compreensivas. Demorou um bom tempo até descobrir que eram comunistas. Conforme esses amigos lhe explicavam, o comunismo parecia razoável — na verdade, do modo como eles o explicavam, o comunismo seria uma grande melhora em relação ao capitalismo americano (que, naquela época, estava afundado como um *iceberg*, com desemprego e bancarrotas). Então, Elizabeth Bentley tornou-se comunista. Entrou na campanha com todo o zelo que se podia esperar de uma jovem em seus vinte anos que, de repente, crê que uma nova era da história está para se abrir e resolver todos os problemas da humanidade.

Durante algum tempo, Elizabeth Bentley trabalhou no Departamento do Bem-Estar Social do Estado de Nova York e lá foi nomeada secretária das finanças da unidade comunista da Universidade de Columbia. Freqüentou a Escola dos Trabalhadores Comunistas e entrou para tantas organizações de fachada sob tantos nomes diferentes que, em pelo menos uma ocasião, chegou a uma reunião sem lembrar-se de quem ela deveria ser lá.

Não demorou muito para que as atividades de Elizabeth Bentley acompanhassem os líderes do aparato clandestino russo e, antes que houvesse entendido realmente o que estava acontecendo com ela, havia sido cuidadosamente transferida de tarefas cotidianas do Partido Comunista dos EUA para a rede clandestina de espionagem soviética.

Trabalhou para três pessoas diferentes antes de ser finalmente destacada para auxiliar um revolucionário veterano que tinha muito trabalho, o qual usava o codinome "Timmy". Elizabeth Bentley apaixonou-se por Timmy.

Um dia ele disse:

> Não temos o direito de nos sentirmos assim um pelo outro [...]. Existe uma única saída, que é ficarmos juntos e mantermos nosso relacionamento oculto a todos [...]. Você terá que me aceitar por pura fé, sem saber quem sou, onde moro ou de quê vivo.

E foi assim que Elizabeth Bentley se tornou a esposa comunista do homem que era na verdade Jacob Golos, um dos todo-poderosos chefes da Polícia Secreta Russa nos Estados Unidos.

Sob seu treinamento, Elizabeth Bentley tornou-se o que ela posteriormente chamou "uma bolchevique de aço".

Em maio de 1940, ela soube que havia ocorrido um atentado contra a vida de Leon Trótski no México. O atentado falhou, mas seu guarda-costas pessoal foi seqüestrado e levou um tiro nas costas. Há anos Stálin vinha tentando liquidar seu velho inimigo, e, pelo comportamento de Jacob Golos, Elizabeth Bentley sabia que seu companheiro comunista estava envolvido na conspiração. Depois de alguns meses, um assassino chegou até Trótski e esmagou seu crânio com uma picareta de alpinismo.

A partir de 1941, Elizabeth Bentley foi usada pelo aparato de espionagem russo para coletar material de contatos em Washington, D. C. Disse ela que primeiro era o mensageiro do grupo de espionagem Silvermaster quem estava a extrair informações de contatos comunistas no Pentágono e em outros órgãos governamentais altamente secretos. Antes de concluir sua missão, havia alcançado a maioria dos contatos anteriores de Whittaker Chambers e muitos outros.

De vez em quando, quase ocorria um desastre, como aconteceu logo após Gregory Silvermaster obter um emprego na Comissão de Guerra Econômica pela influência de Lauchlin Currie (assistente administrativo na Casa Branca). Diz ela que, logo após ter conseguido o emprego, mostraram-lhe uma carta endereçada a seu superior hierárquico pelo chefe da inteligência do exército, indicando que o FBI e a inteligência naval detinham provas de suas ligações comunistas. A carta exigia a exoneração de Silvermaster.

Silvermaster, em pânico, perguntou a Elizabeth Bentley o que deveria fazer, e ela deu-lhe as mesmas instruções que se davam a todos os comunistas expostos:

> Mantenha-se firme, tome ares de inocência ofendida, você não é comunista, é só um "progressista" cujo histórico mostra sempre haver lutado pelos direitos do trabalhador. Rodeie-se de seus amigos "liberais" [...]. Se necessário, contrate um advogado para sua defesa, sob a alegação de que sua reputação sofreu grande dano. Nesse meio tempo, mexa os pauzinhos para acabar com esse negócio. Use Currie, White [Harry Dexter White, principal funcionário do Departamento do Tesouro], qualquer um que você conheça e em quem confie.[8]

Qualquer um que conheça a forma de defesa seguida por acusados de comunismo levados à presença de comitês de investigação do Congresso irá reconhecer imediatamente a marca registrada do Partido no fingimento vulgar de inocência recomendado por Elizabeth Bentley. Quando se considera sua simplicidade relativamente ingênua e infantil, quase se torna causa de desgosto nacional o

---

[8] Elizabeth Bentley, *Out of Bondage*, pp. 173–174.

fato de isso haver confundido e enganado uma quantidade tão admirável de gente por tantos anos. Como aconteceu em praticamente todos os outros casos, as sugestões de Elizabeth Bentley renderam excelentes resultados no caso de Silvermaster, e ele logo ganhou o apoio de muitas fontes poderosas e insuspeitadas.

Após três meses de "reação", o Subsecretário de Guerra ficou convencido, tendo ouvido várias alegações, de que uma injustiça havia sido cometida contra Silvermaster e, portanto, cancelou sua exoneração. Deram a Silvermaster autorização para demitir-se e retornar a seu antigo emprego no Departamento de Agricultura com ficha limpa. Elizabeth Bentley conclui dizendo: "Após um suspiro de alívio que deve ter ecoado por todo o aparato da Polícia Secreta Russa, voltamos à nossa rotina normal".

De acordo com o depoimento de Elizabeth Bentley sob juramento, ela trabalhou com três grandes células de espionagem. A primeira era a "Célula Ware" — o mesmo grupo que Chambers havia controlado. Além disso, ela também controlava a "Célula Silvermaster" e a "Célula Perlo". Disse que essas três células estavam encarregadas de fornecer um fluxo quase sem fim de informações a serem transmitidas para Moscou. Nesse depoimento, disse que os membros das células Silvermaster e Perlo eram os seguintes (os departamentos em que estavam trabalhando na época são também mencionados):

Célula Silvermaster

1. Nathan Gregory Silvermaster: era o Diretor da Divisão de Trabalho da Administração de Segurança Agrícola; destacado por um breve período para a Comissão de Guerra Econômica.

2. Solomon Adler: também havia trabalhado no Departamento do Tesouro como agente para a China.

3. Norman Bursler: trabalhava no Departamento de Justiça como assistente especial.

4. Frank Coe: trabalhou como Diretor Assistente da Divisão de Pesquisa Monetária do Departamento do Tesouro; assistente especial para o Embaixador dos Estados Unidos em Londres; assistente do Diretor Executivo da Comissão de Guerra Econômica; e Administrador Assistente da Administração Econômica Estrangeira.

5. William Gold: também conhecido como Bela Gold, trabalhou como subchefe da Divisão de Pesquisas de Programas, no Gabinete de Economia Agrícola, no Departamento de Agricultura, no Subcomitê do Senado de Mobilização para a Guerra e no Gabinete de Programas Econômicos para Administração Econômica Estrangeira.

6. Sr.ª Gold (Sonia): trabalhou como assistente de pesquisa no Comitê Selecionado da Câmara dos Deputados de Migração Interestadual; analista de mercado de trabalho no Departamento de Seguro no Trabalho; e na Divisão de Pesquisa Monetária do Departamento do Tesouro.

7. Abraham George Silverman: foi Diretor do Gabinete de Serviços de Pesquisas e Informações da Comissão de Aposentadoria dos Ferroviários; assessor econômico e chefe de análise e planejamento e subchefe da equipe do Estado Maior da Aeronáutica, Divisão Materiais e Serviços, Força Aérea.

8. William Taylor: trabalhou para o Departamento do Tesouro.

9. William Ludwig Ullman: trabalhou na Divisão de Pesquisa Monetária do Departamento do Tesouro; e no Departamento de Materiais e Serviços do Quartel-General da Aeronáutica no Pentágono.

A Célula Perlo

1. Victor Perlo (também ligado à Célula Ware): chefiava uma ramificação na Seção de Pesquisas do Gabinete de Administração de Preços; e trabalhou no Conselho de Produção de Guerra, tratando de problemas relacionados com a produção de aeronaves.[9]

2. Edward J. Fitzgerald: trabalhou no Conselho de Produção de Guerra.

3. Harold Glasser: trabalhou no Departamento do Tesouro; fez empréstimos ao Governo do Equador e ao Gabinete de Produção de Guerra; e foi assessor no Comitê de Assuntos Norte-Africanos em Alger, na África do Norte.

4. Charles Kramer (também ligado à Célula Ware): trabalhou para a Comissão Nacional de Relações Trabalhistas; para o Gabinete de Administração de Preços; e foi economista do Subcomitê do Senado de Mobilização para a Guerra.

---

9 Em 1951, escreveu um livro sobre o imperialismo americano e declarou, na página 220: "A URSS, as democracias populares e a China lideram o mundo na luta pela paz".

5. Solomon Leshinsky: trabalhou para a Administração de Socorro e Reabilitação dos Estados Unidos.

6. Harry Magdoff: trabalhou para a Divisão de Estatística da Comissão de Produção para a Guerra; para o Gabinete de Gestão de Emergência; para o Gabinete de Pesquisa e Estatística; para a divisão de Ferramentas do Gabinete de Produção de Guerra; e para o Gabinete de Comércio Doméstico e Exterior.

7. Allan Rosenberg: trabalhou para a Administração de Economia Exterior.

8. Donald Niven Wheeler: trabalhou para ao Gabinete de Serviços Estratégicos.

Além disso, Elizabeth Bentley citou as seguintes pessoas, que cooperaram para obter informações de arquivos governamentais, embora não estivessem ligadas a nenhuma célula em particular:

1. Michael Greenburg — Comissão de Guerra Econômica; Administração Econômica Estrangeira, especialista sobre a China.

2. Joseph Gregg — Coordenador de Negócios Interamericanos, assistente na Divisão de Pesquisa.

3. Maurice Halperin — Gabinete de Serviços Estratégicos; chefe da Divisão Latino-Americana da Seção de Pesquisa e Análise; chefe de Pesquisa e Análise Latino-Americana do Departamento de Estado.

4. J. Julius Joseph — Gabinete de Serviços Estratégicos, Divisão Japonesa.

5. Duncan Chaplin Lee — Gabinete de Serviços Estratégicos; assessor jurídico do General William J. Donovan.

6. Robert T. Miller — Chefe de Pesquisa Política; Coordenador de Assuntos Interamericanos; membro do Comitê de Serviços de Informações, Assuntos do Oriente Próximo, do Departamento de Estado; subchefe da Divisão de Pesquisa e Publicações do Departamento de Estado.

7. William Z. Park — Coordenador de Assuntos Interamericanos.

8. Bernard Redmont — Coordenador de Assuntos Intermericanos.

9. Helen Tenney — Gabinete de Serviços Estratégicos, Divisão Espanhola.

Essas listas são apresentadas para ilustrar os notáveis e devastadores dutos de informações que Elizabeth Bentley afirma terem sido usados em Washington durante o período em que ela foi tesoureira e mensageira da Polícia Secreta Russa na capital dos Estados Unidos.

Elizabeth Bentley trabalhou com grande diligência para o governo soviético até 1944. Entretanto, sofreu grande choque em 1943, quando, na noite de Ação de Graças, Jacob Golos morreu de repente de ataque cardíaco. Logo antes de sua morte, Golos revelou a ela a crueldade de seus superiores soviéticos, que o obrigavam impiedosamente a se envolver em atividades nauseantes até para sua consciência calejada, endurecida por seu fervor revolucionário.

Após a morte de Golos, Elizabeth Bentley ficou ainda mais desiludida quando soube que Earl Browder havia concordado em entregar um grupo de comunistas americanos de Washington a agentes de espionagem soviéticos dos mais inescrupulosos. Quando exigiu satisfações de Browder, dizem que ele respondeu: "Não seja ingênua. Você sabe que, quando as cartas estão na mesa, tenho que cumprir as ordens deles. Esperava poder livrar-me das ordens neste caso, mas não consegui".

"Mas o Greg é seu amigo de longa data", disse Elizabeth Bentley (referindo-se a um dos membros do grupo). "E daí?", replicou Browder. "Ele é descartável". Logo depois, Elizabeth Bentley foi surpreendida pela visita de um alto funcionário soviético, que veio de Moscou para lhe notificar que ela havia recebido a mais alta comenda da União Soviética — a Ordem da Estrela Vermelha. Mas ficou bem menos impressionada pela honraria concedida do que aborrecida e revoltada pelo tipo de pessoa que o funcionário soviético demonstrou ser. Desde aquele momento, julgou que os líderes comunistas na União Soviética eram absolutamente incapazes de construir um grande mundo novo — não importava quantas informações ela lhes enviasse.

O golpe final em seu idealismo veio quando os soviéticos tentaram forçá-la a entregar uma amiga que desejavam usar para entreter os altos funcionários do governo.

Uma noite, Elizabeth Bentley perguntou a si mesma: "O que aconteceu a todos nós, que começamos a construir um novo mundo com tanta coragem?". No fundo, havia finalmente conseguido admitir o que acontecera: "Fomos corrompidos e aniquilados pela máquina mais cruel que o mundo já viu".

Semanas depois, Elizabeth Bentley finalmente foi ao FBI, pronta para fazer tudo que pudesse para reparar o que havia feito a seu país natal.

Em alguns aspectos, foi ao mesmo tempo um triunfo e uma tragédia. Para ela, pessoalmente, foi um triunfo. Foi a chance de que ela precisava para acertar contas com sua consciência e com sua pátria. Entretanto, em 1948, quando ela prestou seu testemunho sob juramento perante um comitê do Congresso, uma tragédia ameaçou ocorrer. A imprensa comunista foi acompanhada em peso por ditas facções "liberais" na acusação de que ela era desde uma degenerada até uma psicopata mentirosa ou vítima da loucura. Levou tempo e depoimentos corroborativos de muitas testemunhas para finalmente se deter o clamor.

Elizabeth Bentley e Whittaker Chambers testemunharam ter feito parte de um segmento pequeno, porém extremamente perigoso de americanos que, desorientados por ideologias errôneas, incharam as fileiras do comunismo durante o intervalo entre a Primeira Guerra Mundial e o encerramento da Segunda. A vasta maioria passou pela mesma evolução — primeiro, a evolução ideológica seguida pelo desejo de agir; segundo, a exposição às realidades mais duras do comunismo funcionando na prática; e, finalmente, o despertar seguido da determinação dinâmica de desertar da desilusão e lutar contra ela desde fora.

Felizmente para os Estados Unidos e seus cidadãos que serviram à causa comunista, esses ex-membros do Partido retornaram ao estilo de vida americano mais leais aos seus princípios do que o eram quando o abandonaram. Somente alguns ainda se recusavam a abrir os olhos e ouvidos a tudo que se havia revelado. Esse grupo não-recuperado ainda labuta diuturnamente a serviço da "causa".

CAPÍTULO 8

O COMUNISMO E A SEGUNDA GUERRA MUNDIAL

ENQUANTO OS CANAIS DE ESPIONAGEM COMUNISTAS ERAM aperfeiçoados nos Estados Unidos, em todo o mundo construíam-se redes subversivas similares. Stálin logo viu os segredos de estado das principais potências jorrando com tal velocidade que conseguiu jogar o jogo mundial da política de força como um jogador profissional sentado à mesa de pôquer, planejamento cuidadosamente sua estratégia enquanto lê as cartas marcadas nas mãos dos outros jogadores.

Sabemos que foi dessa posição supremamente satisfatória de onisciência política que Stálin iniciou uma série de planos que colaboraram para precipitar a Segunda Guerra Mundial. Funcionários desertores da inteligência russa revelaram que a Segunda Guerra Mundial foi fomentada e usada pelos líderes russos como parte importante da estratégia de longo alcance para a expansão do comunismo mundial. Este capítulo vai responder às seguintes perguntas:

Qual é a explicação da tentativa realizada por Stálin para chegar a um entendimento com Hitler em 1933?

Por que Stálin reclamou para si o crédito de ter iniciado a Segunda Guerra Mundial?

Por que o pacto de Stálin com Hitler em 1939 surpreendeu os comunistas em todo o mundo?

Stálin ficou surpreso quando Hitler descartou o pacto e atacou a Rússia?

Qual foi a atitude dos EUA durante os primeiros meses da invasão nazista na Rússia? Que mudou essa atitude?

O que se deduz da seguinte declaração prestada em 1942 por um assessor presidencial: "As gerações futuras deverão grande parte de sua liberdade ao poder indomável do povo soviético"? Os líderes aliados pareceram ter um entendimento básico da estratégia comunista?

Como os líderes comunistas utilizaram o Lend-Lease para obter segredos sobre a bomba atômica?

Quando começou a coexistência dos EUA com o comunismo? Cite os quatro passos de degeneração pelos quais passou. Com base em que pressuposto a União Soviética foi tornada um sócio pleno dos EUA na configuração do mundo do pós-guerra?

Como você justifica o fato de que a Carta das Organização das Nações Unidas siga o modelo da Constituição Russa de 1936, em vez de seguir o modelo utilizado pela Liga das Nações? Você acredita que haja algum significado no fato de que o secretário-geral da organização que redigiu a Carta foi Alger Hiss?

Qual era a atitude dos líderes comunistas quando saíram da Segunda Guerra Mundial como a segunda maior potência política do mundo?

A ascensão de Adolf Hitler e do nazismo na Alemanha

Já se disse que o comunismo foi em grande parte o responsável pela ascensão de Adolf Hitler e do Partido Nazista. Lembremos que, quando o Imperador da Alemanha capitulou em 1918, os comunistas tentaram dominar a Alemanha. Imediatamente surgiram grupos políticos anticomunistas que, formando uma coalização frenética, impediram que os comunistas assumissem o poder. Foi nessa atmosfera anticomunista que Adolf Hitler iniciou sua carreira política. Ingressou no Partido Nacional-Socialista (Nazista), que possuía forte base anti-bolchevique e, em 1921, tornou-se seu líder.

Hitler organizou suas notórias Tropas de Assalto para retaliar o aumento da violência comunista. Seus camisas-pardas haviam sido treinados em luta de rua, tumultos e supressão de oponentes políticos por meio de ataque físico direto. Em 1923, as Tropas de Assalto tinham 10 mil membros, e Hitler sentia-se forte o suficiente para tentar tomar a província alemã da Baviera, mas a investida falhou. Hitler foi posto na cadeia e, enquanto estava preso, começou a expressar suas ambições frustradas em um manuscrito febril sobre a guerra total, chamado *Mein Kampf — Minha luta*. Nesse livro, Hitler revelava que não só era amargamente anticomunista como também apoiava a violação total do Tratado de Versalhes. Disse que lutaria pela restauração completa da Alemanha como potência mundial. Estava planejando a criação de um grande império nórdico que abraçasse todos os povos de sangue germânico da Europa, qualquer que fosse sua residência nacional. O *Mein Kampf* constituiu uma ameaça a qualquer país que tivesse fronteiras com a Alemanha; continha também uma ameaça à Rússia, porque Hitler declarava que o curso natural da expansão alemã acabaria por levar as conquistas nazistas à fértil região da Ucrânia e, de lá, para os ricos campos de petróleo russos.

Mais tarde, enquanto Stálin observava a subida de Hitler ao poder à custa de violência, reconheceu no ditador nazista um oponente formidável de sua própria espécie. Viu que Hitler era astuto e impiedoso; completamente amoral; não tinha escrúpulos em relação à violência, ao expurgo de seu próprio povo, ao uso de propaganda enganosa ou ao sacrifício de milhões de vidas para atingir o poder. O materialismo produziu na Alemanha exatamente o mesmo que produzira na Rússia. Embora chamados por nomes diferentes, o nazismo e o comunismo tinham por meta o mesmo alvo, além de haverem sido forjados nos mesmos moldes ideológicos.

Talvez isso explique por que Stálin tentou negociar um acordo pessoal secreto com Hitler logo após este chegar ao poder em 1933. Um dos principais agentes secretos de Stálin, o General W.

G. Krivitsky, forneceu os detalhes desses esforços.[10] Quando os gestos de amizade foram rejeitados por Hitler, Stálin percebeu que o Führer só podia ser tratado como inimigo.

Stálin então procurou conquistar a simpatia das democracias: tentou identificar as políticas russas com o bem-estar político e econômico dos povos amantes da liberdade de outros países. Chamou essa campanha de Frente Popular. No VII Congresso Mundial da Internacional, em 1935, instruiu os comunistas leais de todos os países para que se misturassem a quaisquer grupos políticos que se opusessem a Hitler e seus aliados — mesmo que fossem partidos de direita anteriormente atacados pelos comunistas. A julgar por seus resultados, a Frente Popular foi a tática mais bem-sucedida entre todas aquelas adotadas pelos estrategistas comunistas; permitiu aos comunistas estabelecer uma associação aberta com os grupos políticos mais conservadores e de mais alto respeito nos países capitalistas.

Os comunistas reclamam o crédito por iniciar a Segunda Guerra Mundial

Em 1938, Stálin observava atento enquanto Hitler testava o humor dos Aliados ocidentais com a ocupação da Áustria. Quando viu que não houve conseqüências sérias, o Führer preparou-se para assimilar outras áreas adjacentes às fronteiras alemãs. Em Munique, ameaçou uma guerra-relâmpago contra a Europa, caso Inglaterra e França não o deixassem tomar a área industrial da Tchecoslováquia. Quando estas consentiram, ele imediatamente estendeu sua ocupação a praticamente todo aquele pequeno e valente país.

Em 1939, Hitler tomou a região de Memelland, na Lituânia, e iniciou os preparativos para marchar sobre a Polônia. Entretanto, nesse momento hesitou. A Rússia também desejava tomar a Polônia. Na verdade, a Rússia mantinha o equilíbrio das forças

---

10 Este capítulo das relações entre Stálin e Hitler é discutido pelo General Krivitsky em seu livro *In Stalin's Secret Service*.

na Europa, e Hitler não ousava tomar medidas que iniciassem uma guerra contra o Ocidente, salvo se pudesse ter certeza de que a Rússia não iria interferir. Hitler, portanto, deu a Stálin alguns sinais de que gostaria de assinar um pacto de não-agressão. Para a grande surpresa de todo o mundo, Stálin aceitou! Isso significava que Hitler poderia ir à guerra com a certeza de que a Rússia não iria interferir.

Esse pacto pegou a maior parte do mundo comunista desprevenida. Durante anos, a propaganda vermelha havia retratado Stálin como o principal líder de oposição ao nazi-fascismo em todo o mundo. Agora, o regime de Stálin havia ratificado um pacto com os nazistas que lhes dava carta branca para iniciar uma guerra no Ocidente.

Nos Estados Unidos, a imprensa comunista precisou de diversos dias para engrenar marcha à ré em sua propaganda. Whittaker Chambers disse que a capitulação de Stálin para seu maior inimigo era absolutamente incompreensível aos comunistas americanos. Foi só quando Chambers conversou com o ex-diretor de espionagem de Stálin na Europa Ocidental que soube a explicação oficial. O General W. G. Krivitsky disse que esse pacto demonstrava o gênio de Stálin como estrategista. Explicou que Stálin sabia que o pacto deixaria Hitler à solta na Europa, mas também sabia que, com o avanço da guerra, era provável que os países ocidentais se exaurissem de tanto lutar. Nesse momento, as tropas soviéticas podiam entrar em ação. Quase que sem dar um tiro sequer, as tropas soviéticas conseguiriam tomar a Europa toda em nome da ditadura do proletariado!

E, bem como Stálin havia suspeitado, Hitler não demorou para tirar vantagem de seu empurrãozinho político. O pacto foi assinado em 23 de agosto de 1939. No 1º de setembro, as unidades blindadas alemãs estavam lançando-se por entre as fileiras da corajosa porém impotente cavalaria polonesa, e milhares de bombas caíam sobre cidades polonesas.

Além disso, como Stálin havia esperado, Inglaterra e França foram imediatamente arrastadas para a guerra, em razão de seus compromissos com a Polônia. Era uma guerra que esses países não estavam preparados para travar, nem do ponto de vista físico, nem do ponto de vista psicológico. Antes de se passar um ano, a Polônia havia sido dividida entre Alemanha e Rússia, e a França havia sido ocupada. Logo depois, as tropas britânicas bombardearam o continente europeu em Dunquerque, e os nazistas encontravam cada vez menos resistência à medida que expandiam sua ocupação para Dinamarca, Noruega, Holanda e Bélgica.

Presumindo que a guerra agora se resumiria a uma luta entre Alemanha e Inglaterra, Stálin sentiu-se pronto para fazer sua próxima jogada, que tão bem havia calculado. Só dois grandes países capitalistas ainda permaneciam fora do conflito: Japão e Estados Unidos.

Em 13 de abril de 1941, Stálin incentivou os senhores da guerra japoneses a empreenderem uma ofensiva no Pacífico. Conseguiu o que queria usando o mesmo recurso simples que havia liberado Hitler na Europa: um pacto.

Nesse momento, a Rússia, bem mais que os Estados Unidos, era o maior impedimento à expansão japonesa na Ásia Oriental e no Pacífico. Aceitando um pacto com a Rússia, os senhores da guerra japoneses ficaram livres para iniciar sua campanha pan-asiática no Pacífico e no Extremo Oriente. Prepararam-se imediatamente para o ataque.

Stálin sofre uma derrota estratégica

Stálin então pretendia sentar em sua poltrona e esperar até que os países capitalistas passassem por seu batismo de fogo. Havia garantido aos líderes militares soviéticos que a Segunda Guerra Mundial seria ganha pelo país que ficasse fora dela por mais tempo. Esse país, é claro, precisava ser a Rússia. O que ele não sabia, entretanto, é que Adolf Hitler estava preparando uma surpresa desastrosa para a pátria do comunismo. Na verdade, no mesmo momento em que Stálin promovia seu pacto de neutralidade com o Japão, Adolf Hitler fazia um pronunciamento secreto a seu estado-maior: "As forças armadas alemãs devem estar preparadas para esmagar a Rússia Soviética em uma rápida campanha".

A grande surpresa veio em 22 de junho de 1941: Hitler jogou o pacto no lixo e atacou a Rússia em uma frente de mais de 3 mil quilômetros, com 121 divisões e 3 mil aviões. Já havia escrito sobre isso muitos anos antes, no *Mein Kampf*.

A inesperada guerra-relâmpago mudou a história do mundo. Acabou com a intenção de Stálin de ficar de fora da guerra enquanto os países capitalistas lutavam uns contra os outros até se exaurirem. Isso significava que a Rússia faria uma entrada prematura na guerra, com pouquíssima preparação.

A Segunda Guerra Mundial aproxima-se dos Estados Unidos

Para muitos observadores nos Estados Unidos, os novos acontecimentos da Segunda Guerra Mundial pareciam favoráveis aos interesses dos países amantes da paz. O ataque de Hitler à Rússia havia envolvido os dois maiores países agressores em um combate mortal, e até mesmo os líderes militares acreditavam que essa situação poderia aliviar tensões mundiais futuras. Porém, em menos de seis meses, os alemães haviam ocupado 1,5 milhão de quilômetros quadrados das mais férteis terras da URSS — terra que era ocupada por um terço da população da Rússia e da qual, a despeito da política russa de "terra arrasada", as tropas nazistas conseguiram extrair seus suprimentos, de tal forma que puderam avançar com rapidez, sem esperar o estabelecimento das linhas de suprimento. Em breve, os blindados alemães estavam a cerca de 100 quilômetros de Moscou, e Hitler anunciou com exuberância que "a Rússia já está destruída e jamais poderá levantar-se novamente".

Foi um choque que levou o mundo à condenável idéia de que poderia surgir um império nazista que se estenderia da Inglaterra ao Alasca. Foi instintivo, para os americanos, começar a torcer pelos russos; foi uma questão de interesse próprio e vital, reforçada pela tendência americana de torcer pelo mais fraco.

Então, naquela madrugada fatal do domingo, 7 de dezembro de 1941, veio o devastador ataque japonês a Pearl Harbor, e os Estados Unidos viram-se no holocausto da Segunda Guerra Mundial antes de estarem sequer na metade de sua preparação. Em desespero, os líderes americanos voltaram-se em todas as direções, em busca de amigos. É importante lembrar que a marcha das botas negras da Wehrmacht imprimiram um terror paralisante nos corações dos povos de todos os continentes. Era o nazismo, não o comunismo, que estava apagando a luz da civilização em toda a Terra. Portanto, como a Rússia já havia sido trazida para dentro da órbita da simpatia americana, não é difícil entender como ela se tornou uma aliada íntima dos EUA quase que do dia para a noite. De alguma maneira, parecia impossível lembrar-se que essa era exatamente a mesma Rússia que havia firmado um pacto de não-agressão com Hitler, para deixá-lo à solta pela Europa, e um pacto de neutralidade com os japoneses, para que ficassem à solta no Pacífico.

A política de coexistência dos EUA entra em seu terceiro estágio

No início da primavera de 1942, havia ficado evidente que a guerra pegara a força militar americana em nível muito baixo, e também era óbvio que o Eixo praticamente destruíra todos os aliados tradicionais dos Estados Unidos. Talvez, como sugere George F. Kennan, esses fatos possam justificar, em parte, o jogo desesperado de certos estrategistas diplomáticos americanos em suas relações com a Rússia.

Os navegadores diplomáticos já haviam decaído de uma política de pura coexistência com o comunismo, em 1933, para um degrau inferior, em que decidiram aceitar o abuso e as promessas quebradas dos líderes comunistas. Agora, resolveram ir ainda mais longe: decidiram tentar converter os líderes comunistas ao modo de pensar americano, despejando sobre eles tal enxurrada de generosidade que não poderia restar vestígio de suspeita sobre o desejo dos Estados Unidos de ganhar o apoio cooperativo dos líderes comunistas para vencer a guerra e, depois, preservar a paz.

Presumiu-se que assim estes se tornariam aliados permanentes e solidários aos Estados Unidos e às democracias ocidentais na construção de "um só mundo" de paz e prosperidade.

Se esse plano houvesse funcionado, seria um verdadeiro golpe de mestre de gênio cooperativo. É lamentável, entretanto, que no fim das contas aconteceu o que muitos funcionários e diretores de órgãos de inteligência previam que aconteceria — a Rússia usaria seus métodos para se alçar à posição de potência mundial, tirando partido do tesouro e do prestígio do próprio país que eles mais desejavam destruir.

Mesmo assim, o programa foi inaugurado, e a atitude dos Estados Unidos em relação à Rússia, tanto antes como depois da Segunda Guerra Mundial, só pode ser entendida em termos desta política.

No início de junho de 1942, Molotov viajou para Washington em segredo e ficou hospedado na Casa Branca. Depois de sua partida, fizeram-se preparativos para informar o povo dos Estados Unidos da nova política. Em 22 de junho de 1942 (o aniversário do ataque de Hitler à URSS), promoveu-se um ato de auxílio à Rússia no Madison Square Garden em Nova York. Naquela reunião, um alto funcionário do governo americano anunciou: "Uma segunda frente de batalha? Sim; e, se necessário, uma terceira e uma quarta [...]. Estamos determinados a compartilhar com vocês tudo o que temos e somos neste conflito e os frutos da vitória e da paz". Em seguida, veio a frase patética, mas que demonstrava uma cega esperança: "Gerações futuras hão de dever grande parte de sua liberdade ao poder indomável do povo soviético".[11]

A história do Lend-Lease americano à Rússia

Essa política americana de generosidade começou a se manifestar imediatamente. Foram autorizados bilhões de dólares de Lend-Lease

---

11 Discurso de Harry Hopkins citado em *Roosevelt and Hopkins*, por Robert E. Sherwood, p. 588.

para a Rússia. Mesmo o sacrifício deliberado de interesses próprios dos americanos ficou evidente em algumas das ordens recebidas pelos serviços militares americanos. Uma ordem enviada ao Comando da Força Aérea, datada de 1º de janeiro de 1943, contém esta instrução surpreendente: "A modificação, o equipamento e o movimento de aviões russos recebe a primeira prioridade, mesmo que seja sobre os aviões das Forças Armadas dos EUA".

O Congresso dos Estados Unidos não se sentia tão entusiasmado em relação à Rússia quanto os estrategistas diplomáticos. O Congresso restringiu o Lend-Lease russo especificamente a materiais a serem usados em ações militares contra o inimigo do Eixo; proibiu o envio de materiais que seriam usados por pessoal civil ou na reabilitação da Rússia depois da guerra. O objetivo não era de modo algum ser inamistoso com o povo russo; era simplesmente a expressão da crença de que não se deveria usar recursos americanos para promover a Rússia comunista à categoria de potência mundial. Algum dia, talvez, o povo russo recuperasse sua liberdade, então chegaria a hora de compartilhar recursos. Até lá, a generosidade não-militar somente fortaleceria a situação da ditadura comunista depois da guerra.

A despeito dessas restrições legais, a generosidade irrestrita dos diplomatas é que dominava o Lend-Lease, e não o Congresso ou os líderes militares.

O General John R. Deane, por exemplo, que estava em Moscou como chefe da Missão Militar Americana, recusou a solicitação russa de 25 grandes motores a diesel marítimos de 200 hp, porque os motores enviados para a Rússia anteriormente estavam enferrujando a céu aberto, aparentemente guardados para uso após a guerra. Além disso, o General MacArthur estava precisando muito desses motores no Pacífico Sul. Após ouvir a decisão do General Deane, os russos apelaram para Harry Hopkins (chefe do Programa Lend-Lease), que desautorizou Deane. Durante os dois anos seguintes, um total de 1.305 desses motores foi enviado à Rússia, a um custo de US$ 30.745.947 para o povo americano.

Após Pearl Harbor, quando a marinha recebeu a mais alta prioridade possível no envio de fio de cobre, que seria usado na reparação de navios de guerra americanos, descobriu-se que os russos apresentavam prioridade ainda mais alta para receber uma carga de fio de cobre que, aparentemente, seria usada na reconstrução de cidades russas após a guerra. O fio foi reservado aos russos em tais quantidades que teve de ser armazenado em um lote de 80 mil metros quadrados no Condado de Westchester, em Nova York, onde ficou praticamente até o fim da guerra. Poucos anos antes do armistício, foi enviado à Rússia para a reconstrução de seus sistemas de comunicação.

Após o fim da Segunda Guerra Mundial, o povo americano aos poucos foi conhecendo os detalhes da inundação de bens e recursos enviada à Rússia sob as disposições do Lend-Lease. As listas publicadas baseiam-se em registros russos obtidos por um oficial americano, o Major George Racey Jordan, que era o responsável pelo Lend-Lease designado na base aérea de Great Falls em Montana. Uma análise dessas listas demonstrou que, de acordo com os registros oficiais russos, os comunistas receberam 11 milhões de dólares em bens sob o Lend-Lease e que, a despeito das restrições, os estrategistas diplomáticos incluíram mais US$ 3.040.423.000 em mercadorias nacionais, pagas pelo contribuinte americano, que definitivamente não parecem ter sido autorizadas pela lei do Lend-Lease. Essas listas mostram envios de vastos estoques de produtos químicos "não classificados como munição", juntamente com outros volumosos envios de caixas de cigarros, discos fonográficos, estojos de maquiagem, partituras, pianos, móveis antigos, US$ 388.844 em miudezas e "novidades baratas", jóias, mobiliário, artigos de pesca, batons, perfumes, bonecas, cofres-fortes para uso bancário, equipamento para *playgrounds* e tantas outras mercadorias ilegais, não destinadas a uso militar.

Os estudiosos da história russa no período da guerra apontam que o Lend-Lease começou a entrar na Rússia num momento em que o país estava quase prostrado. Havia perdido quase todas as suas safras por conta das políticas de "terra arrasada", cujo objetivo era retardar os avanços nazistas. Mesmo com o Lend-Lease, as tropas recebiam rações em nível de subsistência, de modo que, sem o Lend-Lease, era bem provável que a resistência poderia muito bem ter desmoronado. Além disso, a ocupação alemã isolou os russos de muitos de seus centros industriais. Além de aviões, munições, produtos químicos, maquinaria pesada etc., o surpreendente "Arsenal da Democracia" americano deu à Rússia 478.899 veículos motorizados. Esses veículos representavam quase metade da frota usada pelos soviéticos na frente de batalha.

Em um interessante comentário sobre a psicologia comunista, convém notar que os Estados Unidos jamais receberam sequer um agradecimento formal da Rússia pelos 11 milhões de dólares em mercadorias recebidas sob o Lend-Lease, que na realidade foram doados à pátria do comunismo pelo povo americano. A desculpa de Stálin foi a de que seu governo acreditava que os Estados Unidos haviam cometido um erro ao cessar o Lend-Lease no final da guerra. Deixou claro como água da fonte que seu povo pensava que, naquelas circunstâncias, uma expressão de agradecimento não seria nem apropriada nem justificável.

As tentativas soviéticas para obter os segredos da bomba atômica

Durante toda a Segunda Guerra Mundial, a espionagem soviética concentrou esforços vigorosos no resultado mais importante da guerra — o domínio da energia atômica. Empregaram uma abordagem de pinça para conseguir as informações à medida que eram desenvolvidas: espionagem e canais diplomáticos. Durante algum tempo, os canais diplomáticos demonstraram particular produtividade, não só para os segredos da energia atômica, mas também para todo tipo de informações militares e industriais.

O Major Jordan notou o fato na Base Aérea de Great Falls, usada para o Lend-Lease, quando os soviéticos começaram a levar consigo grandes quantidades de malas pretas e baratas ao partir dos Estados Unidos. Não permitiam que Jordan visse o que havia nas malas, alegando tratar-se de "bagagem diplomática" e, portanto, imune à inspeção.

Certa noite, o comandante russo da base quase exigiu que Jordan fosse jantar com ele em Great Falls. Jordan ficou desconfiado, mas aceitou. Por volta da meia-noite, recebeu um telefonema nervoso, dizendo que um avião havia acabado de aterrissar e estava partindo para a Rússia sem a permissão de Jordan, que correu de volta ao campo de pouso. O avião era uma piada. Continha cinqüenta malas pretas, protegidas por guardas russos armados. Jordan mandou um soldado americano deter os guardas russos e atirar para matar caso eles tentassem interferir em sua inspeção à força.

Jordan mais tarde depôs sob juramento, perante um comitê do Congresso, que cada mala continha um arquivo com informações sobre indústria, portos, tropas, estradas de ferro, comunicações e outros assuntos relacionados aos EUA. Em uma das malas, Jordan disse ter encontrado uma carta em papel timbrado da Casa Branca, assinada por Harry Hopkins e endereçada ao número três na hierarquia soviética. Anexo à carta, havia um mapa do ultra-secreto Projeto Manhattan, junto com dados descritivos sobre experiências com energia atômica! Numa das pastas da mala, estava escrito: "De Hiss". Na época, Jordan não sabia quem era Hiss. Dentro da pasta, havia numerosos documentos militares. Outra pasta continha documentos do Departamento de Estado. Alguns eram cartas da embaixada americana em Moscou, com avaliações confidenciais da situação russa e impressões analíticas detalhadas de funcionários do governo russo. Agora, estavam sendo devolvidas em segredo para que os russos as lessem.

Quando o Major Jordan informou Washington do acontecido, foi severamente criticado por deter o avião!

Em abril de 1943, o oficial de comunicação russo disse a Jordan que estava para chegar um envio muito especial de produtos químicos experimentais. O oficial russo ligou para Harry Hopkins em Washington e passou o telefone para Jordan. O Major Jordan informou que Harry Hopkins lhe disse o seguinte: "Não quero que você discuta isso com ninguém, e não é para ser oficial. Não faça estardalhaço deste caso, mas simplesmente passe adiante, a toda pressa".

O oficial russo disse a Jordan que era um "pó de bomba", e Jordan viu uma anotação na pasta do oficial onde estava escrito "Urânio". O envio chegou em 10 de junho de 1943. Foi o primeiro de muitos. Ao que se diz, pelo menos 650 quilos de sais de urânio foram enviados à União Soviética. Os especialistas em metalurgia estimam que essa massa poderia ser reduzida a quase três quilos de U-235, um quilo a mais do que o necessário para produzir uma explosão atômica. Em 24 de julho de 1945, em Potsdam, o Presidente Truman anunciou a Winston Churchill e Joseph Stálin que os Estados Unidos haviam finalmente desenvolvido uma bomba ultra-secreta. Informou que essa bomba possuía um poder explosivo quase inacreditável. O Secretário de Estado James F. Byrnes estava observando Stálin e notou que este não parecia muito surpreso, nem mesmo particularmente interessado na notícia. Quatro anos depois, em 23 de setembro de 1949, o Presidente Truman anunciou ao mundo que a Rússia havia conseguido detonar uma bomba atômica, anos antes do que os EUA esperavam! Alguns altos funcionários se perguntaram como, em vista de toda a ajuda recebida, os russos não haviam conseguido fazê-lo bem antes.

Os meses finais da Segunda Guerra Mundial

É fato histórico que a Rússia é mais forte na defesa que no ataque. Durante a Segunda Guerra Mundial, o povo russo demonstrou incrível determinação para resistir durante os dias em que até mesmo Hitler acreditava que eles não tinham mais salvação. Sofreram perdas astronômicas: 7 milhões de mortos, incluindo 2,5 milhões de judeus russos exterminados pelos nazistas e 1,5 milhão de outros civis soviéticos mortos pelos alemães, enquanto que cerca de 3 milhões morreram em combate; entre 3 e 4 milhões foram feitos prisioneiros, mas o número de feridos e mutilados não é informado. Como resultado da guerra, foram destruídas 1.700 cidades, 70 mil vilas e vilarejos, 31 mil fábricas, 84 mil escolas, 65 mil quilômetros de estradas de ferro, além da destruição de 7 milhões de cavalos, 17 milhões de cabeças de gado e 20 milhões de porcos. Essas perdas representavam cerca de um quarto dos bens soviéticos.

Não há como saber se Stálin alguma vez forçou-se a reconhecer o fato, mas esse tributo monstruoso de destruição poderia muito bem ter sido evitado caso Stálin não houvesse cometido o erro terrível de, em 1939, firmar deliberadamente o pacto com Hitler que desencadeou a Segunda Guerra Mundial. Há líderes políticos afirmando atualmente que, se Hitler tivesse sido forçado a retardar sua campanha na Polônia em razão de ameaça russa, teria dado às nações ocidentais tempo suficiente para preparar-se e, com a restauração do equilíbrio de forças na Europa, toda a saga da Segunda Guerra Mundial poderia deixar de ter ocorrido.

A política de coexistência dos Estados Unidos entra em seu quarto estágio

Durante a Segunda Guerra Mundial, o presidente dos Estados Unidos recebeu duas interpretações diferentes da política comunista e duas recomendações sobre a melhor maneira de lidar com seus líderes. Um grupo de assessores optou pela abordagem histórica e aceitou os comunistas como revolucionários mundiais. Um segundo grupo apresentou uma visão bem mais idealista dos líderes comunistas. Queriam ver o passado esquecido, queriam ver a grosseria comunista como nada mais que falta de maturidade política, algo que poderia mudar com muita paciência e generosidade.

Para este segundo grupo, houve um rápido fluxo de idealistas teóricos, bem como de homens e mulheres que depois se descobriu estarem profundamente envolvidos em simples subversão contra o governo dos Estados Unidos.[12] Os historiadores já acham difícil definir onde termina o idealismo e começa a subversão. De qualquer modo, é esse o grupo que dominou o programa Lend-Lease e montou o palco para as políticas que controlaram as relações dos EUA com a Rússia por cerca de quinze anos.

Também é esse o grupo de assessores presidenciais que aclamava, com o maior dos entusiasmos, qualquer sugestão de que o comunismo estava "mudando". Por exemplo, quando a Internacional Comunista se dissipou em 22 de maio de 1943, esse grupo saudou o anúncio como evidência incontroversa de que

---

12 Um resumo bastante completo de infiltração comunista do governo dos Estados Unidos aparece no livro de James Burnham, *The Web of Subversion*, John Day Company, Nova York, 1954.

os líderes comunistas haviam renunciado à conquista do mundo. Outros suspeitavam que tudo aquilo não passava de propaganda. A segunda suposição parecia ser o caso, como testemunhou Igor Gouzenko, que havia trabalhado no setor de criptografia russo:

> É provável que o anúncio da dissolução da Comintern (Internacional Comunista) tenha sido a maior farsa do comunismo nos últimos anos. Somente o nome foi extinto, com o objetivo de dar alguma segurança à opinião pública nos países democráticos. Na verdade, o comunismo existe e continua a funcionar, porque os líderes soviéticos jamais abandonaram a idéia de estabelecer uma ditadura comunista.[13]

Quando muitos altos funcionários do próprio partido do presidente viram a direção perigosa que a política dos EUA estava tomando, logo lhe deram aviso. Uma conversa interessante ocorreu durante a guerra entre o presidente e seu bom amigo, William C. Bullitt, que o presidente enviara à Rússia como o Primeiro Embaixador dos Estados Unidos em 1933. Bullitt tinha acabado de falar ao presidente sobre muitas de suas experiências pessoais com Joseph Stálin e havia aconselhado aquele a ter cuidado com os líderes comunistas.

"Bill", respondeu o presidente,

> eu não contesto fatos; eles são precisos. Não contesto a lógica do seu raciocínio. Só tenho o palpite de que Stálin não é esse tipo de homem. Harry [Hopkins] diz que não o é, e que Stálin não quer nada além da segurança de seu país. E acho que se der a ele tudo que eu puder e nada pedir em troca [...] ele nada tentará anexar, e trabalhará comigo pela paz mundial e a democracia.[14]

A filosofia refletida nesta declaração é a chave para entender as conferências dos "Três Grandes" para encerrar a guerra. Naquele tempo, a estratégia diplomática dos Estados Unidos (que começou com a simples coexistência em 1933) havia passado para sua quarta fase — a completa aceitação dos comunistas russos como parceiros de pleno direito nos planos para a preservação futura da paz mundial.

---

13 *The Report of the Royal Canadian Commission*, p. 663.
14 Revista *Life*, 30 de agosto de 1948, p. 94.

Criação das Nações Unidas

Durante agosto e setembro de 1944, os representantes de Grã-Bretanha, China, Rússia e Estados Unidos reuniram-se em Dumbarton Oaks, Washington, D. C. Nessa conferência, estabeleceu-se a base constitucional da Organização das Nações Unidas. Nela a Rússia não só foi considerada parceira de pleno direito, mas também um acionista dominante. Um acontecimento de alta significância foi a insistência da Rússia no direito de exercer o poder de veto mesmo quando fosse parte na disputa, ao contrário dos outros países. Essa insistência violava os fundamentos da jurisprudência internacional, mas as democracias consentiram. Estavam dispostas a pagar praticamente qualquer preço para que a Rússia participasse.

Em 28 de dezembro de 1944, o embaixador americano na Rússia começou a expressar alguma apreensão quanto às relações entre EUA e União Soviética e quanto ao papel que a Rússia teria no período pós-guerra:

> Os soviéticos têm objetivos definidos para sua futura política externa, os quais não entendemos ainda totalmente... Do que se vê das ações soviéticas até agora, os termos "amigável" e "independente" parecem significar algo muito diferente da nossa própria interpretação.[15]

Uma vez virada a maré da guerra, aumentou-se a arrogância no tratamento dado pelos soviéticos às autoridades norte-americanas. O General Deane escreveu a Washington sobre o Lend-Lease:

> Até nossas doações são vistas com desconfiança [...]. Os EUA são vistos como comerciante esperto a ser admirado ou tolo a ser desprezado [...]. Ainda preciso ver uma residência russa por dentro. As autoridades não se arriscam a ser muito amigáveis conosco, e outros são perseguidos por esse crime.[16]

---

15 U.S. News & World Report, 1º de abril de 1955, p. 41, em um artigo intitulado: "U.S. Was Warned of Soviet Double Cross".

16 Ibid., p. 40.

No mês de abril seguinte, o Primeiro-Ministro da Inglaterra estava ficando farto do quadro das relações com a Rússia. Apelou ao presidente Roosevelt:

> Considero de máxima importância manter uma posição firme e franca neste caso pelos nossos dois países, de maneira a limpar o ambiente e fazer com que eles [os russos] percebam que há um limite além do qual não toleraremos insultos.[17]

Há alguma evidência de que o presidente dos Estados Unidos também estava começando a despertar para as realidades da situação, mas, uma semana após esta mensagem ser escrita, o Presidente Roosevelt faleceu. A tarefa monumental de terminar a guerra e construir a ONU caiu nas mãos daqueles que ainda insistiam que os russos estavam sendo mal interpretados e que era perfeitamente possível realizar uma parceria de sucesso.

Em 25 de abril de 1945, 1.400 representantes de 46 países reuniram-se em San Francisco e, após deliberação, assinaram a Carta das Nações Unidas.

Qualquer pessoa familiarizada à Constituição Comunista da Rússia reconhecerá na Carta das Nações Unidas um formato similar. Caracteriza-se por uma declaração fervorosa de princípios democráticos, sãos e desejáveis, seguida por uma restrição constitucional ou limitação processual que anula completamente os princípios recém anunciados. Por exemplo, a Constituição Russa prevê sufrágio universal e eleição por voto secreto. Em seguida, no artigo 126, prevê um único partido político (o Partido Comunista), que irá fornecer aos eleitores uma lista única de candidatos. Isto, é claro, torna completamente sem sentido todas as frases grandiloqüentes que tratam de sufrágio universal e voto secreto. A liberdade de imprensa é igualmente garantida e depois dizimada pela disposição de que todos os escritos devem ser "do interesse dos trabalhadores".

Precisamente nesta mesma forma a Carta das Nações Unidas prevê "igualdade soberana de todos os seus membros" (artigo 1º)

---

17 *U.S. News & World Report*, 10 de dezembro de 1954, p. 29, em um artigo intitulado: "Six Weeks That Shaped History".

e, em seguida, estabelece um Conselho de Segurança que é dominado por cinco membros permanentes (Grã-Bretanha, Rússia, China, França e Estados Unidos) que podem, qualquer um deles, anular os desejos expressos de todos os outros países membros, pelo simples mecanismo de exercer seu poder de veto.

A Carta dá a cada país membro um voto na Assembléia Geral. Parece democrático, mas, em seguida, prevê que a Assembléia Geral nada pode fazer além de apresentar recomendações e deve encaminhar todas as suas sugestões ao Conselho de Segurança, para que este decida o que fazer (artigos 11–14)! Assim, o Conselho de Segurança é o verdadeiro órgão vinculativo da ONU. Para tornar esse fato absolutamente cristalino, a Carta prevê, em seu artigo 24, que qualquer nação que se junte à ONU deve "concordar em aceitar e executar as decisões do Conselho de Segurança".

Isto significa que, apesar da ousada declaração de que a ONU é "baseada no respeito pelo princípio da igualdade de direitos e da autodeterminação dos povos", o fato é que os membros estão todos comprometidos a obedecer às vontades do punhado de nações que constituem o Conselho de Segurança. Como os próximos dez anos demonstrariam dramaticamente, todos os membros da ONU — especialmente os países menores — estavam sujeitos à chave mata-leão que a URSS havia criado para si própria ao garantir participação no Conselho de Segurança e dominar o órgão pelo uso freqüente do poder de veto.

A Carta prevê ainda que a adesão à ONU deve ser restrita aos Estados "amantes da paz" (artigo 4º). Esse ponto foi exaustivamente discutido em San Francisco, e o secretário John Foster Dulles destacou que a ONU havia sido concebida para ser uma organização coletiva de algumas nações amigas cujo intuito era preservar a paz, e não o conjunto de todas as nações do mundo. Em outras palavras, a ONU foi construída sob a premissa de que seus membros só incluem aquelas nações que apresentassem um histórico que as comprovassem como "amantes da paz". Oito anos após a adoção da Carta da ONU, o secretário Dulles explicou à Associação dos Advogados Americanos por que a ONU não conseguiu preservar a paz:

"Agora vemos a inadequação de uma organização cujo funcionamento eficaz depende da cooperação de um país que é dominado por um partido internacional que busca o domínio global".[18]

Como algumas autoridades desde então apontaram, a ONU previa uma comissão de polícia mundial e, em seguida, fez do principal gângster internacional um membro dessa comissão. Era como criar um corpo de bombeiros para apagar o incêndio da guerra e, em seguida, pôr o mais famigerado piromaníaco da comunidade na equipe. Do ponto de vista das nações menores, era como prometer um bom pastor para proteger os países pequenos e frágeis e depois nomear o lobo e todos os seus filhotes para proteger o rebanho.

Tudo isso se tornou evidente durante a "década da desilusão", que veio imediatamente depois. Em 1945, no entanto, um mundo livre, cheio de esperança e cansado da guerra considerou que a Organização das NaçõesUnidas era mesmo tudo o que havido sido concebida para ser — uma organização para a segurança coletiva, projetada como bastião contra nações agressoras.

Atitudes comunistas no fim da Segunda Guerra Mundial

Uma indicação clara daquilo que os Estados Unidos poderiam esperar do comunismo no pós-guerra veio em 24 de maio de 1945, quando o líder comunista francês Jacques Duclos escreveu uma carta em nome de seus superiores russos exigindo que os comunistas nos Estados Unidos abandonassem imediatamente sua política de colaboração amigável com o capitalismo e voltassem à missão histórica da revolução mundial. Em 1940 o Partido Comunista dos EUA se havia retirado formalmente da Terceira Internacional para evitar ter de se registrar como um agente estrangeiro sob a Lei Voorhis. Mais tarde, o Partido Comunista dos EUA foi dissolvido, numa tentativa de anexar seus associados a um dos grandes partidos políticos dos Estados Unidos. Para estes efeitos, eles tomaram o nome de Associação Política Comunista.

---

18 The U.N. Today, H.W. Wilson Company, New York, 1954, p. 198.

Todo esse vai e vem estava em completa harmonia com a política soviética até 1945. Após a Segunda Guerra Mundial, a política anunciada voltou ao marxismo tradicional. Para justificar a mudança completa na política, Earl Browder, o líder comunista americano, foi acusado de ser pessoalmente responsável pelos "erros" da política anterior e expulso do partido.

A liderança do partido foi imediatamente assumida por William Z. Foster. Foster, recordemo-nos, havia escrito um livro incendiário em 1932, *Toward Soviet America* ("Para os Estados Unidos Soviéticos"). Pouco antes da Segunda Guerra Mundial, testemunhou perante um comitê do Congresso:

> Quando um comunista liderar o governo dos Estados Unidos, algo que um dia virá tão certo quanto o nascer do sol, esse governo não será um governo capitalista, mas um governo soviético, e por trás desse governo estará o Exército Vermelho, para fazer cumprir a ditadura do proletariado.[19]

Já não é mais difícil entender por que Moscou queria homens como Foster à frente de seus partidos comunistas em todo o mundo. Sabemos agora que os líderes russos encararam a conclusão da maior guerra do mundo com a convicção de que a Terceira Guerra Mundial estaria no horizonte. Em seus círculos secretos, tinham a esperança de que essa próxima guerra poderia ser a luta final do comunismo contra o capitalismo.

Igor Gouzenko afirma que, após o armistício, ele e os demais funcionários da embaixada russa em Ottawa, Canadá, foram advertidos contra atitudes de complacência. O Coronel Zabotin reuniu os funcionários e, em seguida, referiu-se às democracias do mundo livre da seguinte maneira: "Ontem eles eram nossos aliados, hoje são nossos vizinhos e amanhã serão nossos inimigos!".[20]

Também podemos obter uma visão notável da mente comunista durante este período a partir de um discurso proferido a um

---

19 V. o relatório do Comitê Especial sobre Atividades Não-Americanas, 3 de janeiro de 1939, pp. 18–21.

20 Relatório da Comissão Real do Canadá, p. 655.

círculo restrito de líderes comunistas pelo Marechal Tito, líder do partido na Iugoslávia:

> A segunda guerra capitalista, em que a Rússia foi atacada por seu inimigo fascista mais perigoso e mais forte, terminou em uma vitória decisiva para a União Soviética. Mas essa vitória não significa que o marxismo tenha obtido uma vitória final sobre o capitalismo [...]. Nossa colaboração com o capitalismo durante a guerra que terminou recentemente de modo algum significa que manteremos essa aliança no futuro. Pelo contrário, as forças capitalistas constituem nosso inimigo natural, a despeito de sua ajuda para derrotar seu representante mais perigoso. Talvez decidamos mais uma vez fazer uso de sua ajuda, mas sempre com o objetivo único de acelerar a sua ruína final [...].
>
> A bomba atômica é um novo fator que as forças capitalistas querem usar para destruir a União Soviética e as perspectivas vitoriosas da classe trabalhadora. É a única esperança que lhes resta [...]. Nossos objetivos não foram alcançados como desejado, pois a construção da bomba atômica foi acelerada e aperfeiçoada já em 1945. Mas não estamos muito longe da realização de nossos objetivos. Temos de ganhar um pouco mais de tempo para a reorganização de nossas fileiras e o aperfeiçoamento de nossos preparativos em matéria de armas e munições.
>
> Nossa política atual deve, portanto, seguir uma linha moderada, a fim de ganhar tempo para a recuperação econômica e industrial da União Soviética e dos outros Estados sob nosso controle. Então o momento virá quando poderemos nos lançar na batalha para a aniquilação final da reação.[21]

Essas eram as reflexões dos líderes comunistas quando saíram da Segunda Guerra Mundial como segunda maior potência política do mundo. Acreditavam que o comunismo teria possibilidades sem precedentes quando o "admirável mundo novo" entrasse no período pós-guerra.

---

21 Relatório da Continental News Service, 8 de novembro de 1946, e citado em *The Communist Threat to Canada*, Ottawa, 1947, pp. 10–11.

CAPÍTULO 9

OS ATAQUES COMUNISTAS AO MUNDO LIVRE DURANTE O PÓS-GUERRA

O PLANO DE STÁLIN PARA EXPANSÃO DO COMUNISMO após a guerra envolveu três técnicas: a criação de governos fantoches pró-comunistas em território ocupado, a conquista militar de novos territórios por exércitos dos países-satélites e o aumento na infiltração em países livres por organizações de espionagem e propaganda soviéticas.

Neste capítulo, tentaremos explicar o sucesso fenomenal desses três programas. Nossa explicação deve fornecer as respostas a estas perguntas:

Os líderes aliados começaram a suspeitar de uma traição russa ao final da Segunda Guerra Mundial? Por que Harry Hopkins fez uma viagem especial a Moscou poucos meses antes de morrer?

Como o mundo livre perdeu 100 milhões de pessoas para a Cortina de Ferro como resultado da estratégia soviética?

Como o mundo livre perdeu mais 450 milhões de pessoas pela conquista da China? Que o Relatório Wedemeyer revelou?

Você acha que o ataque à Coréia do Sul pode ter sido encorajado por erros diplomáticos? Que significado você dá à declaração surpreendente de Owen Lattimore, feita em 1949: "Temos de permitir que a Coréia do Sul caia, mas sem deixar parecer que foi empurrada por nós"?

Qual foi o momento decisivo na Guerra da Coréia que deu forças à ONU para sua primeira vantagem militar?

Após o cessar-fogo coreano em 1953, que disse o secretário de Estado dos EUA para indicar que os EUA estavam abandonando a política de apaziguamento que seguiam havia vinte anos?

Qual foi o papel do FBI na "Batalha do Subterrâneo?".

Por que os EUA não fizeram mais para evitar a perda da Indochina Francesa?

Na disputa de Formosa, por que os chineses vermelhos chamaram os EUA de tigre de papel?

O que Dimitry Z. Manuilsky disse sobre a estratégia de "coexistência pacífica"?

A decadência nas relações entre EUA e URSS no final da Segunda Guerra Mundial

A evidência da subversão e da agressão comunistas tornou-se tão clara próximo ao fim da Segunda Guerra Mundial que mesmo alguns dos que haviam apostado suas carreiras profissionais na amizade dos líderes soviéticos começaram a sentir-se alarmados. Esse grupo incluía Harry Hopkins. Dentro de um mês após a morte do Presidente Roosevelt, Hopkins ficou tão preocupado com os avanços que rapidamente procurou ver Stálin pessoalmente. Na época, Hopkins estava gravemente doente, restando-lhe pouco tempo de vida, mas fez o esforço dessa peregrinação final a Moscou para tentar salvar alguns dos destroços daquilo que deveria ter sido um plano mestre para a paz no pós-guerra.

Quando chegou em Moscou, no entanto, Hopkins foi confrontado por um Stálin brusco e irritado. Devemos ao ex-Secretário de Estado James F. Byrnes a história do que aconteceu.[1] Stálin fez um ataque verbal incrivelmente raivoso ao modo como Hopkins havia conduzido o programa de Lend-Lease que patrocinara a Rússia.

O choque desse ataque pode ser melhor entendido se lembrarmos que Hopkins se considerava o melhor amigo dos soviéticos

---

1 James F. Byrnes, *Speaking Frankly*, Harpers, New York, 1947.

nos EUA. Ele e seus companheiros tinham gasto bilhões de dólares e arriscado uma guerra nuclear para tentar criar uma parceria russo-americana pela paz. Provavelmente, Hopkins não teria ficado mais assustado com o tratamento recebido se Stálin lhe desse um tapa na cara.

Em resposta, Hopkins apontou com vigor "com quanta liberalidade os Estados Unidos [por seu intermédio] haviam interpretado a lei ao enviar alimentos e outros itens não-militares para a URSS". Stálin admitiu tudo isso, mas quase riscou tudo fora, dizendo que os soviéticos ainda assim não conseguiam perdoar os Estados Unidos por terminarem o Lend-Lease depois do dia da vitória na Europa.

Naquela hora, parecia que nada pacificaria Stálin, salvo uma nova rodada de Lend-Lease demonstrando a generosidade americana; exceto por isso, Stálin aparentemente não conseguia pensar em nenhuma razão particular para sequer continuar fingindo que queria prolongar a amizade com os Estados Unidos; inclusive ameaçou boicotar a Conferência das Nações Unidas que logo seria realizada em San Francisco.

Por razões que agora parecem bastante incongruentes, Hopkins continuou a argumentar para que Stálin permanecesse na equipe e reiterou as muitas concessões as quais ele estava certo de que os comunistas poderiam receber ao participar da Organização das Nações Unidas. Como uma criança amuada e birrenta, Stálin assumiu um ar de relutância estudada, mas foi cedendo aos poucos. Queria que Hopkins soubesse que, ao concordar em participar da Conferência das Nações Unidas em San Francisco, estava fazendo aos Estados Unidos um tremendo favor.

Finalmente, Hopkins voltou para casa. Na época de sua morte, em janeiro de 1946, já havia ampla evidência de que as nações amantes da paz estavam atravessando um período violento e tempestuoso resultante da estratégia para incluir os soviéticos como parceiros de pleno direito do mundo livre.

O mundo livre perde 100 milhões de habitantes

É óbvio que um dos objetivos principais da Segunda Guerra Mundial era libertar todos os países ocupados pelas potências do Eixo. A Rússia estava bem consciente de que, para expandir sua influência às nações libertadas — particularmente as que beiravam a URSS —, teria que agir de modo a criar a ilusão de que estas nações se haviam tornado comunistas através de sua própria autodeterminação política. Tornou-se política soviética consolidada assumir um interesse secreto, mas muito ativo nos assuntos desses países — para torná-los satélites "voluntários" através de infiltração e subversão.

Em alguns países, este plano trouxe resultados imediatos. Por exemplo, ele tornou Iugoslávia e Albânia satélites quase que da noite para o dia, porque os comunistas haviam capturado a liderança dos movimentos de resistência antifascistas e antinazistas durante a guerra e, assim que esses países foram libertados, exigiram o direito de estabelecer novos governos. Mais tarde, Stálin tentou expurgar o regime de Tito, mas descobriu que este não aceitava o expurgo. Tito tirou temporariamente a Iugoslávia da órbita russa, mas manteve-se abertamente dedicado ao marxismo, apesar da generosa ajuda econômica recebida dos EUA.

A Rússia também encontrou condições altamente favoráveis para suas maquinações nos países da Europa Oriental. Como resultado das campanhas militares realizadas por tropas soviéticas durante a fase final da Segunda Guerra Mundial, as forças vermelhas ocuparam toda a Polônia, a Romênia, a Bulgária, a Hungria, a Tchecoslováquia e a maior parte do que é hoje a Alemanha Oriental.

A estratégia soviética para a conquista "pacífica" desses países antes de retirar as tropas vermelhas era incentivar a criação de governos de coalizão incluindo apenas partidos de esquerda. Essa política dava a impressão de que essas nações tinham alguma aparência de governo representativo. O passo seguinte foi realizar manobras para que houvesse comunistas em todas as posições-chave dos governos. O terceiro e último passo era forçar todas as partes a se juntar em um "bloco monolítico" com os líderes comunistas, assumindo poder ditatorial completo.

Através dessa manobra cuidadosamente executada, todos esses países estavam completamente subjugados em 1949. A Cortina de Ferro comunista caiu com estrondo sobre todas as fronteiras ocidentais, e o mundo livre viu-se completamente desligado de qualquer contato com esses antigos aliados que representavam cerca de 100 milhões de habitantes.

O mundo livre perde a China com seus 450 milhões de habitantes

Nessa mesma época, as potências do mundo livre tiveram uma das mais amargas lições entre todas aquelas aprendidas em seu relacionamento com o comunismo mundial — a perda da China.

Após lutar contra os militaristas japoneses por quatorze anos, a China viu o final da Segunda Guerra Mundial com grandes esperanças. A guerra havia sido travada sob uma ditadura chefiada por Chiang Kai-Shek, mas seu governo nacionalista prometera uma constituição democrática assim que a unidade nacional o permitisse. Com o fim da guerra, Chiang Kai-Shek ordenou a restauração dos direitos civis e inaugurou a liberdade de imprensa.

Os líderes chineses sabiam que a maior ameaça à paz era o pequeno, mas bem treinado exército de comunistas chineses no noroeste do país; no entanto, foram em frente com seus planos para uma constituição que permitiria que os comunistas tivessem representação plena, embora com a obrigação de desmobilizar suas forças armadas. Havia a confiança de que um governo representativo pudesse ser organizado para todas as partes da China caso se eliminasse a insurreição armada. Na verdade, Chiang Kai-Shek havia convidado o líder comunista Mao Tse-Tung para ir à capital e ver se eles conseguiam chegar a uma solução pacífica de suas diferenças.

Mao foi. Ele prometeu cooperar na criação de uma democracia, mas Chiang Kai-Shek e seus assessores não ficaram de todo impressionados com sua exibição superficial de sinceridade. Chiang depois prometeu a seus colegas apreensivos que nunca abandonaria seus poderes ditatoriais enquanto não ficasse completamente satisfeito com a segurança do governo nas mãos de uma maioria substancial dos habitantes — não apenas de alguns militantes barulhentos.

Efeito do Tratado de Yalta na China do pós-guerra

Um dos primeiros golpes nas esperanças da China para a paz no pós-guerra veio quando se soube que, em fevereiro de 1945, os líderes diplomáticos britânicos e americanos em Yalta haviam concordado em dar à Rússia extensos direitos de propriedade na Manchúria caso os soviéticos se juntassem a eles na guerra contra o Japão. Chiang Kai-Shek indignou-se com esse arranjo unilateral (a China nunca foi consultada) e nunca deixou de culpar esse erro inicial por muito do desastre subseqüente.

O Tratado de Yalta permitiu à Rússia entrar correndo na Manchúria (e Coréia do Norte) apenas seis dias antes da capitulação japonesa. Depois de uma ocupação russa tipicamente brutal, as tropas soviéticas fixaram suas garras comunistas neste território que os japoneses haviam industrializado extensivamente e que era uma das mais ricas regiões agrícolas em toda a China. Na verdade, era a Manchúria que os nacionalistas estavam esperando utilizar como base para trabalhar no reforço da desgastada economia chinesa.

No entanto, após a tomada da Manchúria, Stálin súbita e inesperadamente concordou em retirar suas tropas e reconhecer o governo nacionalista da China como soberano legal desse território, desde que a China reconhecesse os direitos de propriedade da Rússia na Manchúria que Stálin exigira em Yalta. Esses direitos consistiam em metade da titularidade nas ferrovias da Manchúria e o direito de arrendar Port Arthur como base naval russa. Sob forte pressão dos Estados Unidos e da Grã-Bretanha, a China assinou esse tratado com a Rússia em 14 de agosto de 1945.

Quase imediatamente, Chiang Kai-Shek percebeu haver cometido um grave erro. O tratado não era nada mais nada menos que uma ferramenta da estratégia russa que dava redação legal aos erros cometidos em Yalta. Como Chiang Kai-Shek temia, os russos operavam as estradas de ferro da Manchúria como se fossem deles. Não só criaram a base naval de Port Arthur como proibiram arrogantemente os chineses de usar seu próprio porto de Dairen. Em vez de evacuar a Manchúria, os soviéticos começaram a pilhar toda a indústria de base da região e enviar tudo à Rússia como "despojos de guerra". Isso representou um golpe impressionante para a futura recuperação econômica da China.

Mas ainda mais importante do que isso foi a estratégia de atrasar a retirada de suas tropas por vários pretextos até que os comunistas chineses pudessem chegar do noroeste e ocupar a Manchúria. Com a chegada dos comunistas, os russos entregaram a eles as vastas quantidades de munição e material de guerra que haviam apreendido dos japoneses.

Assim, quando os nacionalistas chegaram para tomar posse da Manchúria, ficaram indignados ao descobrir que os comunistas chineses já se haviam apossado de tudo. Logo veio a guerra civil como conseqüência inevitável.

Chiang Kai-Shek tenta criar uma democracia na China

Tudo isso estava acontecendo bem no momento em que os nacionalistas tentavam preparar a China para uma forma de governo constitucional. Por sua própria iniciativa, Chiang havia estabelecido a data de 5 de maio de 1946 para a primeira reunião da Assembléia Nacional da China, da qual todas as partes participariam. Mas, é claro, todo esse programa para unificar e democratizar a China foi seriamente comprometido pela eclosão da guerra na Manchúria. Neste ponto, os diplomatas dos EUA decidiram agir.

Eles haviam planejado a Organização das Nações Unidas para preservar a paz mundial e insistiram desde o início que os líderes vermelhos eram potencialmente pacíficos e não apresentavam ambições territoriais. Supondo que isso fosse verdade, eles denunciaram Chiang por resistir aos vermelhos chineses. Acusaram o líder chinês de criar novas tensões mundiais. O General George C. Marshall foi, portanto, enviado de volta à China para acabar com a guerra civil.

O General Marshall chegou em janeiro de 1946. O que aconteceu depois disso é uma longa série de incidentes, cada um demonstrando tragicamente o erro de tentar incorporar as idéias dos revolucionários mundiais à estrutura de governo representativo.

Os comunistas exigiram um governo de coalizão, mas insistiram em manter seu próprio exército particular. Queriam uma voz no governo de toda a China, mas não permitiam que o governo central tivesse uma voz nos assuntos de áreas chinesas ocupadas pelos comunistas. Concordaram com um cessar-fogo e, em seguida, lançaram ataques agressivos tão logo o julgaram vantajoso. Concordaram em ajudar a estabelecer um Conselho de Estado representando todas as partes e, em seguida, informaram no último momento que não participariam.

Quando a data da primeira Assembléia Nacional foi adiada para que os comunistas pudessem participar, estes usaram isso como desculpa para acusar Chiang Kai-Shek de redefinir a data sem a devida autorização. Depois de um segundo adiamento, com os comunistas ainda se recusando a participar, a Assembléia Nacional foi finalmente convocada em 15 de novembro de 1946, e uma constituição democrática foi aprovada e adotada no dia de Natal. Mas os comunistas não queriam fazer parte de nada disso.

Chiang Kai-Shek convenceu-se completamente de que os comunistas nunca negociariam uma solução pacífica, e estavam dispostos a dominar a China toda pela conquista militar. Também acreditava que os comunistas nunca poderiam representar os interesses chineses, porque suas políticas haviam sido criadas e impostas a eles por Moscou.

Era a hora de demonstrar que essa análise estava correta, mas os estrategistas diplomáticos americanos foram os últimos a se convencer — só o fizeram após o continente chinês ter sido perdido. Além disso, Chiang não conseguiu convencer o corpo diplomático dos EUA de que tinha razão para revidar os ataques comunistas. Quando tentou recuperar o território recentemente tomado pelos comunistas, suas ações foram descritas em Washington como "agressão indesculpável".

Um desastre derruba um velho aliado dos EUA

Finalmente, no verão de 1946, quando os comunistas já haviam violado repetidamente o acordo de trégua, os nacionalistas decidiram contra-atacar vigorosamente e penetrar profundamente na Manchúria. Os diplomatas desesperados ordenaram que Chiang parasse, mas ele se recusou. Disse que outra trégua só daria tempo aos comunistas para se reagruparem e voltarem ainda mais fortes do que antes. Também disse que era sua intenção continuar a campanha para desarmar os comunistas à força e reduzi-los à condição de civis, para que a China pudesse continuar com o seu programa de governo constitucional, sem o medo constante de insurreição.

Esta linha de raciocínio não agradou o Departamento de Estado. Três vezes Chiang recebeu ordem para proclamar um cessar-fogo incondicional. Para ter certeza de que Chiang cumpriria a ordem, os EUA opuseram embargo a todo auxílio à China. Só depois que os Estados Unidos abruptamente cessaram sua ajuda é que Chiang, ainda relutante, concordou com o cessar-fogo. O General Marshall afirmou: "Como chefe do estado-maior, armei 39 divisões anticomunistas [na China]; agora, com uma canetada, desarmei-as todas".

Foi um grande benefício para os comunistas. Enquanto os nacionalistas estavam sendo contidos pela pressão diplomática americana, os comunistas reagruparam-se e prepararam uma vasta campanha, que foi fatal para a China. É estranho que, mesmo depois de Chiang se ter curvado contra seu melhor juízo e declarado o cessar-fogo, o embargo americano não tenha sido levantado. As forças nacionalistas ficaram de braços cruzados, a consumir muitos de seus suprimentos, que temiam nunca mais receberem reposição. Depois, quando a maré vermelha havia começado a afogar Chiang, o Congresso acabou por forçar a aprovação de uma lei de "auxílio à China", mas sua entrega não foi processada a tempo de ser de qualquer ajuda significativa.

De 1947 em diante, a moral do exército nacionalista se desintegrou. Parecia claro aos líderes militares chineses que eles haviam sido vítimas de agressão comunista por um lado e da total falta de visão dos diplomatas americanos e britânicos por outro.

Depois que Chiang declarou cessar-fogo incondicional, o General Marshall apelou aos líderes comunistas para reabrirem as negociações de um acordo. Os comunistas responderam, mas falaram como se fossem vencedores e fizeram exigências que até mesmo o General Marshall rotulou como completamente irracionais. Queriam todas as áreas ricas da Manchúria de onde haviam acabado de ser expulsos e a dissolução da Assembléia Nacional, além de exigir um lugar predominante no governo de coalizão proposto.

Era óbvio que qualquer esperança de acordo sob tais circunstâncias era impossível. O General Marshall aceitou esse posicionamento como uma declaração de que os comunistas não estavam mais interessados em mediação e, por isso, pediu ao Presidente Truman para ser chamado de volta aos Estados Unidos, dando por encerrada sua missão. Voltou aos Estados Unidos em janeiro de 1947 e imediatamente foi nomeado secretário de Estado.

O Relatório Wedemeyer

Muitos líderes do governo dos Estados Unidos estavam totalmente insatisfeitos com a forma como a guerra civil chinesa havia sido tratada. Por isso, no verão de 1947 o General Albert C. Wedemeyer foi enviado à Ásia sob ordens presidenciais de descobrir o que estava errado na China. Após seu retorno, ele apresentou um relatório extremamente crítico de toda a solução para a paz seguida pelo General Marshall e pelo corpo diplomático. Indicou que não só os interesses da China livre haviam sido violados, mas também que os próprios interesses dos Estados Unidos e de todos os seus aliados foram subordinados aos caprichos dos comunistas. Recomendou a concessão de ajuda volumosa e imediata ao governo nacionalista e previu que a situação ainda poderia ser salva se a ajuda fosse fornecida a tempo.

Lamentavelmente, o relatório caiu nas mãos das próprias pessoas a quem o General Wedemeyer havia criticado. Assim, permaneceu enterrado nos arquivos por quase dois anos e só foi trazido a lume muito tempo depois, quando já era tarde demais para as medidas recomendadas.

Enquanto isso, as forças do colapso moviam-se rapidamente em direção a seu clímax inexorável. Durante o ano de 1947 e o início de 1948, os exércitos de Chiang Kai-Shek mantiveram-se muito bem, mas, na última parte de 1948, a falta de suprimentos e a desintegração interna da economia chinesa surtiram seus efeitos. A queda das forças nacionalistas não foi gradual — foi repentina e completa. Milhares abandonaram suas posições e correram para o sul tumultuadamente, e outros milhares depuseram armas e se renderam aos comunistas chineses.

Em setembro de 1949, os líderes comunistas já estavam celebrando descontroladamente sua vitória enquanto estabeleciam a República Popular da China. Logo depois, Chiang reconheceu que havia sido temporariamente derrotado e abandonou o continente, fugindo para Formosa com o que restava de seu exército.

O White Paper de 1949 do Departamento de Estado

A queda da China livre produziu uma onda de ardente indignação em todos os Estados Unidos. Tanto líderes políticos como cidadãos leigos sentiram que, de alguma forma, um velho aliado havia sido destruído ou traído. Na época, poucos americanos estavam realmente conscientes do que estava envolvido na debacle chinesa, mas sabiam que os interesses de Chiang Kai-Shek e dos EUA haviam sofrido uma derrota catastrófica. Houve uma reclamação generalizada pelos fatos.

Aqueles que haviam engendrado a fatal política chinesa prepararam rapidamente um relatório projetado para justificar seu tratamento aos interesses americanos no Extremo Oriente. Esse relatório foi chamado de Relações dos Estados Unidos com a China e publicado como *Livro branco*, em 1949. Muitos julgaram altamente persuasivos os argumentos apresentados no documento, mas nem todos; na verdade, a perda da China fez despertar os que haviam estado com o General Marshall e confiado nos comunistas até praticamente o último momento.

Um deles foi o embaixador americano na China durante esse período crítico, o Dr. John Leighton Stuart.[2] Como ex-missionário na China e presidente da Universidade Yenching; não podia deixar de avaliar a queda da China como grande desastre humano. Criticou a si mesmo por ter parte nos acontecimentos e censurou seus colegas por tentarem encobrir seus erros no *Livro branco*.

O Dr. Stuart declarou com franqueza que:

> Nós, americanos [que estávamos efetivando a política na China], vimos o lado bom dos comunistas chineses, mas não tivemos o cuidado de notar a intolerância, o fanatismo, a falsidade, o desrespeito pela vida humana e outros males que parecem ser inerentes a qualquer sistema totalitário. Conservamos os significados comunistas em adjetivos como progressista, democrático, liberal, bem como burguês, reacionário e imperialista, como eles desejaram que fizéssemos. Não conseguimos perceber plenamente os resultados alcançados até agora nem as potencialidades da democracia chinesa. Portanto, não podemos escapar de parte da responsabilidade pela grande catástrofe — não só para a China, mas também para a América e para o mundo livre — da perda da China continental.

---

2 Para um trabalho completo deste funcionário que viu a queda da China, v. *Fifty Years In China*, Random House, Nova York, 1955.

Sobre o *Livro branco*, disse:

> Eu era, na verdade, apenas uma entre muitas pessoas que ficaram perplexas e cheias de apreensão com o que encontraram neste livro extraordinário [...] Fica claro que seu objetivo não era produzir uma "história para historiadores", mas sim selecionar materiais que haviam sido usados para estabelecer a política que estava em uso no momento. O que se omitiu foram os materiais rejeitados no estabelecimento da política, materiais que não haviam servido como base para o trabalho.

Essa era a reclamação do General Wedemeyer. Os estrategistas diplomáticos não estavam dispostos a reconhecer a realidade da situação nem de modificar sua avaliação dos líderes comunistas, mesmo com todas as evidências de duplicidade que se encontravam em todo lugar.

Um acontecimento surpreendente

Em 1949, havia poucas desculpas para que algum americano alerta continuasse a ser enganado pela estratégia comunista. Dúzias de espiões comunistas americanos haviam sido expostos, os principais comunistas americanos haviam sido presos pelo FBI e condenados por conspirar para derrubar o governo dos Estados Unidos por meios violentos. Whittaker Chambers, Elizabeth Bentley e mais um enxame de agentes ex-comunistas haviam aberto seus corações e os Aliados ocidentais haviam gastado milhões em auxílio estrangeiro para impedir que a Rússia consumisse toda a Europa da mesma maneira como se apossara da China. A despeito de tudo isso, o Departamento de Estado patrocinou em 1949 um encontro que praticamente desafia qualquer explicação.

O propósito anunciado para o encontro foi o de decidir aquilo que os "especialistas" acreditavam que deveria ser feito no Extremo Oriente. A reunião foi presidida por Philip Jessup, do Departamento de Estado, e os participantes incluíam não só funcionários do Departamento de Estado, mas também convidados interessados na Ásia. O Dr. John Leighton Stuart estava presente e, depois, expressou sua profunda apreensão sobre o viés de toda a discussão. Harold Stassen também estava lá e testemunhou que a maioria dos presentes era a favor das seguintes políticas:

> 1. O auxílio à Europa deveria ser priorizado, em detrimento do auxílio à Ásia.
>
> 2. O auxílio à Ásia deveria começar somente depois de um "estudo longo e cuidadoso".
>
> 3. Os comunistas russos não deveriam ser considerados "tão agressivos quanto Hitler" nem "tão inclinados a tomar medidas militares para expandir seu império".
>
> 4. A China comunista deveria ser reconhecida pelos EUA.
>
> 5. A Grã-Bretanha e a Índia deveriam ser estimuladas a acompanhar os EUA no reconhecimento dos comunistas chineses.
>
> 6. Deveríamos permitir que comunistas chineses tomassem Formosa.
>
> 7. Se os comunistas insistissem, também deveríamos permitir que tomassem Hong Kong dos britânicos.
>
> 8. Nehru não deveria receber auxílio em razão de suas "tendências reacionárias e arbitrárias".
>
> 9. O bloqueio nacionalista da China deveria ser rompido, e a área comunista continental deveria receber ajuda econômica.
>
> 10. Não se deveria enviar ajuda a Chiang nem aos guerrilheiros anticomunistas na China Meridional.

Entre os participantes da conferência, dois homens lideraram a promoção dessas políticas: Owen Lattimore e Lawrence Rosinger. Ambos acabaram por ser identificados por Louis Budenz (ex-editor do *Daily Worker*, em depoimento sob juramento) como membros do Partido Comunista.[3]

Mesmo que não houvesse essa identificação, a verdade gritante era que todos os participantes da conferência deveriam saber que essa lista de políticas era uma cópia a carbono da "linha do partido" prevalecente, que viera de Moscou. Durante meses, essas

---

3 V. Relatório ao Senado do Comitê McCarren, p. 1049, e também o Relatório das Audiências sobre a Nomeação de Philip Jessup, pp. 714–721. Para o depoimento de Budenz, v. o Relatório do Comitê McCarren ao Senado, p. 148.

mesmas políticas foram marteladas em todas as edições da imprensa comunista. Era uma expressão singular do julgamento e do discernimento profissionais desses funcionários que se haviam alinhado a essas recomendações fantásticas — particularmente à luz das políticas de provocação inflamante que a Rússia estava usando exatamente nesse momento para ameaçar as nações em todas as regiões do mundo.

Três meses passados após essa conferência, o novo Secretário de Estado Dean Acheson anunciou diversas políticas que prenunciavam a perda de Formosa e a liquidação dos nacionalistas chineses pelos comunistas. Em primeiro lugar, anulou a recomendação do estado-maior das Forças Armadas (de dar forte ajuda militar a Chiang) anunciando, em 12 de janeiro de 1950, que os itens 6 e 10 acima eram a política oficial americana. Também declarou que o perímetro de defesa dos EUA no Pacífico não incluía nem Formosa nem a Coréia do Sul. Disse que, se houvesse um ataque fora do perímetro de defesa dos EUA, "a primeira linha de resistência deveria ficar em mãos do povo atacado". Em seguida, sugeriu que apelassem à ONU.

Não passava de uma declaração brutal de que os diplomatas americanos estavam abandonando Formosa e a Coréia. Esse anúncio foi um choque para muitos estudiosos do Extremo Oriente, não só por se tratar de uma política que violava os interesses dos EUA, mas também porque praticamente convidava os comunistas a atacarem esses aliados do mundo livre, dando o aviso de que essas áreas podiam ser invadidas sem interferência dos Estados Unidos.

Demorou apenas seis meses para os comunistas selecionarem e prepararem seu ponto de ataque. Escolheram o território praticamente indefeso da Coréia do Sul como seu primeiro cenário de guerra.

O ataque comunista à Coréia do Sul

Lembremo-nos de que o Tratado de Yalta permitiu à Rússia tomar a Coréia do Norte ao mesmo tempo em que os soviéticos ocupavam a Manchúria. Como em outros lugares, os russos retiraram suas tropas somente quando um firme governo títere comunista se formou. No que tange à Coréia do Sul, as forças americanas ocuparam o território até o paralelo 38.

Durante 1949, a ONU ordenou que tanto a Rússia como os Estados Unidos retirassem suas tropas. Os russos deixaram um poderoso Exército Vermelho na Coréia do Norte, com 187 mil soldados bem treinados e bem equipados, 173 tanques, grandes quantidades de artilharia e 200 aviões. Por outro lado, a Coréia do Sul era uma república nova, com um exército de 96 mil soldados mal equipados, praticamente sem tanques, armas anti-tanque, artilharia pesada ou aviões de caça. Isso significa que, nos fins de 1949, a Coréia do Sul era ainda mais vulnerável do que Formosa. E os diplomatas de Washington haviam garantido que tanto Formosa como a Coréia não poderiam esperar auxílio militar dos Estados Unidos. Como porta-voz do contingente diplomático da esquerda, Owen Lattimore explicou a situação: "Temos de permitir que a Coréia do Sul caia, mas sem deixar parecer que foi empurrada por nós".[4]

Nas primeiras horas do alvorecer do domingo, 25 de junho de 1950, oito divisões do Exército Vermelho da Coréia do Norte atravessaram o paralelo 38 e mergulharam ao sul, em direção à cidade de Seul. O Presidente Syngman Rhee fez telefonemas desesperados ao Conselho de Segurança da ONU, ao Presidente Truman, em Washington, e ao General Douglas MacArthur, no Japão. Todos os três responderam. O Conselho de Segurança condenou a Coréia do Norte por violação da paz e ordenou que suas tropas retornassem ao paralelo 38. (Se a Rússia estivesse representada, sem dúvida teria vetado esta ação, mas os delegados soviéticos estavam boicotando o Conselho de Segurança porque a China continuava a ser representada pelos nacionalistas, ao invés de os comunistas chineses a representarem.)

O General MacArthur respondeu enquanto viajava à Coréia e relatava a situação desesperadora a Washington. O Presidente

---

[4] Um artigo completo sobre esse tema apareceu no *New York Daily Compass* de 17 de julho de 1949.

Truman respondeu invertendo completamente a política de seus conselheiros diplomáticos e ordenando ao General MacArthur que enviasse tropas americanas terrestres acantonadas no Japão para deter a maré vermelha. E assim começou a guerra.

Durante várias semanas, a situação pareceu muito sombria. O General MacArthur foi nomeado comandante supremo de todas as forças da ONU, mas a princípio estas eram tão limitadas que suas posições no litoral de Pusan eram praticamente tudo que podiam manter. Em seguida, o General MacArthur formulou um plano desesperado. Era tão difícil e ilógico que ele tinha certeza de que chegaria aos comunistas como uma completa surpresa — e, de fato, assim foi. Em 15 de setembro, no meio da península coreana, a marinha dos Estados Unidos (junto de dois porta-aviões britânicos), mais a força aérea, o exército e os fuzileiros navais juntaram-se para lançar uma engenhosa invasão em Inchon — um ponto onde a maré de 9 metros fazia um desembarque parecer impossível. Uma sincronia de frações de segundo permitiu os desembarques e, logo em seguida, os norte-coreanos descobriram que estavam presos nas garras de um poderoso movimento militar de pinça, que cortava suas linhas de suprimentos e rapidamente se fechava para destruir a elite de todo o exército norte-coreano que, evidentemente, estava concentrado no sul. Foi uma vitória magnífica.

MacArthur, em seguida, voltou seus exércitos para o norte. Os sul-coreanos subiram pela costa leste, enquanto outras tropas da ONU subiram pela costa oeste. Ao fazer isso, o General MacArthur foi obrigado a agir com base em informações obscuras, em vez de direções específicas informadas por Washington e pela ONU. Por algum tempo, parecia que ele poderia ser impedido de perseguir as forças inimigas em retirada para o norte.

Em meados de outubro, as pontas de lança costeiras da ofensiva da ONU estavam aproximando-se das partes setentrionais da Coréia, e a guerra parecia haver terminado, na prática. Havia a perspectiva imediata de unificar toda a península coreana e da criação de uma república democrática. Então, em novembro, aconteceu um desastre inesperado.

Do lado norte da fronteira coreana do Rio Yalu, veio a primeira enxurrada daquilo que acabou por ser um exército comunista chinês de um milhão de homens. Quando essas tropas começaram a entrar aos borbotões na Coréia do Norte, as forças da ONU viram-se sufocadas por uma grande onda de gritos fanáticos e naturezas suicidas. MacArthur disse a Washington, pelo rádio: "Estamos enfrentando uma guerra inteiramente nova!".

As linhas da ONU foram cortadas em tiras, enquanto sua muralha defensiva foi empurrada para trás do paralelo 38. O General MacArthur não podia acreditar que os comunistas chineses ousariam arriscar a retaliação maciça do bombardeio atômico da Força Aérea dos Estados Unidos com esse assalto indesculpável às forças da ONU. No entanto, o que ele não sabia, mas logo descobriu, era o fato terrível de que os chineses já haviam sido assegurados por seus agentes de inteligência que os diplomatas em Washington, Londres e Nova York não permitiriam que MacArthur retaliasse utilizando a Força Aérea Americana. MacArthur ficaria restrito à guerra "limitada".

Foi nessa hora que o General MacArthur descobriu que as forças pró-comunismo na ONU e os simpatizantes da esquerda no Departamento de Estado estavam afogando as políticas da Casa Branca, do estado-maior das Forças Armadas e de todos os que estavam encarregados da Guerra da Coréia. Descobriu que os vastos suprimentos de que ele tanto precisava estavam sendo desviados para a Europa, de acordo com o ponto nº 1 da Conferência do Departamento de Estado. Não lhe permitiram nem seguir os jatos chineses até suas bases nem bombardear a Estrada de Ferro da Manchúria, que estava despejando montanhas de suprimentos na margem norte do Rio Yalu. Proibiram-no de bombardear a ponte sobre o Rio Yalu, o funil pelo qual passavam tropas e suprimentos, e seus próprios suprimentos e substituições foram cortados a ponto de que empreender uma contra-ofensiva tornou-se uma estratégia difícil, senão impossível. O golpe final veio quando os diplomatas categoricamente recusaram a oferta entusiasmada de Chiang Kai-Shek de enviar milhares de soldados nacionalistas de Formosa para lutar na Coréia.

Durante um período de quatro meses, o General MacArthur observou a carnificina resultante dessa política paralisante. Por fim, não conseguiu mais se conter. Descumpriu uma ordem de silêncio presidencial de 6 de dezembro de 1950 e respondeu a uma pergunta escrita pelo congressista Joseph W. Martin sobre os reveses inexplicáveis que as forças da ONU estavam sofrendo na Coréia. A carta do general, com recomendações para a vitória na guerra, foi lida no Congresso em 5 de abril de 1951, e, cinco dias depois, o Presidente Truman exonerou MacArthur de todos os comandos.

O General MacArthur foi substituído pelo General Matthew B. Ridgeway e voltou aos Estados Unidos completamente perplexo com o fim súbito da sua carreira militar. Foi só quando desembarcou em San Francisco, recebido aos gritos e vivas da primeira onda de cidadãos que o admiravam, que percebeu que a doença do corpo político americano não estava em todos os seus membros, mas em apenas um ponto de sua cabeça.

Recordemo-nos de que, depois da exoneração do General MacArthur, seguiram-se mais dois anos de estagnação militar. Depois, as audiências perante comitês do Congresso permitiram aos Generais Mark Clark, George E. Stratemeyer, James A. Van Fleet, ao Almirante Charles Joy e outros explicar o que havia acontecido em seus comandos na Coréia. Todos confirmaram que os militares jamais tiveram permissão de lutar para ganhar. Os diplomatas haviam imposto sobre eles uma teoria chamada "contenção comunista", que na verdade resultou na contenção das forças de combate da ONU. Logo se tornou evidente que a Guerra da Coréia havia sido gerida pela mesma equipe e de acordo com as mesmas políticas que resultaram na queda da China.

Também foi revelado mais adiante que não só as maquinações de diplomatas confusos contribuíram para a semi-derrota na Coréia, mas também que, junto aos altos funcionários em Londres, Washington e na sede da ONU, havia agentes secretos soviéticos para defender a linha de Moscou. Entre os espiões de alto nível da Rússia durante este período crítico estavam dois diplomatas britânicos, Donald MacLean e Guy Burgess. MacLean era o chefe do departamento americano no Foreign Office em Londres; Burgess, o segundo secretário da embaixada britânica em Washington. Ambos fugiram para trás da Cortina de Ferro quando estavam prestes a ser presos pela inteligência britânica.

O armistício coreano

Quando o Presidente Eisenhower assumiu o mandato em janeiro de 1953, havia uma sensação geral de tristeza e desespero no tocante à Coréia. Todos desejavam desesperadamente parar o derramamento de sangue de alguma forma. As esperanças de paz receberam um empurrão súbito com uma notícia de 5 de março que varreu todo o mundo: Joseph Stálin estava morto!

No dia seguinte, um novo governo assumiu a Rússia, e o líder acabou por ser o ex-secretário de Stálin e o guardião dos arquivos comunistas secretos — Georgi Malenkov. Ele havia tomado o poder unindo forças com Lavrenti P. Beria, chefe da polícia secreta que possuía um exército de dois milhões de agentes e soldados. Beria também era encarregado pelos campos de trabalhos forçados e supervisionava as usinas atômicas.

No entanto, quando Malenkov e Beria assumiram como herdeiros de Stálin, tiveram imediatamente de enfrentar uma crise econômica explosiva. A pressão foi se acumulando dentro da Rússia (e de seus satélites) tal como acontecera em 1922 e novamente em 1932. Por isso, Malenkov ofereceu alívio ao seu povo: "Vamos colocar a indústria de base de lado por algum tempo. O povo não come indústria de base [...]. Precisamos cuidar das necessidades de nosso povo". Este foi o início de uma política radicalmente nova para a URSS. Em casa, o lema era "mais comida"; no exterior, uma campanha de "coexistência pacífica" com todas as democracias.

Stálin estava morto havia 23 dias quando os comunistas chineses agiram conforme os novos indícios e começaram a negociar um armistício com os comandantes da ONU. Essas negociações levaram à assinatura de uma trégua em 27 de julho de 1953, que entrou em vigor doze dias depois.

Assim terminou a Guerra da Coréia, que custou aos Estados Unidos 20 bilhões de dólares e mais de 135 mil baixas. À Coréia do Sul, custou um milhão de mortos, outro milhão de mutilados e feridos e nove milhões de habitantes sem lar, além de quatro milhões de refugiados vindos da Coréia do Norte.

Os EUA abandonam sumariamente a política de apaziguamento seguida havia vinte anos

O povo americano saiu da Guerra da Coréia mais triste e mais sábio do que o era quando entrou. Algumas autoridades afirmaram que dois fatos ocorridos na Guerra da Coréia podem marcar esse evento como o mais grave erro cometido pelos estrategistas comunistas. Primeiro, o despertar dos Estados Unidos para a necessidade de um rearmamento vigoroso e de permanecer armado enquanto existir a ameaça comunista. Segundo, a demonstração ao povo dos Estados Unidos da fraqueza inerente da ONU. Como resumiu o Senador Robert A. Taft: "A ONU serve a um fim muito útil como uma espécie de associação de amigos de bairro que reúne o mundo todo [...] mas não serve como arma contra uma agressão pela força".

Em 1950, quando a ONU solicitou a seus membros que lhe fornecessem os meios para resistir aos comunistas, somente 16 países responderam com o ingrediente essencial, que eram tropas armadas. Ao todo, esses 16 países forneceram um exército de 35 mil homens para o combate. A pequena Coréia do Sul manteve uma força de combate de 400 mil homens, ao passo que os Estados Unidos cobriram a diferença, fornecendo 350 mil homens. Mais de um milhão de soldados americanos tiveram de participar da rotação para manter a quota americana da força militar. Na mente do americano médio, a ONU, portanto, havia deixado de representar a "segurança coletiva".

Seria difícil esquecer que, enquanto americanos e sul-coreanos haviam agüentado a parte mais pesada da guerra, Rússia e

Grã-Bretanha violaram o embargo da ONU e enviado materiais estratégicos à China Vermelha. No plenário da ONU, Andrei Vishinsky lançou a provocação russa: "A União Soviética nunca ocultou o fato de que vendeu e continua a vender armamentos à sua aliada, a China!".

O fim da Guerra da Coréia marcou o fim de uma era. Durante o verão de 1953, os Estados Unidos informaram Grã-Bretanha e França de que, se os comunistas violassem o acordo de cessar-fogo na Coréia, iniciaríamos imediatamente uma guerra de grandes proporções contra a China. Tanto a Grã-Bretanha como a França concordaram em apoiar esse posicionamento. Muitos não perceberam naquele momento, mas com essa informação os Estados Unidos estavam proferindo a sentença de morte de uma política de vinte anos de apaziguamento comunista.

O papel do FBI na batalha do subterrâneo

Ninguém poderia ter acolhido o final do apaziguamento com maior alívio do que John Edgar Hoover, diretor do FBI, personalidade número um na aplicação da lei nos Estados Unidos. Desde 1919, ele vinha lutando para iluminar as mentes dos líderes do governo, bem como do público em geral sobre a natureza conspiratória do comunismo. Como assistente do Procurador Geral da República em 1919, preparou uma das primeiras peças processuais sobre os aspectos subversivos do movimento comunista mundial.

Durante os vinte anos de apaziguamento, quando muitos americanos foram induzidos a uma sensação de segurança pela "conversa doce da propaganda comunista da Frente Unida", John Edgar Hoover dera um forte golpe na ameaça vermelha que estava roendo os órgãos vitais da vida americana:

> O comunista americano [...] deve ser colocado na mesma categoria da Ku Klux Klan, da hoje extinta União Teuto-Americana, e de outros grupos totalitários [...]. Da mesma maneira que criminosos comuns buscam o manto da escuridão, os comunistas, detrás da

proteção de falsas fachadas, avançam em seu programa sinistro e cruel, com a intenção de burlar e roubar aos americanos sua herança de liberdade.

John Edgar Hoover foi uma grande decepção para os comunistas. Na maioria dos países, os líderes vermelhos foram capazes de desacreditar completamente as agências encarregadas pelos poderes de polícia dos governos através do bombardeamento de acusações de corrupção e violação das liberdades civis. No entanto, o diretor do FBI passou sua vida adulta construindo o FBI de modo que o público soubesse que tais acusações eram falsas e fraudulentas.

Ao longo dos anos, o público aprendeu que os agentes do FBI passam tanto tempo verificando suspeitos inocentes quanto caçando os culpados. Na verdade, com investigação cuidadosa e tratamento digno aos culpados, o FBI conseguiu confissões em 85% dos casos.[5]

Portanto, os comunistas ficaram profundamente decepcionados com os resultados de sua campanha para retratar o FBI como uma Gestapo americana. Os líderes comunistas ficaram ainda mais amargurados ao saber que o FBI havia treinado seu pessoal para ser exatamente o que os funcionários públicos devem ser: atentos, inteligentes, científicos e trabalhadores. E o que particularmente assustou os vermelhos foi o modo quieto e metódico utilizado pelos agentes para ir atrás dos subversivos — tudo o que prenunciava um acerto de contas para os estrategistas comunistas.

Esse dia chegou em 20 de julho de 1948, quando todos os principais líderes do Partido Comunista Americano foram indiciados. Os "Onze Grandes" que foram a julgamento foram todos condenados. Seis de seus advogados também foram multados ou presos por desacato durante o julgamento. Quatro dos onze comunistas quebraram sua fiança de 20 mil dólares, e o FBI teve de iniciar uma investigação internacional para obter a restituição.

---

5 O papel desempenhado pelo FBI fica bem representado em *The FBI Story*, de Don Whitehead, Random House, 1956.

Pouco depois, o governo ficou convencido de que agentes de espionagem soviéticos haviam roubado informações sobre energia atômica, e o FBI recebeu jurisdição sobre o caso. Dentro de semanas, o FBI havia examinado toneladas de arquivos, entrevistado centenas de funcionários com acesso "restrito" em diversas usinas atômicas, e saído do lento processo de eliminação para apontar o dedo da justiça a um físico, Klaus Fuchs, que passara um período considerável em Los Alamos. No entanto, naquele momento o cientista, nascido na Alemanha, mas com nacionalidade britânica, era o digníssimo diretor do estabelecimento de energia atômica em Harwell.

Atuando a partir informação do FBI de que Klaus Fuchs era o principal suspeito na subversão do monopólio do mundo livre sobre a bomba atômica, a inteligência britânica entrou em ação. Dentro de um mês, eles encontraram evidências de que o FBI poderia estar certo. Depois de mais um mês, já não tinham nenhuma dúvida. Em 3 de fevereiro de 1949, os britânicos anunciaram que Fuchs havia sido preso e fizera uma confissão completa.

A confissão de Fuchs pôs o FBI em outra caçada. Fuchs disse que passou pacotes com informação sobre a bomba atômica a uma pessoa a quem ele conhecia apenas como "Raymond". Esta pessoa devia ser identificada e localizada, porque aparentemente era o mensageiro que entregava os segredos sobre a bomba ao Consulado Soviético em Nova York. Embora o FBI nada tivesse para começar, salvo uma descrição física, um nome falso e a possibilidade de que poderia se tratar de um químico, os agentes finalmente chegaram ao homem certo: era Harry Gold.

Harry Gold fez uma confissão, o que finalmente permitiu ao FBI encontrar a resposta a uma pergunta que havia intrigado toda a nação: "Como é que os russos se apossaram de informações sobre o engenhoso mecanismo disparador da bomba atômica, uma descoberta que lhes deveria ter tomado muitos anos?". Harry Gold disse que eles as roubaram. O FBI mais uma vez se pôs à caça, que desta vez levou à porta de dois cidadãos norte-americanos: Julius e Ethel Rosenberg.

O inquérito revelou que Julius Rosenberg havia pressionado seu jovem cunhado David Greenglass a entregar a Harry Gold e a ele próprio todas as informações básicas sobre o dispositivo de disparo sem o qual a bomba não poderia ser detonada. David Greenglass trabalhava no laboratório de energia atômica em Los Alamos e conhecia o processo de construção da bomba e do detonador ótico com bastante familiaridade. Greenglass foi finalmente induzido a preparar esboços da bomba lançada sobre Hiroshima e fornecer desenhos detalhados do detonador ótico. Os Rosenberg então canalizaram essas informações através do aparato regular de espionagem russo.

Quando os cientistas comunistas receberam os dados, logo conseguiram tirar a diferença na corrida atômica e detonar a bomba russa. Recordemo-nos de que isso foi um grande choque para o Ocidente. Os líderes vermelhos tiraram proveito dessa vantagem temporária para fazer ostentar sua potência atômica e dizer aos líderes comunistas da China e da Coréia do Norte que começassem a buscar conquistas militares. Começaram a trabalhar ansiosamente na preparação para a Guerra da Coréia. Na verdade, no momento em que Julius e Ethel Rosenberg foram condenados e estavam prontos para receber a sentença, os Estados Unidos estavam no meio do conflito coreano. Milhares de vidas americanas estavam sendo sacrificadas para conter a onda de desolação que os Rosenberg haviam ajudado a desencadear.

O juiz Irving Robert Kaufman olhou para esse casal e disse:

> Um homicídio deliberado e planejado não é nada em comparação ao crime que cometeram [...]. Creio que sua conduta, ao pôr nas mãos dos russos a bomba atômica anos antes da data em que, segundo nossos cientistas, a Rússia conseguiria aperfeiçoá-la, já levou, na minha opinião, às agressões comunistas na Coréia, com suas mais de 50 mil baixas, e sabe-se lá quantos inocentes a mais vão pagar o preço de sua traição. De fato, com sua traição, vocês sem dúvida alteraram o curso da história [...].
>
> O que estou prestes a dizer não é fácil para mim. Pensei horas, dias e noites [...]. Busquei nos autos — busquei em minha consciência — alguma razão para ter misericórdia — pois é humano ser

misericordioso e natural tentar poupar vidas. Estou convencido, porém, de que violaria a confiança solene e sagrada que o povo desta nação depositou em minhas mãos caso mostrasse clemência em relação aos réus. Não está em meu poder, Julius e Ethel Rosenberg, perdoá-los. Só o Senhor pode encontrar misericórdia para o que fizeram [...] portanto, estão condenados à pena de morte.

David Greenglass foi condenado a quinze anos.

Foi um trágico capítulo na história americana, mas confirmou a afirmação original de Hoover de que os líderes vermelhos "avançam em seu programa sinistro e cruel, com a intenção de burlar e roubar aos americanos sua herança de liberdade".

Mas John Edgar Hoover sabia que os revolucionários comunistas nunca tentariam desferir seu golpe final, mortal nos Estados Unidos enquanto estivessem perdendo a batalha dos subterrâneos. Também acreditava que jovens americanos cuidadosamente selecionados e treinados poderiam se equiparar aos estratagemas dos líderes soviéticos e os vencer. A história do FBI durante a notável administração de Hoover dá ampla justificativa a seus sentimentos de entusiasmo e confiança total na vitória final dos soldados subterrâneos da liberdade dos EUA.

A fenda na Cortina de Ferro

Em 1953, não só o Kremlin estava passando vexame no exterior como também uma grande fenda na Cortina de Ferro revelou que o império comunista estava passando por tempos desesperadores em seus países. O mito da força e unidade do comunismo foi posto a nu. Tumultos irromperam na Alemanha Oriental, e o povo enfrentou tanques com paus e pedras. Para piorar as coisas, alguns oficiais e soldados russos insubordinados tiveram de ser executados por se recusarem a abrir fogo contra as multidões alemãs. Outras revoltas também irromperam na Tchecoslováquia e ameaçaram surgir na Polônia, na Bulgária e na Ucrânia.

Economistas descobriram, a partir de admissões de Malenkov feitas em seus discursos e de informações oficiais, que os russos estavam trabalhando 38 horas por semana para obter comida, ao passo que 26 horas eram suficientes em 1928. Além disso, a Rússia — com um aumento substancial da população — estava produzindo menos alimentos com o socialismo de Estado do que produzia com o Novo Programa Econômico de 1928. Os tumultos nos países satélites foram resultado da percepção de que a Rússia provavelmente jamais cumpriria sua promessa propagandística de fornecer alimentos, roupas e maquinaria. Por outro lado, a URSS falida estava alimentando-se, como um grande parasita, do que havia nos países satélites.

Em contraste com os países da Cortina de Ferro, os países da Europa Ocidental estavam desfrutando do maior período de prosperidade em quarenta anos. O povo americano havia doado 50 bilhões de dólares para a recuperação desses países no pós-guerra, e estes chegavam rapidamente ao ponto em que se poderiam sustentar sozinhos. Havia um saudável ressurgimento da fé no capitalismo de livre-iniciativa, com os Estados Unidos chegando ao zênite de sua prosperidade e demonstrando sua capacidade não só de produzir mais riqueza do que qualquer outro país, mas também de realizar uma distribuição mais eqüitativa dessas riquezas entre seu povo.

Um dos principais socialistas britânicos, o Professor W. Arthur Lewis reconheceu abertamente que o socialismo fora uma grande decepção na Inglaterra:

> O que se fez [...] foi transferir propriedade não aos trabalhadores, mas sim ao governo. Os trabalhadores continuaram a ser empregados, sujeitos a todas as frustrações de trabalhar sob ordens em grandes empreendimentos. Os que esperavam que a nacionalização aumentasse os salários [...] ficaram desapontados. Não resolve os problemas das relações trabalhistas; reduz a riqueza privada [...] cria problemas de controle a resolver; e levanta a questão de quanto poder desejamos que nosso governo tenha.[6]

---

6 *U.S. News & World Report*, "Socialists Sour on Socialism", 8 de julho de 1955, p. 48.

Os comunistas conquistam a Indochina

Após o armistício coreano, os comunistas chineses não permitiram que os problemas internos russos reduzissem seu apetite por mais agressão. Marcharam para completar a conquista vermelha da Indochina. A guerra da Indochina começou como uma tentativa de libertação por parte da população nativa. Entretanto, a infiltração dos comunistas chineses acabou por transformar uma guerra pela liberdade em uma guerra entre franceses e vermelhos chineses. A influência comprometedora do Partido Comunista Francês (o maior partido da França) fez com que o resultado fatal da guerra dependesse exclusivamente do passar do tempo.

A derrota dos franceses veio em 21 de julho de 1954. Em Genebra, os chineses comunistas concordaram com júbilo em parar a luta em troca de 12 milhões pessoas e 158 mil km² da Indochina.

Mao Tse-Tung estava embriagado com seu duplo sucesso. Até mesmo a Rússia julgou necessário fazer concessões a Mao e aos comunistas chineses, para garantir que continuariam leais à pátria comunista. Em outubro de 1954, um grupo de dignatários russos foi até Pequim e bajulou Mao com as seguintes promessas:

1. Evacuar Port Arthur, que a Rússia havia sido autorizada a arrendar em Yalta.

2. Vender à China (em condições camaradas) as ferrovias e outras indústrias que a Rússia estava operando desde a guerra, na qualidade de "parceira".

3. Emprestar à China 130 milhões de dólares.

4. Ajudar a construir duas ferrovias cruzando a China.

5. Ajudar a China a construir 15 novos projetos na área da indústria de base.

6. Fazer uma campanha pela tomada de Formosa.

7. Fazer uma campanha para a inclusão do Japão na órbita comunista.

Ficou evidente que, embora a Rússia estivesse falando de "coexistência pacífica", o mundo livre teria pouco alívio dos planos bélicos da China vermelha.

A tarefa de isolar um agressor mundial

Do ponto de vista dos Estados Unidos, o fiasco da Indochina foi uma desalentadora tragédia política. Os cem comunistas do parlamento francês (que até mesmo se recusavam a levantar-se em homenagem aos mortos franceses na guerra) haviam arquitetado o colapso da guerra que durava havia sete anos. Ao falar em uma conferência de armistício em Genebra, o Secretário de Estado dos EUA verberou a covardia e destruição que havia sacrificado mais 12 milhões de seres humanos à agressão vermelha. "A paz", disse ele, "é sempre fácil de se obter — pela rendição. A unidade também é fácil de se obter — pela rendição. A tarefa árdua, a tarefa que temos pela frente é combinar paz e unidade com liberdade!".

Dulles deixou Genebra para empreender uma campanha ao redor do mundo, com o intuito de fazer com que todas as nações do mundo livre fizessem uma "reavaliação agonizante" das concessões ridículas que estavam sendo feitas ao imperialismo comunista. Em vinte meses, cobriu quase 250 mil quilômetros e, quando terminou, os Estados Unidos haviam se tornado parte de uma cadeia de tratados regionais concebidos com o objetivo específico de reforçar a contenção do comunismo — ou no mínimo fortalecido sua posição nesses tratados. Para tristeza dos estrategistas soviéticos, o artigo 52 da Carta da ONU apresentava uma brecha que permitia esse procedimento. Por isso, os Estados Unidos começaram a utilizar abertamente a OTAN, a SEATO e organizações regionais semelhantes como agências coletivas de segurança mútua. Em grande parte, essas medidas anularam o estrangulamento paralisante em que os soviéticos mantinham o Ocidente, pelo uso abusivo do poder de veto no Conselho de Segurança.

Os Estados Unidos também anunciaram que não pretendiam ficar quietos vendo a Rússia construir sua esquadra de bombardeiros de longa distância que as notas comunistas à imprensa diziam capazes de soltar bombas atômicas em cidades americanas. A resposta americana foi a rápida construção de um anel de bases de defesa americanas na franja da Cortina de Ferro. De imediato, o rugido do urso ferido fez-se ouvir da Rússia. "Estamos sendo ameaçados de aniquilação!".

Dulles reafirmou com sobriedade uma verdade que, sabia ele, já era do conhecimento dos comunistas — que ninguém devia temer essas bases, salvo um agressor. Em seguida, expôs em clara e contundente terminologia a nova doutrina de "retaliação maciça", que, advertiu, seria acionada instantaneamente no caso de o Império Soviético ousar cumprir sua ameaça tão repetida de ataque surpresa ao mundo livre.

Por algum tempo, houve um silêncio sinistro em Moscou.

Rússia testa a política do "Fora EUA"

Próximo ao final de 1954, tornou-se evidente que dentro da Rússia ocorriam graves ajustes políticos. Uma personalidade belicosa e cabeça-dura chamada Nikita S. Khrushchev e um meticuloso político do partido chamado Nikolai Bulganin começaram a aparecer com mais freqüência no noticiário. Um antigo alto funcionário da União Soviética (Nikolai E. Khokhlov) declarou que isso era um mau sinal. Descreveu Khrushchev e Bulganin como promotores do comunismo mundial, em contraste com Malenkov e Beria, que queriam primeiro melhorar as condições de vida dos russos.

No outono de 1954, Khrushchev e Bulganin lideraram uma delegação que foi a Pequim. Lá os chineses receberam instruções para se prepararem para um ataque contra Formosa. A partir daí, tornou-se evidente que na Rússia havia linhas de poder completamente novas. Posteriormente, foi noticiado que Malenkov havia abandonado seu parceiro, Beria, e juntado forças com os novos poderosos Khrushchev e Bulganin. Ao final de dezembro, Beria e três de seus assessores foram mortos a bala. Malenkov foi sumariamente rebaixado, mas havia mudado de lado a tempo de salvar sua vida. Bulganin tomou seu lugar, e Khrushchev pairava ao fundo, definindo a política e anunciando os novos lemas: "retorno à indústria de base — armamentos" e "cultivo de alimentos por decreto".

Enquanto isso, os comunistas chineses também entraram no espírito da nova liderança e começaram a servir de frente para Moscou, tentando as democracias com o anúncio chocante de que haviam deliberadamente retido oficiais e soldados norte-americanos, violando o acordo de troca de prisioneiros do fim do Guerra da Coréia.

O acordo de armistício de Panmunjom havia previsto especificamente que todos os prisioneiros da ONU que desejassem repatriação seriam devolvidos, mesmo que alguns deles pudessem ser acusados de algum crime. Agora, porém, os comunistas chineses estavam anunciando, em tom desafiador, que contiveram em segredo determinado número de prisioneiros americanos acusados de espionagem ou algum outro tipo de crime. A indignação americana atingiu uma temperatura altíssima, pois muitos americanos começaram a perceber, pela primeira vez, como era impossível confiar em um compromisso comunista.

A despeito da indignação pública, os sentimentos americanos viram-se de algum modo comprometidos nesse momento particular, pois muitos cidadãos estavam cada vez mais desejosos de deixar de lado a "bagunça" no exterior para se concentrar em acontecimentos internos, que prometiam trazer um recorde histórico de prosperidade para a livre iniciativa americana.

Mao Tse-Tung diagnosticou esse sentimento nacional com precisão ao rotulá-lo como antibélico e, portanto, acelerou sua campanha de propaganda na Ásia, representando os Estados Unidos como um "tigre de papel". Zombou dos Estados Unidos divulgando mais nomes de prisioneiros americanos detidos ilegalmente; desafiou atrevidamente o governo americano a tentar fazer alguma coisa a respeito da questão.

Ficou tão entusiasmado em sua campanha que finalmente decidiu provar a impotência da influência norte-americana para o mundo inteiro atacando Formosa sob ordens de Khrushchev. Em questão de semanas, as ilhas nas mãos dos nacionalistas começaram a ser bombardeadas do continente chinês. Foi a fase preliminar de um ataque total ao último posto de Chiang Kai-Shek.

Foi um momento muito crítico para os Estados Unidos em função da promessa de defender Formosa. Se os EUA vacilassem, a luz da liberdade poderia apagar-se no Sudeste Asiático. Meio bilhão de asiáticos "neutros" também observaram com atenção como os líderes dos EUA mediram o risco e sondaram as profundezas de suas próprias convicções morais.

No início de fevereiro de 1955, os vermelhos chineses e os outros comunistas do mundo tiveram sua resposta. Foi uma resolução do Congresso dos EUA, tomada com apoio dos dois partidos, que confirmou a autoridade do Presidente dos Estados Unidos para enviar a Sétima Frota ao estreito de Formosa e lhe dar ordens de entrar em luta total, caso atacada. É claro que a ordem se aplicava também ao uso de armas nucleares.

As "pequenas nações" do Sudeste Asiático aplaudiram de pé. Era evidente que os EUA não só tinham vontade de falar em "retaliação maciça", mas também a vontade de agir. Na conferência afro-asiática em Bandung, várias das pequenas nações mostraram corajosamente suas cores. Atormentaram os delegados comunistas chineses com clamores de "colonialismo comunista" e "agressão comunista". Foi um duro golpe para o prestígio e a propaganda de Mao Tse-Tung e de seus aliados comunistas em Moscou.

Em questão de semanas, a política de "vamos fazer pé firme" dos EUA e de seus aliados do Pacífico começou a dar frutos milagrosos. Vieram ordens de Moscou dizendo que a convivência era mais uma vez o doce tema da hora. Os chineses começaram a libertar prisioneiros americanos detidos ilegalmente. Deixou-se a questão de Formosa deslizar silenciosamente para um segundo plano. Khrushchev convidou os Estados Unidos para trocarem visitantes de intercâmbio — editores, congressistas, agricultores — e disse que ele poderia visitar os EUA algum dia. Em todo o mundo, a forte tensão dos dez anos do pós-guerra começou a diminuir. Parecia haver satisfação geral com o novo e inesperado rumo dos acontecimentos em todo o mundo, e as democracias acomodaram-se mais uma vez para cuidar de seus próprios assuntos internos normais.

Mas no meio de tudo isso houve um aviso sinistro da inteligência militar. Os relatórios indicaram que, embora as políticas "suaves" em relação às democracias estivessem sendo promovidas no exterior, uma política dura e imperialista estava sendo alimentada nas tropas internas. Estavam dizendo às tropas soviéticas que a "importância do fator surpresa na guerra moderna havia aumentado enormemente" e que "o Partido Comunista exige que todo o pessoal de nosso exército e de nossa marinha fiquem imbuídos do espírito de máxima e constante vigilância e alto nível de preparação militar, de modo a poder arrancar a iniciativa das mãos do inimigo e, após desferir fortes golpes, derrotá-lo totalmente".[7]

Tudo isso tinha um espírito familiar. Lembrava os americanos atentos de uma declaração significativa feita por Dimitry Z. Manuilsky, que representou a URSS na presidência do Conselho de Segurança da ONU em 1949. Na Escola de Lênin da Guerra Política, em Moscou, ele havia ensinado:

> A guerra ao máximo nível entre comunismo e capitalismo é inevitável. Hoje, é claro, não temos força suficiente para atacar [...]. Para vencer, precisaremos do elemento surpresa. Teremos de aplicar a injeção letal na burguesia. Então, começaremos por lançar os movimentos de paz mais espetaculares da história. Haverá eletrizantes propostas e concessões inéditas. Os países capitalistas, cretinos e decadentes, terão a satisfação de cooperar em sua própria destruição. Aceitarão com satisfação outra oportunidade de sermos amigos. Assim que baixarem a guarda, esmagaremos a todos com nosso punho cerrado![8]

---

7 Artigo no *Pravda*, 5 de maio de 1955, pelo Major General D. Korniyenko.

8 Citado por Joseph Z. Kornfeder, que era um aluno na escola. Em uma carta ao Dr. J. D. Bales, do Harding College, datada de 7 de março de 1961, Kornfeder disse: "Em anexo, uma cópia da citação que você pediu. Faz parte do que Manuilsky disse a um grupo de alunos dos últimos anos da Escola Lênin, em uma conferência realizada em Moscou em março de 1930, à qual estava presente como um dos alunos que era".

CAPÍTULO 10

O COMUNISMO SOB KHRUSHCHEV

Em 1955, estava muito claro que em Moscou havia uma terrível guerra entre aqueles que disputavam o trono de Stálin. Beria e seus assessores já haviam sido mortos a bala. Por trás desse cenário, havia sinais de grandes mudanças e, dentre todos os rugidos e rancores da batalha no Kremlin, parecia que a personagem que sairia no topo da pilha conspiratória era Nikita Khrushchev.

De todos os candidatos ao poder na Rússia, Khrushchev era provavelmente o menos conhecido no Ocidente. Por isso, um comitê do Congresso dos EUA decidiu obter a história de Khrushchev. Convidaram quem o havia conhecido para comparecer e testemunhar. Surgiu uma porção de testemunhas, mas a história que contaram era horrível e assustadora. As esperanças de muitos diplomatas ocidentais para melhorar as relações com a Rússia desmoronaram quando ouviram a história do líder vermelho com quem os homens livres agora tinham de lidar. Não era nenhum político comunista ou membro do Partido do tipo comum. Khrushchev era uma criatura de esperteza criminosa, com uma paixão pelo poder que tudo consumia.

Khrushchev como ditador da Ucrânia

Muitas das testemunhas contaram dos primeiros dias, quando Khrushchev estava começando a lutar por poder e reconhecimento. Revelaram que sua lealdade para com o comunismo era do tipo cego, sem sentido. Tendo sido criado quase um analfabeto,

Khrushchev só completou o ensino fundamental depois de adulto. Ainda menino foi pastor, depois aprendeu os ofícios de ferreiro e serralheiro.

Aos 17 anos, fugiu da obscura aldeia ucraniana de Kalinovka, onde nascera em 17 abril de 1894. Durante vários anos, Khrushchev foi trabalhador itinerante, mas em 1918 aderiu ao Partido Comunista e lutou pelo Exército Vermelho durante a Guerra Civil Russa. Em 1922 iniciou sua primeira educação formal, que durou três anos. Em 1929, sua fidelidade partidária obstinada conquistou-lhe uma vaga na Academia Industrial Joseph Stálin, e em 1931 era funcionário do Partido em Moscou.

Khrushchev logo ganhou o favor de Stálin juntando-se a uma unidade para purgar a máquina partidária local dos inimigos de Stálin. Mais de 500 homens e mulheres foram entregues à polícia secreta para execução. Mais tarde, Stálin disse, que embora julgasse Khrushchev repulsivo, ficou impressionado com a capacidade do ucraniano para matar ou entregar velhos amigos quando a política do Partido exigia. Por isso, Stálin atribuiu a Khrushchev a tarefa de voltar à Ucrânia e forçar seu próprio povo a viver sob o açoite da supressão comunista total. Os líderes vermelhos estavam usando execuções por atacado para sufocar a resistência. Khrushchev disse que havia um método melhor: usaria a fome em massa! Testemunhas da privação por ele provocada contaram sobre o sofrimento e a morte:

> *Nicholas Prychodoko*: Observei carroças cobertas deslocando-se ao longo da rua em que morava e também em outras ruas em Kiev. Estavam transportando cadáveres para descarte [...]. Eram camponeses que haviam acorrido para as cidades em busca de um pedaço de pão [...]. Meu amigo pessoal [...] era cirurgião em um hospital na Ucrânia [...]. Deu-me uma bata branca igual à dele e fomos para uma garagem muito grande na área hospitalar. Entramos juntos na garagem. Quando ele acendeu a luz, vi uns 2 mil ou 3 mil cadáveres estendidos ao longo das paredes.
>
> *Sr. Arens*: O que causou a morte dessas pessoas?
>
> *Sr. Prychodoko*: Fome.

Sr. Arens: O que causou a fome?

Sr. Prychodoko: [...] Encontramos alguns dados estatísticos ocultos no porão da Academia de Ciências. Eles revelavam que os alimentos em estoque em 1932 eram suficientes para alimentar todos os ucranianos por 2 anos e 4 meses. Mas, exceto por cerca de 10%, a colheita foi imediatamente despachada das máquinas de beneficiamento para exportação a locais fora da Ucrânia. Essa foi a causa da fome.

Sr. Arens: Por que os comunistas se apoderaram das colheitas da Ucrânia durante esse período?

Sr. Prychodoko: Porque em todos os momentos houve [...] vários tipos de resistência ao governo comunista na Ucrânia e ao esforço de coletivização de Moscou [...].

Sr. Arens: Quantas pessoas morreram em razão dessa fome artificial na Ucrânia na década de trinta?

Sr. Prychodoko: Estima-se que entre 6 e 7 milhões, na maioria camponeses.[1]

Testemunhas afirmaram que, após milhões de vidas serem destruídas sob a administração de Khrushchev, finalmente se conseguiu estabelecer as fazendas coletivas. Khrushchev foi recompensado em 1934 com a nomeação por Stálin ao poderoso Comitê Central em Moscou.

Entretanto, em razão da contínua agitação e resistência ao comunismo, Khrushchev foi enviado de volta à Ucrânia como ditador em 1938. Mais uma vez, houve uma vasta purga. Reagiu-se com tal violência a esta nova barbárie que, quando a Segunda Guerra Mundial irrompeu e os nazistas invadiram a Ucrânia, foram recebidos pelos ucranianos como libertadores, algo que Nikita Khrushchev nunca perdoou. Antes de fugir para Moscou, derramou sua vingança sobre o povo. Os relatórios oficiais mostram que, quando os nazistas chegaram, encontraram numerosas valas comuns. Em determinada área, havia mais de 90 túmulos gigantescos, contendo cerca de 10 mil corpos de "camponeses,

---

1 "The Crimes of Khrushchev", Comitê de Atividades Antiamericanas, setembro de 1959, Parte 2, pp. 1–2.

trabalhadores e sacerdotes", com as mãos amarradas atrás das costas e uma bala na cabeça.

Depois que os alemães foram expulsos em 1944, Khrushchev voltou mais uma vez à Ucrânia, firmemente determinado a aniquilar "todos os colaboracionistas". Houve deportações em massa, as principais igrejas cristãs foram liquidadas, os "líderes populares", presos e executados, e a NKVD caiu sobre a população com uma ferocidade terrível, com a intenção de aterrorizar a todos e eliminar qualquer resistência contra a reocupação comunista. O povo começou a referir-se a Nikita Khrushchev como o "Carrasco da Ucrânia".

Em 1949, Khrushchev havia demonstrado tão completamente sua total dedicação a Stálin que voltou a Moscou como secretário do poderoso Comitê Central. Foi encarregado de tentar fazer com que as ineficientes fazendas centralizadas produzissem mais alimentos. Khrushchev utilizou táticas de terror para conseguir mais trabalho e produtividade dos camponeses, mas não obteve resultados. Conseguiu aumentar a produção apenas o suficiente para manter o povo em nível de mera subsistência. Era essa a posição de Khrushchev no momento da morte de Stálin.

Como Khrushchev tomou o poder

Quando Stálin faleceu, em 5 de março de 1953, deixou uma porção de problemas a seus camaradas comunistas, que lutavam entre si. Cada líder vermelho examinava com cuidado seus concorrentes, pesando a possibilidade de tomar o poder. Khrushchev imediatamente começou a trabalhar nisso, manobrando para alcançar uma posição estratégica de poder. Em comparação aos outros líderes vermelhos, Khrushchev foi descrito, dentro e fora da Rússia, como o homem que estava no degrau mais baixo da escada.

O primeiro em termos de força era Malenkov, secretário de Stálin, encarregado de todos os arquivos secretos comunistas. Dizia-se que ele havia coletado tantas evidências contundentes acerca dos demais que todos tentaram agradar Malenkov, empurrando-o para cima como chefe temporário do governo.

O segundo na linha era Beria, odiado líder da polícia secreta e administrador do programa de desenvolvimento nuclear, que lhe deu uma força de 2 milhões de homens armados.

O terceiro na linha era Molotov, íntimo parceiro bolchevique de Stálin e o mais astuto e traiçoeiro diplomata produzido pela Rússia soviética.

O quarto era Bulganin, representante oficial do Partido Comunista no Exército Vermelho e, portanto, principal político do Exército.

E o quinto, Khrushchev, chefe das fazendas coletivizadas do Estado.

Muita gente não levava Khrushchev a sério. Ele era visto apenas como o capanga barrigudo que Stálin encarregava dos serviços mais sujos. Mas Khrushchev levava a si próprio muito a sério. Pressionava para obter toda e qualquer vantagem pessoal, com desespero e obstinação. Seu método era usar um velho truque comunista, que é o oposto de "dividir e conquistar". Sua técnica era "unir e conquistar".

Começou por uma união com o Premier Malenkov. Convenceu Malenkov de que Beria era sua maior ameaça, seu maior inimigo. Em dezembro de 1954, Beria e seus companheiros foram presos e fuzilados.

Depois, Khrushchev uniu-se a Bulganin para livrar-se de Malenkov. Khrushchev disse ao barbudo líder político do exército que ele (Bulganin) deveria ser o premier em vez de Malenkov. Bulganin concordou de todo coração. Imediatamente, houve uma mudança de poder nos bastidores que permitiu a Bulganin substituir Malenkov na primavera de 1955.

Molotov foi o próximo a cair. Não possuía nenhuma máquina que o apoiasse, mas confiava em seu prestígio como parceiro de Stálin. De repente, foi exilado para a fronteira com a Mongólia.

A parceria de Bulganin e Khrushchev então começou a dominar todo o complexo comunista. Mas Khrushchev não havia terminado. Seu próximo passo foi convencer Bulganin a forçar o Marechal Zhukov, que havia feito fama durante a Segunda Guerra Mundial, a reformar-se, além de rebaixar outros funcionários-chave no governo. Alguns desses funcionários eram os mesmos que haviam patrocinado inicialmente as promoções de Khrushchev nos anos anteriores. De uma hora para outra, foram politicamente castrados. Ao destruir seus amigos do mesmo modo como seus inimigos, Khrushchev acreditou estar impedindo um reagrupamento para expulsá-lo da mesma forma como eles próprios estavam sendo expulsos.

Finalmente, Khrushchev estava preparado para o grande passo — derrubar Bulganin. Quando forçou Bulganin a se livrar do Marechal Zhukov, Khrushchev criou um racha entre Bulganin e sua principal fonte de apoio, o Exército Vermelho. Esse racha permitiu a Khrushchev aproveitar-se da brecha para preencher posições-chave poderosas com seus próprios seguidores. Em 1956, Bulganin descobriu que era uma simples marionete de Khrushchev. Por mais dois anos, Khrushchev governou o país através de Bulganin, mas não havia dúvida alguma sobre quem estava na linha para sentar no trono de Stálin.

Assim foi a escorregadia e perigosa ladeira que Nikita Khrushchev enfrentou até chegar ao cume.

Mas todas essas batalhas no Kremlin e as mudanças delas resultantes no poder não haviam resolvido os terríveis problemas econômicos que continuaram a atormentar o socialismo soviético. Em nenhum lugar — China, Rússia ou países satélites —, o comunismo estava tendo sucesso. Vinham ocorrendo rebeliões havia mais de três anos nos países controlados pelos comunistas. Era necessário manter armamento soviético pesado em todos eles.

Então, quando Khrushchev estava consolidando seu poder, em 1956, um dos mais importantes países satélites desligou-se e proclamou sua independência.

A Revolução Húngara de 1956

Enquanto negociava o Lend-Lease americano durante a Segunda Guerra Mundial, Stálin prometeu que qualquer país que houvesse caído sob domínio do Exército Vermelho durante a guerra teria direito a eleições livres e autodeterminação após a guerra. A Hungria foi o primeiro país a exigir o autogoverno e a derrubada do regime comunista.

Talvez nenhum exemplo histórico melhor exista para ilustrar a traição extrema a que Khrushchev chegaria do que a Revolução Húngara.

Em 23 de outubro de 1956, uma demonstração maciça, mas pacífica, teve lugar em Budapeste, com milhares de participantes. O povo disse que queria acabar com o domínio colonial soviético e estabelecer um governo democrático com eleições livres. Quando as multidões se recusaram a abandonar as ruas, a polícia secreta russa recebeu ordem de disparar. Assim começou a revolução. A primeira grande ação da revolução foi derrubar uma enorme estátua de Stálin, símbolo do domínio soviético. Os combatentes da liberdade içaram em seguida a bandeira húngara na base da estátua. Imediatamente, as tropas de ocupação soviéticas receberam ordem de esmagar a revolução, mas tiveram de enfrentar a resistência de tropas húngaras treinadas pelos comunistas, que desertaram e se juntaram aos combatentes da liberdade. Muitos soldados das tropas de ocupação soviéticas também desertaram. Como resultado, as tropas soviéticas restantes foram batidas em cinco dias. O General Bela Kiraly descreve o que então aconteceu:

> Para evitar a aniquilação das unidades soviéticas, o próprio Khrushchev realizou uma de suas ações mais sinistras. Ele enviou a Budapeste seu primeiro vice, Mikoyan; e enviou também Suslov, da liderança do Partido. Estes dois soviéticos fizeram uma reunião com o governo revolucionário e descobriram que haviam sido derrotados. Depois de falar com Khrushchev por telefone e tendo a aprovação deste, firmaram um armistício [...]. Foram tomadas outras medidas diplomáticas [...]. Houve uma declaração positiva de que o objetivo das novas negociações diplomáticas [seria] como retirar as tropas soviéticas da Hungria e como permitir que esta recuperasse sua independência nacional.[2]

---

2 "The Crimes of Khrushchev", Comitê de Atividades Antiamericanas, 1959, Parte 3, p. 12.

Os representantes soviéticos propuseram que os detalhes finais fossem discutidos no QG soviético em Tököl, uma aldeia ao sul de Budapeste. A delegação húngara inteira foi convidada a ir e discutir a data exata quando as tropas soviéticas deixariam Hungria. Em resposta a este convite, os húngaros, empolgados e vitoriosos, foram até o quartel-general soviético. Para sua surpresa, foram repentinamente cercados e presos. Ao mesmo tempo, Khrushchev ordenou um novo ataque geral contra toda a população húngara.

O novo ataque soviético tomou a forma de uma invasão maciça. Envolveu 5 mil tanques e um quarto de milhão de soldados, que jorraram da Tchecoslováquia, da Rússia e da Romênia. No domingo, 4 de novembro de 1956, a rádio de Budapeste implorava:

> Povos do mundo, ouçam nosso chamado! Ajudem-nos [...]. Por favor, não se esqueçam de que este ataque selvagem do bolchevismo não vai parar. Vocês podem ser as próximas vítimas. Socorro! SOS! SOS![3]

Pouco mais tarde, a voz disse:

> Povos do mundo civilizado, em nome da liberdade e da solidariedade, estamos pedindo sua ajuda. Nosso navio está afundando; a luz desaparece; as sombras estão mais escuras a cada hora que passa. Ouçam o nosso grito [...]. Deus esteja com vocês e conosco.

Isso foi tudo. A estação saiu do ar.

Quando o estudante de história contempla esses dias trágicos, não pode deixar de se perguntar: onde estava a consciência do Ocidente livre? Onde estava a ONU? Onde estavam as forças da OTAN? Que havia acontecido com todo o tecido das promessas douradas da ONU, feitas em San Francisco em 1945:

> [...] preservar as gerações vindouras do flagelo da guerra.

---

3 "How a Free Nation Was Killed", U.S. News & World Report, 16 de Novembro de 1956, p. 94.

[...] reafirmar a fé nos direitos fundamentais, na dignidade e no valor da pessoa humana, na igualdade de direitos de homens e mulheres e das nações grandes e pequenas.

[...] estabelecer [...] o respeito às obrigações decorrentes de tratados.

[...] garantir que a força armada não será usada.[4]

Como se viu, o massacre de dezenas de milhares de húngaros sufocou no esquecimento a heróica luta húngara pela liberdade. O Primeiro-Ministro Imre Nagy foi executado. A maioria dos outros líderes da revolução foi deportada para a Rússia e nunca mais se ouviu falar neles. No Conselho de Segurança da ONU, o Embaixador Lodge, representante dos Estados Unidos, apresentou uma resolução propondo que a Rússia fosse censurada por este ataque atroz à Hungria. A Rússia vetou a iniciativa!

Esta série de eventos incrível e traiçoeira foi pessoalmente supervisionada por Nikita Khrushchev. Sem qualquer objeção séria, permitiram que ele levasse tudo isso avante, em violação direta do Tratado de Yalta, do Pacto de Varsóvia e dos dois primeiros artigos da Carta da ONU. Foi a maior oportunidade que o bloco ocidental já teve de mostrar se os fortes e poderosos tinham ou não a coragem para expulsar a Rússia e pôr em prática os dizeres da ONU.

Em vez disso, a ONU nomeou um comitê para coletar os fatos e preparar um relatório, que seria apresentado à Assembléia Geral.

Assim, deram às forças pró-soviéticas mais uma possibilidade para acionar gente sensível na ONU e tornar mais obscura a odiosa conquista da Hungria.

O americano médio não tem concepção alguma da profunda penetração da conspiração comunista dentro da ONU.

Um diplomata dinamarquês, Povl Bang-Jensen disse que começou a sofrer fortes pressões comunistas assim que começou

---

4 Preâmbulo da Carta das Nações Unidas.

a atuar como vice-secretário do comitê da ONU que estava investigando o ataque russo na Hungria.[5] Alegou que a influência pró-soviética veio descendo sobre ele do gabinete do secretário-geral e até mesmo de muitos dos membros do comitê.

Bang-Jensen não sabia a quem deveria recorrer. Finalmente, começou a enviar protestos ao comitê e ao secretário-geral. Apontou erros no relatório que permitiriam desacreditar o trabalho. Disse que o presidente do comitê se recusou a corrigir esses erros. Afirmou que haviam sido eliminados fatos importantes, que estabeleciam a responsabilidade oficial do governo russo pelos acontecimentos. Também observou que o comitê estava sendo muito brando no tratamento dado a Janos Kadar, que liderou o novo governo fantoche comunista na Hungria.

Mas, acima de tudo, Povl Bang-Jensen ficou indignado quando o secretário-geral exigiu que ele revelasse a lista secreta de testemunhas húngaras. Havia recebido autorização escrita para informar as testemunhas de que seus nomes não seriam divulgados, uma vez que a divulgação traria represálias cruéis e imediatas a suas famílias na Hungria. Bang-Jensen manteve-se fiel a seu compromisso. Declarou que enviar os nomes para o Secretariado da ONU possibilitaria vazamentos aos russos. Já corria pela ONU que agentes russos estavam oferecendo subornos altíssimos para qualquer um que obtivesse a lista para eles.

De repente, Bang-Jensen viu o secretariado da ONU e da comissão de investigação atacá-lo pessoalmente. Em vez de lidar com os problemas, os altos funcionários da ONU começaram a descrever Povl Bang-Jensen como "doente mental".

Três importantes funcionários americanos da ONU participaram do ataque a Bang-Jensen. Eram Andrew Wellington Cordier, ex-comparsa de Alger Hiss que se havia tornado o segundo homem mais importante da ONU; Ernest A. Gross, que tentara entrar nos Estados Unidos para permitir o reconhecimento da Chi-

---

5 O caso Bang-Jensen recebe um tratamento completo em *Betrayal At the U.N.*, by DeWitt Copp and Marshall Peck, Devin-Adair, 1961.

na vermelha; e o Dr. Ralph Bunche, vice-secretário da ONU, um dos primeiros a dar a Bang-Jensen o rótulo de "doente mental" em um memorando oficial.

Gradualmente, Povl Bang-Jensen sentiu-se cair sob a avalanche da oposição. Quando os funcionários da ONU perceberam que não poderiam forçá-lo a divulgar a lista secreta de testemunhas húngaras, foi forçado a queimar o documento na presença de um representante da ONU. Ele obedeceu; em seguida, foi demitido. Povl Bang-Jensen foi exonerado por Dag Hammarskjöld em 4 de dezembro de 1957. No entanto, a pressão da ONU contra Bang--Jensen a tachá-lo como doente mental continuou. Relatórios depreciativos da ONU impediram que conseguisse várias posições altamente importantes.

Por algum tempo, Bang-Jensen também temeu a possibilidade de ataque físico. Havia lutado na resistência dinamarquesa contra os nazistas e comunistas na Segunda Guerra Mundial e estava familiarizado à técnica de acabar com um inimigo fazendo com que o atentado parecesse suicídio. Por isso, escreveu a seguinte nota para sua esposa em 30 de novembro de 1957:

> Não vou cometer suicídio de modo algum. Suicídio seria contrário a toda a minha natureza e às minhas convicções religiosas. Se você encontrar uma nota de suicídio com minha letra, saiba que é uma falsificação.

No Dia de Ação de Graças de 1959, o corpo de Povl Bang-Jensen foi encontrado em uma área isolada a três quilômetros de sua casa, com um buraco de bala na cabeça. Ao seu lado, uma pistola e uma nota rabiscada.

Havia saído de casa 72 horas antes para pegar um ônibus. O legista descobriu que ele havia sido morto poucas horas antes de ser encontrado. O que havia acontecido durante esse intervalo trágico de dois dias ou mais, enquanto Bang-Jensen ainda estava vivo?

Investigadores profissionais suspeitam de assassinato. Se estão certos, foi cuidadosamente executado para parecer suicídio. E suicídio foi o veredito final, oficial. Muitos não se convenceram.

Mas, a essa altura, a investigação da Revolução Húngara na ONU há muito havia sido concluída. O relatório depurado, distorcido e diluído havia sido entregue à ONU e aceito oficialmente pela Assembléia Geral.

Dentro da Rússia de Khrushchev

O comunismo possui apenas uma desculpa frágil para toda a brutalidade sem precedentes, a crueldade e os crimes contra a humanidade a que se compromete. Esta é a promessa de Marx-Engels-Lênin de que é o atalho histórico para uma vida melhor a toda a humanidade. Mas até mesmo os comunistas são homens com mentes que buscam evidência tangível para a fé pela qual vivem. A realidade mais amarga na hierarquia comunista é o fato de que, após 40 anos de esforço total, numerosos planos qüinqüenais, purgas, execuções, tortura e liquidação de milhões de seres humanos, a pátria comunista produziu pouco mais que uma existência maçante e monótona.

Uma análise da economia russa de cinco anos atrás revelou o fato humilhante de que menos progresso econômico havia sido feito em 40 anos de comunismo do que nos últimos 400 anos sob os czares![6]

Embora roubar o conhecimento técnico do Ocidente e seqüestrar os cientistas de inimigos vencidos tornasse possível que os líderes comunistas fizessem várias exposições espetaculares no campo técnico, o fato irrefutável e simples é que a Rússia não pode competir com o capitalismo na produção maciça. Este fato continua a ser um espinho atravessado na garganta da liderança comunista.

Depois de 1955, quando os americanos finalmente foram autorizados a visitar a União Soviética, observaram que todo o sistema de produção socialista desperdiçava, com sua incompe-

---

[6] "Russia's Growth Under Communism Less Rapid", pelo Dr. Warren Nutter, *U.S. News & World Report*, 2 de novembro de 1959, p. 75.

tência, grandes quantidades de mão-de-obra. Muitas vezes, para cada homem trabalhando, havia um a observar, de braços cruzados. Introduziram-se incentivos ao trabalho, do tipo capitalista, para motivar os trabalhadores, mas mesmo assim o planejamento socialista monolítico fez atrasar os cronogramas e a velocidade de produção.

Turistas americanos com olhos atentos a tais problemas observaram que Khrushchev estava recorrendo ao trabalho infantil para tentar compensar a diferença. Na verdade, o governo russo admitiu que estava recrutando estudantes para trabalhar nas fazendas e fábricas. Khrushchev anunciou seu plano para limitar a maior parte dos jovens russos a sete ou oito anos de escolaridade e disse que boa parte desse tempo seria em escolas noturnas. Somente alunos muito especiais seriam autorizados a ir para a faculdade.[7]

Quanto às fazendas coletivizadas, mesmo com metade de toda a população russa trabalhando nelas, a URSS não fora capaz de fazer mais do que alimentar as pessoas em nível de mera subsistência. O fato de que o sistema americano permite que apenas 12% das pessoas produzam mais do que aquilo que os americanos conseguem consumir ou vender atordoa a compreensão de especialistas na exploração agrícola vermelha como Khrushchev. E ele não fez segredo de seu ressentimento. A cada pouco, ele ataca a lentidão programa agrícola russo. Estas são citações diretas de seu discurso denunciando a agricultura russa, pronunciado em 1955:

> "Atraso na produção".
> "Má gestão intolerável".
> "As fazendas estatais não cumprem seu plano de aumento".
> "Campos de feno ficam sem colher".
> "Nenhum silo está sendo construído".
> "Situação infeliz em relação a sementes".
> "Durante seis anos, trabalhamos na concepção de um trator [...] e o trator não foi projetado".

---

7 "Russian Plan Cuts Down Schooling", *U.S. News & World Report*, 3 de outubro de 1959.

"Em muitas fazendas coletivizadas, não estamos usando maquinaria agrícola".

"Há desordem considerável em nossas fazendas estatais".

"Casos de danos (sabotagem dos trabalhadores) em caminhões e tratores".

"Absentismo".

"Gado subnutrido entregue ao Estado".

"Graves deficiências na criação de suínos".

"A produção de leite caiu 10%".

"Vacas prenhes atingem apenas 34%".

"O peso de suínos de engorda e as tosquias de lã caíram".

"Os americanos conseguiram alcançar elevado nível de criação de gado".

"Nos Estados Unidos, esta cultura (milho) dá o maior rendimento da colheita".[8]

Essa foi a razão de Khrushchev haver abandonado o último Plano Qüinqüenal e introduzido um Plano Septenal. Espera-se que o plano mais recente iguale a produção à dos EUA em 1965, mas em 1961 Khrushchev rugiu de raiva com os agricultores russos. Houve uma queda contínua da produção agrícola por cinco anos consecutivos![9]

A vida perigosa de um ditador comunista

Em 1958, Nikita Khrushchev havia oficialmente se declarado chefe do Partido Comunista e ditador supremo de toda a Rússia. Mesmo assim, tinha de enfrentar alguns fatos frios e difíceis.

Na época, os vermelhos estavam praticamente parados; a Cortina de Ferro estava cercada por bases de defesa da OTAN e da SEATO, com ogivas atômicas apontadas de modo a desencorajar a agressão comunista.

---

8 "Why Russia Is in Trouble", *U.S. News & World Report*, 25 de fevereiro de 1955, p. 58.

9 "Russ Admit 50 Percent Drop in Farm Output", *Los Angeles Examiner*, 11 de janeiro de 1961.

Mao e Chou, os líderes vermelhos chineses, estavam tornando-se cada vez mais ousados, críticos e independentes.

Eram necessários mais de seis milhões de soldados e da polícia secreta para manter-se o "estado de sítio" por trás da Cortina de Ferro de forma a aparentar "tranqüilidade interna".

A Rússia havia esgotado seus bons ofícios na ONU e estava começando a sentir a pressão de estados do bloco ocidental.

Havia agitação permanente nos satélites, e era necessário acantonar grandes guarnições do Exército Vermelho em cada um deles, uma vez que os exércitos locais eram capazes de aderir a qualquer revolta, como ocorrera na Hungria.

Também havia grave instabilidade dentro do Exército Vermelho, onde um profundo ressentimento pela decapitação política implacável de Marechal Zhukov por Khrushchev ainda subsistia.

Khrushchev havia sido apenas parcialmente bem-sucedido na abertura ao mercado mundial para que que o bloco sino-soviético pudesse comprar os bens que sua economia coletivizada não poderia produzir. Também enfrentou o fato desagradável de que a economia vermelha não estava em condições de pagar suas compras no exterior, porque estava continuamente operando à beira da falência.

Finalmente, e o mais importante de tudo, Khrushchev viveu sob a constante ameaça de possível "reagrupamento" por líderes vermelhos descontentes, com o objetivo de derrubá-lo do poder da mesma forma que ele próprio havia deposto Malenkov e Bulganin. Khrushchev sentia uma necessidade desesperada de melhorar seu status político pessoal. Decidiu obter essa melhoria forçando os Estados Unidos a homenageá-lo com um convite para visitar o país.

Como Khrushchev forçou um convite para visitar os EUA

Desde 1955, Khrushchev tentava conseguir que os Estados Unidos fizessem um convite para que ele visitasse o país, mas não conseguia. Finalmente, decidiu obter o convite que desejava criando uma crise em Berlim. Em 1958, lançou um ultimato exigindo que os Estados Unidos e seus aliados saíssem de Berlim Ocidental em determinada data, ou ele voltaria os comunistas alemães orientais contra o Ocidente.

Essa exigência foi uma violação flagrante de todos os tratados existentes. Quando o Presidente Eisenhower anunciou que qualquer esforço para nos forçar a sair de Berlim seria recebido com resistência militar, Khrushchev disse imediatamente que não desejava a guerra e que, na sua opinião, o assunto poderia receber tratamento amigável se ele fosse aos Estados Unidos conversar com o presidente. Também disse, em várias ocasiões, que uma visita do Presidente Eisenhower à Rússia seria bem-vinda.

A princípio, o Presidente Eisenhower não aprovou a idéia. Trazer o ditador comunista aos Estados Unidos é precisamente uma daquelas coisas que Dulles recomendou não fazer até o momento de sua morte. No entanto, o Presidente Eisenhower acreditava que essa visita poderia impressionar Khrushchev com o poder dos Estados Unidos e impedi-lo de empreender uma ação militar precipitada.

Além disso, acreditava que muita coisa boa poderia vir de uma visita à Rússia por parte dos Estados Unidos. Seria em prol de seu próprio programa de relações "povo a povo". Por isso, fez um convite oficial ao ditador comunista, o que fez de Khrushchev o primeiro governante russo a visitar os Estados Unidos.

A visita de Khrushchev foi um erro?

Os estrategistas americanos especializados em questões relativas ao comunismo avisaram de imediato que se tratava de um grave erro tático. Vários deles testemunharam perante comitês do Congresso. Eugene Lyons, editor sênior do *The Readers Digest*, biógrafo de Khrushchev e ex-correspondente de imprensa na Rússia, considerou o convite a Khrushchev "uma vitória fantástica para o comunismo", e continuou dizendo:

Isso equivale a um golpe no moral da resistência no mundo comunista. É uma traição às esperanças dos inimigos do comunismo dentro desse mundo, e seus números podem ser contados às centenas de milhões.

O dia do anúncio do convite foi de tristeza e desespero por quase toda a população de todos os países satélites e para dezenas de milhões dentro da própria Rússia.[10]

Quando perguntaram se a visita de Khrushchev aos Estados Unidos poderia levar o líder russo a retardar ou abandonar seus planos para a conquista do mundo, Lyons respondeu:

É um conto de fadas infantil. Os comunistas em altos postos estão muito bem informados sobre nossa prosperidade material e nossa liberdade política. Khrushchev não está vindo aqui para confirmar seu conhecimento de nossos pontos fortes, mas sim para sentir nossas fraquezas. A idéia de que ele ficará impressionado com nossa riqueza e nossa liberdade a ponto de conter as ambições comunistas é inocência política elevada a extremos [...].

Em primeiro lugar, o novo chefe soviético, apesar de seu aspecto simples, é um dos mais sangrentos tiranos existentes. Chegou ao poder sobre montanhas de cadáveres. Aqueles de nós que rolarem tapetes vermelhos para ele em breve ficarão com os rostos vermelhos.[11]

Mesmo durante a visita, os americanos sentiram o golpe gelado das ameaças que escapavam de Khrushchev enquanto ele se vangloriava com sua propaganda, suas platitudes esquisitas e sua disposição a jurar sobre a *Bíblia*. A imprensa observou que ele era supersensível e ficava irritado com perguntas sobre qualquer dos seguintes assuntos:

A supressão cruel e ilícita da revolta húngara após toda a pregação recente de "auto-determinação".

Perguntas sobre seu papel como o "Carrasco da Ucrânia".

---

10 "The Crimes of Khrushchev", Comitê de Atividades Antiamericanas, 1959, Parte 1, p. 3.

11 *Idem.*

Perguntas sobre a interferência soviética nas transmissões da Voz da América.

Perguntas sobre a fuga contínua de milhares de refugiados de países satélites.

Conseqüências da visita Khrushchev

Como resultado da visita de Khrushchev, todo o programa mundial de agressão comunista foi rapidamente acelerado. O Partido Comunista nos Estados Unidos saiu a campo com toda a coragem: começou um novo programa de recrutamento, atacou abertamente o Comitê de Atividades Antiamericanas da Câmara dos Deputados e disse que, se conseguisse destruir as comissões do Congresso, logo desmontaria o FBI. Comunistas convictos das células de Hollywood voltaram à capital do cinema e, com grande audácia, começaram a escrever, produzir e fazer propaganda por meio de suas produções milionárias. O presidente do Partido Comunista anunciou o lançamento de um movimento comunista juvenil em todo o país.

O mesmo impulso tornou-se evidente em todo o mundo — Japão, Sudeste Asiático, Índia, África, Cuba, América Central e América do Sul. Em todo o mundo, a maré vermelha tornou-se mais forte. O prognóstico sombrio de estrategistas como John Foster Dulles e Eugene Lyons tornara-se realidade.

No entanto, a visita do ditador russo aos Estados Unidos também teve suas desvantagens para Khrushchev: o efeito devastador que poderia resultar da visita do Presidente Eisenhower à Rússia. Khrushchev ficou profundamente impressionado com a aclamação que o Vice-Presidente Nixon recebeu quando visitou a Rússia e os países satélites. Sabia que, se o Presidente Eisenhower tivesse a mesma liberdade de expressão no rádio, na TV, em reuniões públicas e em entrevistas à imprensa que Khrushchev tivera nos Estados Unidos, a maré pró-comunista talvez fosse revertida. Desesperado, Khrushchev olhou em volta à procura de alguma desculpa para cancelar a visita de Eisenhower. Quase como se os comunistas houvessem planejado, uma desculpa monumental caiu no colo de Khrushchev, direto do céu.

O incidente do U-2

Em 1º de maio de 1960, Francis G. Powers, pilotando um U-2, avião a jato de reconhecimento desarmado, foi capturado dentro da Rússia, a quase 2 mil quilômetros da fronteira. Os líderes comunistas, triunfantes, anunciaram que haviam derrubado o avião espião U-2 com um novo e maravilhoso foguete. Essa história ficou desacreditada quando os russos exibiram o equipamento danificado de Powers e os monitores dos EUA relataram ter ouvido os pilotos russos enquanto seguiram o avião em uma aterrissagem forçada. As autoridades americanas revelaram que o U-2 havia pousado em função de um problema com a turbina.

Em Washington, o incidente gerou consternação. Como os americanos não estavam acostumados à espionagem, quase não sabiam o que fazer quando o avião foi capturado. Primeiro, simplesmente alegaram que o U-2 era um avião de pesquisa meteorológica que provavelmente se teria "afastado da rota". Finalmente, o governo fez um reconhecimento muito desajeitado de que o avião estava na verdade voando em uma missão de espionagem, com a importantíssima tarefa de fotografar bases de mísseis russas.

Khrushchev professou grande indignação, criticou a "moral" dos líderes americanos pela espionagem e denunciou o incidente U-2 como um ato de agressão. Também fez o anúncio imediato de que estava cancelando a visita do Presidente Eisenhower à Rússia. Poucos dias depois, usou o incidente U-2 para afundar a Conferência da Cúpula de Paris.

Enquanto isso, nos Estados Unidos os cidadãos salpicaram Washington com uma infinidade de perguntas:
- Foi uma missão isolada ou um entre muitos vôos de espionagem?
- Foi uma violação do direito internacional?
- Que esses vôos conseguiam realizar?

- Por que os russos não haviam feito oposição a esses vôos antes?
- Os vôos deveriam continuar ou cessar?
- Uma vez que a Rússia já havia capturado um dos aviões U-2 com todos os seus equipamentos, o governo dos EUA sentia-se justificado em contar a verdade sobre esse engenhoso dispositivo da defesa americana a operar na Rússia e na China havia mais de quatro anos. O vôo de 1º de maio foi um dos mais de 200 que mapearam as preparações para ofensivas de guerra da URSS.

Revelou-se que os primeiros vôos dos U-2 se haviam dado em 1956, quando os Estados Unidos tomaram conhecimento de que os líderes comunistas haviam adotado um gigantesco plano de "ataque furtivo" como parte de sua estratégia global. Os aviões voavam sobre a Rússia a uma altitude entre 20 e 22 quilômetros — longe do alcance de qualquer jato ou foguete que os russos possuíam.

Foi ilegal? Como a Rússia se havia recusado a negociar qualquer lei internacional sobre o espaço aéreo, esses vôos não eram ilegais. Ernest K. Lindley resumiu os pontos de vista do Secretário de Estado Christian Herter:

> A altitude à qual a soberania de uma nação se estende nunca foi determinada por acordo internacional. A regra tradicional é a de que a soberania de um país se estende até a altitude sobre a qual esse país pode exercer controle efetivo. Por essa regra, os vôos dos U-2 não eram ilegais, pois os aviões voaram acima do alcance das defesas aéreas soviéticas.[12]

Então, qual foi o nível de eficácia do U-2? O secretário de Defesa afirmou ao Comitê de Relações Exteriores do Senado que:

> Esses vôos nos trouxeram informações sobre aeroportos, aeronaves, testes de mísseis, treinamentos, armazenamento especial de armas, produção de submarinos, produção atômica e implantação de aeronaves.[13]

---

12 "U-2 Making the Points", *Newsweek*, 12 de junho de 1960, p. 38.
13 "Arms Chief Weighs U-2 Future", *U.S. News & World Report*, 27 de junho de 1960, p. 45.

Como conseguiram esses resultados? A Força Aérea revelou que as fotos foram feitas com equipamento de alta precisão, o qual fez milagres. Esse equipamento pode fotografar uma bola de golfe de uma altitude de mais de 12 quilômetros. Para provar, publicaram a foto de um campo de golfe dessa altitude, mostrando o gramado, carros, sede do clube e jogadores. A legenda da imagem diz: "Até mesmo bolas de golfe são claramente identificáveis para os profissionais da interpretação de fotos".[14]

Mas a superfície da Rússia e da China é tão vasta! Como a fotografia de precisão pode manter sua eficácia num território tão vasto? A Força Aérea respondeu a esta pergunta revelando que o equipamento fotográfico não só possuía qualidades de alta precisão, mas também dispunha de uma abrangência extrema. Disseram que esses dois jatos transportando câmeras especiais poderiam fotografar um terço dos Estados Unidos em quatro horas!

Durante explosão verbal de Khrushchev contra os vôos dos U-2, ele deixou escapar que sabia desses aviões havia mais de três anos. Algumas pessoas se perguntaram por que ele não havia protestado muito antes. Os especialistas responderam que, se Khrushchev houvesse reclamado, teria arruinado sua propaganda sobre a força invencível das defesas soviéticas. Khrushchev afirmara que radares, jatos e foguetes soviéticos eram capazes de impedir o sucesso de qualquer ataque à Rússia.

As fotos do U-2 revelaram que as defesas russas estavam bastante abertas a ataques de retaliação maciça. Foi por essa razão que Khrushchev havia esperado até que finalmente pegassem um avião U-2, para depois afirmar que ele fora derrubado pelos russos. Os comunistas ainda conseguiram fazer com que Francis Powers depusesse em seu julgamento em Moscou que havia sido derrubado quando estava a uma altitude de 68 mil pés. Mas quando seu pai partiu dos EUA para lhe fazer uma visita, o piloto do U-2 disse que não fora abatido. Essa informação parecia

---

14 "The World's Big Spy Game", *U.S. News & World Report*, 23 de maio de 1960, p. 47.

confirmar as declarações dos militares de Washington de que os russos não possuíam nem jatos nem foguetes que pudessem atingir 68 mil pés.

A questão do futuro dos vôos com U-2 foi finalmente resolvida quando o presidente Eisenhower concordou em encerrar o programa. Deixou claro que não era porque os vôos eram ilegais ou injustificados, mas simplesmente porque os Estados Unidos logo teriam outro meio para se manterem informados a respeito das bases russas. Os EUA lançaram seu primeiro satélite Midas no dia 23 de maio de 1960. Esse satélite carregava uma carga de quase 1,5 mil quilos de equipamento técnico projetado para detectar um míssil lançado de qualquer lugar do mundo.

Poucos meses depois, os EUA lançaram seu satélite Samos, que foi projetado especificamente para fotografar a Rússia e a China a partir de quase 500 quilômetros de altitude, em uma viagem orbital em torno da Terra a cada 94,5 minutos. É claro que, a uma distância de 500 quilômetros, fazem-se necessários mais milagres fotográficos. A Força Aérea revelou que as câmeras no Samos conseguiam fotografar e identificar qualquer objeto com mais de 30 centímetros de extensão.

O incidente do RB-47

Um avião de reconhecimento americano modelo RB-47 desapareceu no mar de Barents em 1º de julho de 1960. Durante vários dias, a Rússia fingiu estar ajudando na busca do avião desaparecido e, em seguida, admitiu sem rodeios que ele havia sido abatido. Apenas dois tripulantes escaparam da morte. Os russos disseram que estavam mantendo os dois sobreviventes como prisioneiros.

Os Estados Unidos ficaram chocados. O Presidente Eisenhower enviou à Rússia um dos protestos mais indignados de toda a sua carreira como presidente. A Rússia afirmou que o avião foi abatido porque violara o território russo como o U-2. O embaixador dos Estados Unidos disse que essa acusação era uma falsidade absoluta. Ressaltou que o avião estava sob vigilância eletrônica britânica e que os Estados Unidos estavam preparados para provar que o RB-47 nunca havia ficado a menos de cinqüenta quilômetros da fronteira soviética.

Em 26 de julho de 1960, os Estados Unidos exigiram uma investigação imparcial da Organização das Nações Unidas para estabelecer a responsabilidade por este ataque indesculpável e ilícito, que resultou na morte de quatro americanos e no seqüestro de outros dois. O pedido foi encaminhado ao Conselho de Segurança. Houve acordo geral de que era necessária uma investigação da ONU. Como seria possível fazer cumprir a Carta da ONU sem se investigar as alegações de violação? No entanto, não houve investigação: a Rússia a vetou!

O representante italiano, em seguida, propôs que a Cruz Vermelha Internacional fosse autorizada a entrevistar os dois sobreviventes americanos. Rússia também o vetou.

A maioria dos americanos não percebeu o significado de todo esse fiasco da ONU. Mais uma vez, a Rússia havia violado os dois primeiros artigos da Carta da ONU, sem sofrer punição. Não houve grandes protestos por parte da imprensa ou do público. Não houve grande gritaria pela expulsão da Rússia. Não houve clamores exigindo um reexame de toda a estrutura da ONU. Em todo o país, as crianças continuaram a ouvir na escola que a ONU era a única esperança para a paz e a justiça entre os homens.

A corrida espacial

Em outubro de 1957, a Rússia eletrizou o mundo com seu primeiro Sputnik. Construído a partir de planos roubados dos Estados Unidos após a Segunda Guerra Mundial, o Sputnik I, com uma carga de 80 quilos, foi lançado em órbita a 4 de outubro.

Imediatamente, os Estados Unidos entraram em "produção em ritmo de pânico" para recuperar-se. No entanto, os especialistas em mísseis exigiram ampla gama de esforços experimentais, em vez de programas focados, como os russos pareciam estar procedendo.

A abordagem americana de longo alcance logo começou a dar resultados. A Rússia continuou a colocar cargas maiores, mas os Estados Unidos obtiveram dados científicos muito melhores. Aos poucos, as equipes de satélite e de mísseis norte-americanos começaram a se adiantar.

Em 1º de abril de 1960, os EUA puseram o Tiros I em órbita com grande sucesso. O satélite circundava a Terra a cada 99 minutos a uma altura de mais de 700km. Este veículo espacial possuía baterias solares que operavam câmeras de televisão controladas por terra, para transmitir imagens de formações meteorológicas. Foi o veículo fotográfico mais bem-sucedido entre todos os que haviam sido colocados no espaço.

Em 11 de agosto de 1960, os EUA foram o primeiro país a retirar de órbita uma cápsula de satélite do espaço. Ela pesava mais de 130 quilos. Em 12 de agosto, os EUA colocaram no espaço um balão inflado. Ele tinha a altura de um prédio de 10 andares e foi descrito como o "primeiro rádio-espelho" para uma enorme rede de comunicações por satélite. O ano de 1960 também marcou o lançamento dos primeiros mísseis balísticos intercontinentais dos EUA a partir de submarinos submersos. Isto significava que nunca mais poderia a Rússia planejar um ataque furtivo ao Ocidente, pois a retaliação maciça poderia ser lançada a partir de bases marítimas móveis americanas.

Algumas autoridades revelaram que os futuros satélites levariam sensores infravermelhos capazes de detectar explosões atômicas e lançamentos de mísseis balísticos pelos comunistas. Também seriam capazes de acompanhar o caminho de mísseis em vôo. Os satélites Midas e Samos, há muito aguardados, entraram em órbita durante o ano de 1960 e o início de 1961.

A carga gradualmente também se tornou importante para os EUA, uma vez que se aproximava o momento em que um homem seria colocado no espaço. Havia um satélite de 15 toneladas prometido para 1963. Contudo, os especialistas prometeram que haveria um americano no espaço até mesmo antes disso.

Pressionados pelas proporções desconhecidas do esforço russo, a riqueza americana derramou sua força na corrida espacial. O resultado, em 1961, parecia significativo:

Satélites	EUA	Rússia
Lançados até a data	32	7
Ainda em órbita	16	1
Em órbita solar	2	1
Ainda a transmitir	9	0
Foguetes enviados à Lua	0	1
Recuperação da órbita	4	1

A marca do comunismo na África

O ano de 1960 viu uma manifestação clara de que o cronograma comunista de conquista para a África estava andando bem. Em 1953, os líderes comunistas prometeram que, durante a década de 1960, "uma onda de revoluções irá varrer todo o continente da África, e os imperialistas e colonialistas serão impelidos rapidamente para o mar".[15] Também deixaram claro que a agitação e provocação da "onda de revolução" era o programa comunista para a captura da África.

No entanto, em 1960 os países europeus com colônias na África já estavam ocupados tentando preparar os povos para a independência e autogoverno por meios pacíficos. Do ponto de vista comunista, teria sido uma derrota. Os líderes vermelhos sabiam que qualquer governo nativo bem organizado sem dúvida resistiria à dominação russo-chinesa. Assim, decidiu-se estimular os nativos a exigir liberdade imediata, antes que realmente estivessem preparados para o autogoverno. Os comunistas perceberam que, no caos resultante, provavelmente poderiam assumir o controle. Foi exatamente o que começou a acontecer.

---

15 Congressional Record, 29 de abril de 1954, p. 5708.

A tragédia no Congo

A cadeia de eventos no Congo Belga em 1960 ilustrou o efeito devastador da entrega prematura do autogoverno aos povos primitivos. A tragédia foi agravada pelo fato de que já havia sido prometida a independência em 1964. Por isso, sua revolta não era tanto por independência quanto por "liberdade já".

Para entender melhor a situação, é necessário perceber que 75 anos antes, quando os belgas lá se estabeleceram, o Congo consistia em cerca de 120 tribos canibais que viviam nos níveis mais baixos da existência humana.

Em 1960, os belgas haviam criado vastos recursos de riqueza no coração geográfico da África. A maior parte estava concentrada na província de Katanga, que produzia 75% do cobre do mundo, 60% de seu cobalto, a maior parte da oferta mundial de rádio e grandes quantidades de urânio e zinco.

Assim como os franceses e os britânicos, os belgas esperaram que o autogoverno pudesse desenvolver-se entre os africanos fazendo com que os nativos adquirissem capacidades técnicas e, assim, pouco a pouco, assumissem a responsabilidade por um governo estável. Líderes empresariais e investidores também estavam dispostos a correr o risco de uma transição política, desde que o novo governo tivesse boa gestão. Nesse ambiente cordial, ficou combinado que a independência do Congo poderia ser concedida em 1964. Os belgas prometeram empréstimos em condições favoráveis ao governo recém-planejado e também prometeram manter seus funcionários trabalhando ao lado dos nativos por vários anos, até que o poder pudesse ser transferido com segurança.

Então, Patrice Lumumba voltou à conferência cantando o tema corrente do comunismo: "Independência já, já, já!". Lumumba, que havia trabalhado no correio em Stanleyville, recebera treinamento nas escolas comunistas especiais em Praga e tinha um irmão morando em Moscou. Conseguiu tornar-se o líder do contingente mais à esquerda do Congo e, naquele momento, gozava de grande popularidade. As autoridades belgas começaram a sentir um tom ameaçador em suas exigências e viram a possibilidade de uma guerra, como havia ocorrido na Argélia. Por isso, o governo concordou sem demora em conceder a independência ao Congo em 30 de junho de 1960, em vez de esperar até 1964.

Os belgas acreditaram que, assim, Lumumba ficaria satisfeito e, por isso, transferiram o governo a ele na data estabelecida. Mas, logo que se viu como premier, Lumumba começou um ataque vulcânico contra "os brancos" em geral e contra os "os belgas" em particular. Toda a estrutura da "transição pacífica" foi jogada pela janela política de um dia para o outro.

As tropas congolesas captaram o espírito mostrado por Lumumba e logo se amotinaram contra seus oficiais brancos. Em seguida, tornaram-se uma multidão aos rugidos. Invadiram os bairros brancos das principais cidades, espancando, roubando, estuprando. Com a expansão da violência, os brancos fugiram do Congo aterrorizados. Alguns se reuniram temporariamente em embaixadas, outros correram aos aeroportos. Em Leopoldville, os médicos estimaram que ao menos uma em cada quatro mulheres em fuga ao aeroporto havia sido estuprada, algumas delas uma dúzia de vezes.

A evacuação dos brancos deixou o Congo quase que totalmente desprovido de governo, escolas, hospitais e serviços empresariais. A taxa de alfabetização dos nativos era uma das mais altas da África, mas no Congo não havia um só engenheiro ou médico nativo e somente alguns graduados.

Para evitar o colapso total e proteger os brancos em fuga, o governo belga enviou paraquedistas. Lumumba, entretanto, tratou os militares como inimigos e exigiu a vinda de tropas da ONU. Assim que as forças da ONU começaram a chegar, Lumumba voltou-se contra os militares e convidou Khrushchev a enviar forças comunistas para tomar todo o Congo. Imediatamente, começaram a chegar aviões, caminhões, equipamento, técnicos e propagandistas comunistas. Lumumba começou a coletivizar as terras e arregimentar um exército para expulsar tanto as tropas da ONU como as belgas. Também começou a agir como ditador comunista disciplinado, cometendo genocídio contra seu próprio povo. Na província de Kasai, as tropas de Lumumba exterminaram a tribo dos Balubas, enquanto o primo de Lumumba, Omonombe, que era chefe de segurança, dirigiu o massacre da tribo Bakwanga. Os que acudiam em socorro foram impedidos de salvar mulheres, crianças e feridos.[16]

A despeito de tudo isso, o Secretariado da ONU continuou a apoiar Lumumba como chefe legítimo do governo.

Mas, para os congoleses, já era demais. Consideravam-se traídos. Em 5 de setembro, o presidente Joseph Kasavubu disse ao mundo que estava demitindo Lumumba da posição de premier. No mesmo dia, as próprias tropas de Lumumba voltaram-se contra ele. O comandante do exército, Joseph Mobutu, trancafiou o fanfarrão Lumumba na cadeia e disse a seus seguidores comunistas para deixarem o Congo imediatamente.

Tudo isso parecia, para a maioria, uma melhora saudável. Entretanto, para surpresa tanto dos congoleses como dos observadores externos, Dag Hammarskjöld continuou a usar seu posto como Secretário Geral das Nações Unidas para interceder por Lumumba. Os congoleses responsáveis, como o Premier Moise Tshombe, de Katanga, começaram a perguntar-se de que lado Dag Hammarskjöld estava.

No princípio, o representante pessoal de Dag Hammarskjöld no Congo era o Dr. Ralph Bunche, um negro americano que detinha o posto de Subsecretário da ONU. Mas, quando Bunche não conseguiu fazer os congoleses aceitarem o regime dominado pelos comunistas implantado por Lumumba, foi substituído. Seu substituto foi um funcionário chamado Rajeshwar Dayal, da Índia. Dayal estava no posto fazia pouco tempo quando o Presidente Kasavubu ficou igualmente alarmado com suas políticas. Em janeiro de 1961, Kasavubu escreveu duas cartas para Dag Hammarskjöld implorando que a ONU chamasse Dayal de volta, em razão de sua forte "parcialidade".

---

16 Relatório de Hilaire Du Berrier (Paris), setembro de 1960, p. 1.

Durante o fim de 1960 e o princípio de 1961, a violência das forças de Lumumba continuou a disseminar o caos no Congo central e setentrional. O noticiário falava de freiras estupradas e outras atrocidades contra os brancos. Então, no início de fevereiro de 1961, surgiu de repente a notícia de que Lumumba havia escapado de Katanga, e acreditava-se que estivesse voltando ao Congo central, para juntar-se a suas forças. Como Lumumba era a principal voz tanto do comunismo como da violência, o premier de Katanga pôs sua cabeça a prêmio — e por um valor alto. Poucos dias depois, saiu o anúncio de que Lumumba havia sido preso e morto por nativos congoleses.

Imediatamente, ouviu-se um grito ultrajado de Moscou e uma tempestade de protestos emanou da ONU. O presidente Kasavubu e Moise Tshombe não conseguiam entender por que Dag Hammarskjöld insistia em sua lamentação sentimental sobre Lumumba, depois do terrível banho de sangue a que ele havia exposto o Congo.

Os congoleses também ficaram surpresos quando Hammarskjöld tentou forçar o presidente Kasavubu a estabelecer um governo de coalização com os comunistas. Todos os países da Europa Oriental que haviam caído nessa armadilha tornaram-se satélites soviéticos. Tshombe ficou ainda mais irritado quando os funcionários da ONU tentaram forçar o fim de todas as relações com os belgas e a exoneração de seus assessores belgas. Tshombe acusou Dag Hammarskjöld de tentar expulsar os belgas para fazer a ONU assumir o poder. Foi exatamente isso o que aconteceu em setembro de 1961. Dag Hammarskjöld engendrou um ataque contra Katanga com tropas da ONU, que forçou Tshombe a abandonar o governo por algum tempo. Tshombe foi substituído pelo braço direito do líder comunista, Antoine Gizenga.

Entretanto, Tshombe reuniu o povo com o grito de guerra "liberdade ou morte!", e assim começou a resistência à ONU. Foi então que Dag Hammarskjöld viajou para a África para negociar um cessar-fogo antes que o governo patrocinado pela ONU fosse derrubado. A caminho de Katanga, o avião da ONU sofreu uma queda e Dag Hammarskjöld foi morto. Em Washington, o Senador Thomas A. Dodd disse ao Senado que a campanha de Hammarskjöld havia feito do Congo um campo comunista. Acusou o Departamento de Estado de ter cometido um erro monumental ao usar dinheiro americano para apoiar conquista do Congo pela ONU.[17]

Durante toda essa comoção, muitos americanos pensaram que a ONU estava realmente procurando proteger o Congo do domínio comunista. Tiraram essa conclusão do fato de que Khrushchev havia feito violentas críticas ao programa de Hammarskjöld no Congo. Já parecia então que a briga entre Khrushchev e Hammarskjöld não se referia à tomada do poder pelos comunistas, uma vez que era promovida por ambos. Sua disputa servia para determinar quem controlaria o regime comunista, uma vez que ele estivesse estabelecido.

---

17 Os quatro discursos do senador Thomas A. Dodd foram publicados como panfleto pelo Government Printing Office. Chamado "The Crisis in the Congo" (1961).

CAPÍTULO 11

A CONQUISTA COMUNISTA DE CUBA

Voltemos agora nossa atenção para Cuba.
Durante 1960, enquanto o mundo estava focando sua atenção nos eventos ocorridos no Congo, algo muito mais sério estava acontecendo a menos de 150 quilômetros da costa dos Estados Unidos. Durante muitos meses, os americanos, chocados, viram a destruição completa da imagem do "George Washington de Cuba" que Fidel Castro havia construído para si próprio, finalizada com ele mesmo se retratando como conspirador comunista.

Tudo aquilo que Lumumba gostaria de ter feito no Congo, Castro fez em Cuba: julgamentos sumários, execuções em massa, confisco da indústria, coletivização das terras, suspensão dos direitos civis, suspensão do processo democrático, aliança com a Cortina de Ferro. Tudo o que se tornou marca registrada do regime de Castro.

Para milhões de americanos, foi uma amarga decepção. Haviam lido artigos favoráveis a Fidel Castro no *The New York Times*, escritos por Herbert Matthews, e visto personalidades da TV retratando Fidel como o salvador de Cuba.

Para quem pesquisasse um pouco, entretanto, não havia desculpa real para deixar de notar as ligações comunistas de Fidel Castro. Durante anos, Fidel havia claramente se identificado com seus líderes, suas insurreições, sua ideologia e seus planos. E, ainda que não existissem todos esses indícios, os arquivos policiais de Havana e Bogotá mostrariam até ao menos atento dos observadores que, sem dúvida, Fidel não era um pilar da esperança para Cuba. Antes mesmo de se formar em direito, sua carreira irregular incluía crimes como assalto com arma letal, incêndio doloso, insurreição e homicídio.

Quem é Fidel Castro?

Fidel Castro era um dos cinco filhos bastardos de Angel Castro e de uma das empregadas de sua plantação de açúcar.[1] Os biógrafos destacam que sua educação não trilhou um caminho que conduzisse particularmente à promoção das melhores qualidades de uma personalidade humana.

Quando entrou na escola secundária, Fidel demostrou ser um aluno medíocre, de natureza agressiva, ambiciosa e rebelde. Não era querido na escola e, para superar sua falta de popularidade, decidiu empinar uma bicicleta e rodar até atingir uma parede de pedra. Ficou inconsciente por dias e dias em razão do acidente. Algumas autoridades se perguntam se ele jamais chegou a se recuperar.

Com 16 anos, arranjou um revólver e tentou assassinar um professor por ter recebido nota baixa. Quando chegou aos 19, Fidel havia decidido que seria advogado. Para isso, foi mandado à Universidade de Havana por seu pai. Quase que imediatamente ficou identificado com o elemento mais radical do campus e juntou-se a um grupo de *beatniks* que se orgulhavam em andar barbudos e sujos. Fidel ainda é lembrado na Universidade de Havana por seu apelido "bola de churre", que significa "bola de gordura suja".

Castro contou a Diaz Balart (que depois se tornou seu cunhado) que pretendia se tornar presidente do corpo estudantil e, em seguida, usar seu prestígio para agitar os estudantes de modo a formar uma força revolucionária que acabaria por fazer dele o líder político de Cuba. Mas sua ambição ciumenta não fez dele presidente do corpo estudantil. Em vez disso, conduziu-o a sua primeira tentativa de homicídio, em 1947.

---

1 Até esta data, a melhor história política de Fidel Castro é *Red Star Over Cuba*, do ex-comunista Nathaniel Weyl, Devin-Adair, 1960.

A vítima foi Leonel Gomez, o querido presidente do corpo estudantil da Escola Média de Havana Nº 1. Por "razões políticas", Fidel deu um tiro no tórax de Leonel, para matar. Felizmente, o rapaz recuperou-se. Fidel, entretanto, esperava que ele morresse e fugiu da cidade, juntando-se a uma expedição dirigida pelos comunistas, que estava em treinamento para invadir a República Dominicana e derrubar Trujillo. Antes do início da expedição, Fidel ouviu dizer que Leonel se recuperara e, portanto, julgou seguro retornar à universidade.

A segunda tentativa de homicídio de Fidel deu certo

Por volta de 1948, Fidel havia ganhado confiança considerável em suas próprias perspectivas políticas e estava determinado a impedir que qualquer coisa se interpusesse à sua caminhada. Colocara-se à frente da uma organização terrorista da universidade e, em 22 de fevereiro de 1948, usou de metralhadoras para matar o ex-presidente da Federação dos Estudantes Universitários e um amigo chamado Carlos Pucho Samper. Mais duas pessoas ficaram feridas. Fidel foi preso por esse homicídio, mas a investigação não foi rigorosa e ele conseguiu sair livre. Também há suspeitas de que o juiz tenha sido influenciado pelo fato de que um dos cúmplices de Fidel era sobrinho do Presidente de Cuba.

Logo depois, partiu para Bogotá, na Colômbia. As atividades estudantis de Fidel haviam chamado a atenção de agentes soviéticos que estavam procurando por gente com espírito incendiário para liderar a subversão na América do Sul. Fidel recebeu ordem de ir para Bogotá e levar Rafael del Pino consigo. Tendo em vista seu atrito recente com a lei, parecia um excelente momento para uma viagem.

Fidel como agente soviético nos motins de Bogotá

Em abril de 1948, os olhos do mundo estavam voltados para Bogotá, onde seria realizada a Nona Conferência Interamericana. O evento seria dirigido pelo Secretário de Estado dos EUA, George

C. Marshall. A ocasião fora escolhida pelos estrategistas soviéticos para uma insurreição dirigida pelos comunistas. O objetivo era derrubar o governo conservador da Colômbia e destruir a Conferência Interamericana.

Alberto Nino, o chefe de segurança da Colômbia, publicou um livro sobre a insurreição em 1949. Tinha muito a dizer sobre Fidel Castro. Nino descreve como Fidel e Rafael del Pino foram postos sob vigilância no momento em que chegaram ao aeroporto. "Esses dois homens chegaram como substitutos de dois agentes russos alocados em Cuba, cujos planos eram conhecidos, e eram esperados pela polícia colombiana. Vieram esses dois, em vez deles [...]. Antes de 9 de abril, tomou-se um telegrama deles anunciando a chegada de um dos russos".[2]

Nino e sua equipe descobriram que a insurreição planejada não estava sendo liderada pelo Partido Comunista da Colômbia, mas sim por um grupo de "comunistas internacionais" que operava desde a legação soviética em Bogotá. Nove desses comunistas internacionais serviam de faxada ao aparato soviético. Fidel Castro e Rafael del Pino eram dois dos nove.

A insurreição começou quando os agentes comunistas mataram o Dr. Jorge Gaitan, o líder político mais popular da Colômbia. Panfletos impressos antes do crime culparam o governo pelo assassinato e estimulavam o povo a vingar-se saqueando a cidade. Em uma hora, Bogotá virou um inferno de violência e devastação flamejantes.

Nino descobriu que o aparelho soviético organizara uma equipe para ir à frente da multidão, arrebentando fechaduras e abrindo lojas e armazéns. Após a multidão ter completado os saques, outra equipe veio jogando gasolina nos pisos e paredes. O último estágio foi a passagem de incendiários treinados, que puseram fogo no centro da cidade.

Quando acabaram os tumultos, "a destruição do centro cívico era completa". O Palácio da Justiça, onde estava a maioria

---

2 Alberto Nino, *Antecentes y Secretos* del 9 de Abril, Editorial Pax, Bogotá, 1949, p. 77.

dos autos de processos civis e criminais, foi demolido até chegar aos alicerces. Escolas, igrejas, lojas e outros edifícios públicos foram queimados. Ao todo, 136 grandes prédios foram destruídos, representando uma perda de mais de 21 milhões de dólares, em valores da época. Após o fim das batalhas entre a polícia e as multidões, foram encontrados mais de mil cadáveres nas ruas.

Alguns dos biógrafos de Fidel tentaram questionar sua cumplicidade nessa terrível destruição, mas os arquivos da polícia de Bogotá dizem que os detetives obtiveram uma "pasta, que o departamento de detetives tem agora em seus arquivos, com a foto dos dois cubanos, identificados como agentes de primeiro grau da Terceira Frente da URSS".[3]

Também se descobriu que Fidel e del Pino aparentemente eram aqueles que estavam designados para organizar o assassinato de Jorge Gaitan. Suas atividades foram expostas de tal maneira que o Presidente Perez fez um pronunciamento em cadeia nacional para denunciar os dois cubanos como "líderes comunistas da insurreição".

Quando ficou óbvio que a insurreição havia sido mal-sucedida, Fidel e del Pino fugiram rapidamente para Cuba.

Fidel comete seu terceiro homicídio

Assim que chegou, Fidel descobriu que o Sargento Fernandez Caral, da polícia de Havana, realizara uma cuidadosa investigação dos homicídios a metralhadora ocorridos no princípio do ano e agora possuía provas de que Fidel era o responsável. Fidel reorganizou seu bando e, logo que encontraram uma oportunidade, assassinaram Caral, em 4 de julho de 1948.

A cidade viu-se em meio a uma caçada policial. Fidel foi preso no mesmo dia e denunciado pelo homicídio. Mas agora a polícia tinha uma chance de ver que tipo de influência Fidel possuía. Logo descobriram que as testemunhas do crime estavam tão intimidadas

---

3 Nathaniel Weyl, *Red Star Over Cuba*, p. 33.

pelo medo de represália por parte da organização terrorista que ninguém queria depor. Mais uma vez, as autoridades viram-se forçadas a liberar Fidel, que prontamente se escondeu.

Desse momento em diante, Fidel permaneceu nos fervents subterrâneos da Cuba revolucionária, como uma força digna de respeito.

Em 1948, as sensacionais revelações de Whittaker Chambers, Elizabeth Bentley e mais uma porção de desertores americanos do movimento comunista haviam exposto a conspiração mundial da Rússia para sovietizar toda a humanidade. Como resultado, levantou-se uma gigantesca onda de anticomunismo em todo o mundo. De cima a baixo no hemisfério ocidental, os comunistas estavam sendo instruídos a procurar abrigo e fazer seus trabalhos por meio de laranjas.

Em Cuba, Fidel Castro decidiu fazer uma aliança com o Partido Ortodoxo, um movimento reformador liderado por Eddie Chibas. Eddie Chibas logo notou que havia algo de errado com Fidel e informou seus colegas de que não só se tratava de um comunista, mas também de alguém propenso a revoluções violentas de tipo gângster. O aviso impediu que Fidel aumentasse seu poder na liderança do partido, mas não que continuasse como membro.

O regime de Batista em Cuba

Em 1952, chegou a hora de outra eleição geral e, como de costume, havia ameaças de atividade revolucionária em todo canto. Houvera agressões físicas aos candidatos e algum derramamento de sangue. No exército cubano, começava a correr a notícia de que algumas facções políticas estavam pensando em usar o exército para tomar o poder e restaurar a ordem. De repente, o General Fulgencio Batista resolveu tomar as rédeas políticas de Cuba e restaurar a ordem ele próprio.

Para fazermos uma avaliação do golpe de Batista, precisamos considerar que Cuba nunca havia gozado de democracia genuína ou autogoverno estável por um período apreciável desde sua independência. Sua história política havia sido uma mistura trágica de eleições ilegais, assassinatos, governos ineficientes, suborno, nepotismo, intimidação e ditaduras. Embora houvera eleições populares, elas sempre foram tão corruptas e fraudulentas que nunca se teve certeza de que os eleitos eram realmente os escolhidos do povo. Os derrotados muitas vezes se tornavam líderes de partidos revolucionários que procuravam obter o controle. Esses movimentos levavam a represálias ditatoriais pelo partido que estivesse no poder, e o pêndulo oscilava entre quem estava no governo e quem estava fora dele, com revoltas populares e supressão militar em rápidas sucessões.

Quanto ao General Batista, 1952 foi a primeira vez que ele usou o exército para assumir o poder e estabelecer a ordem em Cuba. Nos idos de 1933 a 1934, ele havia conseguido aquietar as lutas civis durante tempo suficiente para colocar um novo presidente no poder. Entretanto, como o povo não ficou satisfeito nem com aquele nem com qualquer outro candidato à presidência, finalmente fez eleger a si próprio em 1940. Adotou-se uma nova constituição em 1940, mas, na eleição geral de 1944, o candidato de Batista foi derrotado.

O regime de Batista foi seguido por dois governos corruptos que mais uma vez destruíram os processos democráticos. Por volta de 1952, esses políticos estavam destruindo também a estabilidade da economia cubana. Batista era candidato a presidente, mas acreditava que as eleições seriam fraudadas e que haveria uma guerra civil; por isso, considerou as circunstâncias críticas o suficiente para justificarem que reassumisse a presidência e reestabelecesse um governo militar temporário.

Houve um clamor ultrajado tanto nos Estados Unidos como em Cuba quando Batista suspendeu as eleições e dissolveu o congresso. Mesmo assim, ele prosseguiu com um programa de quatro itens:

    1. Estabilizar a economia de Cuba pela diversificação da agricultura e a aceleração do desenvolvimento industrial;

    2. Fortalecer os laços econômicos e políticos com os Estados Unidos;

3. Resistir ao comunismo, e

4. Melhorar o padrão de vida cubano.

Prometeu ao embaixador americano que haveria eleições livres até 1958.

Em 1957, o Fundo Monetário Internacional classificou Cuba em quarto lugar entre as 20 repúblicas latino-americanas em termos de renda *per capita*. Embora equivalesse a somente um sexto da renda per capita americana, era igual a 90% da italiana, bem mais alta que a do Japão e seis vezes maior que a da Índia. Segundo o Departamento de Comércio dos EUA, "a renda nacional de Cuba atingiu níveis que dão ao povo cubano um dos mais altos padrões de vida da América Latina".[4]

Os biógrafos de Batista concordam que o General não era um "ditador militar" padrão da América Latina, mas sim muito a favor do trabalhador e que tentou persuadir o povo de que desejava implantar políticas populares, não ditatoriais. Logo se tornou evidente que as políticas de Batista estavam tornando Cuba uma meca do turismo altamente lucrativo e atraindo vastas quantidades de capital americano para desenvolvimento industrial.

Também se tornou evidente que Cuba estava livrando-se da camisa de força da cultura da cana-de-açúcar para tornar-se uma economia mais equilibrada, que combinava indústria, agricultura e turismo. Os salários tiveram aumentos que variaram entre 10% e 30%, e muitos trabalhadores cubanos viram-se cobertos por seguro de saúde e contra acidentes pela primeira vez. Entre 1950 e 1958, a renda nacional teve um salto de 22%. Isso depois da dedução de 10% do aumento de custo de vida.

Era esse, então, o promissor desenvolvimento de Cuba que estava ocorrendo quando Batista foi derrubado.

Do ponto de vista político, o governo de Batista era típico do passado de Cuba. Seu regime continha certa quantidade de suborno. Quando havia insurreições armadas, Batista enfrentava

---

4 Relatório do Departamento de Comércio, "Investments in Cuba", p. 184.

a violência com violência; quando havia levantes de minorias, suspendia direitos civis e estabelecia controle militar total. Mesmo assim, insistia que, quando as condições estivessem estabilizadas, iria submeter-se ao desejo do povo em eleições populares e estava disposto a cumprir os resultados da mesma maneira que em 1944. Seus oponentes, em particular Fidel Castro, zombaram dessas promessas e acusaram Batista de se opor a um governo constitucional. Há provas de que muitas das vezes em que Batista tentou afrouxar as regras do controle, recomeçaram as explosões de violência e ele teve de apertá-las novamente.

Mas foi durante a Revolução Castrista que a sinceridade política de Batista realmente foi demonstrada. Anunciou que, de acordo com seu compromisso anterior, realizaria eleições gerais em 1º de junho de 1958. Convidou Fidel a restaurar a paz, para permitir a determinação da vontade do povo.

Fidel respondeu com um manifesto sedento de sangue, no qual declara que qualquer pessoa que mantivesse um cargo público a partir de 5 de abril de 1958 seria considerada "culpada de traição". Disse que quem não retirasse sua candidatura imediatamente seria condenado de "dez anos de prisão à pena capital". Autorizou suas milícias revolucionárias nas vilas e cidades a dar morte sumária aos candidatos.

Cubanos responsáveis, como o Dr. Marquez Sterling, fizeram contato com Fidel em seu retiro nas montanhas e apelaram para que ele parasse o derramamento de sangue e permitisse as eleições. Fidel respondeu que não, com arrogância. Não haveria eleições.

Durante o calor da revolução, muitos americanos deixaram de notar os gestos altamente significativos de Batista. No fim das contas, esses gestos poderiam fazer a diferença e salvar Cuba da conquista comunista que Fidel estava planejando.

O ex-embaixador americano Arthur Gardner havia sido retirado, pois incentivava o apoio a Batista até que os problemas de Cuba pudessem ser resolvidos nas urnas. Foi substituído pelo embaixador Earl Smith, que logo recebeu um olhar horrorizado do Departamento de Estado quando tentou explicar que era evidente que Fidel estava encaminhando Cuba e os Estados Unidos a uma armadilha comunista.

Esses "especialistas" perplexos do Departamento de Estado refletiram seu completo desdém pelo conselho do embaixador com a criação deliberada de um embargo estrito ao fornecimento de armas a Batista. Em seguida, foram ainda mais longe: para garantir completamente a derrota da situação, promoveram um acordo entre as repúblicas das américas Central e do Sul para que não vendessem mais armas a Batista. Os resultados foram inevitáveis.

Em desespero, Batista tentou comprar 15 aviões de treinamento desarmados dos Estados Unidos. Finalmente, aceitaram o negócio como satisfatório. Batista pagou os aviões adiantado. Então Fidel ordenou que seu irmão Raul iniciasse um projeto concebido especificamente para intimidar e humilhar os Estados Unidos. Raul seqüestrou 30 fuzileiros navais e marinheiros americanos, mais 17 civis americanos e três canadenses. Fizeram-se ameaças contra a vida desses reféns para forçar os Estados Unidos a cancelar o envio dos aviões de treinamento a Batista. Os especialistas do Departamento de Estado capitularam humildemente!

Alguns cidadãos americanos tiveram a coragem de dizer que, se Teddy Roosevelt estivesse vivo, teria tomado de assalto o refúgio de Fidel nas montanhas com uma tropa de fuzileiros navais tão rapidamente que o tirano cubano teria libertado os reféns americanos sem pedir nada em troca.

O golpe de estado de Fidel

Quando Batista tomou posse pela primeira vez, em 1952, Fidel imediatamente se projetou na linha de frente da oposição. Como indicado anteriormente, Fidel estava trabalhando por trás da fachada do Partido Ortodoxo, mas depois do golpe Batista insistiu que essa organização incluísse o Partido Comunista e criasse uma "frente popular" contra Batista. Os líderes do Partido Ortodoxo recusaram-se. Fidel prontamente saiu do partido e disse que formaria seu próprio movimento.

Foi logo depois disso — em 26 de julho de 1953 — que ele realizou seu desastroso ataque ao quartel do exército em Santiago. O ataque transformou-se em uma verdadeira tragédia para os homens no hospital militar (que foram despedaçados pelos invasores) e também para os homens de Fidel. Foram recebidos em situação extremamente desfavorável e acabaram capturados ou mortos. Os sobreviventes foram submetidos a tortura e morte em retaliação a seu ataque às enfermarias do hospital. Assim nasceu o Movimento 26 de Julho.

Fidel havia conseguido posicionar-se em um lugar menos perigoso no ataque de 26 de julho e, quando viu que o assalto estava fracassando, fugiu, gritando: "Cada um por si!". Seu irmão, Raul, também escapou. Mais tarde, os irmãos Castro foram capturados e condenados à prisão. Fidel foi condenado a 15 anos; e Raul, a 13. No entanto, ambos ficaram presos apenas 22 meses, porque Batista comutou as sentenças depois de ter debelado a revolta.

Por esse gesto de generosidade política de Batista, os irmãos Castro manifestaram apenas desprezo. Em julho de 1955, saíram de Cuba declarando que organizariam uma força de invasão e logo voltariam para derrubar Batista e "libertar" Cuba.

A sede deste movimento de invasão estava localizada perto da Cidade do México. Para ali, acorreu todo tipo de gente com intuito de dar apoio à chamada libertação de Cuba de Fidel. Alguns eram inimigos políticos de Batista, outros eram oportunistas e muitos eram progressistas sinceros. Mas, assim como acontecera com Lumumba na África, algumas sinistras personalidades comunistas obstinadas imediatamente se aproximaram para fornecer a "mão orientadora".

Eis que o chefe de gabinete de Castro era o Dr. Ernesto "Che" Guevara, um comunista argentino designado para trabalhar com Castro pelo aparato soviético chamado "Asistencia Tecnica". Raul Castro havia recebido treinamento considerável durante uma recente viagem a Praga, Moscou e à China vermelha. Portanto, tornou-se comandante do exército de Castro. Outros comunistas treinados se foram juntando habilmente a cada nova fase do programa.

Mas, apesar de todo treinamento, intriga e planejamento, a famosa "Invasão de Cuba" pelas forças de Castro acabou por ser um verdadeiro fiasco. A força total da Castro não passava de 82 homens embarcados em um iate que, em 19 de novembro 1956, se puseram a caminho. O capitão do iate era Hipolito Castillo, estrategista renomado da organização soviética para a subversão da América Latina. O iate era lento e demorou para chegar a Cuba. Quando desembarcaram para fazer sua invasão heróica, os homens foram despedaçados a tiro. A maioria foi capturada ou morta.

Fidel conseguiu escapar e chegou ao cume dos 2.500 metros da Sierra Maestra. Chegou lá com apenas um punhado de homens de sua força original. "Che" Guevara assumiu o comando e passou a utilizar propaganda e estratégia tática para dominar as proximidades e gradualmente reunir outros à causa, especialmente jovens cubanos "cheios de vida, ideais e fé". Assim, começaram a se levantar as estranhas forças do fogo revolucionário, e logo a guerra civil se estava espalhando por toda Cuba.

Dois fatores principais levaram ao sucesso final da Revolução de Castro. Um deles estava centrado na União Soviética; o outro, nos Estados Unidos.

Raul Castro, que já estivera atrás da Cortina de Ferro, fez várias viagens à Rússia e à Tchecoslováquia para negociar armas e dinheiro. As armas chegavam por submarino; o dinheiro, pelo correio. Durante os últimos meses da revolução, os observadores ficaram espantados com as quantidades de equipamentos russos e tchecos usados pelas forças de Fidel. Ficaram igualmente surpreendidos com as grandes somas de dinheiro de que Castro dispunha: dinheiro para salários, comida, equipamentos, bebidas, suborno e favores.

Batista, por outro lado, estava na outra extremidade da situação. Por conta das políticas pró-EUA, presumiu que, quando a luta por Cuba se tornasse crítica, poderia contar com os Estados Unidos para comprar armas e suprimentos. Para sua surpresa, descobriu que seu pedido de permissão para comprar armas nos EUA caíra em ouvidos moucos. O que ele não havia percebido é que Herbert Matthews, Edward Murrow, Ed Sullivan, Ruby Phillips, Jules Dubois e mais uma porção de outros escritores e formadores de opinião andavam elogiando Fidel e o criticando. No congresso, o Senador Wayne Morse e os deputados Charles O. Porter e Adam Clayton Powell somaram seu peso a favor de Fidel. Toda essa propaganda "Robin Hood" definitivamente teve seu efeito.

Ao mesmo tempo, o Secretário Assistente de Estado Roy Rubottom e o diretor da seção do Caribe William Wieland — as duas pessoas que deveriam saber o que estava acontecendo — ingenuamente afirmavam a quem lhes pedisse sua opinião que Fidel era a esperança de Cuba e não possuía mácula comunista alguma. Ainda em junho de 1959 (o que foi extremamente tardo), Porter dizia aos outros deputados: "Ninguém no Departamento de Estado — nem ninguém que esteja bem informado — acredita que Fidel seja comunista ou simpatizante".[5]

É evidente que, à medida que Cuba marchava para seu inexorável fim, o curso da história foi causando constrangimentos a esses deputados e ao Departamento de Estado. Nos últimos meses do conflito, as políticas americanas meteram-se em becos sem saída, o que as autoridades mais tarde atribuíram a "estupidez, incompetência ou algo pior".

A tomada do poder pelos comunistas

Foi no 1º de janeiro de 1959 que Fidel Castro se tornou o guardião político de uma Cuba estonteada e cansada da guerra. Batista havia fugido. Toda a oposição fora esmagada. Em muitos círculos progressistas americanos e para muitos leitores de jornais confusos, houve um grande viva, como se a liberdade e um governo constitucional houvessem finalmente chegado a Cuba.

Mas muitos estudiosos de problemas internacionais viram sinais ameaçadores de que o sofrimento e o derramamento de sangue

---

5 Nathaniel Weyl, *Red Star Over Cuba*, p. 157.

para Cuba mal havia começado. Os primeiros avisos foram os anúncios exultantes da imprensa comunista de que "eles" haviam vencido. Em Moscou, o *Pravda* apontou que, desde o início do movimento de Fidel,

> nosso partido considerou seu primeiro dever ajudar os rebeldes, dando-lhes a orientação correta e o apoio das massas populares. O partido liderou as batalhas pela terra e, assim, aumentou sua autoridade entre os camponeses. Nosso partido [...] foi atraente para as massas populares e para Fidel Castro em todos os sentidos [...].[6]

O Partido Comunista de Cuba também se vangloriou abertamente de que fornecera uma parte importante da ação revolucionária "para derrubar a sangrenta tirania de Batista, que serviu de instrumento a interesses imperialistas e era apoiada pelo imperialismo".[7]

Se o General Batista houvesse lido essa declaração, poderia perguntar-se de onde viera o tal apoio "imperialista". Sabia que, se os comunistas o estavam acusando de haver gozado do apoio dos Estados Unidos, estavam realmente enganados.

Assim que Fidel assumiu o poder, seus tribunais revolucionários de justiça popular condenaram 600 pessoas ao fuzilamento. A esquerda americana descreveu as punições como "duras, mas merecidas". Então, Fidel começou a ampliar sua atuação, instituindo um movimento de "reforma" de dimensões tipicamente comunistas:

Confisco de terras e estabelecimento dos trabalhadores cubanos naquilo que acabou por tornar-se grandes fazendas coletivizadas de tipo soviético.

Confisco de mais de um bilhão de dólares em negócios americanos, para cuja operação Fidel não dispunha nem de técnicos nem de dinheiro.

---

[6] *Pravda*, Moscou, 29 de fevereiro de 1960.

[7] *The New York Times*, 22 de abril de 1959, "Fear of Red's Role in Castro Regime Alarming Havana".

Destruição da vida de família cubana, pondo crianças e adolescentes em comunas agrícolas especiais, de modo que ficassem "sob a influência de mestres, não de suas famílias".

Reorganização das escolas para que servissem como órgãos de propaganda, que ensinassem doutrina comunista do tipo "ódio aos ianques".

Suspensão das liberdades civis e outras garantias constitucionais.

Eliminação das eleições livres.

Captura de toda imprensa, televisão e rádio para fins de propaganda do governo.

Rompimento de todos os laços culturais, políticos e econômicos com os Estados Unidos.

Alianças com a Rússia.

Reconhecimento da China vermelha.

Comércio com o bloco comunista.

Enquanto tudo isso acontecia, a máquina soviética entrava em operação. Em 1959 e no início de 1960, muitos dos defensores americanos de Fidel ainda insistiam que ele não era comunista nem ditatorial, que estava simplesmente sendo "mal compreendido". Agarravam cada átomo de esperança vindo de Cuba que pudesse indicar que Fidel "estava mudando" ou "estava ficando mais razoável".

Mas todas essas ilusões esperançosas foram esmagadas quando o próprio Fidel atendeu obediente à ordem de Nikita Khrushchev no verão de 1960 e foi à ONU como parte da "demonstração de força" do bloco vermelho. No quartel general de Castro, no Harlem, os dois ditadores abraçaram-se. Eram irmãos e camaradas.

Agora que a Cortina de Ferro se havia fechado com estrondo sobre a pequena Cuba, talvez alguns americanos pudessem ter alguma reflexão ocasional sobre a cintilante descrição de Cuba que Herbert Matthews escreveu para o *The New York Times* em 1957. "Fidel", disse ele, "tem fortes idéias sobre liberdade, democracia, justiça social, necessidade de restaurar a constituição e realizar eleições".

Outros americanos, que escolheram o lado errado, depois disseram: "É tudo tão lamentável. Talvez fosse inevitável".

Esta última afirmação tem um tom familiar. Este é precisamente o tema que Dean Acheson usou em seu *Livro branco* quando tentou explicar por que fomos vencidos na China. Justificou o acontecimento como "inevitável". Mas o Relatório Wedemeyer revelou que a China também foi perdida por causa de estupidez, incompetência ou algo pior. A China foi perdida quando o Departamento de Estado promoveu um embargo do fornecimento de armas a um velho aliado dos EUA no momento em que ele lutava por sua própria existência. O mesmo tipo de pensamento criou o embargo de armas contra Batista. Ambos foram perdidos. Ambos foram vítimas do comunismo.

Tudo isso levou o ex-embaixador Gardner a observar com tristeza:

> Poderíamos ter evitado tudo isso e não evitamos. Se tivéssemos mantido relações normais com Batista, cumprido nossos contratos, ele [Batista] teria saído, como previsto, teria vindo morar na Flórida e seria substituído por um candidato ideal.

"Um homem pró-Batista?", perguntaram a Gardner.

> Não, Marquez Sterling, um médico, de quem todos gostavam, era o oponente de Batista. Ironicamente, embora contrário a Batista, ele teve que fugir de Cuba por causa de Fidel.[8]

Os acontecimentos de 1961 demonstraram que os Estados Unidos ainda não estavam dando à situação cubana a atenção suficiente. Nenhuma das trágicas falhas do passado foi pior do que o erro fatal ocorrido em 17 de abril de 1961: a tentativa de invadir Cuba pela Baía dos Porcos, em circunstâncias que condenaram a operação ao fracasso antes mesmo de haver começado.

Mal organizados, mal equipados e levando consigo o prestígio decadente dos Estados Unidos, um pequeno grupo com menos de 1.400 cubanos desembarcou de navios antiquados para

---

8 Nathaniel Weyl, *Red Star Over Cuba*, p. 180.

desencadear um "levante contra Fidel". Fidel estava esperando por eles com tanques, aviões a jato e canhões soviéticos. Quando o tiroteio terminou, os "invasores" foram todos capturados. A máquina de propaganda comunista em todo o mundo entrou em uma histeria de manchetes, gritando contra o imperialismo americano. "Um desastre de primeira classe para o prestígio americano", lamentou a imprensa do mundo livre.

Na atmosfera de pânico que se seguiu, Castro sarcasticamente propôs trocar os prisioneiros por tratores. Imediatamente, progressistas norte-americanos equivocados começaram a coletar dinheiro para comprar tratores e pagar a chantagem de Fidel. Este estava tão feliz, por ver os cidadãos da nação mais poderosa do mundo ajoelhados a seus pés que atormentou alegremente os negociadores, aumentando suas exigências. Como se deveria esperar, as negociações deram em nada.

Os americanos responsáveis exigiram o fim desses mimos ridículos a um fantoche soviético. Os líderes políticos sérios começaram a planejar uma estratégia de longo prazo que acabaria por libertar o povo encarcerado em Cuba.

CAPÍTULO 12

A TAREFA FUTURA

Neste estudo, não fizemos tentativa alguma de encobrir os erros cometidos pelos homens livres ao lidar com o comunismo no passado. Na verdade, todos esses erros podem ser considerados ganhos se aprendermos uma lição de cada um deles. No entanto, certamente seríamos acusados da "estupidez decadente", como dizem de nós os comunistas, se nos permitimos repetir esses erros no futuro.

Neste capítulo, trataremos desse assunto. Para avaliarmos o problema, começaremos discutindo o progresso feito pelos comunistas sob sua agenda de conquistas. Em seguida, vamos lidar com a atual linha de estratégia comunista. Finalmente, descreveremos algumas das coisas mais importantes a serem feitas para vencermos.

A agenda de conquistas do comunismo

Para afastar um inimigo, primeiro é necessário saber onde o inimigo quer ir. Os comunistas nunca fizeram segredo a esse respeito. Seu plano, antes de tudo, é tomar a Ásia, depois a África, em seguida a Europa e, finalmente, a América. Embora esse plano de conquistas já esteja na literatura comunista há várias décadas, foi vigorosamente reafirmado em 1953, quando os líderes vermelhos decidiram criar uma agenda de conquistas para o mundo todo e, em seguida, implantar seu plano continente por continente. A conquista total deve estar completa por volta de 1973.

Felizmente, a inteligência militar americana apreendeu essa agenda no fim da Guerra da Coréia, e o Senador William Knowland pôs o documento no *Congressional Record* de 29 de abril de 1954, na página 5.708.

Embora a agenda seja longa demais para citá-la na íntegra, as declarações selecionadas serão apresentadas com comentários, para que o estudante possa saber dos avanços comunistas em seus planos para dominar o mundo.

"Temos de, até ficarmos certos da vitória, trilhar um caminho que não leve à guerra".

A estratégia comunista oficial é pressionar por vantagens em todas as frentes, mas recuar quando houver grande resistência militar. Esta continuará a ser sua política, salvo quando estiverem certos de uma vitória rápida através um ataque furtivo, que acabe com toda a capacidade dos Estados Unidos de retaliá-los. O sucesso dos Estados Unidos durante 1960, com o lançamento de um míssil Polaris de um submarino tornou obsoleto o plano soviético de ataques furtivos. Um ataque vermelho traria uma retaliação devastadora a partir dessas bases de mísseis em constante movimento pelos mares. Por ora, a política vermelha terá, portanto, de ser "um caminho que não leve à guerra".

"A Grã-Bretanha deve ser aplacada e, para isso, é necessário que acredite [...] que os comunistas e os países capitalistas possam viver em paz".

A coexistência pacífica não foi vendida somente ao povo da Grã-Bretanha, mas também aos americanos. Coexistência significa aceitar o comunismo como elemento permanente na Terra; apagar da história passada a conquista dos países satélites; aplacar exigências comunistas de modo a evitar crises e tensões internacionais.

"As oportunidades de comércio terão grande influência sobre a mente britânica".

Este aspecto funcionou ainda melhor do que os líderes vermelhos haviam planejado. Hoje não só a Grã-Bretanha, mas também os EUA e 37 outros membros do bloco ocidental sucumbiram à tentação de comércio com o bloco sino-soviético.

"A França [...] deve sentir maior segurança para cooperar conosco".

Após a Segunda Guerra Mundial, as forças vermelhas na França tornaram o Partido Comunista o maior do país. Antes da tomada do poder por Charles de Gaulle em 1958, a influência vermelha havia ajudado a levar a França à beira da falência, da anarquia e da guerra civil.

"O Japão deve ser convencido de que o rearmamento põe em perigo a segurança nacional e de que [...] as forças americanas distribuídas em todo o mundo não podem disponibilizar efetivos suficientes para sua defesa".

Este era o tipo de agitação comunista que produziu os motins japoneses de 1960 e impediu o Presidente Eisenhower de visitar o Japão.

"Seu desejo [do Japão] de comércio oferecerá grandes possibilidades para o afastarmos dos Estados Unidos".

Em 1960, o Japão havia recuperado o quinto lugar no comércio mundial. Os EUA afastaram o Japão do bloco sino-soviético comprando 23% de suas exportações e lhes fornecendo 34,8% de suas importações.

"Em 1960, a força militar, econômica e industrial será tão grande que, com uma simples demonstração de força por parte da União Soviética e da China, a facção dominante do Japão há de capitular".

Essa capitulação não ocorreu. O Japão, com a ajuda dos EUA, tornou-se forte, enquanto a China se debatia sob a disciplina comunista e caía na fome generalizada e no colapso econômico.

"Deve-se isolar os Estados Unidos utilizando-se todos os meios possíveis".

Este projeto comunista estava fazendo progressos alarmantes por volta de 1960. A propaganda antiamericana em todo o mundo havia criado a imagem do "americano feio". E isso apesar de

50 bilhões de dólares em ajuda externa. A expansão vermelha na Ásia, na África, em Cuba, na América Central e na América do Sul começou a despertar os americanos para a ameaça real de possível isolamento.

"Se poderemos ou não impedir os Estados Unidos de iniciar a guerra [para defender seus direitos e liberdades] é algo que depende de nosso sucesso em isolá-los e da eficácia de nossa ofensiva de paz".

Essa postura reflete claramente a perfídia da propaganda vermelha em usar a "paz" como meio de paralisar a resistência dos EUA enquanto os comunistas vão pouco a pouco assumindo o comando. Aqui vemos a definição vermelha de "coexistência pacífica": significa "rendição pacífica".

"No caso da Índia, deve-se adotar somente meios pacíficos. Qualquer emprego da força nos afastará dos países árabes e da África, porque a Índia é considerada nosso amiga".

Este plano para trair a Índia pela conquista pacífica está definitivamente em marcha. Nehru afirma ser neutro, mas é um marxista-socialista treinado, consistentemente alinhado aos líderes vermelhos na maioria das questões principais. Na hora da queda, sem dúvida, pedirá às nações ocidentais que o salvem.

"Depois da conquista da Índia, será fácil resolver os problemas das Filipinas e dos países árabes através de cooperação econômica [...] e coligações. Esta tarefa pode ser concluída até 1965".

As forças de subversão vermelhas já são claramente visíveis nas Filipinas e na República Pan-Arábica de Nasser.

"Então uma onda de revolução varrerá todo o continente da África, e imperialistas e colonialistas serão empurrados para o mar com rapidez".

Ainda em 1960, os comunistas haviam preparado as fogueiras da violência revolucionária em toda a África. As potências coloniais estavam tentando levar os nativos a seguir uma política de "transição pacífica para a independência", mas muitos deles estavam seguindo a fórmula vermelha: "Do colonialismo ao caos e ao comunismo".

"Com Ásia e África desconectadas dos países capitalistas na Europa, haverá um colapso econômico total na Europa Ocidental. Sua capitulação será questão de lógica".

Em 1960, o abandono do Congo gerou o caos na economia belga. Cada uma das potências coloniais está sendo afetada conforme as relações comerciais com a África são interrompidas. Finalmente, os vermelhos esperam fazer da África e da Ásia ferramentas para estrangular a Europa. A cada ano que passava, o laço ficava mais apertado.

"No que tange aos Estados Unidos, 'o colapso econômico industrial virá depois da crise européia'".

O mergulho dos EUA em uma crise paralisante faz parte da última fase do plano soviético para a conquista da América.

"O Canadá e a América do Sul ficarão na mesma condição, sem esperança nem defesa".

É verdade que, se os EUA forem totalmente dominados e subvertidos, todo o hemisfério ocidental cairá.

"Vinte anos a partir de agora [o que seria em 1973] a revolução mundial será um fato consumado!".

Algumas fases deste plano foram frustradas, mas outras estão muito à frente das expectativas. Considerada em sua totalidade, a agenda de conquistas está assustadoramente perto de ser cumprida.

Especialistas em estratégia comunista salientam que todo esse plano de conquistas entraria em colapso caso o Ocidente despertasse e tomasse a iniciativa de começar a empurrar o comunismo para trás em todas as frentes. Dizem que o erro trágico do Ocidente foi sua vontade contínua de coexistir, aceitar o comunismo como elemento permanente na Terra, presumir que as conquistas comunistas eram inalteráveis, ignorar o fato de que os líderes vermelhos admitiram em sua agenda que têm mais razão para temer a ação militar do que o Ocidente, permitir que as nações livres fossem intimidadas e cair no blefe de apaziguar um inimigo fraco.

Como conseguiram esses resultados?

A importância da guerra psicológica

O maior erro do Ocidente foi deixar-se cair em um estado de estagnação, apatia e inércia mentais. Em alguns círculos, motivações de patriotismo, lealdade e o sonho tradicional de "liberdade a todos os homens" ficaram adormecidos ou foram paralisados por um novo e estranho tipo de pensamento. Algumas autoridades dizem que há uma necessidade urgente de mudança revolucionária em nosso estado de espírito.

O que está errado com o nosso "estado de espírito"?

Em primeiro lugar, temos pensado do modo como os comunistas desejam que pensemos. Nossos Pais Fundadores ficariam alarmados se soubessem como tantos de nós ficaram tão confusos com problemas fundamentais como a coexistência, o desarmamento, o livre-comércio, a ONU, o reconhecimento da China vermelha e uma porção de assuntos correlatos. Em vez de nos mantermos em estado de vigilância intelectual, temos aceitado *slogans* comunistas como principais premissas para muitas de nossas conclusões. Percorramos uma lista de objetivos estratégicos atuais que os comunistas e seus companheiros de viagem estão tentando alcançar. Todos esses objetivos fazem parte da campanha para abrandar a América e depois tomar o poder. Tenhamos em mente que muitos americanos leais estão trabalhando nesses mesmos objetivos, porque não percebem que foram engendrados para nos destruir.

Metas comunistas atuais

1. A aceitação por parte dos EUA da convivência como a única alternativa à guerra nuclear.

2. A disposição dos EUA a preferirem capitular a começarem uma guerra nuclear.

3. Criar a ilusão de que o total desarmamento por parte dos Estados Unidos seria uma demonstração de força moral.

4. Permitir o livre-comércio entre todas as nações, mesmo àquelas de filiação comunista, ainda que haja artigos que possam ser usados para a guerra.

5. A concessão de empréstimos a longo prazo para a Rússia e os países satélites soviéticos.

6. O fornecimento de ajuda americana a todas as nações, independentemente do domínio comunista.

7. O reconhecimento da China vermelha e sua admissão na ONU.

8. A configuração das Alemanhas Ocidental e Oriental como Estados separados, apesar da promessa de Khrushchev de 1955 de resolver a questão alemã por meio de eleições livres sob supervisão da ONU.

9. Prolongar as conferências em prol da proibição de testes atômicos, já que os EUA concordaram em suspendê-los enquanto houver negociações em andamento.

10. Permitir que os Estados satélites da URSS tenham representatividade na ONU.

11. Promover a ONU como a única esperança para a humanidade. Se a Carta for reescrita, exigir que seja configurada como um governo mundial, com suas próprias forças armadas independentes [alguns líderes comunistas acreditam que o mundo possa ser tomado tão facilmente pela ONU como por Moscou. Às vezes, esses dois centros competem entre si, como estão fazendo agora no Congo].

12. Resistir a qualquer tentativa de declarar o Partido Comunista ilegal.

13. Acabar com todos os juramentos de fidelidade.

14. Manter o acesso russo ao Escritório de Patentes dos EUA.

15. Capturar um ou ambos os partidos políticos dos Estados Unidos.

16. Usar das decisões técnicas dos tribunais para enfraquecer as instituições americanas básicas, afirmando que suas atividades violam os direitos civis.

17. Controlar as escolas. Usá-las como meios de transmissão do socialismo e da propaganda comunista vigente. Suavizar o currículo. Controlar as associações de professores. Impor a linha do partido nos livros didáticos.

18. Controlar todos os jornais estudantis.

19. Usar as revoltas estudantis para fomentar protestos públicos contra programas ou organizações sob ataque comunista.

20. Infiltrar a imprensa. Controlar as resenhas literárias e as redações editoriais e ocupar os cargos diretivos.

21. Ocupar as posições-chave no rádio, na televisão e no cinema.

22. Dar continuidade ao descrédito da cultura americana, degradando todas as suas formas de expressão artística. Uma célula comunista americana recebeu ordem para "eliminar toda boa escultura de parques e edifícios, substituindo-as por formas desajeitadas e sem sentido".

23. Obter controle sobre os críticos de arte e diretores de museus. "Nosso plano é promover a feiúra, a arte repulsiva e sem sentido".

24. Eliminar todas as leis sobre obscenidade, dando a elas o rótulo de "censura" e violação da liberdade de expressão e imprensa.

25. Quebrar os padrões culturais de moralidade através da promoção de pornografia e obscenidade em livros, revistas, filmes, rádio e TV.

26. Apresentar a homossexualidade, a degenerescência e a promiscuidade como algo "normal, natural e saudável".

27. Infiltrar as igrejas e substituir a religião revelada pela religião "social". Descreditar a Bíblia e dar ênfase à necessidade de maturidade intelectual, a qual prescinde de uma "muleta religiosa".

28. Eliminar a oração ou qualquer faceta da expressão religiosa nas escolas com base na alegação de que violam o princípio da "separação entre igreja e Estado".

29. Descreditar a Constituição Americana, sob a alegação de que é antiquada, está fora de sintonia com as necessidades modernas e é um obstáculo para a cooperação entre as nações em uma base mundial.

30. Descreditar os Pais Fundadores dos Estados Unidos. Apresentá-los como aristocratas egoístas que não possuíam preocupação alguma com o "homem comum".

31. Menosprezar todas as formas da cultura americana e desencorajar o ensino da história americana, alegando que é apenas uma pequena parte do "quadro geral". Dar mais ênfase à história russa a partir da tomada do poder pelos comunistas.

32. Apoiar qualquer movimento socialista para obter controle centralizado de qualquer parte da cultura – educação, agências sociais, programas de bem-estar, clínicas de saúde mental etc.

33. Eliminar todas as leis ou procedimentos que interferem no funcionamento do aparato comunista.

34. Extinguir o Comitê de Atividades Antiamericanas da Câmara dos Deputados.

35. Descreditar e, por fim, desmantelar o FBI.

36. Infiltrar e controlar mais sindicatos.

37. Infiltrar e controlar os grandes negócios.

38. Transferir alguns dos poderes de prisão da polícia para entidades sociais. Tratar todos os problemas comportamentais como distúrbios psiquiátricos que ninguém, exceto os psiquiatras, possa entender ou tratar.

39. Dominar a profissão psiquiátrica e usar as leis de saúde mental como meio de obter o controle coercitivo sobre os que se opõem a objetivos comunistas.

40. Descreditar a família como instituição. Encorajar a promiscuidade e o divórcio facilitado.

41. Dar ênfase à necessidade de educar os filhos longe da influência negativa dos pais. Atribuir preconceitos, bloqueios mentais e retardamento das crianças à influência supressiva dos pais.

42. Criar a impressão de que a violência e a rebeldia são aspectos legítimos da tradição norte-americana; que os estudantes e grupos de interesses especiais devem se levantar e usar a "força unida" para resolver os problemas econômicos, políticos ou sociais.

43. Derrubar todos os governos coloniais antes que as populações nativas estejam prontas para o auto-governo.

44. A internacionalização do Canal do Panamá.

45. A revogação da Reserva Connally, para que os EUA não possam impedir que o Tribunal Mundial assuma jurisdição sobre problemas internos. A atribuição de jurisdição à Corte Mundial sobre as nações e os indivíduos.

Se o estudante ler os relatórios das audiências do Congresso, juntamente com os livros disponíveis escritos por ex-comunistas, encontrará todos esses objetivos comunistas descritos em detalhe.

Além disso, entenderá como muitos cidadãos bem-intencionados se envolvem no avanço do programa comunista sem percebê-lo. Foram convertidos aos objetivos comunistas porque aceitaram *slogans* superficiais. Sem demora, já estavam pensando precisamente da maneira como os comunistas desejavam que pensassem. Examinemos alguns desses problemas mais de perto.

Que dizer do desarmamento?

Os comunistas criaram na mente dos homens livres a ilusão de que "o caminho para a paz é através do desarmamento". Não devemos esquecer que o *slogan* tem origem comunista. Agora os homens livres o adotaram como seu próprio lema e até criaram comissões especiais para explorar formas e meios de chegar ao desarmamento. Nesta ação, estamos deliberadamente fechando os olhos a tudo aquilo que prometemos a nós mesmos no final da Segunda Guerra Mundial e novamente no final da Guerra da Coréia. Os especialistas dizem que o desarmamento diante de um perigo evidente e imediato é um ato imoral. É um ato de autodestruição.

Aqui estão apenas alguns fatos fundamentais sobre o desarmamento que os especialistas conhecedores do comunismo estão implorando para que consideremos:

Desarmamento significa depender de acordos em vez da força.

Acordos são absolutamente inúteis, salvo se seu cumprimento possa ser forçado.

A falácia de um acordo de desarmamento com a Rússia (a nação que já violou 51 de 53 acordos) é a seguinte: se a Rússia escolheu rearmar-se secretamente teríamos perdido nossa capacidade de fazer cumprir o acordo. Tal acordo dá a um partido desonesto uma vantagem devastadora, por causa de sua capacidade de se armar secretamente. No vácuo do desarmamento, um governo com intenções criminosas requer poucas armas secretas para vencer toda a oposição. É isso que Hitler e Mussolini nos ensinaram.

Em 3 de fevereiro de 1961, o Dr. Arnold Wolfers disse ao Comitê de Relações Exteriores do Senado:

Poucas armas fáceis de esconder ou fabricadas clandestinamente em um mundo totalmente desarmado dariam a uma nação poder militar decisivo sobre as outras [...]. Um mundo totalmente desarmado seria também um mundo em que as características comunistas de sigilo e organização em linhas militares trazem o máximo de vantagem.

Mas em toda essa conversa sobre o desarmamento, o mais importante é lembrar que Khrushchev não ousaria desarmar-se. Suas forças armadas com seis milhões de homens — incluindo dois milhões na polícia secreta — não existem para lutar contra o Ocidente, mas para manter a "tranqüilidade interna" por trás da Cortina de Ferro. Existem para reprimir revoltas nos países satélites e na Rússia. Além disso, Khrushchev é continuamente assombrado pelo fantasma dos chineses vermelhos, que adorariam ver os russos desarmados. Então, repetimos, Khrushchev não ousaria desarmar-se.

Finalmente, em resposta aos que afirmam que uma corrida armamentista levará à guerra, apontaremos o fato bastante óbvio de que uma corrida armamentista não é uma causa subjacente de guerra, mas um sintoma de conflito político. O desarmamento em face de conflito político é um convite à guerra. Os Estados Unidos encaminhavam-se ao desarmamento e à desmobilização quando a Guerra da Coréia nos sacudiu e fez perceber que as forças perversas de conquista ainda estavam à espreita. Porque essa força predatória não cedeu, tivemos de permanecer armados.

Perante todos esses fatos, deve ficar claro para qualquer um que o grito em favor do desarmamento não é uma mensagem de paz e liberdade. É a mensagem do inimigo.

Que dizer da coexistência pacífica?

Os comunistas criaram outra ilusão referente à coexistência pacífica: a idéia de que o Ocidente deve estar disposto a coexistir com o comunismo, já que a única alternativa seria a aniquilação por meio da guerra nuclear.

A verdadeira alternativa à co-existência é a co-resistência. Os especialistas na área vêm dizendo há anos que o comunismo não precisa ser tolerado. Ele não apresenta justificativa moral, econômica ou política para existir. Além disso, é extremamente vulnerável a vários tipos de pressões pacíficas que homens livres nunca utilizaram. Discutiremos esse assunto mais adiante. Neste ponto, é importante apenas enfatizar que o comunismo pode ser derrotado, e isso pode ser feito sem uma guerra nuclear. Por isso, toda a base para se argumentar a favor da coexistência desmorona. A coexistência é uma contradição em termos, porque significa tentar coexistir com o domínio do mundo, o que é impossível. É preciso resistir ou ser dominado. Também significa aceitar o *status quo* de um terço da raça humana em cativeiro como um contrato de trabalho permanente. Significa aceitar o comunismo apesar da sua falsidade, subversão e violação de pactos. Significa tolerar o comunismo sem resistência.

O Congresso dos Estados Unidos estava certo quando proclamou o que segue em sua Resolução das Nações Cativas de julho de 1959:

"A escravidão de uma parte substancial da população mundial pelo imperialismo comunista faz uma paródia da idéia de coexistência pacífica".[1]

E o presidente soou uma nota de resistência quando disse:

"É conveniente e adequado manifestar aos povos das nações cativas o apoio do governo e do povo dos Estados Unidos da América a suas justas aspirações de liberdade e independência nacional".[2]

E sobre a ONU?

Há uma exigência mundial de que seja criada uma arena para a solução ou arbitramento das disputas entre as nações sem que

---

1 O texto completo da Proclamação foi publicado em *U.S. News & World Report*, 3 de agosto de 1959, p. 87.

2 *US News & World Report*, 3 de agosto de 1959, p. 87.

se recorra à guerra. Duas tentativas foram feitas para se criar uma arena desse tipo — a Liga das Nações e a Organização das Nações Unidas. Ambas encontraram dificuldades — e pela mesma razão. Ambas as organizações começaram como federações exclusivas de nações "amantes da paz" e, em seguida, mudaram de curso, tentando converter-se em parlamentos mundiais, onde todas as nações poderiam ser representadas, inclusive nações guerreiras ou predatórias. Em ambos os casos, as nações predatórias conquistaram o poder quase completamente, anulando todas as frases altissonantes contidas em suas declarações originais de intenções.

No que diz respeito à ONU, essa fraqueza foi enfatizada por John Foster Dulles quando ele se dirigiu à Associação dos Advogas Americanos. Ele disse que as falhas da ONU são devidas principalmente ao fato de que seu "funcionamento eficaz depende da cooperação com um país que é dominado por um partido internacional que busca dominar o mundo".[3]

Henry Cabot Lodge apontou a mesma coisa:

> Em 1945 e 1946 [...] os Estados Unidos presumiram que a Rússia fosse uma nação amante da paz, e toda a Organização das Nações Unidas foi baseada na suposição de que a aliança entre os Estados Unidos e a União Soviética se manteria, o que, naturalmente, era uma suposição muito falsa, tragicamente falsa.[4]

Existem inúmeras disposições da Carta das Nações Unidas que permitem a potências predatórias, como a URSS ou seus países satélites, levar os processos ordeiros da ONU a uma parada total. Nos 15 anos de existência da ONU, a URSS usou a entidade para subversão por detrás das cortinas e para sabotagem nos conselhos abertos. Essa postura não só frustrou os poderes de preservação da paz da ONU, mas paralisou quase completamente a ação individual dos outros membros, porque eles se haviam comprometido a valer-se da ONU para resolver disputas.

---

3 William W. Wade, *The U.N. Today*, H. W. Wilson Company, Nova York, p. 134.
4 "The Case for Severing Relations with Soviet Rulers", *U.S. News & World Report*, 17 de junho de 1954, p. 139.

Quando se reflete acerca dos vetos soviéticos às tentativas da ONU de censurar a Rússia por sua invasão à Hungria e, posteriormente, de realizar uma investigação sobre a morte de quatro americanos no RB-47 em 1960, ressalta-se a longa lista de atrocidades cometidas pelos líderes soviéticos sem punição ou censura, embora todas tenham violado o artigo 2º da Carta da ONU. Considere estas disposições:

1. A Organização é baseada no princípio da igualdade soberana de todos os membros.

2. Todos os membros [...] deverão cumprir de boa fé as obrigações por eles assumidas em conformidade com a presente Carta.

3. Todos os membros deverão resolver suas controvérsias internacionais por meios pacíficos [...].

4. Todos os membros devem abster-se [...] de ameaça ou uso da força contra a integridade territorial ou a independência política de qualquer Estado [...].

5. Todos os membros [...] se absterão de dar assistência a qualquer Estado contra o qual as Nações Unidas agirem de modo preventivo ou coercitivo.

Hungria, China, Sudeste Asiático, Cuba, África, América Central e do Sul, Coréia — pode-se dizer que em todos os cantos do mundo — em todas essas nações, a URSS violou esses princípios continuamente.

Como resultado dessa vasta contradição entre promessa e cumprimento, todo o complexo da ONU está gradualmente chegando a um impasse. Que então pode ser feito com a agressão vermelha, com seu programa mundial de rebeliões, motins, guerras civis e dominações? E que deve ser feito com a ONU?

Como os Estados Unidos são o país mais rico e poderoso do mundo, espera-se que eles dêem uma resposta. E porque praticamente todas as outras sugestões imagináveis já foram apresentadas, é hora de dar a resposta simples e direta que já se deveria ter dado há muito tempo: "Voltar às intenções originais da Carta. Restringir os membros da ONU às nações amantes da paz!".

Isto é precisamente o que o artigo 4º prevê, e é a violação deste artigo que gerou a maioria dos problemas. Por termos esperado tanto tempo para eliminar as nações beligerantes, esta mudança envolve algumas dificuldades. Mas isso não é nada em comparação às dificuldades que teríamos pela frente caso os homens livres prosseguissem em seu atual caminho. Devido aos aspectos técnicos de veto e a inúmeras violações do direito constitucional americano pesentes na Carta, seria necessário reconstruir toda a estrutura da ONU. Ainda assim, é possível.

Sem dúvida, alguns se oporiam à eliminação da Rússia e de seus países satélites da ONU, com base no fundamento de que isso impediria a ONU de servir como um parlamento mundial.

A resposta a essa objeção é o fato comprovado de que a ONU nunca poderá servir aos povos amantes da paz enquanto tentar acomodar seu fórum aos assédios e tormentos de nações que sequer fingem cumprir suas obrigações, quer no âmbito da Carta, quer sob o direito internacional.

E se os Pais Fundadores dos Estados Unidos houvessem tentado incluir o Rei George da Inglaterra na Convenção Constitucional? Os resultados haveriam sido tão frustrantes e negativos como o são os de agora quando uma nação predatória e seus países satélites têm assento na assembléia dos países amantes da paz da ONU. Os Pais Fundadores, sem dúvida, ao verem nossa recente atuação na ONU, diriam: "É ilógico. É ilegal. É impossível". Quinze anos de história da ONU são uma prova dolorosa.

Mas essa ação não conduziria a Rússia e seus países satélites a formarem uma segunda associação, de nações vermelhas, e gerar uma luta entre blocos de poder?

Isso já existe. A única diferença seria que o bloco vermelho não estaria na ONU para sabotar os desejos unidos das nações amantes da paz, como o faz hoje.

Uma ação desse tipo não levaria à guerra?

Não enquanto o Ocidente continuar forte. Isso não enfraqueceria a situação militar do Ocidente. Na pior das hipóteses, só iria fortalecê-la. Também criaria a união de forças necessária para começar a promover pressões econômicas e políticas sobre o comunismo e, assim, permitir que os povos escravizados atacassem desde dentro e, por fim, destruíssem esse espectro da tirania humana. Esse novo arranjo nos daria o veículo ideal para começar a implementar todas as belas promessas que fizemos na "Proclamação das Nações Cativas" em julho de 1959. Não há outra maneira? Parece que não! Todas as outras abordagens são meros desvios de rota. Simplesmente adiam o dia da decisão franca. Se os homens livres unirem-se para realizar essa mudança tão necessária, a nova federação de nações amantes da paz poderia executar um milagre político — que daria uma nova garantia à paz e à prosperidade.

Temos uma tarefa a executar, e o tempo está se esgotando.

O movimento comunista é um partido político legítimo?

Esta questão surge da outra ilusão que os comunistas criaram em nossas mentes. Fomos induzidos a aceitar a idéia de que o comunismo é uma expressão legítima de ação política. A verdade é que o comunismo é uma quadrilha criminosa. É um erro tratar o comunismo como partido político.

Grupos políticos resolvem seus problemas entrando em negociações, participando de conferências e trabalhando suas diferenças com compromissos de boa-fé que todos os partidos devem cumprir. Esse procedimento nunca funcionou com os comunistas, pois eles usam de engano, desprezo pelas leis, violação de tratados, intimidação, subversão e revoltas desveladas como ferramentas básicas de conquista. É isso que torna o comunismo uma quadrilha criminosa.

Quando percebemos que o comunismo é uma operação criminosa, muitas novas vias de ação ficam abertas diante de nós. Por exemplo, um problema criminal não é tratado por negociação e consenso, mas seguindo quatro passos:

    1. Imobilizar o criminoso.
    2. Tornar o criminoso inofensivo.

3. Ganhar sua confiança.

4. Cuidar de sua reabilitação.

Recorde-se que essas foram as quatro etapas utilizadas para lidar com a Alemanha e o Japão quando seus líderes trilharam o caminho criminoso que precipitou a Segunda Guerra Mundial. Os Aliados ocidentais seguiram essas etapas, e a Alemanha e o Japão não só foram imobilizados e tornados inofensivos, mas também reabilitados. Depois da guerra, a Alemanha Ocidental e o Japão tornaram-se dois dos apoiadores mais próximos dos Estados Unidos.

Será que isso significa que devemos travar uma guerra preventiva contra os comunistas criminosos? De modo nenhum! Significa que, enquanto ainda há tempo, e antes de uma grande guerra, é necessário que os homens livres façam uso das pressões disponíveis para imobilizar o império soviético e trabalhar para o dia em que o próprio povo possa derrubar o regime tirânico dos líderes vermelhos desde dentro. Que pressões pacíficas estão à nossa disposição?

Já mencionamos a importância de remover a participação ilegal que a URSS e seus países satélites detêm na ONU. Há outra arma muito potente, que isolaria a máquina e a espionagem comunista: é a arma pacífica do rompimento de relações diplomáticas, a ação que Thomas Jefferson recomendava para o caso de nações que nos tratam de modo "atroz". Jefferson disse:

> Estou ansioso para darmos ao mundo mais uma lição, mostrando a eles outros modos de punir injúrias além da guerra [...]. Por isso, aprecio [...] a proposta de cortar todas as comunicações com a nação que se tenha comportado com atrocidade.[5]

Recentemente, o senador Barry Goldwater e outros estudiosos do problema têm defendido esse mesmo tipo de medida contra o império soviético. Há muitas razões para justificar essa postura. A Rússia é culpada de:

---

5 *Writings of Thomas Jefferson*, Thomas Jefferson Memorial Association, 1904–1905, vol. IX, p. 285.

Violações contínuas de tratados e convênios.

Repetidas violações do direito internacional.

Subversão e interferência em assuntos internos de outras nações.

Guerra aberta contra povos amantes da paz.

Atos de provocação com insultos e acusações falsas contra os Estados Unidos.

Morte ilegal de militares americanos.

Derrubada ilegal de aviões americanos.

Prisão ilegal de cidadãos americanos.

A falta de coragem política para romper as relações diplomáticas com a Rússia é muitas vezes ocultada pela alegação de que poderíamos perder algumas vantagens importantes por isolar a Rússia dessa maneira.

Que vantagens? O Senador Goldwater apontou que não há. Desde que os Estados Unidos reconheceram a URSS em 1933, não houve uma única vantagem que não pudesse ser alcançada igualmente bem — e, muitas vezes, ainda mais facilmente — sem o reconhecimento. O reconhecimento acabou por ser uma ferramenta de conquista para os comunistas.

Além de ser isolado, o comunismo internacional também precisa ser banido em nível nacional. Isso é tão importante que Lênin disse que os comunistas devem fazer todo o possível para evitá-lo. Whittaker Chambers resumiu este pormenor quando disse:

> Lênin ensinou incansavelmente que, quando um partido comunista é declarado ilegal, fica quase totalmente paralisado, porque não pode mais enviar à comunidade os filamentos que usa para espalhar suas toxinas e de onde extrai sua força vital.[6]

Mas uma lei que proibisse o Partido Comunista não seria uma ameaça aos partidos políticos legítimos? Não se a lei fosse dirigida a qualquer organização que "defendesse a derrubada

---

6 Whittaker Chambers, *Testemunha*, p. 210.

do governo pela força e a violência". O direito penal ataca atos ilegais ou qualquer quadrilha organizada para cometê-los. Uma quadrilha organizada para derrubar o governo por força e violência é, portanto, de natureza criminosa. Qualquer organização que promova tais atividades ilegais deve ser banida. Como várias autoridades já apontaram, é tolice tratar os comunistas como um partido político legítimo, uma vez que seria como dar aos ladrões de banco alvarás de operação.

O império soviético é sempre vulnerável à pressão econômica?

Provavelmente, a maior fraqueza do bloco sino-soviético é sua economia instável. Esse é um ponto fraco no qual as pressões pacíficas poderiam ter efeito devastador. Não há quantidade de propaganda soviética que possa encobrir o evidente colapso das comunas chinesas e a lenta ineficiência das fazendas coletivizadas soviéticas. Cada um dos países satélites soviéticos está definhando em uma depressão. Até mesmo o *Pravda* tem criticado abertamente a falta de artigos essenciais e a má qualidade dos bens de fabricação russa.

Esses são fatores de austeridade e privação que, somados ao ódio e à miséria do povo, alimentam constantemente as chamas do potencial de revolta. Os líderes vermelhos têm usado táticas terroristas para reprimir revoltas. Apesar do "estado de sítio" virtual que existe em todo o império soviético, há muitos surtos de protesto violento.

Tudo isso explica por que os líderes soviéticos estão constantemente a solicitar "livre comércio", "empréstimos de longo prazo" e "aumento da disponibilidade de bens materiais do Ocidente". Economicamente, o comunismo está em colapso, mas o Ocidente não teve o bom senso de explorar a situação. Em vez disso, os Estados Unidos, a Grã-Bretanha e 37 outras potências ocidentais estão enviando grandes quantidades de bens ao bloco sino-soviético.

Alguns líderes empresariais tiveram a ousadia de insinuar que o comércio com os vermelhos ajuda a causa da paz. Afirmam que "nunca se luta com quem você negocia". Aparentemente, não conseguem lembrar-se dos fins da década de trinta, quando foi exatamente esse tipo de pensamento que levou à venda de sucata de ferro e petróleo aos japoneses logo antes da Segunda Guerra Mundial. Após o ataque a Pearl Harbor, tornou-se de uma clareza trágica que, enquanto o comércio com amigos pode promover a paz, o comércio com um inimigo ameaçador é um ato de autodestruição. Teremos esquecido essa lição fatal tão rápido?

Será possível que o império comunista imploda em razão de pressões pacíficas?

Os líderes comunistas sempre foram extremamente sensíveis a suas próprias fraquezas internas. Muitas vezes, recorrem à pena capital para suprimir a crítica amarga de seu próprio povo escravizado. Usam de propaganda para se vangloriar do sucesso fingido nas próprias áreas em que sofrem os maiores fracassos. Um exame minucioso da história recente demonstrará que uma ou outra vez os homens livres poderiam ter detido a conspiração comunista só por observar as oportunidades para explorar as candentes pressões internas que estavam prontas para explodir.

Muitas dessas pressões estão intensificando-se hoje. Cada uma delas representa uma oportunidade de ouro para a ação direta do Ocidente livre. Mas os homens livres precisam decidir se realmente querem a liberdade para os cativos da Cortina de Ferro. Vale a pena desistir de um pouco de comércio? Vale a pena a tensão política temporária de um confronto na ONU? Valerá a pena o clamor momentâneo que os agentes vermelhos incitariam se retirássemos o reconhecimento diplomático?

Para os lutadores da liberdade — especialmente nos países satélites —, é muito confuso ver a claudicante economia comunista recebendo o apoio de 39 nações ocidentais. Na ONU, a distorção da justiça e do bom senso os deixa aturdidos. A capitulação e as concessões constantes nos círculos diplomáticos parecem-lhes um ultraje. Um refugiado de um campo de trabalho escravo russo escreveu-me: "Deve haver um laço de ignorância em torno dos pescoços do Ocidente. Eles não sabem que, se o Ocidente parasse de acariciar e mimar os líderes comunistas, eles seriam derrubados por nós?".

Nas mentes dessas pessoas, retermos o impacto das poderosas pressões pacíficas que nos são disponíveis beira a negligência criminosa. Durante a Segunda Guerra Mundial, prometemos a liberdade a todos esses povos satélites. E nunca devemos deixar que os comunistas se esqueçam de que Stálin também prometeu liberdade. Em sua ordem nº 130, datada de 1º de maio de 1942, Joseph Stálin declarou:

> Não é nosso objetivo ocupar terras estrangeiras ou subjugar povos estrangeiros [...]. Não temos nem podemos ter objetivos de guerra como a imposição de nossa vontade e regime aos povos eslavos e outros povos escravizados da Europa que esperam por nossa ajuda. Nosso objetivo consiste em ajudar estes povos em sua luta pela libertação da tirania de Hitler e depois os deixar livres para governarem suas próprias terras como eles desejam.[7]

Nem o Ocidente deve permitir que Nikita Khrushchev esqueça do que disse:

> A União Soviética tem grande empatia com todas as nações que se esforçam para obter e manter sua independência. E essas nações podem estar certas de que a União Soviética, sem qualquer intromissão em seus assuntos internos, sem estipular quaisquer condições, irá ajudá-las a reforçar sua independência pela qual tanto lutaram.[8]

A fraude deslavada e inacreditável dessas declarações deve motivar as nações livres a manter firme sua decisão de contra-atacar

---

7 *On The Great Patriotic War of the Soviet Union*, Foreign Language Publishing House, Moscou, 1946, p. 59.

8 Da carta de Nikita Khrushchev ao *Excelsior*, jornal mexicano, em 28 de fevereiro de 1958.

o comunismo em todas as frentes. Com demasiada freqüência, os apologistas ocidentais da coexistência e da "paz a qualquer preço" entram em pânico quando ouvem a sugestão de que se devem aplicar pressões econômicas e políticas para espremer o império soviético até que haja uma explosão interna. Choramingam que uma medida desse tipo vai perturbar a paz por trás da Cortina de Ferro. E, de fato, o faria. Na verdade, perturbar a paz dos líderes vermelhos deveria ser um alvo padrão de estratégia. É exatamente isso o que o Presidente Woodrow Wilson queria dizer:

> Não vou tomar parte no aumento de dificuldades que não devem ser aumentadas, e uma dificuldade entre um povo escravizado e seus governantes autocráticos não deve ser aumentada. Nos Estados Unidos, desde que nascemos sempre fomos a favor da emancipação dos povos mundo afora que vivem contra sua vontade sob governos que não são de sua escolha. Enquanto erros como esses existirem no mundo, não se poderá trazer paz permanente para o para a Terra. Vou mais longe: enquanto existirem erros desse tipo, não se poderá trazer a paz permanente para o mundo, porque esses erros devem ser corrigidos, e os povos escravizados devem ser livres para poder corrigi-los.[9]

Apenas quando as potências ocidentais possuírem a coragem para apertar com um embargo comercial total o império comunista e, em seguida, combinar esse embargo com uma política de "vá para casa e leve seus espiões consigo", os corações dos que lutam para se livrar da Cortina de Ferro terão esperanças mais uma vez.

Só então a eloqüente Proclamação das Nações Cativas há de adquirir algum significado.

Que o indivíduo comum pode fazer?

A guerra entre liberdade e escravidão não é apenas uma luta a ser travada por congressistas, presidentes, soldados e diplomatas.

---

9 "Uncompromising Idealism", David Lawrence, *U.S. News & World Report*, 31 de agosto de 1959, p. 104.

A luta contra o comunismo, o socialismo e a subversão do governo constitucional é tarefa de todos. E trabalhar para a expansão da liberdade é o trabalho de todos. É um princípio americano básico que cada indivíduo sabe melhor do que ninguém o que ele próprio pode fazer para ajudar, uma vez que esteja informado. Nenhum cidadão terá de ir longe de sua própria casa para encontrar uma linha de batalha vacilante que precisa de sua ajuda. As influências comunistas estão nos corroendo em toda parte, e milhares de cidadãos confusos freqüentemente ajudam e estimulam os comunistas operando no vácuo de sua própria ignorância. A tarefa é, portanto, tornar-se informado e, em seguida, partir para a ação!

Apenas para estimular um pouco de pensamento positivo, aqui vão algumas sugestões elementares para diferentes tipos de indivíduos:

Sugestões para os pais

1. Fique perto de seus filhos, para ter certeza de que eles estão sendo treinados para pensar como Washington e Lincoln, e não como Marx e Lênin.

2. No atendimento às necessidades materiais da sua família, não se esqueça de suas necessidades espirituais. Estamos em uma guerra ideológica. Do ponto de vista marxista, a mente de um ateu já está três-quartos conquistada.

3. Não mande seus filhos à igreja: leve-os. Veja se estão recebendo verdadeiros valores religiosos, não bobagens modernistas.

4. Ajude seus filhos a crescer. Não caia na linha comunista-socialista atual que afirma que os pais são um empecilho para seus filhos. São um empecilho apenas quando não fazem sua parte.

5. Crianças necessitam de uma fórmula de 90% amor e 10% disciplina.

6. Não caia no conto da escola "permissiva" da psicologia que diz que a disciplina prejudica o desenvolvimento humano. Esse pensamento produz desordeiros com personalidades desajustadas, propensos a se deixar levar por qualquer novidade que aparecer.

Uma criança precisa saber que vive em um mundo ordenado. A disciplina faz parte desse mundo — não a dureza extrema, mas uma aplicação de regras razoável e coerente.

7. Como os "problemas da juventude" passaram a ser uma de minhas próprias áreas de estudo profissional, escrevi um livro concebido para responder à acusação comunista e socialista de que os pais modernos não podem fazer um bom trabalho ao criar os filhos.[10]

8. Seja ativo na Associação de Pais e Mestres. Se você não o for, os comunistas e planejadores centralizados assumirão o controle.

9. Crie uma "biblioteca da liberdade" em sua casa. Inclua boas biografias dos Pais Fundadores.

10. Todos os dias, use um pouco de seu tempo para atualizar-se acerca dos problemas políticos nacionais e estrangeiros.

11. Assine uma boa revista noticiosa.

12. Se tiver filhos mais velhos, discuta eventos atuais à mesa no jantar. Aponte logo qualquer desvio à esquerda no noticiário, na TV ou no rádio. Há muito mais desses desvios do que a maioria das pessoas imagina.

13. Organize um grupo de estudos em sua família, em seu bairro ou em sua igreja. Ajude sua família a perceber que há uma grande luta acontecendo no mundo, uma luta que eles podem ajudar a vencer.

14. Deixe suas crianças verem que você tem interesse em assuntos cívicos, que participa da vida política, que está preocupado com o que está acontecendo. Elas tomam muitas de suas próprias atitudes emprestadas de você.

Sugestões para professores

1. A força mais importante na vitória contra o comunismo está no campo da educação. Portanto, você está nas trincheiras da linha de frente.

2. Esteja certo de que investiu tempo para obter uma boa base sobre o pensamento comunista, assim você logo conseguirá notar quando ele aparecer.

---

10 W. Cleon Skousen, *So You Want To Raise A Boy?*, Doubleday, Nova York, 1962.

3. Defina para seus alunos a diferença entre os fatores que fizeram dos americanos os primeiros povos livres nos tempos modernos e os princípios que destruíram a liberdade de onde quer que os socialistas e comunistas hajam tomado conta.

4. Ajude os alunos a compreender que a livre iniciativa tem produzido e distribuído mais riqueza material do que qualquer outro sistema já descoberto. Saliente que esse sistema também permite que a maioria dos nossos cidadãos ganhe a vida fazendo o que gosta. Pelo menos, podem mudar de emprego se não gostam do que estão fazendo. Também é vital para os alunos compreender que as deficiências que ainda subsistem em nosso sistema são importantes, mas são mínimas em comparação com os problemas monumentais das economias de subsistência sob o socialismo e o comunismo.

5. Cuidado com aqueles que fingem ajudar a educação quando estão só tentando assumir o controle. Os planejadores socialistas e comunistas têm a ambição de eliminar todo o controle local, o que significa que os próprios professores perderiam o controle.

6. Esteja alerta para o fato de que a educação foi infiltrada pelo contingente socialista-comunista mais de trinta e cinco anos atrás. Muitos dos infiltrados eram personalidades de alto escalão que subiram até chegar a grandes organizações educacionais. Por serem esforçados, conquistaram amplo controle de algumas de nossas instituições mais respeitadas.

7. Leia "Education for One Socialist World", o capítulo 8 em *The U.N. Record*, por Chesly Manly (Henry Regnery Co., Chicago, 1955). Na página 175, Manly enumera uma série de livros que cada professor deve ler, a fim de ficar a par do ataque contra a educação norte-americana durante as últimas quatro décadas.

8. Além disso, os seguintes livros lhe serão úteis:

Conquest of the American Mind, do Dr. Felix Wittmer (Meador Publishing Co., Boston).

What's Happened To Our Schools?, de Rosalie M. Gordon, panfleto publicado pela America's Future, Inc., New Rochelle, Nova York.

The Turning of the Tides, de Paul W. Shafer e John Howland Snow (Long House Publishers).

Progressive Education Is Reducation, de Jones and Olivier (Meador Publishing Co., Boston).

Brainwashing In The High Schools, do Dr. E. Merrill Root (Devin- Adair, Nova York).

Communist-Socialist Propaganda In American Schools, de Verne P. Kaub (Publicado por Lakeshore Press, Madison, Wisconsin).

9. Se qualquer uma das organizações educacionais às quais você pertence for de orientação socialista, tente retomá-la. Não tente fazer isso sozinho. Reúna um grupo de professores atentos ao seu redor e avancem como grupo organizado.

10. Incentive o ensino de "Problemas Comunistas" na escola. Essa disciplina pode tornar-se um excelente veículo para ensinar estudantes americanos a dar valor a seu próprio modo de vida. O nome da disciplina é importante. É provável que ensinar "Problemas Comunistas" seja mais aceitável do que ensinar "Comunismo".

11. Fique atento aos vieses em livros didáticos. O setor dos livros didáticos foi invadido por autores socialistas. E até mesmo por gente com as opiniões mais radicais. *Brainwashing in the High Schools*, por E. Merrill Root, é uma análise de 11 livros de história americana que refletem uma linha de esquerda destrutiva.

12. Não se deixe enganar pela tendência atéia atual de tirar Deus da sala de aula. "Separação entre igreja e Estado" era tirar os credos — não Deus — do currículo escolar. Seria tão inconstitucional ensinar irreligião na sala de aula como o seria enfatizar alguma religião em particular. Da mesma forma que os professores não podem ensinar uma fé particular, os pais estão em seu direito quando insistem que a sala de aula não deve ser usada por aqueles poucos professores que desejam ver a fé destruída. Os professores que acreditam que ensinar o ateísmo é parte necessária de uma boa educação não estão realmente qualificados para ensinar em uma cultura judaico-cristã. Como cidadãos, têm o direito de ser ateus, mas, como funcionários públicos, não têm direito a ensinar ateísmo. Se ensinarem, estarão violando um importante princípio constitucional.

13. Incentive a presença de oradores patriotas em assembléias escolares. Há também excelentes filmes para ver. Muitas organizações já contam com oradores bem informados que podem dar palestras de alta qualidade sobre assuntos que despertam excelentes reações por parte dos estudantes.

14. Quando se realizar um Fórum da Liberdade em sua área, procure comparecer.

Sugestões para estudantes

1. A mente dos estudantes é considerada um importante campo de batalha pelos estrategistas comunistas. A conquista comunista de um país é sempre precedida pela atividade extensiva dos "intelectuais convertidos". No entanto, os antagonistas mais vigorosos do comunismo são alguns desses mesmos intelectuais que ficaram desiludidos e voltaram para o lado da liberdade.

2. Você nunca terá mais tempo para estudar o comunismo do que durante o período em que estiver na escola. Tente obter uma compreensão verdadeira do assunto. Aprenda sua filosofia, sua história e suas falácias.

3. Quando se deparar com socialistas dedicados, lembre-se que a única diferença entre um socialista e um comunista está no meio de dominação. O desejo de assumir o controle monolítico da sociedade é o mesmo em ambos. Às vezes, a gente esquece que URSS quer dizer União das Repúblicas Socialistas Soviéticas. Algumas pessoas consideram o socialismo como "bom" e o comunismo como "ruim". Na realidade, os dois são gêmeos.

4. Seja rápido para detectar o viés de esquerda em livros didáticos e palestras.

5. Fique familiarizado com a mais recente "linha" comunista. Prepare respostas para suas acusações e propostas.

6. Seja sempre justo e franco. Nunca use táticas comunistas para ganhar pontos.

7. Você aproveita a escola muito mais quando sua educação tem um propósito. Fique familiarizado com os problemas comunistas e, de repente, economia, história, filosofia, ciência política, sociologia e psicologia irão adquirir vida. São assuntos relacionados com a guerra por sobrevivência em que estamos envolvidos.

8. Esteja consciente do fato de que as pessoas vêem os acontecimentos mundiais através de uma dentre duas janelas. De uma das janelas, os alunos (e às vezes o professor) vêem apenas o céu azul. Fora da outra janela, o aluno pode ver nuvens de tempestade. É esta a janela que você deve escolher. Este é o lugar onde a história está sendo feita, e quem não mantém seu olhar nesta janela é pego de surpresa quando a tempestade começa. No dia do ataque a Pearl Harbor, a maioria dos americanos teve que partir da primeira para a segunda janela muito rapidamente. Quase chegaram tarde

demais. Os danos causados pelas ameaçadoras tempestades políticas do mundo podem ser evitados somente quando os prevemos, mantendo-nos vigilantes e atentos.

9. Se tiver dificuldades com filosofia e sua mente estiver atormentada por dúvidas, leia a experiência de um estudioso descrita no último capítulo deste livro.

10. Resista ao elemento radical no campus que defende "ações de massas" e protestos violentos. Essas geralmente são as ferramentas dos agitadores comunistas. Elas fazem com que os alunos se manifestem, o que geralmente provoca brigas. Quando a polícia tenta restaurar a ordem, os comunistas escapam para que os estudantes assumam a culpa. Quando os agitadores comunistas conseguiram fazer com que os estudantes destruíssem as audiências do Congresso em San Francisco em maio de 1960, o juiz decidiu libertá-los, pois creu que os estudantes já haviam percebido que foram enganados a ponto de servirem de frente a profissionais antiamericanos.

11. Organize um grupo de estudantes para estudar o comunismo e o americanismo. Desafie socialistas e pró-comunistas no campus. Publique trabalhos. Crie uma associação de oradores. Escreva cartas ao jornal da escola. Adquira experiência em fazer processos democráticos pacíficos funcionarem.

12. Uma organização estudantil com um propósito patriótico e que está crescendo é "The Torchbearers". Obtenha sugestões sobre como criar uma subsede da organização em sua escola escrevendo para "The Torchbearers", 5354 W. 126th Street, Hawthorne, California.

Sugestões para empresários

1. Lembre-se que Jefferson, Washington, Franklin, Madison, Adams e os demais fundadores não eram "aristocratas coloniais", como alguns livros didáticos insinuam, mas eram somente homens de negócios bem-sucedidos. Como estavam dispostos a parar para pensar sobre os problemas de seus dias, herdamos uma nação livre.

2. Reserve um tempo das pressões dos negócios para se manter informado. Assine uma boa revista noticiosa.

3. Seja membro de uma organização que envie relatórios de inteligência freqüentes sobre problemas atuais. Uma das agências

particulares mais eficazes neste campo é o American Security Council, 205 West Monroe Street, Chicago, Illinois.

4. Tome parte nas atividades do partido político de sua escolha. Preste atenção na forte influência socialista que está tentando dominar ambos os partidos. Não hesite em usar sua força financeira e seu tempo na luta pela liberdade. Custou a Washington 65 mil dólares para deixar seu negócio e servir no exército revolucionário. Em valores monetários inflacionados atuais, isso representaria cerca de meio milhão de dólares.

5. Se você pertence a um clube de serviço, empenhe-o na luta pela liberdade. A maioria dos clubes cívicos tem uma comissão especial para inspirar interesses patrióticos. Convide oradores para manter alerta a comunidade empresarial.

6. Patrocine concursos de redação e de oratória nas escolas para promover os ideais americanos e resistir à propaganda comunista enganosa.

7. Resista abertamente à venda de bens ao império soviético e lute por um embargo total contra a URSS e seus países satélites.

8. Trabalhe em benefício de uma estrutura tributária mais justa, que não seja arbitrária e confiscatória. A liberdade econômica faz parte da liberdade política.

9. Se seus funcionários forem sindicalizados, busque a cooperação das autoridades sindicais para a realização de um curso sobre o comunismo para sua própria equipe. Se não houver sindicato envolvido, pergunte a seus empregados se eles gostariam de um curso desse tipo. O American Security Council pode oferecer um programa completo, com oradores, filmes e textos. Há muitas outras organizações disponíveis para ajudar.

10. Faça sua Câmara de Comércio apoiar fóruns regulares pró-liberdade que ajudem a comunidade a se manter alerta.

11. Só contribua com organizações fidedignas e que possuem intuitos patrióticos. Inconscientemente, alguns empresários têm financiado organizações que são meras fachadas comunistas. Se você for um membro do American Security Council, pode verificar qualquer organização ou pessoa nos arquivos da organização.

12. Sempre tenha em mente que as empresas americanas são um dos principais alvos da propaganda comunista. Esteja alerta para quaisquer atividades que possam dar munição ao inimigo.

13. Forneça pontos de vista e sugestões a seus legisladores estaduais e federais. Uma carta a um membro do Congresso tem mais impacto do que muitas pessoas imaginam.

Sugestões para os legisladores

1. A guerra entre liberdade e escravidão pode ser perdida nos corredores do Congresso. A onda de socialismo que está varrendo muitas nações ocidentais livres para uma espécie de feudalismo supressivo está ganhando terreno. Nesta batalha, nossos legisladores estão na primeira linha de defesa.

2. Toda a estrutura da segurança americana foi gravemente enfraquecida por decisões técnicas da Suprema Corte nos últimos anos. O único remédio é a ação legislativa para restaurar essas leis de segurança.

3. Os legisladores federais devem continuar a apoiar as comissões do Congresso que estão sob ataque do Partido Comunista e seus companheiros de viagem. Esse ataque é um projeto de prioridade do Partido Comunista na atualidade.

4. Restaurar às comissões do Congresso Americano o direito de determinar se as perguntas feitas a testemunhas pró-comunistas são pertinentes.

5. Restaurar às comissões do Congresso a mesma liberdade para investigar comunistas e pró-comunistas que sempre detiveram ao investigar problemas empresariais e trabalhistas.

6. Restaurar aos estados o direito de impor suas próprias leis anti-subversão.

7. Restaurar ao Smith Act a disposição que torna crime ensinar ou defender a derrubada violenta do governo.

8. Restaurar ao Smith Act o significado de "organizar", que inclui o trabalho de organização realizado depois de 1945 para que os agentes comunistas não pudessem esconder-se atrás das prescrições dos crimes.

9. Restaurar ao Poder Executivo do governo o direito de determinar "motivos razoáveis" e descartar os riscos de segurança em postos governamentais sensíveis e não-sensíveis.

10. Restaurar aos estados o direito de excluir do emprego e da educação pública aqueles que se recusam a depor sobre suas atividades e ligações comunistas.

11. Restaurar ao Poder Executivo o direito de interrogar estrangeiros que aguardam deportação acerca de companheiros e contatos subversivos e o direito de deportar estrangeiros que se descobre serem comunistas após sua entrada nos Estados Unidos.

12. Restaurar ao Poder Executivo o direito de negar passaportes àqueles que se recusam a assinar uma declaração não-comunista.

13. Restaurar aos estados o direito de excluir do exercício da advocacia aqueles que foram membros da conspiração comunista ou que se recusam a testemunhar sobre atividades comunistas.

14. Manter-se atento a qualquer tentativa de forças de esquerda para desmantelar ou castrar o FBI.

15. Colocar em vigor as excelentes recomendações da Comissão de Segurança do Governo publicadas em junho de 1957, que nunca foram postas em prática.

16. Familiarize-se com as vantagens da utilização das poderosas pressões pacíficas contra a URSS, especialmente nos campos econômico e político.

Sugestões para a imprensa

1. Tenha em mente o esforço constante do aparato comunista para implantar seus agentes em todos os meios de comunicação de massa.

2. Familiarize-se com a linha comunista atual, que aparece no início deste capítulo. Cuidado com pessoas que mudam conforme essa linha, muitas vezes se contradizendo para se acomodar aos zigue-zagues mais recentes da estratégia do partido.

3. No cumprimento da tarefa de denunciar o crime, a corrupção e a ineficiência na cultura americana, tenha cuidado para não destruir a confiança nas instituições americanas. Como as forças negativas em nossa sociedade são mais propensas a ser "notícia" do que as realizações positivas, é fácil exceder-se na ênfase ao lado negativo e fornecer os elementos para uma propaganda extremamente prejudicial.

4. Escreva matérias sobre temas atuais que reflitam interpretações solidamente americanas do problema. A avalanche comunista de literatura é muitas vezes agravada pelo viés de esquerda nas notícias publicadas em vários órgãos, viés que deixa o ponto de vista americano praticamente de fora. Mais e mais editores de jornais estão reconhecendo este problema e tomando providências.

5. Use citações de patriotas americanos em pequenas matérias.

6. Desenvolva um programa de contato com as autoridades, para que elas tenham uma garantia de sua capacidade para manter segredos. É desejável que a imprensa esteja informada sobre os acontecimentos, por confidenciais que sejam. A maioria dos funcionários começa desejando cooperar estreitamente com a imprensa, mas se torna reservada quando distorções e publicações prematuras enfraquecem ou destroem sua capacidade de cumprir suas obrigações.

7. Alguns membros da imprensa têm o dom de detectar influências comunistas na vida pública e fizeram excelentes contribuições ao apontar esses problemas. No início, essa ação talvez não seja popular, mas dá ao jornalista estatura à medida que os eventos vão demonstrando que sua análise estava correta. Precisamos de mais analistas informados e sensíveis às técnicas do aparato comunista.

Sugestões para os líderes religiosos

1. As igrejas tornaram-se um dos principais alvos para a infiltração comunista-socialista há muitos anos. Conseguiram capturar muitas posições-chave em várias organizações religiosas importantes. Alguns líderes religiosos defendem abertamente os princípios comunistas. São apologistas da União Soviética e defendem até mesmo a capitulação sob ameaça de guerra nuclear.

2. Estude o judaísmo, o cristianismo e o comunismo a ponto de poder detectar imediatamente as falácias que algumas pessoas em posições de destaque disseminam de seus púlpitos.

3. Desenvolva uma congregação de leitura da Bíblia.

4. Faça da religião uma força prática e dinâmica na vida das pessoas.

5. Resista à erosão dos modernistas que procuram desacreditar a Bíblia e definir Deus como uma não-realidade imaginária. Como

dissemos no primeiro capítulo deste livro, muitos daqueles que começaram há um século atacando a Bíblia e destruindo nossa cultura religiosa eram colaboradores próximos de Karl Marx.

6. Esteja alerta para detectar aqueles que usam o "cristianismo social" para encobrir o fato de que não são cristãos em hipótese alguma.

7. Preste atenção àqueles que usam dos princípios de paz, fraternidade, tolerância e caridade cristã para obscurecer os aspectos conspiratórios da "paz" comunista. A paz do comunismo compartilha a prisão e a sepultura. Lembre os pacifistas profissionais que aceitaram a propaganda de paz paralisante dos comunistas que o mesmo Jesus que ensinou a "amar o inimigo" nunca defendeu a rendição. O mesmo Jesus que disse "dê a outra face" para evitar brigas e disputas no curso normal da vida também disse para se sacar de uma espada para preservar a vida.[11] O Jesus de Nazaré que limpou o templo estava demonstrando que o direito deve ser defendido.

8. Caso se depare com alguém que labute sob o erro de que o comunismo e o cristianismo têm um denominador comum, peça para que leia o apêndice deste livro: "Os primeiros cristãos praticavam o comunismo?".

9. Por causa do aconselhamento prestado pelos ministros, há grandes esforços no sentido de usurpar o ministério. Esteja atento ao esforço de alguns psiquiatras analíticos que levam os ministros a aceitar sua filosofia amoral. Eles opinam que o sentimento de culpa e o senso de certo e errado são a causa de doenças mentais. Toda essa concepção está sendo desacreditada. Há muito mais saúde mental no conceito judaico-cristão de resistência à tentação e superação dos erros do que naquilo que jamais emanou do divã freudiano. Escrevi um artigo bastante abrangente sobre o assunto intitulado "Law Enforcement Looks at Mental Health", que apareceu na revista policial profissional *Law & Order* de março de 1961.

10. Ao aconselhar os estudantes que estão encontrando dificuldades para conciliar as muitas e conflitantes abordagens difundidas na escola, você pode encaminhá-los para o último capítulo deste livro, projetado para ajudar o aluno a reconhecer o conflito ideológico

---

11 Lc 22, 36.

em curso atualmente. Espera-se que este material ajude os leitores a encontrar seu caminho através da confusão de tantas vozes, de modo a manter sua integridade moral e intelectual.

11. Leia atentamente um livro antes de o recomendar a outras pessoas. Recentemente, alguns grupos religiosos foram induzidos a recomendar livros que estavam repletos de obscenidades. Esta é uma parte importante da campanha socialista-comunista para desacreditar a cultura religiosa. Que técnica poderia servir melhor sua finalidade do que ter as próprias igrejas patrocinando literatura degenerada?

12. Crie grupos de estudo de jovens e adultos para estudar o comunismo. Consiga pessoas qualificadas e bem informadas para servirem como líderes de discussão.

O Ocidente pode vencer

Se todos os cidadãos ficarem atentos às oportunidades para dar um golpe em benefício da liberdade, a força do comunismo pode ser interrompida, sufocada e então eliminada. Essa é nossa tarefa. Sem nossa tolerância e ajuda, o império comunista jamais se teria tornado o segundo poder mais forte da Terra. Agora temos a incumbência de desmantelá-lo. Nikita Khrushchev sabe das pressões que podemos fazer sobre ele se nosso povo se convencer a agir.

Quem não tiver coragem para a ação positiva pode muito bem lembrar da já citada ameaça de Manuilsky. Ele descreveu a estratégia comunista para o período que estamos atravessando agora do seguinte modo:

> Começaremos por lançar os movimentos de paz mais espetaculares da história [...]. Os países capitalistas, cretinos e decadentes, terão a satisfação de cooperar em sua própria destruição. Aceitarão com satisfação outra oportunidade de sermos amigos. Assim que baixarem a guarda, esmagaremos a todos com nosso punho fechado![12]

---

12 Citado por Joseph Z. Kornfeder, que era um aluno na escola. Em uma carta ao Dr. J. D. Bales, do Harding College, datada de 7 de março de 1961, Kornfeder disse:

Hoje o comunismo está avançando em todas as frentes. As autoridades dizem que, se nós deixarmos os comunistas se alimentarem do Ocidente por apenas alguns anos a mais, pode ser tarde demais. É melhor passarmos adiante a mensagem de que "podemos chegar ao sucesso sem maiores guerras!".

Se os homens livres estiverem dispostos a estudar o problema e mover-se pelo mundo em uma coalizão vasta e unida, é totalmente possível que a raça humana possa celebrar o encerramento do século vinte com a seguinte realização monumental:

Liberdade a todos em nosso tempo!

"Em anexo, uma cópia da citação que você pediu. Faz parte do que Manuilsky disse a um grupo de alunos dos últimos anos da Escola Lênin, em uma conferência realizada em Moscou, em março de 1930, à qual estava presente como um dos alunos que era".

CAPÍTULO 13

AS 45 METAS ATUAIS DO COMUNISMO

"As 45 metas do comunismo"[1] foi publicado pela primeira vez na 8ª edição de *O comunista exposto*, em março de 1961. As metas foram recolhidas de depoimentos dados ao Congresso por vários estudiosos e dos escritos de comunistas de então ou ex-comunistas. Em 1963, essas 45 metas foram lidas no Congressional Record por Albert S. Herlong Jr., (democrata da Flórida), e desde então foram compartilhadas no mundo todo.[2]

Objetivo das 45 metas

A orientação geral das 45 metas era atacar os fundamentos judaico-cristãos que há muito prosperaram e protegeram a liberdade, depois substituí-los com os tijolos, a argamassa e a força bruta de uma sociedade puramente socialista. Embora nenhuma sociedade utópica como o socialismo puro seja possível e todas as tentativas anteriores tenham destruído civilizações no passado, os comunistas e seus simpatizantes continuam a apresentar a mesma fórmula. O objetivo, afinal, não é o avanço do bem-estar humano, mas sim o avanço do controle do ser humano.

O jogo de espera

Um país normalmente se conquista de uma entre duas maneiras. A primeira é atacá-lo militarmente e obrigar seu povo à

---

1 W. Cleon Skousen, *The Naked Communist*, 8th Edition, 1961, pp. 234–237.

2 Este capítulo foi escrito por Paul B. Skousen para a 12ª edição de *The Naked Communist*.

submissão. A segunda é corromper as instituições que mantêm o povo unificado e criar líderes que prometem estabilizar o caos, estabelecer a ordem e devolver uma sensação de segurança.

Os Estados Unidos eram um país muito forte para sofrer uma conquista militar, então optaram pelo segundo processo: o processo de corrupção.

Desconectar as instituições dos EUA é algo que devia ser abordado sorrateiramente — com paciência excruciante enquanto se trabalhava para degradar a cultura, desagregar a família, destruir o estado de direito, politizar os remédios jurídicos, descartar os valores tradicionais e eliminar a propriedade privada. O velho líder chinês Shan Yang descreveu este processo em 350 a. C., chamando-o de "enfraquecer as pessoas" para que pudessem ser mais facilmente controladas pelas elites.[3]

O enfraquecimento do povo norte-americano ganhou impulso na década de 1960. Com o aumento das rebeliões e o apoio às instituições tradicionais em baixa, uma atmosfera de "vale-tudo" tornou-se a nova norma. Paralelamente, veio o aumento da criminalidade, da desordem e da insatisfação. O povo americano não buscou soluções em si mesmo, buscou-as no governo. A "melhor solução" veio em um pacote com mais leis, menos liberdade e mais mestres. A famosa citação muitas vezes atribuída a Benjamin Franklin resume esse resultado exato:

"Aqueles que desistiriam da liberdade essencial para comprar um pouco de segurança provisória não merecem nem a liberdade nem a segurança" — e é para aí que os Estados Unidos estão se dirigindo.

Não há nada de novo nesse padrão. É o caminho comprovado para substituir o autogoverno pelo poder governamental consolidado. Esta "nova ordem americana" em evolução serviria como base para uma "nova ordem mundial".

---

3 Paul B. Skousen, *The Book of Lord Shang*, citado em *The Naked Socialist*, 2014, pp. 58–60.

Duas gerações

Quando as 45 metas do comunismo foram publicadas e divulgadas, foram recebidas com ceticismo em alguns lugares e com aversão em outros. A maior parte dos americanos acreditava que esses assaltos gritantes ao "American way of life" não seriam possíveis de se realizar. Acreditavam que os americanos nunca aceitariam qualquer dessas metas no grande e impermeável santuário da virtude e da liberdade conhecido como os Estados Unidos da América.

E, ainda assim, em duas gerações o invejado sistema americano de liberdade, virtude, educação e entendimento perpétuos estava perigosamente prejudicado e esquecido. Em vez disso, havia a conversa de um dito "iluminismo", uma Nova Era, com uma nomenclatura enganosa que renomeava o errado como certo, o bom como ruim — e a sombra como luz. O resultado final foi "bem-sucedido", pois todas senão uma das metas foram alcançadas dentro de cinco décadas.

As 45 metas do comunismo

A lista abaixo inclui vários exemplos ou razões para se declarar um objetivo alcançado ou cumprido com êxito. Estes exemplos são breves representações de muitas invasões adicionais de idéias comunistas e socialistas na cultura americana.

✓ 1. A aceitação por parte dos EUA da convivência como a única alternativa à guerra nuclear.

Coexistência é uma palavra negativa, um resultado em que todas as partes envolvidas perdem. Para a coexistência ser alcançada, é necessário abandonar a responsabilidade moral de fazer avançar o bem para conseguir conviver com o mal.

O crescente arsenal nuclear soviético surgiu para fazer da coexistência a única alternativa viável a uma Terceira Guerra Mundial. Foi um enorme blefe, e o Ocidente caiu direitinho. Desde então, o Ocidente negociou uma dúzia de grandes tratados que fizeram pouco mais que retirar sua superioridade. Na época, isso se chamava "distensão".

Ronald Reagan expôs a grande mentira quando levou o Ocidente a provar que a coexistência não era a única alternativa. Gastando mais, produzindo mais e vencendo a concorrência em várias frentes, levou a URSS à ruína financeira e à dissolução política em 1991, sem um único ataque nuclear. Infelizmente, a fórmula de paz-pela-força que Reagan aplicou na década de 1980 foi abandonada por seus sucessores, que retornaram ao posicionamento mais fraco de coexistência e desarmamento unilateral.

- ✓ 2. A disposição dos EUA a preferirem capitular a começarem uma guerra nuclear.

Nenhuma pessoa sã deseja uma guerra nuclear. Isso levanta a seguinte questão: existe uma maneira de evitar a guerra com mais armas nucleares? O Presidente Ronald Reagan acreditava que sim e buscou uma política de paz através da força. Seu acúmulo de forças americanas em todas as frentes contribuiu para o colapso final da União Soviética. A URSS esgotou seu orçamento tentando acompanhar os investimentos americanos, e seu povo rebelou-se contra os custos e sacrifícios que deixaram estômagos vazios e a infra-estrutura enferrujando enquanto os exércitos e as ogivas aumentavam.

Um componente-chave para manter-se atento à vanguarda nuclear tem sido a análise — que já dura décadas — da situação mundial e dos ajustes necessários para enfrentá-la. Os analistas militares usam computadores para simular um número incontável de cenários de guerra nuclear, cada qual explorando todas as opções para garantir a vitória do Ocidente com o menor número de vítimas.

O único coringa nesses cenários é a vontade política fluida que está em constante mutação e evolução para longe da paz através da força. Este padrão de apaziguamento e capitulação levou ao enfraquecimento dos EUA — que é o cumprimento da meta original dos comunistas.

✓ 3. Criar a ilusão de que o total desarmamento por parte dos Estados Unidos seria uma demonstração de força moral.

O movimento para desarmar os EUA vem crescendo desde a década de 1950. Na verdade, o desarmamento unilateral foi a filosofia da vida toda de Paul Warnke, que negociou o Tratado SALT II com a Rússia (1972–1979). A redução gradual das armas nucleares diminuiu o número de ogivas entre as potências da Guerra Fria, mas a chegada de outros países, como Paquistão, Coréia do Norte, Irã e Israel aumentou a complexidade do enfraquecimento dos Estados Unidos e de suas ambições pacíficas. Os Estados Unidos estão voluntariamente entregando seu trunfo, como se, ao tornarem-se mais vulneráveis, de alguma maneira estivessem enviando uma forte mensagem moral que detivesse os avanços nucleares de seus inimigos. Como Benjamin Franklin advertiu: "Tornem-se ovelhas e serão devorados pelos lobos".[4]

Enquanto isso, os EUA estão partindo para a desmilitarização de outras maneiras. Desde a Segunda Guerra Mundial, fecharam mais de 325 bases militares em todos os 50 estados, reduziram o número de soldados e desmantelaram milhares de navios, blindados e aeronaves. Enquanto parte dessas medidas é prudente por razões orçamentárias e tecnológicas, muitos desses cortes na verdade enfraqueceram a posição militar dos Estados Unidos no mundo.

✓ 4. Permitir o livre-comércio entre todas as nações, mesmo àquelas de filiação comunista, ainda que haja artigos que possam ser usados para a guerra.

A Lei de Controle de Assistência para a Defesa Mútua, de 1951, também conhecida como Lei Battle (por ter sido patrocinada pelo Deputado Laurie C. Battle, democrata do Alabama), proíbe que os Estados Unidos concedam auxílio à reconstrução econômica de países que fazem negócios com a União Soviética. Ela fez parte da política dos EUA de contenção do comunismo. No entanto, as

---

4 Benjamin Franklin para Thomas Cushing, 5 de janeiro de 1773.

violações regulares e rotineiras de suas disposições sob os nomes de ajuda humanitária e promessas de assistência econômica caracterizaram todos os governos dos últimos 60 anos e ajudaram os regimes socialistas a ganhar força.

> ✓ 5. A concessão de empréstimos a longo prazo para a Rússia e os países satélites soviéticos.

Essa foi a política estabelecida pelos EUA desde 1971 e tem continuado em relação às nações resultantes da queda da URSS, em 1991. A generosidade dos EUA na ajuda aos necessitados é uma influência estabilizadora importante no mundo. Os problemas surgem quando essa ajuda permite que as nações usem os recursos excedentes para adquirir armamentos com o objetivo de atacar outras nações.

> ✓ 6. O fornecimento de ajuda americana a todas as nações, independentemente do domínio comunista.

Os EUA concedem ajuda a mais de 150 países, muitos deles governados por ditadores, terroristas e comunistas. Bilhões foram enviados a nações de todos os tamanhos, incluindo Rússia, China, Cuba, Panamá, Venezuela e outros que haviam declarado sua oposição aos EUA e clamado pela derrubada de seu governo. Os que tomam decisões nos EUA fecham os olhos às vantagens que dão aos inimigos quando colocam necessidades humanitárias acima de preocupações de segurança. Qualquer inimigo declarado dos Estados Unidos que receba ajuda humanitária também se torna livre para concentrar mais recursos e atenção em atividades hostis aos EUA e seus aliados.

> ✓ 7. O reconhecimento da China vermelha e sua admissão na ONU.

Parceiros comerciais tendem a promover prosperidade uns aos outros, e a concessão de reconhecimento é o primeiro passo para se iniciar uma nova relação comercial. Quando as 45 metas comunistas foram publicadas pela primeira vez, em 1961, muitos disseram que a idéia de reconhecer inimigos declarados, como a China, e permitir sua admissão na ONU era ridícula.

Essa oposição foi abandonada quando o Presidente Nixon iniciou o processo de reconhecimento da China pela ONU em 1972, processo concluído pelo Presidente Carter em 1979.

Será que a China prosperou em função de seu reconhecimento? Em janeiro de 2014, a China ultrapassou os EUA como maior nação comercial do mundo, com 4 trilhões de dólares em importações e exportações anuais somadas. Um auxílio para que a China alcançasse esse *status* foi a compra pelos EUA de 17,2% das exportações chinesas e o fornecimento de 7,1% de suas importações.[5]

Será que o comércio com a China promoveu mais paz ao mundo? O capitalismo tem um modo maravilhoso de corromper ditaduras; por isso, talvez venha a promover sim. Por outro lado, a China tem a maior carteira de dívida dos EUA, que somava 1,317 trilhão de dólares (em novembro de 2013). Com pagamento de juros superior a 164 milhões de dólares por dia, torna-se claro que os EUA enfrentam outras forças destrutivas da China além da ameaça militar e nuclear da nação.

> ✓ 8. A configuração das Alemanhas Ocidental e Oriental como Estados separados, apesar da promessa de Khrushchev de 1955 de resolver a questão alemã por meio de eleições livres sob supervisão da ONU.

O atrito entre Estados Unidos e URSS aumentou na Europa Ocidental porque os soviéticos desejavam manter as fronteiras da Europa como elas eram no fim da Segunda Guerra Mundial. Naquela época, a Alemanha foi dividida em dois estados, e estados menores da Europa Oriental, incluindo os países bálticos, tornaram-se membros permanentes da URSS (querendo ou não). Os Acordos de Helsinque assinados em 1975 deram aos soviéticos o que eles queriam: os ganhos da URSS com a guerra foram oficialmente reconhecidos e aceitos, os estados europeus menores tornaram-se territórios satélites controlados pelos soviéticos sem contestação, a Alemanha permaneceu dividida em Oriental e Ocidental e os soviéticos prometeram respeitar os direitos humanos

---

5 CIA, *The World Factbook* de 2014.

básicos em todos os seus territórios recém-reconhecidos. Apesar dessa promessa, no final de 1970 os soviéticos invadiram os pequenos estados para sufocar a dissidência interna, alegando que as ações foram questões de segurança interna que não violam os Acordos de Helsinque — e o Ocidente, em nome da paz, não fez nenhuma objeção aos soviéticos.

> ✓ 9. Prolongar as conferências em prol da proibição de testes atômicos, já que os EUA concordaram em suspendê-los enquanto houver negociações em andamento.

Algo que funcionou como vantagem à União Soviética, que continuou seus testes por muito tempo depois de os EUA haverem interrompido os seus. As negociações se arrastaram por oito anos, até 1963, quando os EUA e a URSS acordaram uma proibição limitada. Os planejadores norte-americanos esperavam que uma aliança nuclear EUA-URSS pressionasse a China a deixar de desenvolver suas próprias armas nucleares. A aliança não conseguiu se desenvolver com a velocidade necessária, e a China testou sua própria arma nuclear em 1964. A França desenvolveu a sua em meados da década de 1960, seguida de Índia, Paquistão, Coréia do Norte e logo depois o Irã.

> ✓ 10. Permitir que os Estados satélites da URSS tenham representatividade na ONU.

Com a queda da União Soviética, a maioria das nações satélites que já haviam estado sob seu domínio recebeu reconhecimento pela ONU. Essa dúzia de estados trouxe mais força à esquerda radical na ONU. Como resultado, Europa Ocidental e Estados Unidos na prática abandonaram a ONU como instrumento de ação construtiva.

> ✓ 11. Promover a ONU como a única esperança para a humanidade. Se a Carta for reescrita, exigir que seja configurada como um governo mundial, com suas próprias forças armadas independentes [alguns líderes comunistas acreditam que o mundo possa ser tomado tão facilmente pela ONU como por Moscou. Às vezes, esses dois centros competem entre si, como estão fazendo agora no Congo].

A ONU é descrita como "segunda chance" para uma nova ordem mundial. No entanto, sua multiplicidade de tratados, programas e agendas que promovem o socialismo e o desmantelamento dos valores ocidentais tradicionais resultaram em seu descrédito como organização unificadora. Ela não possui os interesses da liberdade em mente, mas procura centralizar o poder mundial em um único corpo.

Em 2009, um pedido de "democracia global" foi introduzido na ONU. No ano seguinte, um órgão da ONU solicitou apoio para um tratado que regulasse empresas militares e de segurança privada. Centenas de outras proclamações da ONU solicitaram itens comunistas/socialistas da agenda, incluindo planos de saúde nacionais, a aceitação de um tribunal mundial para todas as nações, subserviência à vontade coletiva do mundo e a institucionalização de uma nova estrutura moral que substituiria a vontade do povo.

Os defensores da ONU vêem esse poder coletivo como o grande equalizador. Mas no centro deste sonho utópico está a necessidade de enfraquecer os Estados Unidos como potência mundial. À medida que os EUA perdem sua proeminência como porta-estandarte da liberdade, a tirania aumenta em outras partes do mundo.

✓ 12. Resistir a qualquer tentativa de declarar o Partido Comunista ilegal.

A Suprema Corte tem frustrado as tentativas de proibir o Partido Comunista. Em casos como Yates *vs.* Estados Unidos (1957), o tribunal determinou que defender ação subversiva contra os Estados Unidos era lícito, com base na Primeira Emenda à Constituição Americana, enquanto não se tornasse uma defesa de medidas imediatas para derrubar o governo dos EUA pela força. Em outras palavras, todos têm liberdade para organizar grupos e fazer palestras para derrubar o governo dos EUA, desde que não tentem fazê-lo realmente.

✓ 13. Acabar com todos os juramentos de fidelidade.

Não se trata de uma referência ao Juramento de Fidelidade ("Pledge of Allegiance") — mas sim de uma referência ao artigo

6º da Constituição, que exige que os funcionários públicos e líderes eleitos sejam obrigados a prestar juramento ou atestar que apoiarão a lei e a Constituição e não se envolverão em atividades subversivas nem manterão associação com grupos subversivos. Há mais de cinco décadas, os juramentos de fidelidade estão sob ataque como uma violação da liberdade de expressão. Os juramentos vêm desaparecendo com o tempo.

Em 1949, por exemplo, uma iniciativa dos Jovens Progressistas ("Young Progressives" — YP) exigiu que as universidades abolissem os juramentos de lealdade dos estudantes que participassem dos programas ROTC.[6] O YP alegou que, se os juramentos fossem autorizados, constituiriam endosso oficial pela universidade, o que faria deles igualmente vinculativos a todos os alunos.[7]

Em 1976, a Comissão do Serviço Civil dos Estados Unidos respondeu a inúmeras ações judiciais que exigiam a eliminação de todas as perguntas a respeito de filiação ao Partido Comunista ou a grupos revolucionários dos formulários de candidatura a empregos públicos.[8]

✓ 14. Manter o acesso russo ao Escritório de Patentes dos EUA.

O estatuto de nação preferida concede acesso ao Escritório de Patentes dos EUA à Rússia e à China. Os círculos de inteligência dos EUA admitem que alguns dos materiais disponibilizados publicamente provavelmente prejudicam os EUA. Por exemplo, a série MIT Radiation Laboratory, 26 volumes, publicada no período de 1947 a 1950. Essa publicação deu a todo o mundo acesso à maioria dos resultados de pesquisa e desenvolvimento do radar nos EUA em tempo de guerra. Muito mais problemático é o relatório Smythe de 1946. Esse documento deu a cientistas estrangeiros informações suficientes para evitar becos sem saída e buscas

---

6 Semelhante ao CPOR brasileiro (Centro de Preparação de Oficiais da Reserva) — NT.

7 "YP Demands Abolition of NROTC Loyalty Oath", The Harvard Crimson, 14 Nov. 1949.

8 *Loyalty Oath Abolished*, Associated Press, 9 de setembro de 1976.

infrutíferas em pesquisa atômica. Há evidências positivas de que os soviéticos utilizaram informações do relatório para criar seu próprio programa nuclear.[9] Alguns acordos de comércio internacional estão tratando de reduzir o roubo de informações americanas, mas, quando se trata de idéias aplicáveis a avanços na tecnologia militar e eletrônica, ainda não há restrições suficientes. Os segredos comerciais podem ser protegidos pelos membros da Organização Mundial do Comércio, mas como todas as organizações do tipo "nova ordem mundial", tais grupos não podem impedir um adversário de obter conhecimentos valiosos que possam ser usados contra os melhores interesses dos EUA.

- ✓ 15. Capturar um ou ambos os partidos políticos dos Estados Unidos.

Algo que tem sido feito indiretamente através de socialistas democráticos, tanto no partido Republicano como no Democrata, que usaram o Congresso, a Casa Branca e o Departamento de Estado para promover políticas favoráveis aos países comunistas à custa da segurança e dos interesses econômicos dos EUA e seus aliados.

- ✓ 16. Usar das decisões técnicas dos tribunais para enfraquecer as instituições americanas básicas, afirmando que suas atividades violam os direitos civis.

Quando Earl Warren presidiu a Suprema Corte, chegamos a um extremo tal que, em 1962, houve um escândalo nacional. A Suprema Corte eliminou as orações e a leitura da Bíblia, juntamente com o ensino de valores judaico-cristãos, das escolas públicas.

O transporte forçado de ônibus foi uma tentativa de derrubar políticas de segregação racial em alguns estados. Foi um excesso do governo federal nos assuntos escolares locais odiado pela grande maioria de negros e brancos. Uma pesquisa do Gallup no início de 1970 constatou que apenas 4% dos brancos e 9% dos

---

9 Joseph Becker, *Comparative Survey of Soviet and US Access to Published Information*, CIA, escrito em 1994, publicado *online* em www.cia.gov em 8 de maio de 2007.

negros apoiaram o transporte fora de seus próprios bairros. Todos os outros se opuseram.[10]

Em 1972, uma emenda à Lei de Direitos Civis de 1964 chamada Título IX obrigou as escolas que recebem verbas federais a proporcionar igualdade de oportunidades para ambos os sexos em proporção à relação entre homens e mulheres no campus — em outras palavras, utilizando cotas. Foi um desastre. Em 2010, essa política controversa havia sido reduzida a uma pesquisa para determinar o interesse em um dado esporte por ambos os sexos, não apenas o minoritário.

A instituição do casamento, há muito considerada sagrada e protegida pelos estados, foi transformada em um direito civil pelos tribunais em 2015, com sua decisão que impõe a legalização dos casamentos de mesmo sexo em todos os estados.

> ✓ 17. Controlar as escolas. Usá-las como meios de transmissão do socialismo e da propaganda comunista vigente. Suavizar o currículo. Controlar as associações de professores. Impor a linha do partido nos livros didáticos.

"Controlar", incluído permear a cultura com pontos de vista corrosivos e falsos sobre os verdadeiros princípios de liberdade e sobre quem os trouxe aos Estados Unidos. Por exemplo, pintar a cultura ocidental, o capitalismo e os valores tradicionais americanos como fontes de divisão, unilaterais, gananciosos, racistas ou antiquados é lugar-comum hoje em dia. Os pais podem ver essas mudanças já sendo estabelecidas com um simples exame do que seus filhos levam para casa como "fatos" e analisando o currículo escolar.

Os resultados do currículo suavizado estão sendo medidos. Em 2003, americanos de 15 anos estavam classificados na metade inferior entre todas as nações cujas competências em matemática, leitura e ciência foram examinadas.[11]

---

10 V. *Swann vs. Charlotte-Macklenburg Board of Education*, 1971, e *Milliken vs. Bradley*, 1974.

11 National Center for Education Statistics, *Digest of Education Statistics*.

A redução de uma educação sólida vem acompanhada do vício nacional em mundos fantásticos criados com realismo em cor, som, dimensão e trama via televisão, *internet* e *videogames*. Os americanos gastam uma média de 153 horas por mês assistindo televisão. O menino americano médio gasta 13 horas por semana em jogos de *videogame*; as meninas, apenas 5 horas. Aos 21 anos de idade, o jovem americano médio terá gasto 10 mil horas com *videogames*, o dobro do tempo que se leva para obter um diploma universitário em 4 anos.

As notas do SAT vêm sendo utilizadas para classificar os alunos para a faculdade há tempos; as pontuações médias vêm caindo há anos.

Junto disso há o esforço ativo para reescrever a história. As culturas conquistadas, rejeitadas ou absorvidas durante o período de nascimento dos Estados Unidos estão sendo exaltadas como *mais* virtuosas e nobres do que a nossa própria. Os pensadores inovadores da geração dos fundadores são aviltados, incluindo Cristóvão Colombo, e gigantes industriais. É raro encontrarmos atualmente os retratos de Washington, Jefferson, Franklin ou Madison exibidos em escolas públicas. Os fundadores da fórmula de sucesso da América precisam ser menosprezados e esquecidos, para que os princípios eternos da lei natural que trouxeram a liberdade e a prosperidade também possam ser inferiorizados.

Aqueles que buscam o controle final sobre as vidas americanas devem começar pela criação de cidadãos desinteressados e analfabetos, maleáveis a uma falsa narrativa e ao esquecimento.

✓ 18. Controlar todos os jornais estudantis.

Análogo ao que ocorreu em relação ao objetivo nº 17, a grande maioria dos jornais estudantis americanos começaram a refletir as mesmas perspectivas contrárias ao *establishment* e à autoridade, tendência que começou na década de 1960. As publicações estudantis mudaram de tom: em vez servirem como amostra profissional que comporia o currículo do aluno, passou-se a encorajar nelas a expressão de uma "voz independente".

Com essa "voz independente", veio junto a incapacidade de haver uma orientação útil por parte do corpo docente. Os jornais estudantis deixaram de ser fontes de informação úteis e ficaram reduzidos a coletâneas de opiniões exaltadas que vociferavam contra a causa do dia, ou acabaram ainda mais reduzidos, sendo apenas um fórum para desabafos e para satisfazer a vaidade de ver o próprio nome em letra de fôrma. Nem em todos os campi foi assim, mas a tendência nacional tem sido essa. Além de ideologicamente doentia, esta abordagem não consegue desenvolver as habilidades dos alunos como jornalistas.

- ✓ 19. Usar as revoltas estudantis para fomentar protestos públicos contra programas ou organizações sob ataque comunista.

Essa meta foi uma tentativa de ampliar a ira popular contra instituições norte-americanas que foram selecionadas para eliminação pelos comunistas. Esta meta parecia impensável antes de 1960. Em abril daquele ano e continuando durante toda a década, manifestantes dos campi organizaram-se e protestaram contra qualquer imposição que julgassem digna de um ataque frontal. Em 1967, os estudantes atearam fogo em 100 cidades em um único verão. O chamado movimento Occupy, iniciado em Wall Street em 2011, foi uma tentativa de ressurgimento dos dias do "Power to the People" para se protestar contra a dita desigualdade social e econômica. Tal desigualdade só tem uma solução, de acordo com a doutrina comunista: o governo deve tomar dos "que têm" e dar aos "que não têm" para forçar a igualdade, a própria definição de socialismo.

- ✓ 20. Infiltrar a imprensa. Controlar as resenhas literárias e as redações editoriais e ocupar os cargos diretivos.

A tendenciosidade dos meios de comunicação é assunto muito debatido, especialmente pela imprensa tendenciosa. No final da década de 1990, no entanto, os historiadores progressistas começaram a admitir que haviam sido tendenciosos e que o conservadorismo americano moderno fora largamente ignorado. Vários estudiosos começaram a abordar o fato, mas já era tarde demais, porque o mal já havia sido feito — professores de história americana haviam parado de ensinar sobre a presença dos norte-americanos de ambos os partidos que desejavam preservar os valores fundamentais e as liberdades da América.[12]

Enquanto isso, os ataques da mídia contra os valores tradicionais americanos prosseguiam. Conservadores chamam isso de "viés esquerdista". A esquerda chama isso de "a imprensa livre".

O *Quarterly Journal of Economics* publicou um estudo mostrando uma enorme guinada para a esquerda em todas as frentes da mídia.[13] Embora um princípio básico do jornalismo seja permanecer politicamente neutro, os exemplos de parcialidade publicados atingem números excepcionais.

Com uma dieta constante de desinformação, uma população mal informada é mais facilmente seduzida a apoiar o socialismo.

✓ 21. Ocupar as posições-chave no rádio, na televisão e no cinema.

Os sinais de infiltração comunista nos meios de comunicação são subjetivos. Alguns vêem a mudança de valores de Hollywood como uma estratégia para manter a entrada de dinheiro. Outros vêem um impacto definitivo sobre os valores da sociedade como um todo.

Uma grande catástrofe é o desaparecimento dos gigantes de filmes de grande sucesso que se tornavam influentes pela promoção de temas tradicionais americanos e judaico-cristãos. Em seu lugar, entraram escritores, produtores e diretores que criaram filmes, conteúdo de mídia e temas que celebravam a antítese dos valores tradicionais americanos.

---

12 V. Patricia Cohen, "Leftist Scholars Look Right At Last, and Find a History", *The New York Times*, 18 de abril de 1998.

13 Tim Groseclose e Jeffrey Milyo, "A Measure of Media Bias", *The Quarterly Journal of Economics*, vol. CXX, número 4, novembro de 2005.

Durante décadas, um grito de tolerância em nome da liberdade de expressão cobriu Hollywood, e hoje há uma nova *into*lerância. Qualquer pessoa que expressar uma opinião contrária à rebelião do "vale-tudo" de Hollywood estará condenada ao ostracismo. Em Hollywood, todos são iguais, mas alguns são mais iguais que outros.

Exemplos recentes incluem a tempestade de fogo sobre a Proposição 8 da Califórnia (que torna o casamento *gay* ilegal) e a opinião pessoal de Orson Scott Card, cujo livro *Ender's Game* ("O jogo do exterminador", no Brasil) se tornou filme. Quando foi dito que Card era contra a homossexualidade, o tumulto contra ele foi ensurdecedor, forçando as estrelas em seu filme a andar numa corda bamba de precisão cirúrgica, separando cuidadosamente o brilho da história do autor da história. Em seguida, vieram protestos e manifestações.

Um estudo feito pelo Dr. Ted Baehr, fundador da Movieguide, em 2014, mostrou que o público americano prefere filmes pró-EUA, com temática pró-bíblica, por uma margem de 3/4. Ao longo dos 23 anos cobertos pelo estudo, a proporção chegou a 7/8. Em 2014, filmes com fortes temas patrióticos e pró-EUA faturaram em média US$56,69 milhões, em comparação aos US$18,68 milhões dos filmes que representam o ponto de vista oposto. Em 2010, foi de US$66 milhões, em comparação com US$ 8 milhões.[14] Os filmes de 2014 sem sexo, nudez explícita ou palavrões faturaram, em média, mais do que aqueles que apresentavam conteúdo ofensivo.

> ✓ 22. Dar continuidade ao descrédito da cultura americana, degradando todas as suas formas de expressão artística. Uma célula comunista americana recebeu ordem para "eliminar toda boa escultura de parques e edifícios, substituindo-as por formas desajeitadas e sem sentido".

Pinturas abstratas e esculturas modernas, especialmente em edifícios federais, encaixam-se na descrição acima. Em nome da

---

14 Dr. Ted Baehr, *Movieguide Presents 23rd Annual Report; Again Shows How Most Family-Friendly Movies Earn More*, 12 de fevereiro de 2015.

"licença artística" e da liberdade de expressão, imagens ofensivas a qualquer audiência são exibidas como se fossem obras sofisticadas de arte. Foi-se a precisão dos mestres, e em seu lugar há uma nova perspectiva colérica e retorcida da realidade, descrita adequadamente como "formas sem sentido". É a arte da decadente URSS.

Outra degradação da expressão artística está na música e em suas performances. Levou apenas uma única geração para se deslocar a produção de entretenimento popular de conteúdo que agradava à maioria das audiências para a pornografia "soft" mas despudorada de Madonna, Lady Gaga, Rihanna, Miley Cyrus, entre outras (estas senhoras sairão da cena e serão substituídas por outras com o passar dos anos). A apresentação do "vale-tudo" com tanto nervosismo quanto a lei permita é hoje a marca registrada de muitos artistas do entretenimento moderno. Que pensa o público desta "inclinação para Gomorra"? Estão gastando milhões para ver e ouvir essas coisas. Voltar à brutalidade é mais fácil quando uma cultura deixa de promover seus melhores valores.

> ✓ 23. Obter controle sobre os críticos de arte e diretores de museus. "Nosso plano é promover a feiúra, a arte repulsiva e sem sentido".

Imagens de heróis e suas realizações podem nos elevar e inspirar. São lembretes da grandeza do passado e esperança para a grandeza ainda por vir. Separar americanos de seus ideais mais elevados através da arte sem sentido ou vulgar é um retorno ao pântano do qual os seres humanos vêm procurando escapar há 6 mil anos. A meta 23 foi muito bem cumprida em muitas camadas da sociedade. Foi alcançada por regras estabelecidas pelo governo e por patrocínios, bem como pelo financiamento privado, que recentemente culminou, por exemplo, com o retrato de Jesus na cruz em uma garrafa de urina. Chamam isso de sofisticação. Chamam de arte. É uma das 45 metas que não vai por si só provocar a queda e o apagamento da cultura ocidental, mas é outro componente de um ataque generalizado, mais um prego martelado na cruz sobre a qual os valores cristãos estão sendo mortos.

✓ 24. Eliminar todas as leis sobre obscenidade, dando a elas o rótulo de "censura" e violação da liberdade de expressão e imprensa.

A meta 24 foi em grande parte alcançada quando várias pessoas procuraram o esclarecimento da Suprema Corte a respeito de obscenidade, erotismo, liberdade de expressão e censura, mas o Tribunal não conseguiu dar uma resposta clara à questão. Foi uma visão reveladora da alma dos EUA o momento em que o Tribunal já não conseguia mais explicar por que a obscenidade era prejudicial. Em 1969, o Tribunal determinou que o direito à privacidade de um adulto permitia que ele possuísse material pornográfico, mas havia limites. Em um passo para se adicionar algum grau de controle legal, em 1999 o Tribunal assegurou o direito dos estados de proibir a posse e a distribuição de material de pedofilia.[15]

✓ 25. Quebrar os padrões culturais de moralidade através da promoção de pornografia e obscenidade em livros, revistas, filmes, rádio e TV.

Em 1959, o americano médio não acreditaria no que aconteceu com a moral e com os padrões americanos como resultado do colapso cultural de hoje. A *internet* tem ampliado o problema mil vezes com a pornografia *online*, que, ao que se diz, desempenha um papel em 56% de todos os divórcios nos Estados Unidos. Outro relatório diz que 70% dos jovens de 15 a 17 anos acidentalmente deparam-se com pornografia *online*. Outros estudos descobriram que os jovens expostos a esses *sites* eram mais propensos a ter múltiplos parceiros sexuais durante a vida, a ter múltiplos parceiros sexuais nos últimos três meses e a haver usado álcool ou drogas em seu último encontro sexual. Os homens eram mais propensos a ver as imagens eróticas, enquanto as mulheres eram mais propensas a ler contos eróticos.[16]

---

15 V. *Roth v. United States* (1957), *Stanley v. Georgia* (1969), *Osborne v. Ohio* (1990), *Reno v. ACLU*, (1997), *Ashcroft v. ACLU* (2002), etc.

16 *Pornography Statistics*, 2013, Covenant Eyes, Owosso, Michigan.

Um estudo realizado pela ExtremeTech estima que pelo menos 30% de todo o tráfego na *internet* ocorre em *sites* de pornografia.[17] O Education Database Online afirma que 43% dos usuários freqüentam *sites* adultos. Esses visitantes também foram responsáveis por 35% dos arquivos baixados da *internet*.

O maior *site* de pornografia do mundo recebe mais de quatro bilhões de acessos por mês. Outra pesquisa estima que 89% de toda a pornografia é produzida nos Estados Unidos. Quanto à audiência, os meninos no ensino médio passam pelo menos duas horas por semana em *sites* adultos, enquanto 70% dos homens na faixa etária entre 18 e 24 anos visitam pelo menos um *site* adulto a cada mês.

> ✓ 26. Apresentar a homossexualidade, a degenerescência e a promiscuidade como algo "normal, natural e saudável".

Essas 45 metas foram impressas em 1961. Em 1973, a homossexualidade foi desclassificada como transtorno mental pela Associação Americana de Psiquiatria. Outros seguiram sua liderança: o Conselho de Representantes da Associação Americana de Psicologia adotou a mesma política em 1975, e a Organização Mundial da Saúde seguiu o exemplo em 1990.[18]

Estudos sobre o estilo de vida *gay* não confirmam a estabilidade nas relações homossexuais. Um estudo de 1978 revelou que 83% dos homens homossexuais tinham 50 parceiros ou mais em sua vida, enquanto 28% tinham mais de 1.000. A maioria das lésbicas, conforme estudos, tinham menos de dez parceiras, que raramente eram estranhas.

Antes de a epidemia de AIDS tomar conta, cerca de 79% dos homens disseram que mais de metade de seus parceiros sexuais eram estranhos.[19] Em 1984, após a epidemia de AIDS tomar conta,

---

17 Sebastian Anthony, "Just How Big Are Porn Sites?", ExtremeTech.com, 4 de abril de 2012.

18 V. Ronald Bayer, *Homosexuality and American Psychiatry: The Politics of Diagnosis*, Princeton University Press, 1987.

19 Alan P. Bell and Martis S. Weinberg, *Homosexualities: A Study of Diversity Among Men and Women*, Macmillian, 1978.

o número médio de parceiros sexuais entre os homens homossexuais em San Francisco caiu de seis novos parceiros para quatro novos parceiros por mês. Há uma taxa mais elevada de doenças psiquiátricas entre *gays* e lésbicas do que entre heterossexuais, e um estudo da duração de vida em 1977 demonstrou que os homens homossexuais e bissexuais perderam até 20 anos de expectativa de vida.[20] Estudos subseqüentes colocam a vida média em nível estático ou superior ao mostrado nos anteriores, em razão das novas terapias para HIV/AIDS.[21] A maior aceitação social desses estilos de vida nos últimos anos tem reduzido os níveis de problemas de saúde mental relacionados com a atração pelo mesmo sexo.

O recente impulso em favor do direito ao casamento entre homossexuais, tal como garantido pela Suprema Corte em 2015, é o mais recente esforço para a destruição da família natural e a institucionalização da homossexualidade. Na arena da liberdade de expressão, comentários públicos em apoio aos direitos dos homossexuais são defendidos por sua "inclusão" e "diversidade". Faculdades, empresas e governos locais são sempre rápidos em anunciar como se tornaram diversificados. No entanto, comentários públicos apoiando a família natural e denunciando a homossexualidade são agora atacados como discurso de ódio. Tais expressões ou posicionamentos já custaram os empregos de muita gente ou geraram-lhes outras complicações sociais e legais. Expressões pró-família e anti-*gay* estão rapidamente se tornando o novo padrão do profano e do obsceno.

> ✓ 27. Infiltrar as igrejas e substituir a religião revelada pela religião "social". Descreditar a Bíblia e dar ênfase à necessidade de maturidade intelectual, a qual prescinde de uma "muleta religiosa".

---

20 John R. Diggs, Jr., M.D., "The Health Risks of Gay Sex", The Catholic Medical Association, 2002, V. também P. Cameron e K. Cameron, "Does homosexual activity shorten life?", 1998, Family Research Institute.

21 Morten Frische, MD, PhD, DSc and Henrik Bronnum-Hansen, Msc, "Mortality Among Men and Women in Same-Sex Marriage: A National Cohort Study of 8333 Danes", American Public Health Association, 2009.

Com a conduta pessoal agora reduzida a "tudo o que faz você se sentir bem, faça-o com responsabilidade", a aceitação da adoração e obediência a um Ser Supremo e o esforço para viver os mais altos padrões morais na vida pessoal de cada um foram deixados de lado. Exemplos recentes de iluminação religiosa sendo substituída por doutrinação social incluem Jeremiah Wright, o expositor de retórica inflamada e pastor do Presidente Barack Obama. Tais organizações pseudo-eclesiáticas estão servindo mais como organizações ativistas comunitárias ou centros assistenciais do que comunidades envolvidas na adoração a Deus. As igrejas tradicionais, originalmente organizadas como locais para auto-renovação e aperfeiçoamento, estão sendo diluídas em clubes sociais.

Enquanto isso, a Bíblia foi reduzida a um objeto de exame histórico ou coleção rudimentar de "contos fantásticos" em vez de ser a palavra de Deus. E o mundo sofre com isso.

- ✓ 28. Eliminar a oração ou qualquer faceta da expressão religiosa nas escolas com base na alegação de que violam o princípio da "separação entre igreja e Estado".

Em 1960, Madalyn Murray O'Hair processou uma escola por obrigar seu filho William à oração e ao estudo da Bíblia. Em 1963, a Suprema Corte confirmou a posição dela, e, assim, a oração e a leitura da Bíblia foram banidas de todas as escolas públicas nos Estados Unidos. Desde essa decisão, a leitura da Bíblia e a oração foram alvo de perseguição e ataque de uma infinidade de maneiras, inclusive a impugnação da exibição dos Dez Mandamentos em prédios públicos e de orações nas reuniões da Câmara dos Vereadores, bem como de decorações de Natal em edifícios públicos.

A tendência que se seguiu à decisão de 1963 levou a nação a um afastamento gradual da religião e do culto a Deus. Pelo menos 32% de todos os adultos americanos com menos de 30 anos de idade não têm filiação religiosa. Desde 1990, o número de americanos sem filiação religiosa mais do que duplicou. De acordo com o Pew Research Center, 73% daqueles que não têm filiação religiosa apóiam o casamento *gay*, e 72% do mesmo grupo apóiam a legalização do aborto, dois outros degraus que conduzem à erradicação da cultura ocidental.[22]

Quanto à senhora O'Hair, seu fim foi brutal. Acumulou milhões de dólares para sua cruzada anti-religião, mas nunca chegou a gastar o dinheiro. Em 1995, foi assassinada por outro ateu, depois desmembrada, queimada e enterrada em um pequeno pedaço de terra no Texas. Antes disso, seu filho William havia rejeitado publicamente a cruzada de sua mãe. Em 1980, tornou-se pastor batista e conservador social. Ao saber da conversão de William ao cristianismo, O'Hair disse: "Pode-se chamar isso de um aborto pós-natal [...]. Eu o repudio total e completamente, agora e para todo o sempre. Ele está além do perdão humano".[23]

> ✓ 29. Descreditar a Constituição Americana, sob a alegação de que é antiquada, está fora de sintonia com as necessidades modernas e é um obstáculo para a cooperação entre as nações em uma base mundial.

Uma Constituição "viva" e "maleável" tem sido a visão predominante nos círculos acadêmicos já há duas gerações. Quase todos os políticos progressistas declaram a Constituição "um documento vivo" que deve mudar com os tempos. Com isso, querem dizer que a Constituição deve evoluir e permanecer mutável como um monte de argila mole, que pode ser moldada para se transformar em qualquer coisa que o partido da maioria quiser, contanto que permaneça sendo barro. A pergunta "que direitos protegidos pela Constituição ficaram antiquados?" jamais é respondida nessas discussões. Propriedade? Palavra? Defesa pessoal? Contratos? Direitos intelectuais? Representação? O direito de votar a favor e contra políticos? Associação com quem se queira? Livre-arbítrio? Liberdade para experimentar, comprar, vender e falir? Qual destes direitos ficou ultrapassado? E a estrutura constitucional do

---

22 Pew Research Center, Religion & Public Life, *"Nones" on the Rise*, 9 de outubro de 2012.

23 Atribuído a Madalyn O'Hair por Ted Dracos, *UnGodly: The Passions, Torments, and Murder of Atheist Madalyn Murray O'Hair*, Free Press, 2003.

governo que protege todos esses direitos contra a usurpação por um governante real?

Todas as alterações vindas a partir deste esforço para remodelar a Constituição afastaram o poder político do povo e o depositaram nas mãos de seus líderes eloquentes e persuasivos.

- ✓ 30. Descreditar os Pais Fundadores dos Estados Unidos. Apresentá-los como aristocratas egoístas que não possuíam preocupação alguma com o "homem comum".

Isso começou com Charles A. Beard e seu livro *An Economic Interpretation of the Constitution of the United States*, de 1913. Beard afirmou que a Guerra de Independência foi na realidade um movimento da "elite coesa" (os Fundadores) para que pudesse governar a nova nação em seu próprio proveito. Alguns historiadores, em 1950, abriram buracos na avaliação de Beard, e, na década de 1960, a versão progressista da Constituição havia sido refutada pelos profissionais da área.[24] Embora os novos historiadores concordassem que os Fundadores estavam mais interessados em unidade e desenvolvimento econômico, permaneceu na academia a cultura antagônica em relação a eles. Hoje os Fundadores são raramente discutidos na escola e, em muitos casos, seus retratos foram substituídos por fotografias de reformadores radicais. Um princípio fundamental do socialismo é destruir a memória dos participantes construtivos do passado, para justificar a imposição de uma classe elitista de governantes que "sabe melhor" como governar o povo.

- ✓ 31. Menosprezar todas as formas da cultura americana e desencorajar o ensino da história americana, alegando que é apenas uma pequena parte do "quadro geral". Dar mais ênfase à história russa a partir da tomada do poder pelos comunistas.

Desde o menosprezo de Colombo e a crítica a ele como o instigador de uma conquista brutal até a remoção de fundadores e

---

24 Peter Novick, *That Noble Dream*, 1988, p. 336.

heróis americanos dos currículos escolares para que outras culturas não sejam ofendidas, tudo são evidências abundantes de que a meta 31 foi alcançada.

Muito disso ocorreu nas escolas públicas.

Em 2004, por exemplo, um livro didático sobre história universal, *History Alive! The Medieval World and Beyond* foi adotado para a sétima série. Após examinar seu conteúdo, os pais reclamaram que se tratava de uma ferramenta de doutrinação islâmica. Os capítulos 8 e 9, em particular, ensinavam oração, religião e cultura islâmica em grande profundidade e detalhe. No mesmo livro, Jesus, o autor da maior religião do mundo, com mais de dois bilhões de seguidores, é mencionado apenas duas vezes, de acordo com o que dizem os grupos de pais preocupados. As outras grandes religiões do mundo receberam apenas um parágrafo de explicação.

"Querem tirar os Dez Mandamentos das escadas da Suprema Corte, mas você quer ensinar meu filho de 12 anos como orar [a Alá]?", perguntou Jim Self, de Lodi, Califórnia, um dos pais preocupados com a situação.[25]

Outro dos pais reclamou que o livro punha o judaísmo e o cristianismo de lado como "indignos de consideração" na discussão de religiões do mundo.[26] Sob pressão parental, o livro foi abandonado em alguns distritos escolares, mas continuou a ser utilizado em outros. O viés dos livros didáticos é um problema constante nos Estados Unidos da América, e os conselhos escolares estão unindo-se aos pais para resolver o problema.

Outras formas de se minimizar a importância da cultura americana apareceram com mais sutileza. As festas tradicionais, uma vez tidas em alta estima, como a Páscoa e o Natal, ou os aniversários de Washington e Lincoln, ou o Dia da Bandeira, o Dia da

---

25 Amanda Dyer, "Too Much Time on Teaches of Islam?", *Lodi News-Sentinel*, 30 de outrubro de 2007.

26 William J. Bennatta, *How a Public School in Scottsdale, Arizona, Subjected Students to Islamic Indoctrination*, The Textbook League, 2005.

Constituição e o Dia da Independência, passaram para segundo plano.

Algumas escolas, empresas e condomínios fechados proíbem que se exiba a bandeira americana até mesmo no 4 de Julho. Algumas escolas ao longo da fronteira sul arvoram a bandeira mexicana no mesmo mastro que a bandeira americana, para reconhecer a nacionalidade da maioria em seus campi.

Durante as férias, os funcionários em alguns bairros estão proibidos de cumprimentar os clientes com "Feliz Natal" e são instruídos a usar "boas festas", de modo a não ofender os não-cristãos.

A referência ao "excepcionalismo americano" já foi um sentimento de orgulho, um convite para desfrutar, proteger e compartilhar sua fórmula única para a liberdade. Agora é vista como uma exibição vergonhosa de arrogância e viés excessivo contra outras nações.

As ações e comunicações que depreciam a cultura e a história americanas continuam. São fatores que contribuem para enfraquecer o povo e facilitar o domínio.

> ✓ 32. Apoiar qualquer movimento socialista para obter controle centralizado de qualquer parte da cultura – educação, agências sociais, programas de bem-estar, clínicas de saúde mental etc.

Novas tentativas de controle centralizado nos Estados Unidos são uma ocorrência diária em Washington, D. C. Essas tentativas não são mais controladas nem contestadas, mas geralmente aceitas como rotineiras e normais. Há décadas, vários órgãos reguladores estão estabelecendo novas regras que têm valor de lei. A constituição original proibia isso; fazia uma distinção clara entre os três poderes e declarou em termos inequívocos: "Todos os poderes legislativos serão investidos no Congresso [...] que consiste de um Senado e uma Câmara de Deputados".[27]

A Constituição não concede ao Congresso o poder de delegar esses poderes legislativos ao Poder Executivo ou a qualquer outra

---

27 Constituição dos EUA, artigo I, seção 1.

pessoa. Como disse John Locke, "o Legislativo não pode transferir o poder de fazer leis para quaisquer outras mãos, porque, não sendo senão um poder delegado pelo povo, não pode ser passado a ninguém".[28] No entanto, foi justamente isto o que aconteceu.

As ações e operações que atendem à meta 32 estão profundamente enraizadas em quase toda camada, aspecto e operação do governo federal de hoje.

> ✓ 33. Eliminar todas as leis ou procedimentos que interferem no funcionamento do aparato comunista.

Não importa como se defina o "aparato comunista" atualmente, as metas originais são mantidas vivas por americanos que pensam do mesmo modo e estão em busca de um governo maior para o país e da diminuição dos direitos. A comunidade acadêmica está apoiando os mesmos conceitos de "governo grande" nos campi em todo o país, e os meios de comunicação agora também são defensores barulhentos desse conceito.[29] Como resultado, o governo é agora o distribuidor-chave de privilégios àqueles a quem favorece e tornou-se o centro de poder que busca maneiras de obter o apoio dos eleitores, em vez de fazer o que é melhor para o país e preservar a Constituição.[30] Essa mudança no controle do poder político pode não levar os velhos nomes e títulos, tais como o "aparato comunista" na década de 1960, mas as idéias são as mesmas e igualmente mortais.

> ✓ 34. Extinguir o Comitê de Atividades Antiamericanas da Câmara dos Deputados.

---

28 John Locke, *Two Treatises of Civil Government*, II, p. 141.

29 Por exemplo, Jim A. Kuypers, *Press Bias and Politics*, 2002; Warner Todd Huston, "Top 50 Liberal Media Bias Examples", *Western Journalism*, 10 de dezembro, 2011; Relatório do Pew Research Center sobre tendenciosidade nos meios de comunicação. A análise do relatório do Pew por Aaron Blake, "Ranking the media from liberal to conservative, based on their audiences" foi publicada pelo *The Washington Post*, em 21 de outubro de 2014.

30 Veja, por exemplo, Congressional Progressive Caucus, "Progressive Promise", Cardiff e Klein, *Faculty Partisan Affiliation in All Disciplines: A Voter-Registration Study*, Critical Review 17, 2005.

O HUAC foi criado em 1938 para rastrear atividades subversivas nos EUA. Em 1969, seu nome foi mudado para Comitê de Segurança Interna da Câmara dos Deputados. Em 1975, foi totalmente abolido. O Comitê Judiciário da Câmara assumiu o papel de conduzir investigações de segurança interna, mas seu foco principal é fiscalizar o sistema judiciário. Também avalia as intimações para audiências de *impeachment*. A missão e o propósito do HUAC foram superados pelo tempo e pelo enfraquecimento das prioridades, e, para todos os efeitos, o comitê foi extinto.

✓ 35. Descreditar e, por fim, desmantelar o FBI.

O FBI já sobreviveu a muitas décadas de ataques e tentativas de destruição do próprio órgão e de seu diretor de longa data, J. Edgar Hoover. O FBI continua a fazer parte integrante do sistema de justiça e investigação dos EUA, apesar do vigoroso esforço de algumas pessoas para que se transforme em uma arma política ou se torne impotente. Os opositores do FBI referem-se a ele como a pedra angular do estado policial, um aparato federal que invade e viola os direitos civis. Alguns casos isolados, mas que constituíram sérios e gritantes lapsos de discernimento por parte de certas pessoas no FBI (causando fiascos como os escândalos de espionagem e os casos Waco TX e Ruby Ridge), serviram para estimular as reclamações, mas essas lições dolorosas também serviram para tornar o órgão mais esperto, melhor e mais eficaz. Os detratores afirmam o FBI espiona os americanos, possui dossiês de todos os cidadãos, coopera com outros órgãos e opera fora ilicitamente. Tudo isso é pura invenção criada para desacreditar ainda mais o órgão.

Durante anos, a campanha de difamação contra J. Edgar Hoover foi se infiltrando na consciência americana através de boatos divulgados pela imprensa sensacionalista, na literatura de ódio e em representações da cultura *pop*. Essas biografias distorcidas intencionalmente deixam de fora os depoimentos de pessoas que trabalharam pessoalmente com Hoover no dia-a-dia, aqueles que sabiam melhor do que ninguém quem ele era e o que ele representava.

A campanha de difamação contra Hoover foi desacreditada por aqueles mais próximos a ele, mas a percepção popular não foi corrigida. Nesse ponto, a meta 35 foi parcialmente alcançada.[31]

✓ 36. Infiltrar e controlar mais sindicatos.

O conceito marxista de "trabalhadores, uni-vos" está aos poucos caindo em desuso nos EUA. Muitos dos estados onde o jugo sindical foi rompido pelas leis de sindicalização opcional são atualmente mais prósperos do que aqueles onde os sindicatos dominam.[32] Cada vez mais, indústrias e cidades controladas por sindicatos caem no abandono e vão à falência (Detroit, por exemplo, onde os sindicatos são fortíssimos, faliu em 2013, com dívidas somando US$18,5 bilhões).

O número de sindicalizados está decaindo. Em seu auge, em 1954, a filiação sindical atingia quase 35% de todos os americanos empregados. Em 1983, esse número caiu para 20%. Em 2013, caiu para 11,3% (setores público e privado combinados).

Enquanto a sindicalização do setor privado diminuiu para 6,6% hoje, a participação em sindicatos do setor público tem crescido. Mais de 35% de todos os funcionários públicos são sindicalizados.

---

31 W. Cleon Skousen trabalhou em estreita colaboração com J. Edgar Hoover durante anos e foi testemunha de sua integridade, de seu forte caráter moral e de sua devoção a Deus e à causa da liberdade. Quando Skousen pediu folga para se casar, Hoover disse-lhe: "A coisa mais inteligente que um homem pode fazer é se casar e formar uma família". Hoover confessou certa vez que teria levado uma vida mais feliz se houvesse casado. "Não houve jeito de encontrar a mulher certa", disse ele. "Acho que me casei com o FBI". (Skousen, *J. Edgar Hoover As I Knew Him*, 1972). O amigo mais próximo de Hoover era seu diretor adjunto, Clyde Tolson, a quem Hoover também chamava seu *alter ego*. Um ataque infundado contra essa amizade foi profundamente desacreditado por aqueles que os conheciam pessoalmente e com eles trabalharam com regularidade e proximidade durante muitos anos.

32 Em 2011, uma pesquisa feita pela emissora CNBC mostrou que, em termos de qualidade do trabalho, 22 dos estados americanos onde a sindicalização é opcional estão entre os 25 mais produtivos do país. Outra pesquisa da CNBC, de 2013, mostrou que 18 dos 25 melhores estados para negócios também eram estados onde a sindicalização é opcional. V. CNBC.com, "America's Top States for Business 2013"; National Right to Work Legal Defense Foundation, Inc., *Right to Work States*.

Como apontado na meta 32, funcionários públicos vivendo do trabalho dos contribuintes recebem em média mais do que trabalhadores do setor privado. E, além disso, trabalham menos horas. Isso porque os sindicatos forçaram os órgãos públicos a pagar mais. Este é um exemplo de como o mercado é mais adequado que os sindicatos para se medir com maior precisão o valor e a remuneração.

A intransigência e a radicalização de alguns sindicatos forçaram a falência de grandes organizações (Hostess, American Airlines, o Município de Detroit e a indústria automobilística, entre outros). Remover o controle da propriedade privada dos proprietários e colocá-lo nas mãos de sindicatos — o proletariado de Marx — é um princípio fundamental do comunismo.

✓ 37. Infiltrar e controlar os grandes negócios.

A pergunta que esta meta coloca é: infiltrar para fazer o quê? E conquistar o controle para fazer o quê? A resposta é: para consolidar o poder.

Nos últimos 50 anos, a competência econômica cresceu até tornar-se um agente mais poderoso de controle do que o comunismo. Para os comunistas na Rússia, na China, na Coréia do Norte ou em qualquer outro lugar, os objetivos políticos ou econômicos do comunismo, no entanto, permanecem os mesmos: conquistar o controle político. Embora uma operação militar esteja temporariamente fora de cogitação, a força econômica com certeza não está.

Com as empresas estendendo seu alcance aos vibrantes mercados ao redor do mundo, criou-se uma nova interdependência financeira. Oponentes militares tornaram-se parceiros comerciais, ditaduras regionais tornaram-se grandes exportadores e insurgentes armados encontraram financiadores para suas aventuras militares e políticas por intermédio de acordos comerciais. Antigos inimigos encontraram força em alianças econômicas, e nações amigas reforçaram seu poder de negociação alinhando políticas de exportação e importação. Em suma, cada vez mais o mundo está descobrindo que o controle econômico carrega mais peso político do que a troca de balas.

Embora esses alinhamentos entre as potências financeiras talvez não estejam promovendo a ideologia comunista, estão alcançando seus mesmos fins. Estão controlando outras nações através de meios econômicos. É outro caminho para o mesmo resultado e outra meta comunista sendo alcançada.

> ✓ 38. Transferir alguns dos poderes de prisão da polícia para entidades sociais. Tratar todos os problemas comportamentais como distúrbios psiquiátricos que ninguém, exceto os psiquiatras, possa entender ou tratar.

As agências sociais e os serviços de proteção à infância desempenham valioso papel na sociedade, mas dar a esses órgãos poder de polícia muitas vezes os torna monstros nos níveis mais íntimos da sociedade. Algumas de suas ações violaram a decência humana e a lei moral e já causaram estragos em situações tensas, com as quais a maioria dos departamentos de polícia é mais adequada e preparada para lidar. E, com a assinatura de dois médicos, alguns estados permitem que um cidadão seja preso, medicado e confinado por um período designado sem uma audiência judicial. Tais abusos estão sendo contestados juridicamente em alguns locais onde ocorrem. A meta 38 tem sido cumprida ao longo do tempo, mas está sendo contestada quando há abusos.

> ✓ 39. Dominar a profissão psiquiátrica e usar as leis de saúde mental como meio de obter o controle coercitivo sobre os que se opõem a objetivos comunistas.

Os extremos a que se chega ao realizar internações injustas com base em alegações de instabilidade mental ainda estão por irromper nos EUA. Há pessoas vivas hoje que testemunharam tais horrores na Alemanha e na Itália durante a Segunda Guerra Mundial. Essas atrocidades poderiam encontrar seu caminho até os EUA?

Em 1962, o Procurador-Geral Robert F. Kennedy ordenou que o altamente condecorado Major General Edwin Walker fosse internado em um hospital psiquiátrico para uma avaliação de 90 dias, em função de opiniões políticas opostas às de Kennedy. Outro psiquiatra protestou, e Walker foi liberado após cinco dias. Kennedy não foi prejudicado por essa terrível violação dos direitos humanos.

O ator Sean Penn pediu que os conservadores (membros do Tea Party) fossem forçados a se institucionalizar por decreto. "Há um problema de saúde mental no Congresso", disse ele. "Estes são nossos irmãos e irmãs americanos [...]. Este é um grito de socorro".[33]

O professor de psicologia Barry Kuhle, da Universidade de Scranton, disse que "sinais de psicopatologia podem [...] ser vistos entre [...] os políticos conservadores, especialmente quando consideramos uma ampla gama de indicadores de doença".[34]

A professora Nancy Meyer-Emerick, da Universidade Estadual de Cleveland, criou um teste de "ala direita autoritária" ("RWA") para descobrir tendências autoritárias: "Os republicanos concentram-se na extremidade superior da escala de RWA, ao passo que os democratas estão espalhados por toda a escala".[35]

Na *Psychological Bulletin*, quatro professores universitários concluíram que "a ideologia central do conservadorismo sublinha a resistência à mudança e a justificação da desigualdade, e é motivada por necessidades que variam conforme a situação e a disposição para a incerteza e a ameaça [...]".[36]

Muitas ferramentas como estas, com a função de silenciar vozes opostas, tornaram-se disponíveis aos políticos e à comunidade

---

33 Cheryl K. Chumley, "Sean Penn: Commit tea partyers, Ted Cruz 'by executive order'", *The Washington Times*, 29 de outubro de 2013.

34 Barry X. Kuhle, "Conservatism as a Mental Illness", *Psychology Today*, 12 de junho de 2012.

35 Ronald Bailey, "Pathologizing Conservatism", reason.com, 20 de outubro de 2004.

36 V. *Political conservatism as motivated social cognition*, J.T. Jost, J. Glaser, AW Kruglanski, FJ Sulloway, *Psychological Bulletin*, maio de 2003, referenciado no National Center for Biotechnology Information, US National Library of Medicine, PMID: 12784934.

acadêmica quando os americanos abriram mão de seus melhores interesses em benefício de um pequeno grupo de elitistas do meio acadêmico, da medicina e da política. Como resultado, os inimigos da Constituição e da liberdade de expressão estão promovendo sua própria versão do "perigo vermelho" da década de 1950 como um "susto vermelho-branco-e-azul" de hoje.

> ✓ 40. Descreditar a família como instituição. Encorajar a promiscuidade e o divórcio facilitado.

A cultura *pop* hoje redefiniu família como qualquer união sob qualquer circunstância com a finalidade de cuidar da vida sob o mesmo teto. Como sucintamente afirmado por Natalie Angier no *The New York Times*, cada vez mais negros casam-se com brancos, ateus casam-se com batistas, homens casam-se com homens e mulheres com mulheres, democratas casam-se com republicanos e iniciam *talk shows*. Bons amigos unem forças como parte do movimento "família voluntária", compartilhando diretivas médicas, testamentos e até adotando um ao outro legalmente. Pessoas solteiras vivem sozinhas e orgulhosamente se consideram famílias unipessoais — mais generosas e cidadãs do que os ditos "casados gananciosos".[37]

Com o declínio do apoio à família tradicional de mãe, pai e filhos, os custos culturais e financeiros para a sociedade americana têm sido enormes.

Por exemplo, nas últimas décadas a taxa de natalidade entre mulheres solteiras aumentou 310%. Entre adolescentes (de 15 a 19 anos), a taxa cresceu 337%. Com esse aumento, veio uma epidemia de doenças sexualmente transmissíveis. Cerca de um terço dos Estados Unidos (110 milhões de pessoas) atualmente são portadores de alguma doença sexualmente transmissível. Os custos médicos da promiscuidade sexual ultrapassam os US$16 bilhões por ano.[38]

---

[37] Natalie Angier, "The Changing Family", *The New York Times*, 25 de novembro de 2013.

[38] CDC Fact Sheet, *Incidence, Prevalence, and Cost of Sexually Transmitted Infections in the United States*, fevereiro de 2013.

Os EUA também têm uma das mais altas taxas de divórcio no mundo. O divórcio facilitado está criando problemas. Com o casamento agora elevado ao âmbito federal, como demonstrado na recente aprovação do casamento *gay* pela Suprema Corte (2015), e com a coabitação sendo aceita como alternativa aceitável e viável para um relacionamento comprometido, as taxas de casamento foram caindo. Em 1960, cerca de 72% dos americanos adultos eram casados. Hoje é pouco menos de 51%.

Quando as leis do divórcio foram relaxadas na década de 1960, as taxas de divórcio saltaram durante um par de décadas. Desde meados da década de 1990, as taxas de divórcio para a maioria dos grupos etários permaneceram estáveis ou caíram. Hoje 41% dos primeiros casamentos nos EUA terminam em divórcio; 60% das segundas uniões terminam em divórcio; e 73% dos terceiros casamentos terminam em divórcio.

Quanto ao aumento da promiscuidade, um índice da mudança é o crescente número de casos de gravidez na adolescência, bem como a procura por abortos, que disparou depois do caso Roe *vs.* Wade. Desde 1980, as campanhas nacionais para corrigir essa corrupção têm ajudado a reduzir o número de abortos nos EUA.

Em 2011, a ONU advertiu que

> os Estados devem tomar medidas para assegurar que os serviços de aborto legal e seguro estejam disponíveis, sejam acessíveis e de boa qualidade. [...] Leis penais e outras restrições legais que reduzem ou negam o acesso a bens e serviços de planejamento familiar ou a certos métodos contraceptivos modernos, tais como a contracepção de emergência, constituem uma violação do direito à saúde.[39]

Em 2012, Barack Obama obedeceu à ordem da ONU, forçando as companhias de seguro dos EUA a fornecer contraceptivos gratuitos e drogas abortivas "do dia seguinte" a seus segurados.

---

39 Arnand Grover, "Right of Everyone to the Enjoyment of the Highest Attainable Standard of Physical and Mental Health", U.N., A/66/254, 3 de agosto de 2011; Sarah Boseley, "U.N. States Told They Must Legalize Abortion", *The Guardian*, 24 de outubro de 2011.

Detratores de valores familiares e da circunspecção pessoal vêem a dissolução dos valores tradicionais como "progresso". Desacreditar a família é mais uma meta comunista alcançada.

> ✓ 41. Dar ênfase à necessidade de educar os filhos longe da influência negativa dos pais. Atribuir preconceitos, bloqueios mentais e retardamento das crianças à influência supressiva dos pais.

Distanciar as crianças dos valores domésticos é o tema básico em muitos experimentos sociológicos em andamento hoje. As políticas que embasam os programas de cuidado com bebês e crianças em idade pré-escolar financiadas pelo governo federal perpetuam os temas de que "é preciso uma aldeia para criar uma criança". Para os defensores da meta 41, a lição mais importante é ensinar as crianças a serem responsáveis perante a comunidade em primeiro lugar, e os valores da família vêm em segundo.

Privar uma criança da ligação com um dos pais pode arruinar uma vida. Nos EUA de hoje, cerca de 30% das crianças vivem em casas onde há somente ou o pai ou a mãe. Rebecca O'Neill concluiu um estudo em 2002 sobre a remoção do pai daquela estrutura. Seus resultados incluem:[40]

Crianças sem um dos pais brigam mais na escola, têm mais problemas de saúde, estão em maior risco de serem vítimas de abuso físico, emocional ou sexual e são mais propensas a fugir de casa.

Adolescentes sem pais são mais propensos a abandonar configurações estruturadas. Estão mais propensos a tornarem-se pais adolescentes, têm problemas com sua própria sexualidade, são mais propensos a começar a fumar, usar álcool, drogas, comportar-se mal na escola, serem expulsos e a abandonar a escola aos 16 anos.

Este grupo demográfico é mais propenso a vagar sem rumo durante os anos de preparação para a faculdade, deixando de obter

---

[40] Rebecca O'Neill, "Experiments in Living: The Fatherless Family", The Institute for the Study of Civil Society, 2002.

qualificações para avançar na escola ou conseguir um emprego. São mais propensos a ficar desempregados ou a depender de benefícios estatais. Tendem a ter rendimentos mais baixos, a passar o tempo na rua como mendigos sem-teto e são mais propensos a envolver-se em atividades criminosas e ir para a cadeia. Também são mais propensos a ter problemas emocionais e problemas de saúde. São mais propensos a passar por múltiplos relacionamentos e convivências e a ter filhos fora do casamento ou de uma parceria comprometida.

Separar as crianças da família e dos valores tradicionais é tanto uma meta alcançada quanto um processo que se está espalhando.

- ✓ 42. Criar a impressão de que a violência e a rebeldia são aspectos legítimos da tradição norte-americana; que os estudantes e grupos de interesses especiais devem se levantar e usar a "força unida" para resolver os problemas econômicos, políticos ou sociais.

A dita "revolução urbana" foi pregada em muitos campi universitários durante os desenfreados anos 1960 e posteriormente. Vários grupos que se formaram durante esse período incluíram ativistas extremos como os Students for a Democratic Society (SDS), os Weathermen, o Weather Underground, os Black Panthers, o Symbionese Liberation Army, entre outros.

Em 1971, o então novo livro de Saul Alinsky, *Rules for Radicals*, deu aos grupos ativistas instruções passo-a-passo sobre como organizar os segmentos da sociedade para promover sua agenda socialista.

Uma das chaves para se conquistar apoio popular para o socialismo durante esses tempos tumultuados foi dar nomes novos aos antigos objetivos. Palavras e frases de ordem começaram a circular e tornaram-se populares, como "justiça social" (tudo em comum), "progressismo" (apagar a Constituição), "democracia econômica" (tirar de pessoas produtivas, dar a pessoas improdutivas), "democracia no local de trabalho" (sindicatos controlando a propriedade privada dos donos), "justiça ambiental" (políticas anti-humanas e doutrina do aquecimento global), "armas de assalto" (termo anti-armamento), "salário de sobrevivência" (controle de salário), "direito ao aborto" (abate da descendência), "homofóbico" (medo doentio da homossexualidade), "trabalhadores sem documentos" (imigrantes ilegais), "anti-escolha" (pessoas com valores tradicionais ou bíblicos a respeito do aborto), "mudança de gênero" (mudança de sexo) etc.

Hoje há uma nova obscenidade na cultura — um novo "vale-tudo", que substituiu a contenção e a auto-governança normais. Entre um número crescente de comunidades, há um desrespeito aceito pelo *decente* e pelo *bom* tradicionais e um respeito aceito para uma espécie degradada de "bom".

De manifestações violentas até pessoas com segundas intenções trabalhando tranqüilamente desde dentro do sistema, este movimento destrutivo contra a família se ergue e conquistou proeminência e influência. Uniu forças díspares com seus muitos *slogans*, frases e palavras para estabelecer posições de ataque contra a família e os valores judaico-cristãos em todos os níveis da sociedade, desde creches até a Casa Branca.

> ✓ 43. Derrubar todos os governos coloniais antes que as populações nativas estejam prontas para o auto-governo.

Esta meta foi implementada pelos soviéticos quando negociavam ou impunham seu modelo para dominar a larga maioria das ditas colônias "libertadas" e os países do Terceiro Mundo.

Mesmo após a queda da União Soviética, os russos continuaram a construir sua hegemonia ao ponto de que hoje conseguem se alinhar às nações destruídas pela guerra no Oriente Médio. Este é um movimento hábil para depor os EUA da condição de potência estabilizadora dominante na região. As inconsistentes políticas de apoio dos EUA a Israel, com sua inconstância, e a perpetuação das guerras politicamente manipuladas no Iraque e no Afeganistão custaram muito aos EUA. Reconquistar a confiança dessas nações, que agora sentem-se ignoradas ou abandonadas pelos EUA, envolverá uma disputa árdua.

✓ 44. A internacionalização do Canal do Panamá.

Em 7 de setembro de 1977, um tratado terminando a ocupação americana na Zona do Canal do Panamá foi assinado pelo Presidente Jimmy Carter. A liberdade de controle dependia da garantia dada pelos panamenhos de que o canal permaneceria para sempre neutro. Em 31 de dezembro de 1999, a retirada americana foi concluída. Realizou-se uma cerimônia para celebrar o ato final. Jimmy Carter participou dela, mas o então Presidente Bill Clinton não, embora ele expressasse confiança na promessa de que o governo panamenho manteria o canal seguro e cumpriria sua parte no trato. Fica a seguinte questão: em um momento de emergência nacional, será que o Canal permanecerá aberto às necessidades de defesa nacional?

✓ 45. A revogação da Reserva Connally, para que os EUA não possam impedir que o Tribunal Mundial assuma jurisdição sobre problemas internos. A atribuição de jurisdição à Corte Mundial sobre as nações e os indivíduos.

A Reserva Connally (por vezes referida como a alteração Connally) alterou a redação do documento em que os EUA ratificam a Carta da ONU. A mudança teve o intuito de evitar que a Corte Internacional de Justiça fizesse qualquer declaração a respeito de assuntos internos nos EUA. A alteração acrescenta as últimas sete palavras à seguinte cláusula:

> [...] Esta declaração não se aplica às [...] disputas com relação a assuntos que dependam essencialmente da jurisdição interna dos Estados Unidos da América, conforme determinação dos Estados Unidos da América [...].

Em outras palavras, os americanos decidirão aquilo que irá para um tribunal internacional e aquilo que não irá.

A revogação da Reserva Connally foi tentada várias vezes, mas sempre foi derrotada. Aqueles que defendem sua revogação sempre contornaram o perigo real: o que vai proteger os interesses americanos se a Carta da ONU for alterada ou emendada para lhe permitir jurisdição sobre assuntos internos e inter-estaduais nacionais?

A Reserva Connally é o único grande objetivo comunista que não conseguiu sair do papel. Se a Reserva Connally fosse revogada, a corte mundial poderia impor seus decretos contra indivíduos americanos diretamente e em muitos tipos diferentes de questões internas, violando princípios constitucionais básicos de soberania, auto-governo, da Declaração de Direitos e da liberdade.

CINCO PERGUNTAS VITAIS
PRIMEIRA PERGUNTA:

QUE DIZEM OS DEFENSORES DO COMUNISMO?

A VOLUMOSA LITERATURA COMUNISTA contém respostas ousadas e por vezes duras para quase toda pergunta que um estudante possa desejar fazer. No entanto, poucos estudantes têm a oportunidade de conhecer alguém que admita ser um comunista bem doutrinado, e poucas pessoas têm tempo ou disposição para ler os pesados documentos técnicos da tradição comunista. Por isso, esta discussão foi projetada para juntar algumas dessas respostas sob alguns títulos gerais.

Note-se que a propaganda comunista às vezes contradiz estas respostas quando uma afirmação verdadeira geraria constrangimento. As respostas aqui apresentadas, no entanto, na maioria dos casos foram tomadas dos maiores expoentes do marxismo, e em todos esses casos são respostas sem embelezamentos, sem intuitos propagandísticos, aquelas que os professores do marxismo passam a seus próprios seguidores.

Coexistência pacífica

Estudante: "Há alguma possibilidade de que as democracias e os soviéticos possam coexistir de alguma forma?".

Lênin: A existência da República Soviética e dos Estados imperialistas lado a lado por longo tempo é impensável. Um ou outro tem de triunfar no final. E antes que chegue o fim, uma série de colisões terríveis entre a República Soviética e os Estados burgueses será inevitável.¹

Declaração oficial: O proletariado da União Soviética não abriga ilusões quanto à possibilidade de paz duradoura com os imperialistas. O proletariado sabe que o ataque imperialista contra a União Soviética é inevitável; que, no processo de um mundo proletário, guerras revolucionárias mundiais entre os Estados proletários e burgueses, guerras para se emancipar o mundo do capitalismo serão necessárias e inevitáveis. Portanto, o principal dever do proletariado, como o lutador para o socialismo, é fazer todos os preparativos políticos, econômicos e militares necessários para essas guerras, para reforçar seu exército vermelho — poderosa arma do proletariado — e para treinar as massas dos trabalhadores na arte da guerra.²

Estudante: "Por que você não prova que o comunismo funcionará em seu próprio país antes de tentar forçar sua implantação em outras nações?".

Lênin: "A vitória final só pode ser alcançada em escala internacional, e somente pelo esforço combinado dos trabalhadores de todos os países".³

Stálin: "Isto significa que a assistência séria do proletariado internacional é uma força sem a qual o problema da vitória final do socialismo num só país não pode ser resolvido".⁴

Estudante: "Sou a favor de relações cordiais entre as nações. Você chamaria alguém como eu de 'internacionalista'?".

P. E. Vyshinsky: "Atualmente, o único critério determinante [...] é: você é contra ou a favor da URSS, a pátria do proletariado mundial? Um internacionalista não é alguém que verbalmente

---

1 V. I. Lênin, *Report of the Central Committee At the 8th Party Congress*, 1919.

2 *Thesis of the Sixth World Congress of the Communist International*, International Press Correspondence, 28 de novembro de 1926, p. 1590.

3 Citado por Joseph Stálin em *Leninism*, vol. I, p. 170.

4 Carta de Joseph Stálin para Ivanov, p. 9. V. também a resolução da XIV Conferência do Partido Comunista da União Soviética.

reconhece a solidariedade internacional ou simpatiza com ela. O internacionalista de verdade é aquele que eleva sua simpatia e seu reconhecimento ao ponto de dar o máximo de ajuda prática à URSS em apoio e defesa da URSS, por todos os meios e em todas as formas possíveis".[5]

Estudante: "Pensei que, durante a Segunda Guerra Mundial, os líderes comunistas haviam dito que desejavam ser amigos dos Estados Unidos. Esperava que pudéssemos continuar sendo amigos".

Varga: "O fato de que a União Soviética e os abaladíssimos países capitalistas mostraram encontrar-se em um campo poderoso e fizeram valer sua fúria contra os agressores fascistas (durante a Segunda Guerra Mundial) demonstrou que a luta entre os dois sistemas no campo democrático foi aliviada e suspensa por algum tempo, o que de maneira alguma significa o fim dessa luta".[6]

Marechal Tito: "Nossa colaboração com o capitalismo durante a guerra recém-terminada não significa de modo algum que manteremos essa aliança no futuro. Pelo contrário, as forças capitalistas constituem nosso inimigo natural, a despeito de sua ajuda para derrotar seu representante mais perigoso. Talvez decidamos fazer uso de sua ajuda novamente, mas sempre com o único objetivo de acelerar sua ruína definitiva".[7]

Estudante: "Em outras palavras, vocês fingiram-se nossos amigos apenas por questão de conveniência? Por que não seria uma vantagem mútua continuarmos a ser amigos?".

Dimitry Z. Manuilsky: "A guerra em nível máximo entre comunismo e capitalismo é inevitável".[8]

Estudante: "Então por que vocês tentam manter relações pacíficas com o Ocidente?".

---

[5] P. E. Vyshinsky, "Comunism and the Motherland", in *Voprosi Filosofi, Problems of Philosophy*, vol. 2, 1948.

[6] Varga, *World Economy and World Politics*, Junho de 1949, p. 11.

[7] Informação do Continental News Service, 8 de novembro de 1946, citada em *Communist Threat To Canada*, Ottawa, 1947, pp. 10-11.

[8] Dito em uma aula da Escola Lênin de Guerra Política em Moscou, 1931.

Stálin: "Não podemos esquecer as palavras de Lênin no sentido de que muito [...] depende de conseguirmos retardar a guerra contra os países capitalistas [...] até a revolução proletária amadurecer na Europa, até as revoluções coloniais chegarem a seu ponto máximo ou, finalmente, até que os capitalistas lutem entre si próprios pela divisão das colônias. Portanto, a manutenção de relações pacíficas com os países capitalistas nos é uma tarefa obrigatória".⁹

Estudante: "Devemos esperar esse 'inevitável' conflito logo ou num futuro distante?".

Lênin: "Amarrar as mãos antecipada e abertamente dizendo ao inimigo, que então está mais bem armado do que nós, se e quando vamos lutar contra ele é estupidez, não revolucionário. Aceitar uma batalha no momento em que é obviamente vantajoso para o inimigo e não para nós é um crime; e os líderes políticos da classe revolucionária que são incapazes 'de manobrar e comprometer' a fim de evitar uma batalha obviamente desvantajosa não servem para nada".¹⁰

Estudante: "Talvez isso explique por que vocês, comunistas, continuam a construir uma máquina de guerra tremenda e proclamam querer a paz. Vocês não acreditam que o Ocidente deseje a paz sinceramente e gostaria de desarmar-se?".

Declaração oficial: "Há uma contradição flagrante entre a política de acumulação de armamentos dos imperialistas e sua conversa hipócrita sobre a paz. Não existe tal contradição, no entanto, entre a preparação do governo soviético para a defesa e a guerra revolucionária e uma política de paz consistente. A guerra revolucionária da ditadura do proletariado é apenas a continuação de uma política de paz revolucionária por outros meios".¹¹

---

9 Joseph Stálin, "Speech to the 15th Congress of the Soviet", *Selected Works*, vol. X, pp. 95-96; ver também pp. 100-101.

10 V. I. Lênin, "Left-wing Communism, An Infantile Disorder", *Selected Works*, vol. X, pp. 95-96; ver também pp. 100-101.

11 *Thesis of the Sixth World Congress of the Communist International*, International Press Correspondence, 28 de novembro de 1928, p. 1590.

Estudante: "Mas a dita política de paz revolucionária por 'outros meios' não seria simplesmente uma exigência de rendição incondicional sob ameaça de extermínio? Por que perpetuar o mito de coexistência pacífica enquanto se considera abertamente o Ocidente seu inimigo?".

Dimitry Z. Manuilsky: "Hoje, é claro, não temos força suficiente para atacar [...]. Para vencer, precisaremos do elemento surpresa. Teremos de aplicar a injeção letal na burguesia. Então, começaremos por lançar os movimentos de paz mais espetaculares da história. Haverá eletrizantes propostas e concessões inéditas. Os países capitalistas, cretinos e decadentes, terão a satisfação de cooperar em sua própria destruição. Aceitarão com prazer outra oportunidade de sermos amigos. Assim que baixarem a guarda, esmagaremos a todos com nosso punho cerrado!".[12]

Operações ilegais

Estudante: "Isso talvez ajude a explicar por que os estrategistas comunistas nunca foram capazes de assumir o poder em sequer um país pela persuasão ou pela eleição popular de candidatos legítimos. Os comunistas sempre têm de recorrer à subversão e a operações políticas ilícitas?".

Lênin: "A necessidade absoluta de, em princípio, combinar o trabalho clandestino ao trabalho legítimo não é determinada somente pela soma total das características específicas do presente período [...] mas também pela necessidade de provar à burguesia que não há, nem pode haver esfera ou campo de trabalho que não possa ser conquistado pelos comunistas [...]. É imediatamente necessário que todos os partidos comunistas formem organizações ilegais com o objetivo de conduzir sistematicamente o trabalho ilegal e de cuidar da plena preparação para o momento em que a burguesia recorrer à perseguição. O trabalho ilegal é particularmente necessário no exército, na marinha e na polícia".[13]

---

12 Dito em uma aula da Escola Lênin de Guerra Política em Moscou, 1931.
13 V. I. Lênin, *Selected Works*, vol. X, pp. 172-173.

Estudante: "O que acontece com uma pessoa selecionada para realizar operações ilegais?".

Lênin: "Um agitador da classe trabalhadora que de alguma maneira mostre talento e seja promissor não deve trabalhar 11 horas por dia em uma fábrica. Devemos fazer com que ele viva com recursos do Partido, que seja capaz de adotar, em tempo hábil, uma forma ilegal de existência e tenha oportunidades de alterar sua esfera de atuação; caso contrário, não irá adquirir experiência, ampliar suas perspectivas ou ser capaz de resistir por muitos anos na luta contra a polícia".[14]

Violência revolucionária

Estudante: "Um americano convertido ao comunismo poderia pertencer ao Partido sendo adepto da reforma pacífica em vez de apoiar a violência revolucionária?".

Lênin: "Não basta tomarmos partido quanto a *slogans* políticos; devemos tomar partido também quanto à rebelião armada. Aqueles que se opõem à rebelião armada e que não se preparam para ela devem ser impiedosamente expulsos das fileiras dos partidários da revolução e enviados de volta às fileiras de seus inimigos, dos traidores ou covardes; pois se aproxima o dia em que a força de eventos e condições de luta nos obrigará a separar inimigos de amigos de acordo com este princípio".[15]

Estudante: "Então, aparentemente, vocês acreditam que o progresso social só é possível pela violência revolucionária, e não por reformas legislativas?".

Lênin: "Os marxistas nunca esquecem que a violência será um acompanhamento inevitável do colapso do capitalismo em escala total e do nascimento da sociedade socialista. E essa violência cobrirá um período histórico; toda uma era de guerras dos mais variados tipos — guerras imperialistas, guerras civis, entrelaçamentos

---

14 V. I. Lênin, *Lenin On Organization*, p. 95.
15 V. I. Lênin, *Selected Works*, vol. III, p. 351.

entre uma e outra, guerras nacionais, emancipação das nacionalidades esmagadas pelas potências imperialistas, que inevitavelmente formarão várias alianças entre si na era dos grandes trustes e aglomerações industriais do Estado capitalista. Esta é uma era de colapsos tremendos, de decisões militares de natureza violenta tomadas no atacado, de crises. Vê-se claramente que já se iniciou — e é apenas o começo".[16]

Estudante: "Querem dizer que é impossível para um americano ser um verdadeiro comunista sem trair seu próprio país?".

Lênin: "O ódio contra seu próprio governo e sua própria burguesia — sentimento de todos os operários com consciência de classe [...] é uma expressão banal se não significar a revolução contra o próprio governo. É impossível despertar o ódio contra o próprio governo e a própria burguesia sem desejar sua derrota".[17]

Estudante: "Seria de se esperar do comunista americano que se envolvesse em atividades subversivas e desleais mesmo se os Estados Unidos estivessem em guerra?".

Lênin: "Em uma guerra reacionária, a classe revolucionária não pode senão desejar a derrota de seu governo [...]. E a ação revolucionária contra o próprio governo em tempo de guerra significa, sem dúvida e indiscutivelmente, não apenas desejar sua derrota, mas a facilitar de fato".[18]

Estudante: "Mas, se vocês anseiam tanto em fazer romper a lealdade a governos individuais, por que insistem que os comunistas americanos devem ser leais à URSS?".

Declaração oficial: "Em vista do fato de que a URSS é a única pátria do proletariado internacional, o principal baluarte de suas realizações e o mais importante agente de sua emancipação internacional, o proletariado internacional deve, por sua vez, facilitar o sucesso da obra de construção do socialismo na URSS e

---

16 V. I. Lênin, *Selected Works*, vol. VIII, pp. 315-316.
17 *Ibid.*, vol. IX, p. 147.
18 *Ibid.*, vol. V, p. 142.

defendê-la contra os ataques das potências capitalistas de todas as maneiras que puder".[19]

Estudante: "Em outras palavras — e mais especificamente —, vocês são contrários ao nacionalismo, exceto quando se aplica à URSS?".

P. E. Vyshinsky: "A defesa da URSS como pátria socialista do proletariado mundial é o dever sagrado de todo homem honesto de qualquer lugar, e não só dos cidadãos da URSS".[20]

Estudante: "Se os americanos comunistas devem derrubar seu próprio governo e servir aos interesses da URSS, isso não faria deles anarquistas e rebeldes?".

Lênin: "Só a insurreição pode garantir a vitória da revolução".[21]

Lênin: "A revolução confronta-nos diretamente com o problema da insurreição armada. E falar disso sem preparação técnica adequada é simplesmente pronunciar frases vazias. Quem quer que deseje a revolução deve preparar para ela as grandes massas, que, no processo de preparação, criarão os órgãos necessários à luta".[22]

Estudante: "E tudo isso para a derrubada violenta do governo?".

Lênin: "O propósito da insurreição deve ser não só a destruição completa ou a remoção de todas as autoridades locais e sua substituição por outras [...] mas também a expulsão dos latifundiários e o confisco de suas terras".[23]

Guerra e paz

Estudante: "Essa política inflamatória não contradiz completamente seu programa amplamente divulgado de uma ofensiva de paz?".

---

19 *Program of the Communist International*, p. 66.
20 P. E. Vyshinsky, "Communism and the Motherland", in *Problems in Philosophy*, vol. 2, 1948.
21 191 V. I. Lênin, *Selected Works*, vol. III, p. 327.
22 Lênin, *The Great Strategist of the Class War*, p. 17.
23 V. I. Lênin, *Selected Works*, vol. III, p. 377.

Declaração oficial: "O comunismo não mais conhecerá a guerra. Uma paz verdadeira, a paz segura do povo só é possível sob o comunismo. Mas o objetivo não pode ser alcançado por meios pacíficos, 'pacifistas'; pelo contrário, pode ser alcançado somente por uma guerra civil contra a burguesia".[24]

Estudante: "Em outras palavras, os comunistas de todos os países constituem um grupo de guerra, em vez de um partido político destinado a promover a paz?".

Declaração oficial: "No mundo capitalista de hoje, o proletariado revolucionário apóia a guerra de defesa do Estado proletário (URSS) contra os Estados imperialistas".[25]

Estudante: "Mas a União Soviética tem travado ou encorajado guerras de agressão. Como vocês podem apoiar conscientemente essas guerras?".

Declaração oficial: "Toda guerra da União Soviética é uma guerra de defesa, mesmo quando conduzida com meios ofensivos".[26]

Estudante: "Se vocês consideram 'defensivas' todas as guerras soviéticas, mesmo quando admitem o uso de 'meios ofensivos', qual será sua atitude em relação a nações que mantenham armamento pesado simplesmente como proteção contra agressões comunistas?".

Declaração oficial: [Defendemos a] "denúncia sistemática e estigmatizante de todo armamento, pacto de guerra e preparativo de guerra capitalista e, especialmente, a defesa da União Soviética contra a liga dos imperialistas".[27]

Estudante: "Os líderes comunistas esperam por uma revolta espontânea em vários países ou pedirão a seus seguidores para que organizem uma revolta?".

---

24 *Fundamentals of Communism*, publicado pelo Communist Party of America, p. 31.
25 Idem.
26 Idem.
27 Idem.

Lênin: "Se a situação estiver madura para uma revolta popular, em vista do fato de que a revolução nas relações sociais já ocorreu, e estivermos preparados para isso, podemos ordenar uma revolta".[28]

Estudante: "Que métodos seriam usados para derrubar o governo?".

Lênin: "Tumultos, protestos, brigas de rua e destacamento de um exército revolucionário são os estágios do desenvolvimento da revolta popular".[29]

Estudante: "Com base na experiência, quais as circunstâncias ideais para o sucesso de uma insurreição?".

Lênin: "A combinação de uma greve política de massas com uma revolta armada".[30]

A Internacional Comunista

Estudante: "Originalmente, que vocês disseram sobre a organização que deveria executar a revolução mundial?".

Declaração oficial: "A Internacional Comunista é a vontade concentrada do proletariado revolucionário mundial. Sua missão é organizar a classe trabalhadora do mundo para a derrubada do sistema capitalista e o estabelecimento do comunismo. A Internacional Comunista é um órgão de combate e assume a tarefa de somar as forças revolucionárias de todos os países".[31]

Estudante: "Faziam parte do propósito da Internacional Comunista espalhar a discórdia e levantar o Exército Vermelho?".

Declaração oficial: "A fim de derrubar a burguesia internacional e criar uma República Internacional Soviética como fase de transição para a sociedade comunista, a Internacional Comunista usará de todos os meios à disposição, incluindo a força armada".[32]

---

28 V. I. Lênin, *Selected Works*, vol. III, p. 298.
29 *Ibid.*, vol. III, p. 312.
30 *Ibid.*, vol. III, p. 374.
31 *The Communist*, vol. 1, nº 1, julho de 1921, p. 11.
32 *Idem*.

Stálin: "As tarefas do Partido na política externa são: 1 — utilizar toda e qualquer contradição ou conflito entre grupos e governos capitalistas circundantes para desintegrar o imperialismo; 2 — não poupar esforços ou meios para prestar assistência à revolução proletária no Ocidente; 3 — tomar todas as medidas necessárias para fortalecer o Exército Vermelho".[33]

Estudante: "Qual foi o programa da Internacional Comunista?".

Declaração oficial: "A Internacional Comunista deve dedicar-se especialmente à [...] organização do trabalho cotidiano [...] no curso do qual métodos legais devem infalivelmente ser combinados com métodos ilegais; trabalho organizado no exército e na marinha — tal deve ser a atuação dos partidos comunistas. Os *slogans* fundamentais da Internacional Comunista, neste contexto, devem ser:

> Converter guerras imperialistas em guerras civis;
>
> Derrotar "seu próprio" governo imperialista;
>
> Defender a URSS e as colônias de todas as maneiras em caso de guerra imperialista.[34]

Estudante: "A Internacional Comunista usou partidos comunistas em vários países ou operou com independência?".

Declaração oficial: "A luta bem-sucedida da Internacional Comunista pela ditadura do proletariado pressupõe a existência de um Partido Comunista em cada país, compacto, endurecido na luta, disciplinado, centralizado e estreitamente ligado às massas".[35]

Estudante: "Quais as obrigações de uma organização como o Partido Comunista da América enquanto filiada à Internacional Comunista?".

Declaração oficial: "Cada partido desejoso de filiar-se à Internacional Comunista deve ficar obrigado a prestar toda assistência

---

33 Joseph Stálin, "Party After Seizure of Power", Pravda, 28 de agosto de 1921.
34 *Program of the Communist International*, p. 84.
35 *Ibid.*, p. 76.

possível às repúblicas soviéticas em sua luta contra todas as forças contra-revolucionárias. Os partidos comunistas devem levar adiante uma propaganda precisa e definida para induzir os trabalhadores a recusar-se a transportar qualquer tipo de equipamento militar destinado à luta contra as repúblicas soviéticas, assim como também devem dar prosseguimento, por meios lícitos ou ilícitos, à propaganda entre as tropas enviadas contra as repúblicas dos trabalhadores etc.".[36]

Estudante: "Determinou-se desde o início que os líderes comunistas da Rússia ditariam as políticas do Partido Comunista dos EUA?".

Earl Browder: "Os partidos comunistas dos diversos países são os representantes diretos da Internacional Comunista e, assim, indiretamente, dos objetivos e das políticas da Rússia Soviética".[37]

Declaração oficial: "Os representantes da Rússia Soviética nos vários países devem, ao participar de atividades políticas, coordenar sua atuação de uma maneira ou outra às atividades e políticas dos respectivos partidos comunistas".[38]

Alexander Trachtenberg: "Ao apoiar consistentemente a União Soviética desde sua criação, os comunistas americanos estavam agindo como internacionalistas e como americanos".[39]

Estudante: "Em 1943, a Internacional Comunista foi dissolvida subitamente. Isso se fez para pacificar a crescente onda de sentimentos anti-comunistas durante a Segunda Guerra Mundial?".

Hans Berger: "Como a estratégia correta consiste em unir e concentrar todas as forças contra o inimigo comum, exigindo-se a eliminação de tudo que torna essa unificação e concentração

---

36 *The Thesis and Statutes of the Communist International*, conforme adotado no Segundo Congresso Mundial, julho a agosto de 1920, p. 28.

37 *Communism in the United States*, p. 8.

38 "Resolution On the Relation of Communist Parties To Soviet Government Representatives", aprovada pela segunda convenção do Partido Comunista dos EUA, em *The Communist*, vol. II, nº 8, p. 8, 1º de agosto de 1920.

39 Alexander Trachtenberg, "The Soviet Union and the American People", *The Communist*, vol. XVIII, nº 9, p. 885, setembro de 1939.

difícil, a dissolução da Internacional Comunista, decidida por unanimidade pelos partidos comunistas, foi sem dúvida um ato cujo fim era facilitar a vitória sobre o inimigo fascista".[40]

Estudante: "A dissolução da Internacional Comunista resultou em um enfraquecimento da solidariedade entre partidos comunistas ao redor do mundo?".

Hans Berger: "Entre as razões que os líderes dos partidos comunistas consideraram ao apoiar a dissolução da Internacional Comunista estava sem dúvida a questão do fortalecimento dos partidos comunistas".[41]

Estudante: "Enfraqueceu os planos para a revolução mundial?".

Hans Berger: "Os partidos comunistas, portanto, nunca sacrificaram seus princípios marxista-leninistas, os quais não conhecem fronteiras e dos quais aqueles nunca poderão desistir; mas, guiados por seus princípios, continuam a lutar com máxima perseverança".[42]

Estudante: "Essa é a visão oficial do partido Comunista dos EUA?".

Gil Green: "Desde novembro de 1940, nosso partido não é mais filiado à Internacional Comunista e já não possui vínculos organizacionais com ela. Mas quem pode negar que nosso partido, mesmo assim, cumpriu suas obrigações para com a classe trabalhadora e o povo dos EUA e, dessa forma, com a classe trabalhadora e os povos do mundo?".[43]

"Nem a continuidade da existência da Internacional Comunista é necessária como corporificação vivente do princípio do

---

40 "Remarks on the Discussion Concerning the Dissolution of the Communist International", *The Communist*, vol. XXII, nº 11, p. 1020, novembro de 1943.

41 *Ibid.*, p. 1028.

42 *Ibid.*, p. 1021.

43 Gil Green, "The Dissolution of the Communist International", palestra em 26 de maio de 1943, p. 3.

internacionalismo e da solidariedade da classe trabalhadora. A luta pelo internacionalismo não desapareceu; foi erguida a novas e mais gloriosas alturas".[44]

"A dissolução da Internacional Comunista não marca, portanto, um passo para trás [...]. Milhões em todo o mundo vivem, trabalham e lutam sob a bandeira brilhante do marxismo".[45]

Intriga diplomática

Estudante: "Durante a Segunda Guerra Mundial, que afirmou Stálin ser a política russa referente às nações sob dominação nazista?".

Stálin: "Estamos travando uma guerra justa por nosso país e nossa liberdade. Não é nosso objetivo ocupar terras estrangeiras nem subjugar povos estrangeiros [...]. Nosso objetivo é claro e nobre. Queremos libertar nossa terra soviética dos canalhas fascistas alemães. Queremos libertar nossos irmãos ucranianos, moldavos, bielorrussos, lituanos, letões, estonianos e carélios do ultraje e da violência a que estão sendo submetidos pelos canalhas fascistas alemães [...]".

"Não temos nem podemos ter objetivos de guerra como a imposição de nossa vontade e regime aos povos eslavos e outros povos escravizados da Europa que estão à espera de nossa ajuda. Nosso objetivo consiste em auxiliar esses povos em sua luta pela libertação da tirania de Hitler e então deixá-los livres para governar suas próprias terras conforme desejarem".[46]

Estudante: "Que desculpa teriam Stálin e os líderes comunistas para fazer exatamente o contrário do que haviam prometido?".

---

44 *Ibid.*, p. 8.
45 *Ibid.*, p. 9.
46 Ordem diária de Stálin, nº 130, 1º de maio de 1942, citado em *On the Great Patriotic War of the Soviet Union*, Foreign Language Publishing House, Moscow, 1946, p. 59.

Lênin: "A mais estrita lealdade às idéias do comunismo deve estar aliada à capacidade de se assumir todos os compromissos práticos necessários, manobrar-se, fazer acordos, zigue-zagues, recuos e assim por diante, de modo a acelerar a chegada ao poder".[47]

Stálin: "Fazer diplomacia com sinceridade é tão possível quanto haver água seca ou madeira de ferro".[48]

Ética e moral

Estudante: "Essa abordagem das relações internacionais não soa mais como um código de conduta criminosa do que como diplomacia sincera? A moralidade comunista o permite?".

Lênin: "Afirmamos: moral é aquilo que serve para destruir a velha sociedade exploradora e para unir todos os trabalhadores em torno do proletariado, que está a criar uma nova sociedade comunista. A moralidade comunista é a moral que serve a essa luta [...]".[49]

Declaração oficial: "Moral ou ética é o conjunto de normas e regras de conduta dos povos soviéticos. Na raiz da moralidade comunista, disse Lênin, está a luta pela consolidação e conclusão do comunismo. Portanto, do ponto de vista da moral comunista, são morais somente os atos que contribuem à edificação de uma nova sociedade comunista".[50]

Estudante: "Mas isso soa como uma desculpa para fazer aquilo que se julgar conveniente em vez de seguir um sistema de regras para viver corretamente. Supondo que o comunismo esteja certo, seria justificável um comunista mentir, roubar ou matar para pôr o comunismo em vigor?".

---

47 V. I. Lênin, *Left-wing Communism—An Infantile Disorder*, International Publishers, New York, 1940, pp. 75–76.
48 Citado em *Department of State Publication*, nº 4264, p. 30.
49 V. I. Lênin, *Selected Works*, vol. IX, p. 477.
50 Radio Moscow, 20 de agosto de 1950.

William Z. Foster: "Para ele, os fins justificam os meios. Se sua tática é 'lícita' e 'moral' ou não, é questão que não lhe importa, desde que ela seja eficaz. Ele sabe que as leis, bem como o código moral atual, são criação de seus inimigos mortais [...]. Conseqüentemente, ele as ignora na medida do possível, e essa postura está de acordo com seus objetivos. Sua proposta é desenvolver, sem levar em conta os conceitos capitalistas de 'legalidade', 'justiça', 'direito' etc., um poder maior do que o detido por seus inimigos capitalistas [...]".[51]

Estudante: "Então vocês negam a possibilidade da existência de um código de conduta dado por um Deus eterno?".

Lênin: "Não acreditamos em moral eterna, e denunciamos todas as fábulas acerca da moralidade".[52]

Marx: "As leis, a moral, a religião são [...] preconceitos burgueses, atrás dos quais se ocultam outros tantos interesses burgueses".[53]

Engels: "Rejeitamos, portanto, qualquer tentativa de se impor sobre nós um dogma moral, qualquer que seja, como uma lei moral perene, definitiva e eternamente imutável sob o pretexto de que o universo da moralidade também tem seus princípios permanentes, que transcendem a história e a diferença entre as nações. Sustentamos, pelo contrário, que todas as teorias morais anteriores são produto, em última análise, do cenário econômico que a sociedade atingira naquela época particular. E, como a sociedade até então se moveu por antagonismos de classe, a moral sempre foi uma moral de classe; ou justificou a dominação e os interesses da classe dominante, ou, tão logo a classe oprimida se tornou poderosa o suficiente, representou a revolta contra essa dominação e os interesses futuros dos oprimidos".[54]

---

51 William Z. Foster, *Syndicalism*, p. 9.
52 V. I. Lênin, *Selected Works*, vol. IX, p. 478.
53 Marx-Engles, *Communist Manifesto*; também citado no *Communist Handbook*, p. 35.
54 Friedrich Engels, citado em *Handbook of Marxism*, p. 249.

A Bíblia

Estudante: "Qual é, então, a atitude comunista diante da Bíblia, que contém tantos ensinamentos morais?".

Declaração oficial: "Uma coletânea de lendas fantásticas sem qualquer base científica. Está repleta de sugestões obscuras, erros históricos e contradições. Serve como fator de obtenção de poder e para subjugar nações sem conhecimento".[55]

Engels: "Já está perfeitamente claro para mim que os ditos escritos sagrados dos judeus não são nada mais do que o registro da antiga tradição religiosa e tribal árabe, modificada pela separação precoce dos judeus de seus parentes tribais nômades".[56]

Religião

Estudante: "Ao rejeitar a Bíblia, vocês também rejeitam toda a religião e toda a moralidade institucionalizada que aquela representa?".

Declaração oficial: "A filosofia do marxismo-leninismo — o fundamento teórico do Partido Comunista — é incompatível com a religião".[57]

Lênin: "A religião é uma espécie de gin espiritual no qual os escravos do capital afogam sua forma humana e suas reivindicações de qualquer vida humana decente".[58]

Estudante: "Não é possível a um comunista desfrutar de atividades religiosas por questão de consciência e como um direito privado?".

Lênin: "Para o partido do proletariado socialista [...] a religião não é um assunto particular".[59]

---

[55] Citado do *Russian Dictionary under Christian Economics*, vol. III, n° 7, 27 de março de 1951.

[56] Friedrich Engels, *Selected Correspondence*, p. 64.

[57] "Young Bolchevique", n° 5-6, 1946, p. 58.

[58] V. I. Lênin, *Selected Works*, International Publishers, New York 1943, vol. XI.

[59] V. I. Lênin, *Religion*, p. 9.

Yaroslavsky: "Todo leninista, todo comunista, todo operário e camponês com consciência de classe deve ser capaz de explicar por que um comunista não pode apoiar a religião [e] por que comunistas lutam contra a religião".[60]

Estudante: "Mas supondo que eu fosse um comunista e ainda quisesse ir à igreja?".

Declaração oficial: "Se um jovem comunista crê em Deus e vai à igreja, ele não cumpre suas funções. Isso significa que ele ainda não se livrou das superstições religiosas e não se tornou uma pessoa totalmente consciente (ou seja, um comunista)".[61]

Lênin: "Um jovem não pode ser comunista a menos que esteja livre de convicções religiosas".[62]

Lênin: "Temos de combater a religião — é esse o ABC do materialismo e, conseqüentemente, do marxismo".[63]

Estudante: "Qual é sua postura em relação às igrejas? A Igreja Católica, por exemplo".

Yaroslavsky: "A Igreja Católica, liderada pelo papa, é agora um reduto importante de todas as organizações e forças contra-revolucionárias".[64]

Estudante: "Vocês são contrários a todo cristianismo?".

Lunarcharsky: (Comissário da Educação russo): "Odiamos os cristãos e o cristianismo. Mesmo os melhores entre os cristãos devem ser considerados nossos piores inimigos. Pregam o amor ao próximo e a misericórdia, que são contrários a nossos princípios. O amor cristão é um obstáculo ao desenvolvimento da revolução. Abaixo o amor ao próximo! O que queremos é o ódio [...]. Somente então poderemos conquistar o universo".[65]

---

60 E. Yaroslavsky, *Religion in the USSR*, p. 20.
61 *Young Bolshevik*, n° 5–6, 1946, p. 56.
62 *Young Communist Truth*, 18 de outubro de 1947.
63 V. I. Lênin, *Religion*, p. 14.
64 E. Yaroslavsky, *Religion in the URSS*, pp. 36–37.
65 Citado no "Congressional Record", vol. 77, pp. 1539–1540.

Estudante: "Como vocês justificam esse tipo de propaganda de ódio comunista?".

Declaração oficial: "O ódio promove a vigilância e uma atitude intransigente em relação ao inimigo, bem como leva à destruição de tudo aquilo que impede os povos soviéticos de construir uma vida feliz. O ensino do ódio aos inimigos dos trabalhadores enriquece a concepção do humanismo socialista, distinguindo-o da 'filantropia' hipócrita e açucarada."[66]

Stálin: "É impossível dominar um inimigo sem haver aprendido a odiá-lo com toda a força de sua alma".[67]

Estudante: "E qual é sua atitude em relação ao povo judeu e sua religião?".

Marx: "Qual o fundamento da religião judaica? Necessidades práticas, egoísmo. Conseqüentemente, o monoteísmo do judeu é, na realidade, o politeísmo das muitas necessidades [...]. O deus das necessidades práticas e do egoísmo é o dinheiro [...]. O dinheiro é o deus zeloso de Israel, ao lado do qual não pode existir qualquer outro deus [...]. O Deus dos judeus foi secularizado e agora é o Deus universal [...]. Assim que a sociedade conseguir acabar com a essência empírica do judaísmo, o mascate e as condições que o produzem, o judeu tornar-se-á impossível [...]. A emancipação social do judeu é a emancipação da sociedade em relação ao judaísmo".[68]

Estudante: "Em vista de tudo isso, por que é que a propaganda comunista, por vezes, finge certa tolerância religiosa?".

Yaroslavsky: "Em nosso trabalho entre pessoas religiosas, devemos ter em mente o conselho de Lênin de utilizar todos os métodos disponíveis, ou, como ele disse, devemos 'abordá-los desta ou daquela maneira', para estimulá-los a criticar a religião por si mesmos".[69]

---

66 Citado da *Small Soviet Encyclopedia*, Moscou, 1947, vol. XI, p. 1045.
67 Joseph Stalin, *The Great Patriotic War of the Soviet Union*, Moscou, 1946, p. 55.
68 Karl Marx, *Selected Essays*, pp. 92–97.
69 E. Yaroslavsky, *Religion in the USSR*, p. 61.

Estudante: "Se a religião é tão ruim, vocês acreditam que ela desaparecerá gradualmente?".

Yaroslavsky: "Seria um grande erro acreditar que a religião morrerá por si só. Repetidas vezes já enfatizamos a opinião de Lênin de que o Partido Comunista não pode depender do desenvolvimento espontâneo das idéias anti-religiosas — que essas idéias são moldadas pela ação organizada".[70]

Estudante: "Vocês acreditam que a postura de uma pessoa em relação à religião deveria ser alterada por persuasão amigável?".

Lênin: "A luta contra a religião não deve ser limitada nem reduzida a uma pregação abstrata e ideológica. Essa luta se deve ligar à prática concreta do movimento de classes; seu objetivo deve ser o de eliminar as raízes sociais da religião".[71]

Declaração oficial: "A luta contra o Evangelho e a lenda cristã deve ser conduzida sem piedade e valer-se de todos os meios à disposição do comunismo".[72]

Estudante: "É verdade que o clero já foi suprimido na Rússia?".

Stálin: "Suprimimos o clero reacionário? Sim, suprimimos! Uma pena é que não tenha sido totalmente liquidado. A propaganda anti-religiosa é um meio de provocar a liquidação total do clero reacionário. Há casos em que certos membros do Partido dificultam o desenvolvimento completo da propaganda anti-religiosa. É bom expulsar esses membros, pois não há espaço para tais 'comunistas' nas fileiras do Partido".[73]

Estudante: "Que vocês propõem para substituir a religião?".

Lênin: "Dissemos no início [...] o marxismo não pode ser concebido sem o ateísmo. Gostaríamos de acrescentar aqui que o ateísmo sem marxismo é incompleto e inconsistente".[74]

---

70 E. Yaroslavsky, *Religion in the USSR*, p. 61.
71 V. I. Lênin, *Religion*, p. 14.
72 Rádio Leningrad, 27 de agosto de 1950.
73 Joseph Stalin, *Leninism*, vol. 1, p. 387.
74 V. I. Lênin, *Religion*, Introduction, pp. 3–6.

Estudante: "Se eliminarão o conceito de Deus, que substituto espiritual vocês propõem a seu povo?".

Declaração oficial: "Não há melhor meio de influenciar alunos que, por exemplo, a característica da figura espiritual de Stálin dada em sua *Breve Biografia*: 'Todos conhecem o poder irresistível, esmagador da lógica de Stálin, a clareza cristalina de seu intelecto, sua vontade de ferro, devoção ao partido, modéstia, simplicidade, solicitude para com as pessoas e inclemência para com os inimigos do povo'".[75]

Estudante: "Entendo que os líderes soviéticos não perdiam uma oportunidade, quando Stálin estava vivo, para doutrinar as crianças com a idéia de Stálin como uma figura espiritual. Qual foi o *slogan* estampado em brinquedos para crianças?".

Declaração oficial: "Obrigado, Camarada Stálin, por minha infância feliz".[76]

A liberdade individual e liberdade civil

Estudante: "Há ocasião para a liberdade e a democracia sob o comunismo?".

Engels: "Afirmamos: '*A la guerre comme a la guerre*'; não prometemos liberdade nem democracia".[77]

Estudante: "Então vocês não acreditam que os homens devam ser livres e iguais no gozo da vida, da liberdade e da busca da felicidade?".

Engels: "Enquanto existirem classes, todos os argumentos acerca de liberdade e igualdade devem ser acompanhados da pergunta: liberdade para qual classe? E com que finalidade? Igualdade de qual classe com qual? E em relação a quê?".[78]

---

75 *Teachers Gazette*, 17 de março de 1947.
76 Citado em *Department of State Publication*, nº 4264, p. 25.
77 V. I. Lênin, *Selected Works*, vol. IX, p. 242.
78 *Ibid.*, vol. X, p. 266.

Estudante: "Mas não é seu desejo haver liberdade e igualdade para todas as classes?".

Engels: "Não desejamos liberdade à burguesia".[79]

Estudante: "As pessoas nos países satélites comunistas não desejam liberdade e igualdade para seus cidadãos?".

Engels: "Qualquer um que fale sobre liberdade e igualdade dentro dos limites da democracia do trabalhador, isto é, as condições em que os capitalistas são derrubados enquanto a propriedade e o livre-comércio permanecem — é defensor dos exploradores".[80]

Estudante: "Vocês acreditam em liberdade?".

Lênin: "Enquanto existir Estado, não existirá liberdade. Quando existir liberdade, não existirá Estado".[81]

Estudante: "Mas a URSS ainda preserva o Estado. Isso significa que o governo da Rússia não se destina a promover a liberdade do povo russo?".

Engels: "Enquanto o proletariado ainda usar o Estado, não o fará no interesse da liberdade, mas a fim de manter pressionados seus adversários".[82]

Estudante: "Então posso concluir que, na Rússia, vocês nem fazem de conta que possuem as liberdades civis de que desfrutamos aqui?".

Vyshinsky: "Em nosso Estado, não há, naturalmente, nem pode haver lugar para liberdade de expressão, de imprensa e assim por diante para os inimigos do socialismo. Qualquer tipo de tentativa de utilização dessas liberdades concedidas aos trabalhadores em detrimento do Estado, ou seja, em detrimento de todos os trabalhadores, deve ser classificada como crime contra-revolucionário".[83]

---

[79] V. I. Lênin, *Selected Works*, vol. XI, p. 266.
[80] *Ibid.*, p. 266.
[81] *Ibid.*, vol. VIII, p. 87.
[82] Citado por Lênin, *ibid*, vol. VII, p. 81.
[83] Vyshinsky, *Law of the Soviet State*, MacMillan Co., New York 1948, p. 617.

Estudante: "Suponhamos que eu estivesse vivendo na Rússia e quisesse publicar um jornal que criticasse o governo. Eu teria a mesma liberdade de imprensa de que gozo nos EUA?".

Stálin: "Que liberdade de imprensa você tem em mente? Liberdade de imprensa para qual classe — a burguesia ou o proletariado? Se é uma questão de liberdade de imprensa para a burguesia, então ela não existe nem existirá aqui enquanto houver a ditadura do proletariado".[84]

Estudante: "Então vocês querem dizer que a liberdade de imprensa existe apenas para o proletariado privilegiado? Não incluiria uma pessoa como eu?".

Stálin: "Não temos liberdade de imprensa para a burguesia. Não temos liberdade de imprensa para os mencheviques e socialistas-revolucionários que representam os interesses da burguesia vencida e derrubada. Mas que há de surpreendente nisso? Nunca prometemos conceder liberdade de imprensa a todas as classes ou fazer felizes todas as classes".[85]

Estudante: "Mas como pode um governo administrar suas leis com justiça senão as aplicando igualmente a todos?".

Lênin: "A ditadura é o poder baseado na força e sem qualquer restrição legal. A ditadura revolucionária do proletariado é o poder conquistado e mantido pela violência do proletariado contra a burguesia, poder que não é limitado por lei alguma".[86]

Estudante: "Mas, se as leis forem contra as classes em vez de contra os criminosos, como pode haver justiça?".

Vyshinsky: "A tarefa da justiça na URSS é assegurar o cumprimento preciso e constante de leis soviéticas por toda instituição, organização, autoridade e cidadão da URSS. Este tribunal desempenha tal tarefa destruindo sem piedade todos os inimigos do povo nas mais diversas maneiras pelas quais usurpam criminosamente o socialismo".[87]

---

84 Joseph Stalin, *Leninism*, vol. I, p. 403.
85 *Ibid.*, p. 404.
86 V. I. Lênin, *Selected Works*, vol. VII, p. 123.
87 Andrei Y. Vyshinsky, *The Law of the Soviet State*, p. 498.

Educação

Estudante: "Deixem-me fazer algumas perguntas sobre as escolas soviéticas e sobre a teoria comunista da educação. Como vocês descreveriam os objetivos da educação na Rússia?".

Declaração oficial: "É nas escolas, na carteira, na primeira série, que os fundamentos de uma perspectiva comunista são inculcados nos futuros cidadãos soviéticos. O país confia à escola seu mais precioso bem — seus filhos —, e ninguém deve ser autorizado a cair no menor desvio dos princípios da educação materialista comunista da nova geração".[88]

Estudante: "Não seria melhor dar aos alunos uma visão ampla de todos os diferentes governos e economias para que tirem suas próprias conclusões?".

Declaração oficial: "A escola soviética não pode se satisfazer em simplesmente formar pessoas instruídas. Com base nos fatos e deduções da ciência progressista, deve-se incutir a ideologia comunista na mente da nova geração, moldar uma visão de mundo marxista-leninista e inculcar-lhe o espírito de patriotismo soviético e as idéias bolcheviques em si".[89]

Declaração oficial: "É importante que os alunos percebam com clareza a desgraça do mundo capitalista, sua inevitável ruína; que eles vejam, por outro lado, as grandes perspectivas de nosso sistema socialista e preparem-se ativamente para que, quando deixarem a escola, estejam prontos para assumir seu lugar na vida, na luta por um mundo novo, pelo comunismo".[90]

Trabalho

Estudante: "Como o comunismo afirma representar os interesses da classe trabalhadora, qual a postura comunista oficial em relação ao movimento operário?".

---

[88] *Literary Gazette*, 3 de setembro de 1949.

[89] "For Further Progress In Soviet Schools", tirado de *Culture and Life*, 31 de agosto de 1947.

[90] *Teacher's Gazette*, 13 de setembro de 1947.

Lênin: "Será necessário [...] concordar com todo e qualquer sacrifício, e mesmo — se necessário for — recorrer a todos os tipos de dispositivos, manobras e métodos ilegais, a evasões e subterfúgios para penetrar nos sindicatos, neles permanecer e continuar neles o trabalho comunista a todo custo".[91]

Estudante: "Acredito que o trabalhador médio americano estaria interessado em saber o que os comunistas fazem quando controlam um sindicato. Como é que os comunistas tratam os sindicatos na Rússia, onde eles detêm o controle completo?".

Victor Kravchenko (ex-funcionário do governo e desertor): "A organização local do Partido (Comunista) elege um de seus membros como presidente do sindicato. De modo geral, os sindicatos soviéticos têm de tomar providências para que os trabalhadores executem o programa".[92]

Estudante: "Mas isso não faz do sindicato um braço subserviente do governo em vez de uma organização de trabalhadores? E se uma nação quiser entrar em greve?".

Kravchenko: "O trabalho do sindicato é fazer com que seja mantida rigorosa disciplina, que não haja greves, que os trabalhadores recebam salários estabelecidos pelo governo central e realizem todas as decisões e resoluções do partido etc.".[93]

Estudante: "Mas que aconteceria se eu fosse um trabalhador na Rússia e quisesse deixar meu emprego?".

Kravchenko: "Todos os cidadãos da União Soviética possuem passaporte. No passaporte, está sua fotografia. Há também uma página especial onde se colocam selos que indicam local, data e tipo de emprego. Se você deixar seu emprego em uma fábrica e for para outra sem permissão de seu diretor, será processado por violação da lei que proíbe a mudança de emprego não autorizada.

---

91 V. I. Lênin, *Left-Wing Communism*, p. 38.

92 Citado na publicação do Comitê de Atividades Antiamericanas, *100 Things You Should Know About Communism*, U.S. Government Printing Office, 1949, p. 78.

93 *Idem*.

Essa lei diz respeito não só aos operários, mas a qualquer tipo de funcionário".[94]

Estudante: "Tendo em vista essas declarações, eu gostaria de concluir com mais uma pergunta: é esta a esperança para a humanidade que a União Soviética oferece ao mundo?".

Declaração oficial: "O soviete é um exemplo inspirador para a revolução proletária no restante do mundo [...]. Ele mostra as poderosas conquistas do proletariado vitorioso e a grande superioridade do socialismo em relação à economia capitalista. A União Soviética é um exemplo inspirador para a autodeterminação nacional dos povos oprimidos".[95]

---

94 Ibid., pp. 78–79.

95 *Fundamentals of Communism*, publicado pelo Partido Comunista dos EUA, p. 19.

SEGUNDA PERGUNTA:

COMO UM POVO CONSEGUE CONSTRUIR UMA NAÇÃO LIVRE?

DURANTE A ÚLTIMA PARTE DO SÉCULO XVIII, ocorreu uma mudança política fenomenal, que criou a estrutura de uma nova civilização. Foi o estabelecimento das primeiras pessoas livres em tempos modernos. Na história geral da raça humana, foi uma conquista épica.

Quando esta importante mudança política ocorreu, todo modelo de existência humana estava atolado em três sistemas feitos pelo homem e que haviam escravizado a humanidade. O primeiro foi o sistema político de ditaduras monárquicas, nas quais a vida, a liberdade e a propriedade estavam sujeitos aos caprichos mais ou menos inconstantes dos potentados. O segundo sistema opressor foi o modelo econômico do mundo enraizado em uma variedade de contratos feudais, nos quais a maioria das pessoas passava suas vidas como servos, em vastas propriedades formadas a partir de despojos de conquistas militares. O terceiro sistema que dominou a vida da humanidade foi a expansão excessiva da religião institucionalizada. Os guardiões profissionais do bem-estar espiritual do homem haviam sufocado praticamente todos os canais de expressão espiritual livre, de modo que questões de opinião e consciência eram muitas vezes analisadas e controladas por vigilância opressiva.

Ascenção dos liberais[1]

Durante centenas de anos antes do século XVIII, alguns rebeldes liberais travaram dura luta contra os sistemas monstruosos que envolviam a humanidade, e muitos deles deixaram sua marca. Eram chamados "liberais" porque desejavam libertar a raça humana desses sistemas que o homem havia criado. Queriam que o homem controlasse os sistemas, em vez de os sistemas escravizarem o homem. Hoje em dia, o termo "liberal" muitas vezes é aplicado àqueles que gostariam de restaurar esses sistemas e fazer dos seres humanos meros comparsas outra vez; aqui, porém, falaremos dos liberais no sentido original do termo, como "libertadores de sistemas feitos pelo homem".

O primeiro grupo de liberais com número suficiente para tomar medidas decisivas foi um contingente de visionários espalhados pelas colônias americanas. Historiadores dizem que é surpreendente como poucas vozes naquele dia estavam preparadas para falar em favor da libertação completa, mas estes poucos eram suficientemente fortes para traçar um plano da primeira nação livre nos tempos modernos.

Claro que, em muitos aspectos, se tratava de um empreendimento muito imprudente. Esses pioneiros políticos americanos arriscaram a vida, a propriedade e os direitos de cidadania ao participar deste movimento de libertação. No entanto, cumpriram seu intento em grau nunca excedido por líderes políticos em qualquer outro momento ou geração. Talvez o seguinte esquema ilustre o porquê.

---

1   Na política americana, o termo *liberal* designa a esquerda, ou os progressistas, enquanto que no Brasil esse mesmo termo se aplica aos entusiastas do livre mercado e da política capitalista em geral (a que chamamos de liberais, ou de libertários, dependendo do caso). Nesta edição, sempre que o termo *liberal* quis designar pessoas e instituições contrárias ao capitalismo ou às políticas mais conservadoras e de direita, por assim dizer, ele foi traduzido por "progressista", ou "esquerdista", ou ainda "de esquerda"; quando não foi o caso, manteve-se "liberal" no sentido exposto no parágrafo seguinte — NE.

Filosofia política dos fundadores americanos

Os fundadores americanos eram homens muito incomuns. Não eram anarquistas nem revolucionários, mas estavam entre os mais bem-sucedidos líderes políticos e empresariais de cada uma das colônias. Nesse sentido, possuíam o equipamento físico e intelectual para construir impérios e, antes que o rei tornasse seu próprio imperialismo impossível de tolerar, em muitos casos haviam figurado entre os mais ativos súditos, cuidando dos negócios da coroa nas colônias. Portanto, por seus próprios padrões contemporâneos, dificilmente poderiam ser chamados de "proletariado". Como grupo, eram estudantes de economia e ciência política, e quando assumiram a tarefa de criar uma nova nação, fizeram uso dos melhores pensamentos de homens como John Locke, Montesquieu e Adam Smith, além de agregar muitas contribuições engenhosas da inspiração de suas próprias mentes.

Tudo isso evoluiu para uma filosofia política única, digna de estudo mais cuidadoso. Os documentos produzidos por esses homens refletem os ingredientes desta filosofia. Revelam que aqueles que subscreveram os textos apresentavam as seguintes convicções fundamentais:

Acreditavam que certos direitos inalienáveis do homem provêm de Deus, e não de qualquer atuação humana; portanto, nenhuma ação humana pode perturbá-los com legitimidade.

Acreditavam que as distinções de classe deveriam ser eliminadas, que não há lugar entre os homens livres para classes ou castas. O funcionário público, o comerciante, o banqueiro, o agricultor, o mecânico, o professor — todos têm ocupações honrosas e necessárias e são dignos de ser tratados como iguais. Acreditavam que o progresso da raça humana não seria resultado da oposição entre uma classe e outra, mas viria com a união de todos os grupos ou classes em uma ofensiva concentrada contra os inimigos comuns do homem: pobreza, ignorância, doença e guerra.

Acreditavam que, ao buscar a felicidade, os homens devem ser livres para trabalhar em qualquer atividade que sua experiência, formação e qualificações naturais lhes permitam conseguir e manter.

Acreditavam que os homens devem ser livres para desfrutar dos resultados de seu trabalho — algo que significa a proteção dos direitos de propriedade.

Acreditavam que os homens devem estar seguros em suas casas e na privacidade de suas vidas. Acreditavam que deve haver boa vontade, generosidade e tolerância entre aqueles de profissões, religiões e raças diferentes.

Uma filosofia torna-se uma realidade

A tradução destes princípios da teoria para a prática tem sido um processo longo e dolorosamente lento. No entanto, os passos históricos já dados constituem o caminho reto e estreito que todos devem trilhar para conquistar e manter sua liberdade. Estes passos históricos foram:

Primeiro: Resgatar a liberdade do povo por uma Declaração de Independência oficial em 1776.

Segundo: Pôr a declaração em prática, recorrendo às armas entre 1776 e 1783.

Terceiro: Pela primeira vez na história mundial, estabelecer um governo com poderes estritamente definidos em um documento escrito: a Constituição dos Estados Unidos.

Quarto: Prever uma forma de governo republicano na Constituição. Um governo por representantes eleitos, não um governo por participação da massa emocional, como ocorre em uma democracia pura.

Quinto: Pela primeira vez na história, instituir um governo com a trindade soberana — três poderes com igual autoridade: executivo, legislativo e judiciário. A separação entre os três poderes iguais veio da mente brilhante do Barão de Montesquieu (1689–1755). James Madison era grande admirador de Montesquieu e foi responsável pela introdução deste princípio na estrutura da Constituição.

Sexto: Cada ramo do governo estaria sujeito a um sistema de freios e contrapesos dos outros dois ramos, de modo a manter-se um equilíbrio saudável do poder. O governo foi definido como poder de "coerção organizada" da sociedade. A genialidade do princípio da separação de poderes por Montesquieu está no fato de que, quando um dos poderes excede sua autoridade, os demais poderes, junto ou separadamente, usam seus poderes de coerção para pôr termo à opressão causada pelo ramo que se excedeu. Isso torna desnecessárias as rebeliões populares para acabar com a opressão.

Sétimo: Todos os poderes não especificamente delegados ao Governo Federal ficaram retidos pelos estados e pelas pessoas. A doutrina da base contratual do governo com a reserva de soberania política para o povo foi descrita por John Locke em seu *Segundo Tratado do Governo Civil*, publicado em 1690.

Oitavo: As seguintes liberdades foram garantidas ao cidadão soberano:

 1. Liberdade religiosa (Primeira Emenda).

 2. Liberdade de expressão (Primeira Emenda).

 3. Liberdade de imprensa (Primeira Emenda).

 4. Liberdade de reunião (Primeira Emenda).

 5. Liberdade de petição ao governo para queixas (Primeira Emenda).

 6. Liberdade para portar armas (Segunda Emenda).

 7. Proteção contra a busca ilegal de pessoas, casas, papéis ou posses (Quarta Emenda).

 8. Proteção contra a punição sem o devido processo legal (Quinta e Décima Quarta emendas).

 9. Proteção contra vários processos pelo mesmo delito (Quinta Emenda).

 10. Proteção contra a obrigação de testemunhar contra si próprio (Quinta Emenda).

 11. Proteção contra a prisão sem julgamento rápido e público (Sexta Emenda).

 12. Proteção contra fianças ou multas excessivas e contra punições cruéis e extraordinárias (Oitava Emenda).

 13. Liberdade contra a escravidão ou servidão involuntária (Décima Terceira Emenda, aprovada em 1865).

 14. Liberdade de voto, independentemente de raça ou sexo (Décima Quinta Emenda, aprovada em 1870, e Décima Nona, aprovada em 1920).

Nono: As reformas sociais e políticas de linha liberal foram incentivadas nos vários estados. Enquanto servia como Governador da Virgínia, Thomas Jefferson abriu o caminho, incentivando a educação pública, separando a Igreja do Estado, revogando as leis medievais de herança para evitar o monopólio da terra e da riqueza, defendendo a emancipação dos escravos, proibindo a importação de escravos, revisando a legislação penal, sugerindo representação de acordo com a população, declarando que o direito de voto deve ser estendido a todos os homens sujeitos ao serviço militar, e não apenas aos proprietários de terras, e incentivando o autogoverno nos condados e nas cidades do estado.

Décimo: A Guerra Civil estabeleceu a soberania do Governo Federal como autoridade dominante da União (da qual os estados não poderiam se separar e cujas leis não podiam ser contraditas pelas estaduais). Essas mudanças deram solidariedade aos Estados Unidos e uma uniformidade entre eles que tinha sido questionada antes. A Guerra Civil também abriu o caminho para a emancipação de todos aqueles que vivem dentro das fronteiras do país.

Décimo primeiro: Ao longo dos anos, uma legislação "promocional" foi aprovada para promover o bem-estar geral dos cidadãos, incentivando transporte interestadual, comunicações transcontinentais, colonização de terras públicas, serviço postal barato, desenvolvimento de cursos de água e recursos hídricos.

Décimo segundo: Aprovou-se uma legislação "restritiva", com a finalidade de proteger o cidadão contra vários sistemas que começaram a invadir seu bem-estar. A legislação anti-truste foi aprovada para restringir as atividades dos monopólios em negócios e preservar a livre-iniciativa; a legislação trabalhista, para fixar a responsabilidade da liderança sindical; a legislação anti-crime, para proteger os cidadãos contra as forças organizadas do submundo.

Assim, um novo padrão de governo humano nasceu entre os homens. É um quadro político projetado para manter o controle definitivo do governo nas mãos de quem vive sob este. É a expressão de uma filosofia política que possibilita a proteção contra o poder crescente de sistemas criados pelo próprio homem. É um governo do povo, pelo povo, para o povo. É o desdobramento gradual de seis séculos de verdadeiro liberalismo.

Resultados dos 175 anos de liberalismo americano

O incentivo à iniciativa privada e à autodeterminação e a proteção do cidadão contra a usurpação de sistemas criados pelo homem já tinha 175 anos de comprovação das suas qualidades. A libertação do cidadão dos sistemas do passado foi benéfica?

Os Estados Unidos, como todos os países novos, começaram com pouco capital e muitas dívidas. Embora outras nações muitas vezes dispusessem de semelhante acesso a recursos naturais, os Estados Unidos seguiram adiante, devagar, mas com firmeza. Em 1952, com apenas 7% da população e 6% do território mundiais, os Estados Unidos adquiriram, com atividades pacíficas, quase 50% da riqueza mundial. A cada ano, seus cidadãos plantam, constroem, vendem, compram e utilizam mais bens e serviços do que qualquer outro país.

Com uma população de 180 milhões de habitantes (em 1962), os EUA conseguiram aproximar-se do sonho de pleno emprego dos economistas, proporcionando trabalho para 63 milhões de habitantes, enquanto cerca de 37 milhões de seus jovens estavam matriculados em escolas. A cada ano que passa, os americanos gastam mais de 200 bilhões de dólares em bens e serviços pessoais. Isso significa uma renda *per capita* de US$ 1.453, o dobro da renda *per capita* da Grã-Bretanha, cinco vezes a da Rússia e sete vezes a da Itália.

De acordo com a American Automobile Association, os americanos gastam mais de 9 bilhões de dólares por ano em férias. A poupança aumenta em 17 bilhões de dólares anualmente, e três a cada quatro famílias têm seguro de vida. Dos 50 milhões de unidades habitacionais do país, 60% são ocupadas por seus proprietários. Os milhões de hectares de terras cultivadas produzem mais alimentos do que os cidadãos podem comer. A capacidade produtiva dos Estados Unidos é a maior do mundo. Têm 30% da quilometragem ferroviária do mundo, 76% dos automóveis, 51% dos caminhões, 47% das estações de rádio, 42% da produção de energia elétrica e 47% do aço.

A cada ano, os Estados Unidos produzem 51% do petróleo e cerca de 30% do carvão do mundo. As frotas mercantes norte-americanas substituíram as da Grã-Bretanha como senhoras dos mares, com o maior volume de comércio exterior.[2]

O padrão da vida de abundância

Quem conhece outros países pode apreciar a vida de abundância nos Estados Unidos melhor do que o americano médio. A tabela da página 410 ilustra o breve tempo que um cidadão americano leva para suprir as necessidades de sua vida e por que ele pode gastar tanto de sua renda em viagens e itens de comércio que cidadãos estrangeiros considerariam luxos. Essa tabela mostra quantos minutos o cidadão médio dos principais países precisaria trabalhar para comprar uma libra-peso dos vários itens listados no ano de 2014.[3]

Nessa lista, as estatísticas referentes a batatas podem servir como ilustração daquilo que vem acontecendo no mundo. A China, por exemplo, produz mais batatas do que qualquer outro país no mundo, mas os chineses têm de trabalhar o dobro do tempo que um americano precisaria para comprar o mesmo peso em batatas. E note que os chineses precisam trabalhar nove vezes mais do que um americano para comprar leite fresco e seis vezes mais para comprar queijo.

Nos Estados Unidos, em 1951, havia 105 milhões de rádios. Em 1951, o cidadão médio precisava trabalhar um dia e duas horas para comprar um aparelho de rádio. Na França, precisaria de sete dias e meio de trabalho para comprar um rádio médio; na Itália 15 dias; e, na Rússia, 27 dias.[4]

Em 1952, os Estados Unidos dispunham de 201.277 médicos, 87 mil dentistas e 1.439.030 leitos hospitalares. A expectativa de

---

2 Estatísticas do *1954 Information Almanac*, publicado pela MacMillan Co., New York, p. 80.

3 http://www.numbeo.com, outubro de 2014.

4 *1954 Information Almanac*, p. 80.

vida nos Estados Unidos era de 65,9 anos para os homens e 71,5 anos para as mulheres. Na Rússia, as tabelas de expectativa de vida mostram uma média de 41,9 anos para homens e 46,8 anos para mulheres.[5]

Certos agentes de propaganda estrangeira tentaram retratar a riqueza dos Estados Unidos como um dom fortuito da natureza. Os economistas têm apontado que muitas nações estrangeiras têm igual acesso a recursos e poderiam possuir a mesma riqueza dos Estados Unidos se estivessem dispostas a aceitar os princípios do governo e da economia que possibilitam o desenvolvimento dessa riqueza. Agentes de propaganda têm insistido que, como os Estados Unidos se tornaram extremamente ricos, deveriam dividir essa riqueza com o resto do mundo pobre. Os economistas responderam apontando que aquilo de que os Estados Unidos dispõem para compartilhar com o mundo não é tanto sua riqueza, mas sim seu sistema econômico e de governo já muito verificado.

Se a riqueza dos EUA fosse espalhada ao redor do mundo, seria em breve dissipada; mas, se seu sistema de governo livre e de livre-iniciativa se espalhasse pelo mundo, as nações logo se tornariam perpétuas produtoras de riqueza. Aquilo que as nações estrangeiras invejam nos Estados Unidos é a fruição de 175 anos de verdadeiro liberalismo.

---

5 *Statistical Abstract of the EUA—1952*, publicado pelo Departamento de Comércio dos EUA, pp. 946–960.

Minutos de trabalho necessários em vários países para comprar uma libra-peso de alimentos								
	Nova York, EUA	Paris, França	Berlim, Alemanha	Sydney, Austrália	Cairo, Egito	Pequim, China	Tóquio, Japão	Moscou, Rússia
1 lb. arroz	3	2	3	2	1	5	6	5
1 lb. pão	5	4	5	5	2	15	5	6
1 lb. peito de frango	8	17	12	9	8	18	11	21
1 lb. queijo	10	21	13	9	5	62	26	30
1 lb. leite fresco	1	1	1	1	2	9	2	4
1 lb. ovos	4	6	5	5	4	13	4	9
1 lb. maçãs	4	4	4	3	3	10	7	7
1 lb. laranjas	4	3	4	3	1	10	7	7
1 lb. tomates	4	4	4	4	1	6	9	9
1 lb. batatas	2	3	3	3	1	4	5	3
1 lb. alface	5	4	4	4	1	7	6	11

TERCEIRA PERGUNTA:

QUE É O CAPITALISMO DE LIVRE-INICIATIVA?

MARX COMETEU SEU ERRO MAIS PREJUDICIAL ao projetar a sociedade comunista para uma criatura que nunca existiu. Interpretou mal a natureza do homem. Desde então, os comunistas gastaram grandes quantidades de energia e estratégias tentando alterar os desejos instintivos do homem, o que se provou impossível.

Marx também calculou mal sua tentativa de análise do capitalismo de livre-iniciativa. Suas profecias a respeito de seu colapso inevitável não se materializaram. Na verdade, ocorreu o oposto. Enquanto nações que brincavam de socialismo e comunismo avançavam lentamente, paravam no tempo ou deslizavam para trás, o capitalismo progrediu constantemente.

Duas coisas em particular têm dado ao capitalismo moderno cada vez mais sucesso. Em primeiro lugar, sua capacidade para atender às necessidades e desejos do homem; e, em segundo lugar, sua capacidade de funcionar eficientemente com pouca orientação ou supervisão. Às vezes, consideram-no um sistema de economia natural, porque tende a se ajustar automaticamente às exigências humanas. No entanto, sendo um filho da natureza, o capitalismo contém certo espírito selvagem se observado em seu estado natural, quando os seres humanos fizeram uso dele para sua sobrevivência pessoal. No entanto, uma vez domesticado e temperado com o ingrediente da boa vontade para com os homens, o capitalismo mostrou ser a ferramenta mais eficiente que o homem possui para o desenvolvimento da riqueza material e para o avanço social geral; em outras palavras, para a sobrevivência da comunidade.

A fim de apreciar as qualidades naturais do capitalismo que se provaram benéficas à humanidade, devemos primeiro nos perguntar: "Qual é a natureza do homem? Quais são seus desejos e necessidades?".

A natureza do homem

Sob um exame cuidadoso, o homem mostra-se um ser físico-espiritual. Ignorar qualquer faceta de sua natureza nos seria tão fatal quanto o foi para Marx.

No lado físico, observamos que o homem é um organismo elaborado e complexo, com capacidade de registrar e reagir a sensações que vão desde a dor excruciante ao prazer extasiante. Bradford B. Smith chama isso de "escala da dor ao prazer do homem". Uma vasta gama de necessidades humanas advém do desejo humano de evitar dor ou desconforto e obter satisfação física e prazer na vida. Eis alguns exemplos:

> Satisfazer a fome.
> Mitigar a sede.
> Satisfazer o paladar.
> Aquecer-se no inverno, mas não no verão.
> Evitar doenças.
> Aliviar a dor.
> Ter roupas confortáveis e atraentes.
> Ter casa e ambiente confortáveis.
> Desfrutar de perfumes e odores agradáveis.
> Ouvir sons agradáveis.
> Desfrutar de relaxamento e lazer.
> Participar em relações conjugais.
> Apreciar a sensação de movimento e as viagens.
> Ver objetos coloridos ou cenários coloridos.

Dediquemos agora um momento para considerar a outra metade da natureza do homem: o lado espiritual. Isso às vezes é chamado de "escala medo-esperança do homem". O homem, como ser inteligente e autoconsciente, pode ter fortes sentimentos, que vão desde a esperança sublime até o medo e o desespero. Algumas vezes, esses sentimentos relacionam-se de perto a necessidades e frustações físicas; outras vezes, são puramente intelectuais. Mas, qualquer que seja sua origem, são muito reais e resultam em uma grande gama de necessidades intelectuais ou espirituais:

> Possuir importância individual para ser considerado "alguém".
>
> Ter um interesse — identificar-se com o sistema.
>
> Gostar de possuir "coisas".
>
> Ser apreciado por alguma contribuição única e importante.
>
> Ter um grau satisfatório de segurança econômica.
>
> Sentir a satisfação de sacrificar ou arriscar alguma coisa para obter progresso (isso às vezes é erroneamente chamado de instinto do "jogador").
>
> Ter a oportunidade de ser criativo.
>
> Sentir a solidariedade familiar.
>
> Desfrutar do direito de privacidade.
>
> Ter liberdade de expressão em questões de opinião.
>
> Estar protegido contra condenações por questões de religião e consciência.
>
> Sentir que é significativo na determinação de questões políticas importantes.

A mola mestra do homem em ação

Ao estudar a natureza do homem, logo se torna evidente que sua "mola mestra da ação" é a necessidade de atender suas necessidades físicas e espirituais. Muitos sistemas econômicos que os homens inventaram tendem a sufocar ou ignorar essas necessidades. Nessa mesma medida, esses sistemas são obrigados a sufocar a maior fonte de poder motivador — o anseio de satisfazer esses desejos profundos e sempre latejantes no homem.

Quarenta anos de comunismo na URSS são uma confirmação eloqüente dessa afirmação. Os líderes comunistas suprimiram os desejos naturais de seu povo e tentaram motivá-lo à ação através do medo. Mas isso não funcionou, pois o medo é principalmente um depressor, em vez de um estimulante. A longo prazo, torna-se uma droga paralisante que afeta tanto o cérebro como os músculos e deixa uma cinza candente de hostilidade combustível. O medo, como incentivo, nunca poderá competir com a oportunidade tentadora fornecida pelo capitalismo de atender constantemente as necessidades naturais do ser humano. Satisfazer essas necessidades constitui quase toda a fonte de energia para o impulso produtivo do capitalismo.

É claro que, se os seres humanos tentarem atender todos esses desejos com o máximo de pressa, provavelmente morrerão muito jovens. Por isso, a Providência dotou cada ser humano de um reator embutido contra velocidade que serve para impedir ou desencorajar os excessos. Esse reator se chama "inércia". Enquanto cada pessoa sente um desejo interior de atender a alguma necessidade física, simultaneamente sente a forte atração da preguiça ou inércia. Disso depende um importante princípio econômico: "O homem sempre tende a atender suas necessidades com o menor esforço possível".

Talvez devêssemos mencionar de passagem que o capitalismo dá plena vazão a esse princípio, incentivando o homem a procurar continuamente por fontes mais acessíveis de energia e a tentar desenvolver máquinas mais eficientes para fazer aquilo que deve ser feito, em vez de utilizar força muscular humana e animal. Já em 1900, mais de 50% da energia dos EUA era fornecida por animais e homens, mas em meio século de desenvolvimento capitalista essas duas fontes de energia são responsáveis por somente 2% do total. O resto vem de máquinas. Outros sistemas políticos e econômicos afirmam ser a favor da mecanização, mas nenhum outro sistema é capaz de promover desenvolvimento tecnológico com a rapidez do capitalismo, pois a sobrevivência competitiva torna-se tão importante que faz valer a pena jogar as máquinas fora tão logo se tornem obsoletas, ou também descartar fontes de energia ultrapassadas. A mecanização em fazendas americanas surgiu por necessidade econômica, enquanto a mecanização nas fazendas socializadas é encarada como desejável, mas não particularmente necessária.

A lei da variação

O gênio do capitalismo não é apenas atender os desejos e necessidades da humanidade em geral, mas responder ao fator de variação entre os indivíduos. Permite que cada homem faça o que quiser, desde que possa sobreviver daquilo que faz. Por isso, cada homem examina continuamente o campo de oportunidades econômicas e, gradualmente, tenta entrar na fase de trabalho que melhor satisfaz.

Esta é uma das maiores bênçãos do capitalismo de livre-iniciativa. É notável como ele permite que alguém faça praticamente qualquer coisa que desejar. Os trabalhadores não são conscritos nem informados de que não podem entrar em greve; nem são obrigados a permanecer em certas profissões, como tende a ser o caso em países socialistas e comunistas.

Sob o capitalismo, todos podem ganhar

Um estudo da natureza humana revela que o "valor" é mais psicológico do que real. O "valor" de alguma coisa depende inteiramente do valor que damos a ela. O capitalismo tem provado ser uma economia dinâmica em que todos os participantes em uma transação podem aumentar o valor daquilo que têm, ou, em outras palavras, obter lucro. Isso pode ser verdade tanto para o comprador como para o vendedor. Por exemplo, tome um homem que deseja comprar um carro usado. Esse homem possui certa quantia de dinheiro ou crédito. Quando ele oferece esse dinheiro ao revendedor, isso significa que ele prefere ter o carro àquela quantidade de dinheiro — o "valor" do carro é maior para ele do que o "valor" do dinheiro. Se o revendedor concorda, isso significa que o revendedor prefere ter o dinheiro ao carro. Na verdade, ele não venderá o carro salvo se o preço para ele constituir mais valor do que o carro. Quando o comprador sai com o carro, ambos tiveram lucro. Ambos sentem uma melhora em sua situação como resultado da transação.

Esse é um forte fator de contribuição para o sucesso da livre-iniciativa capitalista. Permite que todos ganhem, quer auferindo um lucro, quer melhorando sua situação como resultado de uma transação honesta.

O significado de uma economia livre

O capitalismo prospera mais em uma economia livre, mas a liberdade é um assunto muito mal compreendido. Por exemplo, não existe liberdade total, irrestrita. Liberdade significa simplesmente possibilidade de escolha. Portanto, a liberdade só pode relacionar-se a escolhas específicas, tais como a liberdade de falar ou não falar, a liberdade de crer ou não crer, a liberdade de comprar ou não comprar e assim por diante. Além disso, a liberdade só se pode mover em uma direção de cada vez. Se um homem tem dez dólares e decide gastá-los em uma noite de celebração, perdeu a liberdade de gastar esses mesmos dez dólares em roupas novas. Uma vez que a escolha é feita, a pessoa não tem a liberdade de evitar as suas conseqüências. É por isso que dizem que não há liberdade irrestrita, ou a liberdade em geral. A liberdade está sempre restrita a uma escolha e a uma direção de cada vez.

É por esta razão que uma economia livre requer a educação contínua do seu povo para que este exerça sua "liberdade de escolha", de tal forma que sustente princípios morais sólidos e construa uma economia dinâmica, com estrutura social forte para sua preservação. Ao fazer essas escolhas, é necessário sentir o que é melhor para o indivíduo e para a comunidade. Deve-se estar bem informado. Deve-se saber de cada problema o suficiente para poder prever o resultado da sua escolha.

Há muitos exemplos notáveis na história antiga e moderna para ilustrar o que acontece quando as pessoas estão pouco preocupadas com seu direito de fazer escolhas ou exercer sua liberdade. Um povo livre exige liderança agressiva e alerta, bem como uma cidadania com consciência política e social. Não é fácil mantê-la, mas é o preço da liberdade. Às vezes, o traço de preguiça natural faz com que algumas pessoas desejem que uma comissão, um ditador ou um rei tome todas as decisões por elas, fazendo o que for bom para elas. Mas este é o caminho para a ruína de uma economia livre. Devemos manter o direito soberano de escolher, porque é isso o que a liberdade significa.

Agora chegamos às quatro grandes liberdades, que sempre devem existir em uma economia livre de verdade.

Primeira — liberdade de tentar

Um dos ingredientes mais importantes de uma economia saudável é a liberdade para experimentar. Esta é uma das liberdades capitais e se baseia no princípio de que "o gênio de um ou de alguns homens nem de longe se compara ao gênio agregado de todo o povo".

Portanto, em um país livre um homem pode desenvolver um novo tipo de taquigrafia, um tipo diferente de chave de fenda, uma nova raça de gado ou um melhor tipo de ratoeira. Quando terminar, é possível que ninguém queira comprar o novo produto ou serviço, mas ao menos o sujeito está livre para inventar e tentar vender o produto de sua invenção. Essa é uma característica indispensável do capitalismo — a liberdade para tentar.

Uma das razões para a energia nuclear ter sido compartilhada para o desenvolvimento em tempos de paz foi o fato de que os americanos foram educados para acreditar que esta seria a melhor maneira de aproveitar a energia atômica em uma vasta multiplicidade de serviços domésticos. Com muitos milhares de cientistas pesquisando maneiras de explorar a energia atômica em vez de apenas poucas centenas deles, os resultados devem apresentar um crescimento correspondente. Isso é ainda mais correto onde cada cientista está livre para experimentar aquilo que seu gênio inventivo lhe ditar.

Foi precisamente assim que desenvolvemos o rádio, a televisão, a prevenção da poliomielite, as maravilhas do automóvel moderno e aviões a jato que alcançam a velocidade do som. A título de contraste, é interessante notar que a criação de um sistema rodoviário adequado foi reservada aos governos estaduais e federal. Note-se que esse programa monopolizado nunca atendeu às necessidades públicas em momento algum de nossa história. É interessante considerar o que poderia haver acontecido se a construção de auto-estradas fosse deixada no mercado aberto, de modo que empresários pudessem competir pela oportunidade de servir o público com sistemas adequados. De fato, nos últimos anos houve vários lugares onde o capital privado construiu estradas com pedágio com a permissão do Estado, porque a população estava insatisfeita com a ineficiência das rodovias públicas.

Segunda — liberdade para vender

Se os homens estiverem livres para testar suas habilidades e gênio inventivo, precisam também ter assegurada sua liberdade para vender seu produto e dele obter lucro. É claro que um produto novo pode tornar toda uma indústria obsoleta, tornar milhares de trabalhadores temporariamente desempregados e exigir inúmeros reajustes econômicos, sociais e políticos. Mas essa é uma das chaves para o sucesso na economia de livre-iniciativa. Não devem haver restrições, exceto no caso de produtos ou procedimentos que envolvam algum aspecto imoral ou criminoso, como drogas, literatura pornográfica, medicamentos falsificados, títulos imobiliários falsos e assim por diante.

A liberdade para vender também implica a liberdade de auferir lucro, mesmo que o preço de um produto seja definido a um nível que elimine o lucro de um concorrente. À primeira vista, isso pode parecer um sistema econômico frio e insensível, mas, se um americano viaja para o exterior e visita países comunistas ou socialistas, começa a perceber que a "liberdade de venda" é realmente uma chance de sobrevivência. Isto significa que um concorrente deve exercer suas faculdades para produzir com mais eficiência e reduzir os custos, ou melhorar a qualidade de seu produto, para que o público esteja disposto a pagar a diferença. Em ambos os casos, simplesmente porque duas ou mais empresas estão competindo por sobrevivência, criam-se benefícios para o público ou novas formas de riqueza material aperfeiçoada.

Terceiro — liberdade de comprar

Agora, é claro, para o inventor de um novo produto desfrutar da liberdade de vender, o público deve, certamente, desfrutar da liberdade de comprar. Uma das restrições mais fatais em uma economia capitalista dinâmica é o racionamento ou controle governamental do comércio que diga o que cada um pode comprar, em que quantidade, onde e a que preço. Estes dispositivos artificiais são uma sabotagem tão completa do capitalismo que os preços se descontrolam, surgem mercados negros e muitas necessidades humanas são negligenciadas. É por isso que os Estados Unidos extinguiram tão depressa os controles de preços e o racionamento quando a Segunda Guerra Mundial terminara. Ambos são inimigos da economia capitalista saudável. A França e a Inglaterra não seguiram o mesmo caminho, mas a Alemanha o seguiu. Como resultado, a recuperação da Alemanha Ocidental foi uma das sensações do pós-guerra, enquanto que a recuperação da França e da Inglaterra foram extremamente lentas e dolorosas.

Quarta — liberdade de falhar

Por fim, chegamos à liberdade que abriga em seu seio o maior segredo de todas as economias capitalistas bem-sucedidas: a liberdade de falhar. No sistema capitalista de livre-iniciativa, todo negociante que quiser sobreviver tem de fazer muita pesquisa de longo prazo junto do estudo contínuo de suas operações atuais. É necessário aperfeiçoar os serviços continuamente, eliminar desperdícios e promover o aprimoramento constante das operações. E isso só para impedir a falência da pessoa ou empresa. É comum encontrarmos um empresário novato que se recuse ao esforço necessário para enfrentar a concorrência com outros mais atentos, mais agressivos e ansiosos para servir e negociar. Esse novato tem uma lição a aprender. Talvez, mesmo sem perceber, esteja exercendo sua liberdade de falhar.

Em algumas economias planejadas, não se permite que um negócio bem estabelecido falhe, pois é considerado "essencial" à economia. Portanto, se a venda do produto não gerar lucro, a empresa receberá subsídio pago com dinheiro do contribuinte para compensar a diferença. Assim, a empresa recebe um bônus por sua ineficiência. Não se aprende a lição. Não se permite que o desejo expresso de falhar resulte em falha. Outras empresas logo irão atrás. Quase que de imediato, a inércia substitui a energia. O progresso anda a passo de lesma, e as necessidades humanas deixam de ser satisfeitas.

Em uma economia capitalista dinâmica, o fato de que se permite a falência de uma pessoa ou empresa é exatamente o que a leva ao sucesso. É claro que aqueles que falham têm sua queda amortecida para não morrer de fome nem perder sua oportunidade de tentar novamente. No entanto, a almofada que os protege não é ninharia nem uma fortuna tão confortável que faria a pessoa relaxar e ficar quieta. As almofadas capitalistas são finas — de fábrica.

Como o capitalista torna os bens fartos e baratos

O sonho de Marx era produzir tudo em tal abundância e distribuir a produção tão livremente que ninguém precisaria comprar e, portanto, ninguém precisaria vender. É lamentável, para Marx, que seu sonho econômico estivesse fadado ao fracasso desde o início, porque, em vez de produzir bens em abundância avassaladora, o socialismo e o comunismo reduziram a produção e destruíram a invenção. Portanto, ficou para o capitalismo de livre-iniciativa a tarefa de empurrar a humanidade para o milênio econômico de uma vida material totalmente abundante.

Um excelente exemplo de como esse objetivo está sendo alcançado é dado por uma observação pessoal do Dr. George S. Benson, do Harding College. Diz ele:

> Na China, queimei latas de querosene que haviam sido carregadas por duzentos quilômetros nos ombros de um homem. Era o dono de seu meio de transporte, era dono de uma vara de bambu com um pedaço de corda em cada extremidade, amarrava uma lata de cinco

litros de querosene em cada ponta do bambu, ia e voltava a pé. Viajava por uma trilha que permitia a passagem de uma só pessoa de cada vez, não recebia qualquer manutenção e serpenteava seu caminho entre os campos de arroz nos vales e, em seguida, sobre as colinas. Ele conseguia fazer menos de quinze quilômetros por dia com esse fardo.

Quanto ele recebia? Suponha que recebesse cinco dólares por dia. Em dez dias, teria ganho cinqüenta dólares. Mas o que ele teria conseguido? Ele teria transportado dez litros de querosene por mais de cem quilômetros e aumentado o preço do querosene em cinco dólares por galão. Claro que, na China, ninguém tinha dinheiro para pagar isso tudo, e ele recebia o que o mercado podia pagar: dez centavos por dia. Depois, acrescentava dez centavos por galão ao preço do querosene quando carregado por mais de cem quilômetros — ele dobrava o preço do produto.

Um salário miserável, não era? Mas ele não conseguiria mais com o que tinha para trabalhar.

Agora observe como transportamos querosene na América, onde há um investimento de 25 mil dólares em dinheiro para cada emprego criado — o leito da estrada, os trilhos de aço, as grandes locomotivas, os vagões-tanque, os terminais, as instalações de carga e assim por diante. Transportamos querosene a menos de um centavo por galão por centenas de milhas, menos de um décimo do custo na China. Quanto pagamos a nossos trabalhadores? Setenta vezes o que o chinês recebia, além de dar ao comprador uma taxa de frete de menos de um décimo do que ele cobrava.

Qual é a diferença? Só o investimento e a gestão — nada mais —, resultado de nosso estilo de vida americano.

Aqui o Dr. Benson identificou outro dos grandes segredos do sucesso do capitalismo: colocar ferramentas caras e vastas quantidades de energia à disposição do trabalhador. Mas já que o trabalhador não pode se dar ao luxo de dispor dessas ferramentas, quem vai oferecê-las a ele? A resposta é simples: concidadãos frugais.

Estes concidadãos frugais são chamados capitalistas. Muitas vezes, são pessoas comuns que estão dispostas a economizar, e poupar, e armazenar bens e dinheiro, em vez de consumi-los ou gastá-los. Portanto, quem tem poupança, ações, títulos, investimentos, seguros ou propriedades é um capitalista. Nos Estados Unidos, esse grupo inclui uma porcentagem muito alta de toda a população. Sem dúvida, seria uma grande surpresa para Marx saber que, em vez de desenvolver uma classe capitalista, como ele supunha, a América está se tornando uma nação de capitalistas.

Cada capitalista decide o empreendimento que vai patrocinar com o seu dinheiro. Muitas vezes, corre o risco de ver seu dinheiro em lugares onde um órgão público nunca iria arriscar sequer um centavo. Como resultado, encontramos petróleo, promovemos novos interesses, iniciamos novas indústrias, possibilitamos "coisas impossíveis" e estamos sempre acumulando benefícios fantásticos.

É claro que o investimento de dinheiro poupado a duras penas durante a vida toda exige o sucesso do projeto para que a população continue dando seu apoio. Essa situação coloca a gestão sob uma grande pressão para cortar gastos e obter o produto a um preço que irá fazer com que venda "em quantidade". A administração, portanto, exige constantemente máquinas mais eficientes, que, por sua vez, permitem ao trabalhador gastar menos tempo em serviço. O livrinho chamado *The Miracle of America* salienta que este sistema de livre-iniciativa:

> 1. Aumentou o salário real dos trabalhadores americanos (salário em relação a preços) em três vezes e meia em relação ao que era em 1850.
>
> 2. Reduziu as horas de trabalho de uma média de 70 horas semanais em 1850 para cerca de 40 horas hoje.
>
> 3. Aumentou a participação do trabalhador na renda nacional paga em forma de salários e vencimentos de 38%, em 1850, para cerca de 70% hoje.
>
> 4. Aumentou o número de postos de trabalho mais rápido do que o crescimento da população, de modo que a América chegou mais perto do "pleno emprego" do que qualquer outra nação no mundo.

Tudo isso é possível porque o trabalhador americano recebe equipamento caro para fazer o trabalho mais rápido e mais barato, e este equipamento é comprado com a poupança de parceiros de negócios do trabalhador. Esse parceiro é o frugal concidadão chamado de "capitalista".

A lei da oferta e demanda estabelece o preço

O capitalismo funciona melhor em um mercado livre, onde o "valor" dos bens é fixado naquele ponto onde a linha do gráfico de "oferta" cruza com a linha do gráfico de "demanda". Por exemplo, se houver uma oferta abundante de batatas, a população perde a ansiedade para garantir suas batatas e a "demanda" cai para um nível baixo. Mesmo assim, há um nível em que a demanda se estabelecerá, e é isso que define o preço.

Vários anos atrás, circunstâncias inesperadas resultaram na ameaça de uma escassez de batata. O governo cometeu o erro de interferir sob o pressuposto de que, caso não interferisse, o preço da batata subiria demais, pondo o produto acima das posses dos menos abastados. Foi considerado "socialmente desejável" atrelar o preço das batatas a um nível baixo. Mas, que aconteceu? Com uma oferta pequena e um preço baixo artificial, era apenas questão de algumas semanas até que todo o estoque terminasse e ninguém mais pudesse comprar batatas a preço algum. É por isso que o socialismo ou o controle humano sufocam o capitalismo e destroem as leis naturais que fizeram dele uma bênção à humanidade.

Se o governo houvesse deixado o mercado em paz, o preço da batata teria subido até o ponto onde a demanda o levasse. O preço mais elevado teria fornecido um controle "automático" do consumo e faria com que o estoque de batatas durasse muito mais tempo, pois a população teria considerado comer menos batata uma necessidade econômica. Pouco a pouco, teriam começado a comprar substitutos que estivessem em excesso e, portanto, mais baratos. Assim, o fator preço teria ajudado as pessoas a limitarem seu consumo de estoques que eram escassos, aumentando o consumo de estoques abundantes.

Tudo isso foi virado de pernas para o ar quando o governo pensou que seria "socialmente desejável" frear os preços da batata. Não só acabou por ser antinatural como também nada prático.

Isso nos leva a nosso último comentário sobre a livre-iniciativa.

O fracasso de uma experiência americana com o socialismo

Um dos mais impressionantes documentos modernos sobre a livre-iniciativa americana em ação é um livrinho dinâmico de Ezra Taft Benson, ex-Secretário de Agricultura dos EUA, intitulado *Farmers at the Cross Roads*. Ele confirma com fatos e números a lição que nossa geração aprendeu em um experimento com o socialismo através do controle governamental da agricultura.

O governo tentou controlar os preços dos produtos agrícolas por controle direto das práticas agrícolas. As chamadas "culturas básicas" colocadas sob controle foram: trigo, algodão, milho, arroz, tabaco e amendoim. A idéia era proteger o agricultor, garantindo-lhe determinado preço mínimo. Para isso, foi necessário controlar a produção. Essa garantia exigiu a imposição de restrições à área que cada agricultor podia plantar.

Os resultados foram surpreendentes. Veja, por exemplo, o caso do trigo. Mais de 30 milhões de acres foram retirados da produção de trigo em uma tentativa de reduzir a oferta e, assim, manter um bom preço para o trigo. Cada produtor de trigo recebeu um cheque do governo em pagamento por não plantar trigo em certa percentagem de sua terra. E o que aconteceu foi:

O agricultor usou o dinheiro para comprar melhor maquinário, mais fertilizante e para contratar mais auxiliares, de modo que, muitas vezes, colhia tanto ou mais naquela área menor cultivada do que anteriormente em toda a sua fazenda. Em outras palavras, reduzir a área cultivada não reduziu a produção.

Além disso, a terra retirada da produção de trigo pôde ser utilizada para aumentar a produção de outras culturas, o que resultou em um excesso de oferta de grãos para alimentação animal. Os preços dos grãos caíram tanto que os agricultores e pecuaristas conseguiram aumentar seus rebanhos bovinos e suínos. Assim, os preços da carne despencaram. O governo tentou salvar a situação através da compra de grandes quantidades de cada produto que estava sendo produzido em excesso. Essa medida, juntamente com suporte de preços, incentivou ainda mais gente a investir na agricultura, e vastas áreas de terra sub-marginais foram abertas para produção. Muitos desses investidores não eram agricultores e fizeram alvoroços por auxílios mais elevados quando não conseguiram lucrar com suas fazendas mal administradas.

O apoio do governo aos altos preços artificiais ainda teve outra influência destrutiva: incentivou consumidores a buscar substitutos ou importações. Como resultado, os agricultores americanos não só perderam mercado interno, mas também se descobriram incapazes de competir com os importados.

O que aconteceu com o trigo também aconteceu com algodão e as outras "culturas básicas". Elas perderam mercado em todos os lugares. No caso do algodão, o governo reduziu a área plantada de 43 milhões de acres para 17,4 milhões. Assim mesmo, o excedente continuou a aumentar. Antes dos controles, os produtores de algodão norte-americanos exportavam 7 milhões de fardos de algodão por ano. Durante 1955, venderam apenas 2 milhões de fardos no exterior. Os produtores de algodão estrangeiros viram o que estava acontecendo e dobraram suas vendas, porque os corretores de algodão dos EUA não podiam competir. Assim foi com todas as áreas da agricultura controlada nos EUA.

Em contraste, descobrimos que as áreas da agricultura que resistiram a garantias de preços rígidos se saíram melhor. Veja o cultivo da soja como um exemplo: seus produtores recorreram ao Departamento de Agricultura para aconselhar-se, mas não para serem controlados. O Departamento de Agricultura realizou inúmeras experiências para revelar novos usos para a soja e encorajou os produtores a utilizar cooperativas para a exploração de novos mercados. Hoje, os produtores de soja fornecem metade da tonelagem de ração com alto teor protéico — o dobro do que vem do farelo de algodão. A soja subiu ao quinto lugar entre as maiores fontes de renda do agricultor.

O Secretário Benson conclui com este comentário significativo: "A principal diferença entre o algodão e a soja é o fato de que o algodão decidiu fazer suas batalhas nas assembléias legislativas, enquanto a soja decidiu lutar nos mercados". Estes são apenas alguns destaques das lições que a América deveria ter aprendido durante os últimos vinte e cinco anos de experimentação com a agricultura socializada. Há muitas coisas que o governo pode fazer para incentivar o "bem-estar geral" de toda a agricultura, como fez com a soja, mas tentar controlar os preços por decreto, em vez de deixar o controle para a oferta e demanda no mercado, é o beijo de morte para a galinha dos ovos de ouro da prosperidade na livre-iniciativa norte-americana.

É hora de vender a nós mesmos nosso próprio programa econômico, para que possamos compartilhá-lo com o resto do mundo com mais eficácia. Temos um grande sistema a operar com eficiência comprovada. Eis um resumo do que se está fazendo:

1. O capitalismo é, de longe, o sistema mais conhecido para suprir as necessidades físicas do homem.

2. O capitalismo permite ao homem satisfazer suas necessidades espirituais.

3. O capitalismo permite a variação entre indivíduos.

4. O capitalismo é naturalmente auto-expansível e tende a criar fortes laços econômicos entre comunidades, estados e nações.

5. O capitalismo pode permitir que todos participem no lucro, eliminando classes ou castas inerentes a tantos outros tipos de economia.

6. O capitalismo promove a "liberdade de experimentar".

7. O capitalismo concede a "liberdade para vender".

8. O capitalismo concede a "liberdade para comprar".

9. O capitalismo preserva a maior força singular de motivação — o risco de fracassar.

10. O capitalismo tende a aumentar os salários dos trabalhadores em relação aos preços.

11. O capitalismo tende a reduzir as horas de trabalho necessárias para se ganhar a vida.

12. O capitalismo aumenta a participação do trabalhador na renda nacional.

13. O capitalismo aumenta o número de postos de trabalho mais rápido que o crescimento da população.

14. O capitalismo promove rápidos avanços tecnológicos.

15. O capitalismo está demonstrando ser o meio mais eficaz descoberto pela humanidade para compartilhar a riqueza.

QUARTA PERGUNTA:

OS PRIMEIROS CRISTÃOS PRATICAVAM O COMUNISMO?

ALGUNS ESTUDANTES DEFENDERAM O COMUNISMO secreta ou mesmo abertamente porque o consideraram um importante conjunto de princípios praticados pelos primeiros cristãos. Eles costumam dizer que definitivamente não toleram a crueldade do comunismo como atualmente se pratica na Rússia, mas o consideram de origem cristã e moralmente consistente quando praticado sob um "princípio de fraternidade".

Esta era exatamente a atitude dos Pais Peregrinos quando se comprometeram a praticar o comunismo imediatamente após sua chegada ao Novo Mundo. Mas, como vimos anteriormente, não só o projeto falhou miseravelmente como isso era típico de centenas de outras tentativas de fazer o comunismo funcionar sob um "princípio de fraternidade". Sem exceção, todas elas falharam. Não se pode deixar de perguntar por quê.

Certos estudiosos acreditam haver confirmado aquilo que o Governador Bradford disse a respeito da "fraternidade do comunismo", ou seja, que é não-cristã e imoral, porque ataca as próprias raízes da liberdade humana. O comunismo, mesmo sob um princípio de fraternidade, só pode configurar-se em uma ditadura administrada no âmbito da força ou do medo. O Governador Bradford descobriu que essa era a verdade. Literalmente, centenas de experimentos semelhantes o corroboram. Os alunos, portanto, retornam aos textos antigos com esta pergunta: "Os primeiros cristãos praticavam o comunismo?".

A crença de que os primeiros cristãos possam ter praticado o comunismo é baseada em duas passagens bíblicas. Aqui está a primeira: "Todos os fiéis viviam unidos e tinham tudo em comum. Vendiam as suas propriedades e os seus bens, e dividiam-nos por todos, segundo a necessidade de cada um".[1]

Pode-se notar duas coisas aqui. Primeiro, as pessoas faziam um esforço comunitário por se unirem; segundo, vendiam suas propriedades e bens porque pareciam precisar de recursos de caixa para a assistência a outros membros da comunidade. Não é dito que venderam todas as propriedades e bens, embora entenda-se numa primeira leitura que é isso que se poderia inferir. Tampouco está dito que juntaram seus recursos em um fundo comum, embora se possa presumi-lo a partir da declaração de que eles "tinham tudo em comum".

O que eles realmente fizeram fica mais claro na segunda passagem, freqüentemente citada:

"A multidão dos fiéis era um só coração e uma só alma. Ninguém dizia que eram suas as coisas que possuía, mas tudo entre eles era comum".[2]

Aqui temos uma declaração indicando que o esforço comum não constituía a acumulação de recursos em um fundo comum, mas sim um sentimento de unidade em lidar com problemas comuns, de modo que nenhum homem "disse" que seus bens eram seus, mas sim desenvolvidos e utilizados de tal maneira que supririam as necessidades do grupo, bem como as suas próprias.

Que esta seja uma leitura correta dessa passagem se pode confirmar por eventos descritos no capítulo seguinte dos Atos dos Apóstolos. Nele, lemos de Ananias e Safira, que possuíam um pedaço de terra que decidiram vender. Pretendiam dar o produto da venda ao Apóstolo Pedro; no entanto, o autor dos Atos diz que, após vender a propriedade, decidiram reter parte do dinheiro, embora dissessem a Pedro que sua contribuição era todo o valor

---

[1] At 2, 44–45.
[2] At 4, 32.

recebido pela venda do imóvel. Por essa falsidade, Pedro fez-lhes severas críticas e, depois, no processo, explicou a relação jurídica existente entre estas duas pessoas e seus bens. Disse ele: "Acaso não podias conservar [o campo] sem vendê-lo? E depois de vendido, não podias livremente dispor dessa quantia?".[3]

Em outras palavras, essa propriedade nunca havia sido requerida para um fundo comum; ela pertencia a Ananias e Safira e estava completamente em poder deles. Depois que a propriedade foi vendida, o dinheiro recebido pela venda também estava em poder deles. Poderiam gastá-lo ou dá-lo em contribuição. Se esta fosse feita, o dinheiro seria uma oferta voluntária, feita por livre e espontânea vontade. Fica claro logo de início que se trata de uma situação completamente diferente da relação do comunista com a propriedade, em que há o confisco ou a expropriação dos bens de cada membro, e os recursos são distribuídos por uma única pessoa ou um pequeno comitê. O membro perde assim sua independência e se torna subserviente às fantasias e caprichos daqueles que detiverem o domínio sobre ele.

Parece, portanto, que os primeiros cristãos mantiveram o título legal de sua propriedade, mas "disseram" que esta servia para benefício de toda a comunidade.

Esta é precisamente a conclusão alcançada no comentário bíblico de Dummelow. Ele discute as duas passagens que acabamos de citar e depois afirma: "A Igreja de Jerusalém reconheceu o princípio da propriedade privada. A propriedade de um discípulo realmente era sua, mas ele não dizia que era sua; tratava-a como se fosse propriedade comum".

O comentário de Adam Clarke também faz esta observação significativa sobre as coletas apostólicas para os pobres:

> Se houve uma comunidade de bens da Igreja, não poderia ter havido nenhum motivo para tais [coletas] [...] como não poderia ter havido qualquer distinção entre ricos e pobres se todos, ao entrarem na Igreja, desistissem de seus bens em favor de um fundo comum.

---

3 At 5, 4.

Isso então nos leva ao nosso último comentário sobre este assunto, a saber, que o Mestre dos mestres deixou muito claro em uma de suas parábolas[4] que a propriedade não era para ser comum, nem em quantidades iguais.

Nessa parábola, disse que os membros do Reino de Deus fossem como servos que haviam recebido vários encargos, "cada um segundo a sua própria capacidade". Um homem recebeu o encargo de cinco talentos de prata, e quando ele "negociou com o mesmo valor, ganhou outros cinco talentos", seu senhor disse: "Ótimo!". No entanto, outro servo, que havia recebido somente um talento de prata, temia que pudesse de alguma forma perder o que tinha, então o guardou coberto de terra. A esse homem seu senhor disse: "Servo mau e preguiçoso!", então tomou o talento deste homem e o deu ao primeiro servo, que poderia fazer uso lucrativo dele.

Duas coisas parecem muito claras nessa parábola dos talentos: a primeira é que todo homem deveria gozar da sua propriedade privada como um encargo de Deus. Em segundo lugar, que ele é responsável perante o Criador da Terra pelo uso rentável de sua propriedade.

Todas as evidências diante de nós constituem uma clara demonstração de que os primeiros cristãos não praticaram o comunismo. Não tinham suas propriedades em comum. Em vez disso, tinham seus problemas em comum. Para resolver seus problemas, cada homem foi convidado a contribuir voluntariamente, segundo sua prosperidade "como Deus lhe tinha dado".[5]

Quando cuidadosamente analisado, isto era simplesmente o capitalismo de livre empresa com um coração!

O estudante provavelmente reconhecerá também que, sempre que o capitalismo moderno é praticado "com coração", derrama bênçãos de riqueza, generosidade, boa vontade e felicidade sobre cada comunidade que toca. A antiga ordem cristã foi uma ótima idéia.

---

4 Mt 25, 14–30.
5 1Cor 16, 2.

QUINTA PERGUNTA:

QUAL É A ARMA SECRETA DO COMUNISMO?

Este é o texto de um discurso proferido em 6 de maio de 1953 para 1.150 convidados no banquete anual da Washington State Parent Teachers Association (Associação de Pais e Mestres do Estado de Washington). Na época em que esse discurso foi feito, o autor fazia parte do corpo docente da Universidade Brigham Young.

CEM ANOS ATRÁS, HOUVE NA EUROPA UMA PEQUENA ESCOLA de filósofos que se chamavam "materialistas puros". Tinham sua sede na Alemanha. Dois desses materialistas conseguiram para si um lugar na história. Através de palestras e livros, acenderam uma chama que, em um século, criou mais desconfiança, insegurança, derramamento de sangue, disposição beligerante e destruição de propriedade do que todos os criminosos e gângsteres do mundo combinados.

Um desses homens foi Friedrich Wilhelm Nietzsche. Foi Nietzsche quem se levantou da escola do materialismo puro para promover a idéia de um super-homem. Suas idéias podem ser resumidas como segue:

> Uma vez que não há Deus e que os seres humanos são apenas animais sem alma e sem imortalidade, os homens não devem, portanto, seguir um sistema de ética e moral. A lei natural da força deve prevalecer no universo. Os fracos merecem servir; os fortes, governar. Em algum lugar na terra, há uma nação que é naturalmente superior e deve subjugar impiedosamente o resto da humanidade. Dentro dessa nação, um indivíduo deve erguer-se como líder natural e ditador para governar a humanidade, porque ele é um super-homem.

Foi Nietzsche quem criou o *Superman*, e não os quadrinhos.

Quem inspirou Hitler?

Foi o pensamento de Nietzsche que inspirou Adolf Hitler com seu pesadelo apocalíptico da guerra absoluta. Hitler viu em si mesmo o homem do destino — o super-homem — que um dia governaria o mundo. Quando Hitler escreveu *Mein Kampf*, era como se Nietzsche tivesse se levantado de entre os mortos para falar. Afirmou Hitler:

> Olhe estes jovens homens e meninos! Que material! Devo erradicar os milhares de anos de domesticação humana. Juventude brutal — é disto que estou à procura [...]. Quero ver mais uma vez em seus olhos o brilho [...] da fera de rapina. Com estes, consigo formar um novo mundo [...] e criar uma nova ordem!

A humanidade sentiu o esmagamento, o impacto brutal da gigantesca máquina de guerra de Hitler durante a Segunda Guerra Mundial, quando ele forçou milhões a ingressarem em suas fileiras de conquista imperialista, projetadas para fazer dele o ditador do mundo. Aqui nos EUA, observamos espantados sua ascensão ao poder. Finalmente, depois de vários anos vendo as botas pretas do nacional-socialismo sufocando a luz da civilização onde quer que eles marchassem, erguemos nossa ira e unimos forças com outras nações do mundo para esmagar o nazismo inspirado por Nietzsche.

No entanto, o espírito de guerra absoluta gerado pelos materialistas não se limitou aos nacional-socialistas na Alemanha. Foi projetado para atingir as ambições e filosofias dos líderes de várias nações. Foi codificado nos objetivos políticos dos líderes militares do Japão e da Itália, que também entraram em colapso sob o poderoso golpe que derrubou o nacional-socialismo.

No entanto, com o fim da Segunda Guerra Mundial, muitas pessoas acreditavam que o conflito com o materialismo estava no fim. Quase imediatamente, o espírito de sacrifício parecia murchar dentro de nós. Quase que de um dia para outro, nossos exércitos foram desmobilizados, a maior força aérea do mundo foi quase desmantelada e a maior marinha do mundo foi recolhida para não estragar. Tudo isso foi feito com a presunção de que a guerra contra o materialismo se havia concluído. O tempo, é claro, mostrou que essa pressuposição fora um erro.

Ao derrotar o nacional-socialismo e o Eixo, havíamos dominado somente uma forma de materialismo. Outra forma, igualmente forte, apareceu de imediato para assumir seu lugar. Essa nova forma de materialismo veio do camarada de armas de Nietzsche — Karl Marx, um homem oriundo da mesma escola filosófica e com as mesmas motivações que Nietzsche. Karl Marx via a si próprio como o pai do materialismo dialético, mais comumente conhecido como comunismo. Hoje em dia, a grande força conquistadora e imperialista por ele imaginada está organizada contra os povos do mundo livre e marcha sob a bandeira da foice e do martelo.

Qual foi a missão de Karl Marx?

Alguns confundiram a missão de Karl Marx e seus seguidores com algo de natureza puramente econômica, mas, como todos os outros materialistas, sua missão era conquistar o poder através da guerra ideológica. Note como denunciaram toda ideologia que competisse com a deles, até mesmo a religião: "Temos de combater a religião — este é o ABC do materialismo e, conseqüentemente, do marxismo".[6] E outro discípulo declarou que, quando assumissem o controle, "Deus será banido dos laboratórios, bem como das escolas".[7]

Ora, uma vez que estamos lidando com o campo da guerra ideológica, podemos nos perguntar: qual o objetivo desses ateus militantes? Que estão eles tentando configurar como o novo ideal para as relações humanas? Ouça as palavras de Lênin:

---

6 V. I. Lênin, *Religion*, p. 14.
7 William Z. Foster, *Towards Soviet America*, p. 316.

"Devemos odiar — o ódio é a base do comunismo. As crianças devem ser ensinadas a odiar seus pais se eles não forem comunistas". E ouça a declaração surpreendente do ex-Comissário Popular de Educação russo Anatole Lunarcharsky:

> Odiamos os cristãos e o cristianismo. Mesmo os melhores entre os cristãos devem ser considerados nossos piores inimigos [...]. O amor cristão é um obstáculo ao desenvolvimento da revolução. Abaixo o amor ao próximo! O que queremos é o ódio [...]. Somente então poderemos conquistar o universo.[8]

Tenho certeza de que você vai concordar que, quando homens como estes ocupam posições de poder na Terra, cria-se um desafio aos jovens do mundo livre. Quando perguntaram a Karl Marx qual era seu objetivo na vida, ele respondeu: "Destronar Deus e destruir o capitalismo!".

Em uma guerra declarada contra a moral, a ética e os valores espirituais entre os seres humanos, Marx e seus companheiros resolveram eliminar completamente a adoração ao Todo-Poderoso entre os homens. Heinrich Heine declarou: "Nossos corações estão cheios de compaixão porque é [...] o próprio Jeová que está nos tornando prontos para morrer",[9] e Nietzsche, tão bem-sucedido na campanha ateísta, disse: "Que a 'morte de Deus' seja corajosamente proclamada".[10] Ludwig Feuerbach anunciou que: "O momento decisivo da história será aquele em que o homem se tornará consciente de que o único Deus do homem é o próprio homem".[11]

Piratas da ciência e da religião

A estratégia dos materialistas era apropriar-se da toga da "ciência" e levar o crédito por todas as realizações científicas. Em seguida, eles determinaram-se a ridicularizar e racionalizar todas

---

8 *Congressional Record*, vol. 77, pp. 1539–1540.
9 *Revue des deux-Mondes*, 1834, vol. 4, p. 408.
10 Citado em *Atheist Humanist*, por Henri de Lubac, p. 20.
11 *Ibid.*, p. 10.

as coisas a que se opunham dizendo que "não eram científicas". Assim, atacaram a Bíblia, denominaram-se representantes da alta crítica e tentaram explicar as Sagradas Escrituras. Explicaram a adoração de Deus como mero esforço do homem para projetar as qualidades de sua própria natureza superior em algum ser superior fictício. Consideraram Jesus Cristo um pregador itinerante cuja vida e escritos eram efeminados e fracos. Ridicularizaram a possibilidade de sua ressurreição. Negaram a imortalidade da vida humana ou a existência do espírito ou alma.

Disseram que o homem era nada senão um animal melhorado, e que a vida humana, especialmente a de outro homem, não é mais sagrada do que a de uma centopéia, de uma lagarta ou de um porco. Em outras palavras, os materialistas viraram as costas para seis mil anos de história e realizações humanas. Como Marx e Engels ostentavam em seu *Manifesto*: "Nosso programa abole verdades eternas, abole toda a religião, toda a moralidade [...]; portanto, age em contradição com toda a experiência histórica".

Homens que adoram a si próprios

Entretanto, é interessante notar que, tendo denunciado a Deus, as Escrituras, a moral, a imortalidade, o julgamento eterno, a existência do espírito e a santidade da vida humana individual, os materialistas dialéticos transformaram tudo isso no culto a si próprios. Concluíram que o homem é o epítome da perfeição entre as realizações da natureza e, portanto, o centro do universo. Isso deu a Nietzsche uma excelente oportunidade para ensinar seu conceito de "super-homem".

Como Nietzsche exaltou a si e a todos os outros homens como a mais superior entre todas as coisas existentes, irrompeu em afirmações como esta:

> Agora este Deus [da Bíblia] está morto! Vocês, homens superiores, esse Deus era seu maior perigo [...]. Entendem esta palavra, ó irmãos meus? Estão assustados? Seus corações estão falhando? O abismo se abre sob seus pés? E daí? Adiante, homens superiores!

> Agora, finalmente, a montanha do futuro do homem está prestes a parir. Deus está morto; agora, é nossa vontade que o super-homem viva![12]

Na visão egoísta desses homens que procuraram destronar a Deus, queimava a chama da esperança fantasmagórica de que, de alguma forma, eles talvez houvessem realizado a maior das descobertas. Nietzsche fez uma tentativa estudada de assumir os ares da devida humildade que julgou apropriada a um gênio como ele próprio. Disse ele:

> Grandes céus! Quem terá alguma idéia do fardo que pesa sobre mim e da força que é preciso para me agüentar! Não sei por que isso deveria recair sobre de mim, entre todas as pessoas — mas talvez eu seja a primeira luz sobre uma idéia que vai dividir a história da humanidade em duas partes [...]. É preciso ter coragem para enfrentar esse pensamento.

Os frutos do materialismo

Mas foi preciso mais coragem do que Nietzsche imaginara. Seus escritos gemeram sob o fardo: "Uma vez que deixou de haver um Deus, a solidão tornou-se intolerável". E então reforçou sua timidez, lembrando-se de que, afinal de contas, ele era um super-homem, e resolveu que ele, como "o homem que excede o resto, deve pôr mãos à obra".[13]

Mas, se não há Deus, desígnio ou algo por vir senão um destino acidental, em função de quê trabalhar? Nos momentos sombrios de seu raciocínio antiteísta e pouco antes enlouquecer, Nietzsche não conseguia deixar de se perguntar:

> Como chegamos a isso? Como conseguimos esvaziar o mar? Quem nos deu a esponja para apagar todo o horizonte? Onde estávamos quando desfizemos a cadeia que ligava esta terra ao sol? Não estamos vagando por um nada infinito? Não sentimos o sopro

---

12 *Ibid.*, p. 26.
13 *Ibid.*, p. 25.

do vazio na nossa face? Não está ficando mais frio? Não é a noite sempre chegando, uma noite após a outra, mais e mais?[14]

Tal foi o derradeiro e amedrontado lamento dos homens que começaram a reação em cadeia de materialismo puro.

Agora chegamos a um ponto interessante da história dos Estados Unidos, quando a palavra "comunismo" se tornou universalmente impopular. O rótulo do comunismo, aplicado a uma pessoa ou instituição, pode causar a ruína de um dia para o outro. A conduta desonrosa de líderes comunistas deu a seu nome um profundo estigma nos Estados Unidos.

Comunistas sem rótulos

Mas quantos americanos poderiam reconhecer um comunista sem seu rótulo? Em quê um comunista realmente crê? A maioria das pessoas identifica o comunismo com "bens de propriedade do Estado" ou socialismo. É interessante, no entanto, que a economia do comunismo seja principalmente para fins de propaganda. A idéia do compartilhamento da riqueza atrai as massas. No entanto, quando os comunistas tomaram o poder na Rússia, você deve lembrar-se de que a primeira coisa que fizeram foi impor sobre o povo russo uma forma de economia de que nos livramos ainda nos tempos do feudalismo. É um sistema em que poucos privilegiados suprem as necessidades de vida dos servos que para eles trabalham e deles dependem em relação a proteção e liderança.

Mas, se a economia comunista é principalmente propaganda, em quê, então, o comunista acredita?

Para economizar tempo, tenho me esforçado para reduzir a crença básica dessas pessoas a quatro conceitos fundamentais que acabam por ser a base de sua filosofia. Essas crenças são o coração e a alma do materialismo dialético; fazem de conta que fornecem uma explicação completa para todo o universo. Seu argumento justifica o comunista pela violência revolucionária e por

---

14 *Ibid.*, pp. 23-24.

sua conduta amoral. São elas que convertem alguns intelectuais a essa ideologia estranha e que ainda fazem alguns ricos acreditarem ser o comunismo a última grande esperança do mundo moderno. Compreender essas crenças nos ajuda a avaliar as ações dos comunistas quando nos sentamos com eles para discutir os problemas do mundo.

Primeira premissa maior do comunismo

Sua primeira grande premissa é: "Tudo na existência surgiu como resultado do movimento incessante das forças da natureza". Tudo é produto da acumulação de acidentes. Não há desígnios. Não há leis. Não há Deus. Há somente matéria e energia na natureza.

A idéia de "dialética" conforme proposta pelo intelectual comunista é a de que "o conflito na natureza" é o útero de toda criação; que, de forças em feroz contorção entre os elementos, obtivemos tudo que existe — estrelas, sistema solar, plantas, animais e a inteligência humana.

Quando esses materialistas dialéticos tentaram me dizer pela primeira vez que tudo no universo era resultado de forças e acidentes, não poderia deixar de recordar os ensinamentos de meu professor de química na escola, segundo o qual a premissa maior da ciência é o reconhecimento do fato de que no universo há uma ordem resultante de *design* inteligente. Ele ressaltou que a missão do cientista é explorar e descobrir os princípios de engenharia seguidos pelo Arquiteto Supremo de modo que estes possam ser usados como uma bênção para a humanidade. Em outras palavras, o próprio fundamento da ciência é o reconhecimento de um *"designer"* inteligente que usou princípios que nós mesmos podemos descobrir e usar.

Os seguidores de Marx estão tão desesperadamente ansiosos para eliminar o reconhecimento de Deus que negaram haver qualquer *design* no universo. Recusam-se a admitir que haja ordem, lei ou um criador inteligente por trás dos fenômenos da natureza. Dizem que todas estas coisas são produto de acidentes acumulados.

Fico me perguntando o que meu professor de química diria sobre isso. Estes materialistas afirmam glorificar o nome de ciência e marchar sob a sua bandeira, mas, em sua ansiedade para desacreditar e repudiar Deus, negaram abertamente as mesmas coisas que a ciência já demonstrou.

Segunda premissa maior

Agora eis aqui sua segunda premissa maior: "Os seres humanos são apenas animais aperfeiçoados", e, portanto, a vida humana não é mais sagrada do que a de uma centopéia, uma lagarta ou um porco. O desrespeito completamente irresponsável em relação à vida humana é a mais marcante característica do "materialismo em ação". Para muitos americanos, as coisas por que passamos na Guerra da Coréia trouxeram um despertar brutal. Há uma grande diferença quando lidamos com pessoas que olham para toda a humanidade como meros "animais aprimorados".

Terceira premissa maior

A terceira premissa maior do comunismo é: "Não existe certo ou errado inato". Como um de seus líderes declarou incisivamente: "Mentir, que há de errado isso? Nada, se for por uma boa causa. Roubar, que há de errado nisso? Nada, se for por uma boa causa. Matar, que há de errado nisso? Nada, se for por uma boa causa". Chamamos isso de pragmatismo — o fim justifica os meios. Os materialistas dialéticos vêem a ética e a moral como superficiais e fraudulentas. V. I. Lênin declarou: "A educação da juventude comunista não deve consistir de toda sorte de discursos e preceitos sentimentais". E, no mesmo volume, ele afirma que "moral é aquilo que serve para destruir a velha sociedade exploradora [...]. A moralidade comunista é a moral que serve a essa luta".[15]

É muito importante para a disciplina comunista que todos prestem obediência cega. Obedecer cegamente é considerado

---

15 V. I. Lênin, *Selected Works*, vol. IX, p. 477–478.

bom e, portanto, moralmente certo. Mas um sistema moral que controla a conduta em termos de certo e errado faz de cada indivíduo um agente moral livre. Isso, no entanto, é algo que o comunismo não consegue aceitar.

Quarta premissa maior

A quarta premissa maior do comunismo é "que toda religião deve ser derrubada, pois elas inibem o espírito da revolução mundial". Marx, Engels e seus companheiros de viagem sentiam que as profundas convicções espirituais do povo prejudicariam sua aceitação da filosofia e do regime comunistas; impedia que capturasse o espírito revolucionário e que mentisse e roubasse quando fosse ordenado a fazê-lo. Como um deles disse: "A religião não se encaixa em um sistema de pensamento materialista dialético. É a inimiga dele. Não se pode ser um materialista completo, isto é, um materialista dialético e possuir quaisquer vestígios de crenças religiosas".[16] Marx disse: "A religião é o ópio do povo", e, como já salientamos, tornou-se um dos objetivos primordiais do *Manifesto comunista* derrubar "todas as religiões".

Os "comunistas fundadores" não ficaram satisfeitos com seus discípulos simplesmente a ignorar a religião. Sentiram que era essencial que a religião fosse metodicamente substituída pelo ateísmo militante.

Como um deles disse: "O ateísmo é uma parte natural e inseparável do marxismo [...] conseqüentemente, um partido marxista com consciência de classe deve levar adiante a propaganda em favor do ateísmo".[17] Em uma de suas revistas para jovens, apareceu a instrução: "Se um jovem comunista crê em Deus e vai à igreja, ele não cumpre suas funções. Isso significa que ele ainda não se livrou das superstições religiosas e não se tornou uma pessoa totalmente consciente (ou seja, um comunista)".[18]

---

16 Earl Browder, *Communism in the United States*, p. 339.
17 E. Yaroslavsky, *Religion in the USSR*, p. 53.
18 *Young Bolshevik*, n. 5–6, 1946, p. 56.

Os comunistas escreveram volumes e volumes contra a religião, mas isto é suficiente para demonstrar que o ateísmo e a rejeição de todas as religiões é uma parte muito importante do programa comunista.

As crenças comunistas podem nos ferir?

Aí estão as quatro principais premissas do comunismo. Alguns dirão: "Bem, se é isso que faz de alguém um comunista — e daí? As crenças deles não me podem fazer mal". Tais atitudes têm sido praticamente nossa ruína. Essas crenças podem nos ferir. Por exemplo, permitam-me contar brevemente de um importante evento que ocorreu próximo ao fim da Segunda Guerra Mundial.

Este incidente começou em junho de 1943, quando um jovem russo com o nome de Igor Gouzenko chegou de avião em Ottawa, Canadá. Imediatamente, foi destacado para trabalhar para o adido militar da Embaixada da Rússia como criptógrafo. Esta foi a primeira vez que Igor Gouzenko saiu da Rússia. Mais tarde, escreveu: "Fiquei surpreso durante os primeiros dias com a completa liberdade individual que existe no Canadá, mas que não existe na Rússia".[19]

Observou que, mesmo durante tempos de guerra, o povo gozava de relativa liberdade, que era um povo feliz e que o governo servia ao povo, e não vice-versa. Gozava indiretamente da liberdade deles apenas por observar como eram livres. Como ele mesmo disse:

> Eu vi as provas daquilo que um povo livre pode fazer. O que o povo canadense tem feito e está realizando aqui em condições de total liberdade, o povo russo, nas condições de violência e supressão de toda liberdade do regime soviético, não pode realizar, mesmo à custa de sacrifícios tremendos, sangue e lágrimas.[20]

Ficou impressionado com as vastas quantidades de bens à venda nas lojas e surpreso ao descobrir que qualquer um poderia

---

19 *Report of the Royal Commission*, p. 638.
20 *Ibid.*, p. 639.

comprar o que quisesse. Impressionou-se com a ausência de medo e de caos, que a máquina de propaganda russa alegava existir. O mais impressionante de tudo lhe foi o modo como a democracia funcionava. Ele disse:

> As últimas eleições no Canadá, recentemente ocorridas, me surpreenderam especialmente. Em comparação com elas, o sistema de eleições na Rússia parece uma zombaria da concepção de eleições livres.[21]

O que mais confundiu Gouzenko?

Mas, enquanto trabalhava para o adido militar da Embaixada Soviética, Igor Gouzenko notou algo mais. Observou que se fazia contato com os melhores cientistas canadenses e, às vezes, com importantes autoridades canadenses. Muitas vezes, eles realmente estavam cooperando, fornecendo dados altamente secretos do governo aos agentes militares comunistas. Gouzenko ficou ainda mais intrigado com o fato de que esses funcionários e cientistas importantes estavam cientes de que o objetivo final dos comunistas era uma revolução mundial que destruiria o governo canadense, bem como todos os demais.

Depois de assistir a esses acontecimentos por dois anos, Igor Gouzenko decidiu avisar o povo canadenses daquilo que estava acontecendo. Já havia decidido que nunca voltaria à Rússia nem criaria seu próprio filho do jeito fora criado. Contou à esposa que pretendia deixar a Embaixada da Rússia e avisar o governo canadense da rede de espionagem em seu meio.

Para provar sua história, escondeu uma grande quantidade de documentos de espionagem na roupa e depois se apresentou às autoridades canadenses. Acreditava, é claro, que seria recebido de braços abertos — que os canadenses ficariam satisfeitos por saber da história por dentro. Mas, enquanto observava o rosto inexpressivo da primeira pessoa com quem falou, Gouzenko percebeu que se havia exposto a grande perigo. O homem não

---

21 *Ibid.*, p. 639.

acreditou nele! Só no último momento, quando Gouzenko estava realmente sob risco de ser recapturado pela NKVD russa, alguns dos funcionários se deram conta de que talvez a história do funcionário soviético pudesse ser verdade. Foi então posto sob custódia protetora imediatamente, para que pudesse contar sua história ao mundo.

Traição em altos postos

Os canadenses perguntaram-se se as pessoas citadas por Gouzenko realmente estariam dispostas a colaborar com um inimigo em potencial. A lista incluía homens como Dr. Raymond Boyer, abastado membro do corpo docente da Universidade McGill, supervisor sênior do National Research Council e co-inventor do explosivo RDX usado na Segunda Guerra Mundial; Eric Adams, graduado na McGill e em Harvard, que trabalhava em uma posição de topo no Industrial Development Bank; Israel Halperin, professor de matemática na Queen's University, em Ontário, que conduzia investigações altamente técnicas para a Direção de Artilharia; David Gordon Lunin, editor da *Canadian Affairs*; Dr. David Shugar, funcionário da Research Enterprises Limited, que fazia pesquisa avançada no campo de radar; Harold Gerson, que ocupava uma posição administrativa importante no Setor de Suprimentos de Guerra dos Aliados; F. W. Poland, oficial da Diretoria de Inteligência da Real Força Aérea Canadense; e Kathleen Mary Willsher, que ocupava um cargo confidencial com o Alto Comissário do Reino Unido no Canadá.

Estas e outras pessoas da lista foram prontamente presas e investigadas por uma Comissão Real, que mais tarde relatou:

> Talvez o aspecto mais surpreendente de toda essa quinta coluna seja a facilidade incrível com que agentes soviéticos encontraram canadenses dispostos a trair seu país e fornecer informações secretas à potência estrangeira — apesar dos juramentos de fidelidade, de posse de cargo público e de sigilo que haviam feito.[22]

---

22 *Ibid.*, p. 56.

O que a Comissão Real queria saber era por que esses altos funcionários canadenses se haviam voltado deliberadamente contra os interesses da sua terra natal. Perguntaram a essas pessoas se haviam sido subornadas, e uma delas respondeu: "Se me houvessem oferecido dinheiro, eu ficaria insultado".

Quando a Comissão investigou a fundo essas pessoas, descobriu que eram vítimas da guerra ideológica travada entre os materialistas e o mundo livre. Essas pessoas haviam sido criadas em liberdade e freqüentado escolas canadenses e americanas; no entanto, quando questionadas por que colaboraram com os agentes soviéticos, uma delas deu uma resposta típica: "Eu acreditava estar ajudando a humanidade".

Como esses homens e mulheres, criados em um mundo livre, foram convencidos por agentes comunistas a acreditar que, se colaborassem, ajudariam a humanidade? Supondo que você fosse um cientista e fosse abordado por um desses agentes, como você reagiria? Supondo que ele dissesse:

> Meu amigo, você sabe que não há inteligência divina guiando a raça humana; você sabe que não há destino providencial para a humanidade; você sabe que, se inteligências superiores como a sua não nos ajudarem a conquistar o controle da raça humana, ela vai destruir a si mesma.

Você consegue imaginar-se a dar esta resposta:

> Devo confessar que, no fundo do meu coração, não acredito que haja qualquer Deus ou inteligência divina guiando a raça humana. Portanto, suponho que deva sentir que é meu dever, como uma das inteligências superiores de minha geração e para o bem da humanidade, colaborar com o movimento que está destinado a tomar e salvar nossa raça de si mesma.

Esta resposta foi típica das declarações que muitos dos canadenses convertidos em soviéticos admitiram ter dado. Além disso, confirmaram sua completa devoção a essas idéias, o que os levou a um envolvimento deliberado em atividades subversivas contra seu próprio país.

Qual é a arma secreta do comunismo?

Que se pode deduzir disso? Simplesmente que essas pessoas cresceram como materialistas! Como Igor Gouzenko apontou, há um defeito na cultura quando seu próprio povo pode crescer em seu meio sem receber uma avaliação da diferença entre liberdade e escravidão, entre idealismo e ateísmo, entre fé e dúvida, entre a ordem e o caos.

De alguma forma, não conseguimos fornecer a essas pessoas a munição necessária para que se protegessem nesse momento crítico em que foram contatados por agentes de uma ideologia estrangeira. E devemos ser rápidos em reconhecer que, se nossa cultura e nosso sistema de educação estão produzindo materialistas, então isso é a maior arma secreta que os comunistas possuem!

Isto significa que podemos gastar dois bilhões de dólares para desenvolver a bomba atômica e os comunistas podem sentar e esperar até que sejamos bem-sucedidos. Então, eles podem drenar as informações de alguns de nossos melhores funcionários de segurança. Na verdade, foi exatamente isso que eles fizeram.

O maior erro que se comete hoje no mundo livre é misturarmos o ferro ao barro. Estamos lutando por liberdade, mas permitindo que alguns de nossos meninos e meninas cresçam acreditando em coisas que acabam por ser conceitos comunistas básicos. Materialismo não é americanismo, mas sim comunismo. Sempre que produzimos uma criança treinada para acreditar que o universo é produto de acidentes acumulados, que seres humanos são apenas animais melhorados, que não há nada intrinsecamente certo ou errado ou que profundas convicções espirituais são antiquadas e desnecessárias, sofremos baixa no campo da guerra ideológica.

Sem nunca o saber, um jovem americano é assim treinado para ser um aliado vermelho em potencial. Esta é certamente a grande arma secreta do comunismo.

Materialismo caseiro

Ora, onde um menino ou uma menina americana capta os ensinamentos do materialismo? Acredito que posso responder parte da pergunta com base em uma experiência pessoal em uma instituição de ensino americana.

Eu estava em meu segundo ano de faculdade e cursando minha primeira disciplina de filosofia. Certa manhã, o professor disse:

> Agora vocês, jovens, estão maduros o suficiente para que suas mentes sejam limpas das cracas de superstição que provavelmente acumularam durante a juventude. Quando vocês eram crianças, falaram-lhes de Papai Noel; agora vocês sabem a verdade sobre Papai Noel. Quando vocês eram crianças, falaram-lhes da cegonha; agora vocês sabem a verdade sobre isso.

Em seguida, afirmou que estava prestes a esclarecer nosso pensamento em outro campo que havia sido atravancado com contos de fadas para crianças. "Hoje", disse ele, "vou dizer a vocês de onde vieram as idéias sobre Deus e também sobre religião". Todos nós nos acomodamos nas carteiras para absorver as preciosidades de conhecimento que estávamos prestes a receber.

"No princípio", disse o professor, "os homens adoraram coisas que criaram com suas próprias mãos. Isso foi chamado idolatria. Mais tarde, imaginaram que havia um grande número de deuses invisíveis — um deus da guerra, um deus do amor, um deus da chuva etc., e todos esses deuses exigiam sacrifícios para que se mantivessem felizes. Caso contrário, eles demostrariam sua ira. Portanto, eles eram freqüentemente chamados deuses de vingança".

Em seguida, o professor afirmou que a Bíblia era uma excelente história da evolução da religião. Disse que fica claro, a partir do estudo da Bíblia, que a prática da idolatria prevaleceu entre os povos antigos, e que os hebreus finalmente se elevaram acima da idolatria para adorar Jeová como um Deus de Vingança. Afirmou que o povo de Israel fazia sacrifícios a Jeová para mantê-lo feliz.

"Então", ele disse, "Jesus veio e declarou que Deus era um Deus de Amor que possui os atributos de todos os absolutos platônicos. Jesus ensinou que Deus era gentil, justo e tolerante. Ensinou os conceitos mais elevados das Bem-Aventuranças, o Sermão da Montanha e a Regra de Ouro".

"Ora", ele continuou, "este é o Deus adorado pelos homens de hoje, um Deus de Amor, como ensinado por Jesus. E é bom ir à igreja e adorar este conceito de Deus, porque isso eleva a mente e estimula os sentidos mais elevados".

"Mas", continuou enfaticamente, "quero que vocês, jovens, lembrem do seguinte: a idéia de Deus é exatamente como qualquer outra criação humana — como uma grande sinfonia ou como um grande poema; você não tem que temer a Deus, porque ele foi feito por nós!".

O professor terminou dizendo: "Não há alguém observando vocês — respondendo suas orações ou dirigindo a raça humana para algum destino divino. Vocês, jovens, estão sozinhos".

Quando a aula terminou, olhei para meus colegas de classe. Nos rostos de alguns, parecia haver uma expressão de alívio considerável. Era como se eles estivessem dizendo "bom, e daí? No fim das contas, ninguém está me observando! Então é isso que Deus é — algo que nós inventamos — como uma grande sinfonia...".

Conversa entre um estudante e um professor

Depois da aula, fui até o professor e lhe disse: "Doutor, o senhor já teve a oportunidade de ler o Antigo Testamento?".

"Bem", riu o professor, "apenas partes dele. Nunca tive tempo para ler tudo isso. Mas estudei a história e a filosofia da Bíblia com uma autoridade bem conhecida".

A conversa entre professor e aluno prosseguiu. O aluno disse ao professor que, quando leu a Bíblia, não encontrou a história que o professor disse estar lá. O professor ficou intrigado: "Que você quer dizer com isso? Que história não está lá?".

"Bem", disse o aluno, "a história de que a religião começou como idolatria, evoluiu para a adoração de um Deus de Vingança e depois culminou na adoração de um Deus de Amor, conforme ensinado por Jesus".

"Diga-me", perguntou o professor, "que você encontrou na Bíblia?".

O aluno disse que, até onde ele pôde definir, a natureza e identidade de Deus haviam sido ensinadas aos homens desde o início. Disse acreditar que a Bíblia ensina que Deus erigiu profetas e testemunhas especiais desde os primeiros tempos, e a cada um destes foi concedida uma experiência científica, para que pudesse conhecer a natureza de Deus e ensiná-la ao povo.

Em seguida, continuou: "A segunda coisa que entendi que a Bíblia ensina é que, no princípio, Deus revelou um modelo para uma vida feliz que chamamos religião. Ele ensinou-nos a não roubar, não mentir, não enganar, a servir nossos semelhantes, permanecer moralmente puro".

"Finalmente", concluiu, "creio que a Bíblia diz que a idolatria e as práticas pagãs foram criadas para competir com a religião revelada, porque uma grande parte das pessoas se recusou a aceitar as coisas que Deus havia revelado. Acredito que a Bíblia diz que a religião feita pelo homem veio muito tempo após Deus haver revelado Sua vontade ao homem e que a idolatria era um substituto, uma forma degenerada de culto promovida por homens que viviam a violar os mandamentos de Deus".

O professor baixou os olhos à mesa por um momento e disse: "Temo que você seja um pouco ingênuo. A religião não foi revelada, ela evoluiu. Certamente você terá de admitir que Jeová era um típico 'Deus de Vingança', que fez as pessoas oferecem sacrifícios para mantê-lo feliz".

"Isso é outra coisa", o aluno respondeu. "A Bíblia não diz que os sacrifícios do Antigo Testamento serviam para fazer Deus feliz. Diz que eles eram feitos para benefício do povo, como instrumento de ensino. Ou, como diz Paulo, eram um 'mestre-escola'. Ela diz que Deus é o mesmo ontem, hoje e para sempre, e que é um Deus de Amor tanto no Antigo Testamento como no Novo Testamento".

"Temo que terei de questionar essa afirmação", disse o professor. "Creio que toda autoridade concordaria que os sacrifícios do Antigo Testamento eram simplesmente para fazer Jeová feliz".

O aluno perguntou: "Gostaria de ouvir o que o próprio Jeová disse sobre sacrifícios e aquilo que eles representavam no Antigo Testamento?". O professor aceitou, então pegaram um exemplar da Bíblia na biblioteca. Abriram-na no primeiro capítulo de Isaías, e o professor e o aluno leram juntos os seguintes versículos.

A Bíblia fornece sua própria refutação

"Para que finalidade é a multidão de sacrifícios para mim? diz o Senhor: Estou cheio de holocaustos de carneiros, e da gordura de animais cevados; Não me agrada o sangue de novilhos ou de cordeiros, nem de bodes [...]. Não me tragam mais oblações vãs [...]. ('Se esses sacrifícios não conseguiram tornar as pessoas melhores, parecem ter sido em vão', comentou o aluno.) Quando estenderem suas mãos, esconderei meus olhos: sim, quando fizerem suas muitas orações não vou ouvir: suas mãos estão cheias de sangue".

Em seguida, o aluno perguntou ao professor se ele julgava que os próximos dois ou três versos refletiam a personalidade de um Deus de Vingança ou de um Deus de Amor: "Lavem-se, tornem-se limpos, tirem o mal que fazem da frente de meus olhos! Deixem de fazer o mal; aprendam a fazer o bem; ajudem o oprimido, façam justiça ao órfão, defendam a causa da viúva. Venham agora e vamos pensar juntos, disse o Senhor: ainda que os vossos pecados sejam como a escarlata, eles se tornarão brancos como a neve; ainda que sejam vermelhos como o carmesim, se tornarão como a lã, se estão dispostos a obedecer, comerão o bem desta terra" (Is 1, 11–19).

O professor manteve-se em silêncio por um momento, de modo que o segundo-anista criou coragem para fazer a pergunta final e crucial. "Professor, estarei errado em concluir que estas passagens refletem o mesmo espírito das Bem-Aventuranças, do Sermão da Montanha e da Regra de Ouro? Estarei errado em concluir que Deus sempre foi um Deus de Amor?".

O professor pegou a Bíblia, marcou com um cartão o primeiro capítulo de Isaías e disse: "Peça ao bibliotecário para transferir este livro para mim".

O aluno estimou a disposição de seu professor para reavaliar o que estava ensinando. Também estimou algo mais — a mãe, o pai, os professores da Escola Dominical e outros que o haviam encorajado a se familiarizar com a Bíblia. Não lhe disseram em que ele deveria acreditar a partir da Bíblia; só desejavam que se familiarizasse com ela. Estava feliz por haver lido a Bíblia o suficiente para que, quando alguém deturpasse o que ela dizia, fosse capaz de tirar suas próprias conclusões.

De vez em quando, um estudante surpreende os pais

Os estudantes que voltam para casa de uma aula como a que acabo de descrever são muitas vezes um enigma para seus pais. Um menino pode voltar para casa de uma aula de filosofia, sentar-se para jantar com sua família e dizer: "Pai, somos monistas ou dualistas?". É provável que o pai faça uma cara engraçada e diga: "Filho, toma a sopa".

Muitas vezes, os pais não percebem que seu filho ou sua filha pode estar enfrentando problemas filosóficos importantes. É claro que alguns pais estão profundamente confusos quanto aos valores fundamentais da vida e, portanto, parece-lhes difícil oferecer ajuda a seus filhos quando eles enfrentam o desafio do materialismo.

Acredito que meu professor tenha sido sincero. Ele estava ensinando aquilo que lhe haviam ensinado. Estava ensinando o materialismo porque passara a acreditar que aquilo era a verdade. Estou certo de que ficaria chocado se alguém lhe houvesse dito que, ao ensinar materialismo, ele também estava lançando as bases para um dos conceitos mais importantes do comunismo. Se George Washington estivesse sentado nessa sala de aula, teria dito: "Professor, acredito que o senhor esteja errado". Jefferson teria dito: "O senhor está errado". E Lincoln teria dito: "O senhor está errado".

Esses homens fundaram este país sob a premissa de que há uma inteligência divina guiando o destino humano, um Deus em quem podemos confiar. Acreditavam na Bíblia e no depoimento das testemunhas que afirmaram que, se seguíssemos os princípios ensinados pelos profetas, encontraríamos neles a felicidade. Os Pais Fundadores confiavam tanto no modo de vida descrito nas escrituras que construíram a estrutura do governo americano e os princípios para a vida feliz por ela garantida com base nos preceitos e ensinamentos da Bíblia.

E a segurança da bomba atômica?

As revelações de Igor Gouzenko no caso de espionagem no Canadá ensinaram-nos que não se garante a liberdade somente com bombas atômicas. Enquanto estivermos ensinando materialismo a nossos meninos e meninas, correremos o perigo de ver nossos filhos crescendo e tornando-se alvos vulneráveis na guerra de ideologias entre Oriente e Ocidente.

Já citei uma declaração do ex-Comissário Popular de Educação da União Soviética indicando que desprezam os princípios cristãos porque "o amor cristão é um obstáculo ao desenvolvimento da revolução". Na verdade, os líderes comunistas têm sugerido repetidamente que nossa maior força para resistir a seus esforços para conquistar nossas mentes com o materialismo dialético é nossa crença e compreensão do código judaico-cristão.

Há cerca de três anos, fui convidado para falar em uma convenção na Costa Oeste. Durante a discussão, salientou-se que uma das coisas que os seguidores de Marx desprezam em relação à cultura americana é o código judaico-cristão. Perguntei então aos membros da convenção "que é essa coisa que temos que assusta os comunistas; alguém nos diga o que o código judaico-cristão contém". Houve uma longa pausa. Ninguém queria propor uma definição para esta parte da força dos EUA. Finalmente, um senhor idoso ao fundo do auditório levantou a mão: "Bem", disse ele, "não tenho certeza se sei o que o código judaico-cristão é, mas de uma coisa eu sei: se eles estão com medo dele, eu sou a favor!".

Os dez mandamentos deixariam um comunista com medo?

Nesta breve discussão, não há tempo suficiente para tratarmos de todo o código judaico-cristão, mas talvez possamos cobrir parte dele. O código judaico, por exemplo, é construído essencialmente em torno dos Dez Mandamentos. Analisemos cada um deles em poucas palavras e vejamos se podemos descobrir aquilo que existe neles que poderia assustar um comunista.

No primeiro mandamento,[23] Deus simplesmente pede à humanidade Seu reconhecimento como o Criador e Arquiteto Supremo do Universo. Quer que entendamos que o notável planeta onde vivemos não é resultado de acidentes acumulados. O ambiente agradável de que desfrutamos não é produto de um acaso fortuito, nem resultado do movimento incessante entre as forças da natureza. Quer que saibamos que tudo isso é produto de *design* e engenharia cuidadosa; que foi construído em um sistema com leis e ordem; que Ele governa nos céus e que todas as coisas se movem com um propósito às suas metas.

No segundo mandamento, Deus exige que não criemos nem adoremos falsos deuses. Quando revelou Sua identidade e Seus propósitos à humanidade, não era para que esses ensinamentos fossem pervertidos, distorcidos ou alterados. Como já foi mencionado, os materialistas dialéticos não só tentaram destruir o culto do Todo-Poderoso, mas substituíram o Deus único e verdadeiro por um falso deus. Como um deles disse: "O momento decisivo da história será aquele em que o homem se tornará consciente de que o único Deus do homem é o próprio homem".[24]

---

23 W. Cleon Skousen e Paul B. Skousen são mórmons. Para os mórmons, os Dez Mandamentos são os seguintes: 1. Não terás outros deuses além de mim. 2. Não farás para ti imagem de escultura, nem semelhança alguma do que há em cima nos céus, nem embaixo na terra, nem nas águas debaixo da terra. Não te encurvarás a elas nem as servirás. 3. Não tomarás o nome do Senhor teu Deus em vão, porque o Senhor não terá por inocente o que tomar o seu nome em vão. 4. Lembra-te do dia do sábado, para o santificar. Seis dias trabalharás, e farás toda a tua obra, mas o sétimo dia é o sábado do Senhor teu Deus. 5. Honra teu pai e tua mãe, para que os teus dias se prolonguem na terra que o Senhor teu Deus te dá. 6. Não matarás. 7. Não adulterarás. 8. Não roubarás. 9. Não dirás falso testemunho contra o teu próximo. 10. Não cobiçarás [...] coisa alguma do teu próximo — NE.

24 Henri de Lubac, *Atheist Humanism*, p. 20.

A história dos materialistas dialéticos revelará que eles seguem a antiga prática pagã de se adorarem uns aos outros.

Quem já viu Deus?

Agora, o comunista diz: "Se há um Deus, mostre-o para mim! Você já viu Deus? Seu irmão, sua irmã já o viram?". É interessante notar que alguns dos primeiros líderes comunistas realmente saíram em busca de Deus, mas suas biografias revelam que o fizeram com um maçarico em uma mão e uma marreta na outra. Eram homens que desafiaram o Todo-Poderoso a se manter oculto em seu escrutínio a que nada escapa e que, quando nada encontraram em sua busca, retornaram com ira selvagem, convencidos de que, se não haviam encontrado Deus, é porque não havia Deus a encontrar.

Para tudo isso a Bíblia dá uma resposta. A resposta está no capítulo 19 do Livro do Êxodo. Lá, Deus assinala a Moisés que não Lhe é difícil aparecer diante dos homens, mas é difícil aos homens conseguir suportá-lo. Ressalta que apenas certas pessoas estavam preparadas o suficiente para poderem ser trazidas à Sua presença. Ele disse a Moisés que, se os homens não estivessem preparados adequadamente, o impacto da experiência os destruiria. Moisés tentou preparar o povo de Israel para poder desfrutar da grande experiência científica que já lhe havia sido concedida, mas sua preparação foi insuficiente. O Senhor disse: "Desce. Adverte ao povo que não traspasse o termo para ver o Senhor, para que muitos deles não pereçam".[25]

Mais tarde, no entanto, alguns foram de fato autorizados a subir o Monte Sinai e olhar. Com efeito, o Senhor autorizou Moisés a trazer Arão, Nadabe, Abiú e setenta dos anciãos de Israel para contemplar a glória de Sua pessoa. Esses 73 homens não só foram autorizados a desfrutar desta experiência extraordinária como há um registro do que viram.[26]

---

25 Ex 19, 21.
26 Ex 24, 9–10.

De geração em geração, testemunhos semelhantes foram prestados. Na verdade, o Apóstolo João previu que todos os homens que já viveram acabariam por ver seu Criador e ficar em Sua presença para serem julgados por Ele.[27]

Ora você pode ver que os dois primeiros mandamentos são uma contradição direta da primeira premissa maior do comunismo. O comunista diz que o universo é produto do caos e do acidente. No código judaico, Deus ensina que se trata do produto de um *design* cuidadoso; que Ele é o *designer* e deve ser reconhecido como tal; que não devemos atribuir essas conquistas a forças falsas ou a falsos deuses.

Qual é a importância de um juramento?

O terceiro mandamento diz: "Não tomarás o nome do Senhor teu Deus em vão". Muitos crêem que isso significa apenas que o nome de Deus não deve ser usado junto a palavras de baixo calão, mas não é isso que assusta o materialista. Há um significado muito mais profundo neste mandamento. Por exemplo, a santidade do juramento judicial dos Estados Unidos da América é circunscrita por este terceiro mandamento do código judaico.

Quando o sujeito está em um tribunal ou diante de uma comissão do Congresso e diz "juro dizer a verdade, toda a verdade e nada mais que a verdade, com a ajuda de Deus", coloca-se sob a exigência do Todo-Poderoso de que o nome de Deus não seja tomado em vão. Os fundadores dos EUA acreditavam que devemos manter estes juramentos e pactos sagrados e cumpri-los conscientemente, ou o julgamento do Todo-Poderoso nos responsabilizará. Honrar todo juramento em nome de Deus é uma fonte de grande força para o modelo americano de livre governo, e os comunistas aprenderam que fazer este juramento em vão traz consigo a grave penalidade atribuída ao "perjúrio". No entanto, mesmo entre os americanos leais, temo que o nome de Deus seja tomado em vão demasiadas vezes. Eu acredito — e tenho certeza de que você con-

---

27 Ap 20, 12.

cordaria — que, se todos honrassem todas as promessas sagradas feitas em nome da Divindade, nossos tribunais haveria cem vezes mais justiça, nossa vida de negócios seria muito mais honesta e a administração das coisas públicas seria mais eficiente.

O quarto mandamento

O quarto mandamento diz para fazermos todos os trabalhos necessários durante seis dias da semana, mas destinar o sétimo para freqüentar a igreja, servir nossos semelhantes necessitados e estudar a palavra de Deus. Estas são as coisas que tornam o sábado um dia sagrado. Talvez nós nem percebamos a importância disso, mas os seguidores de Marx sabem que é a instituição do culto ao sábado que mantém sadias as culturas judaica e cristã. Por isso, uma das primeiras coisas que os marxistas fizeram quando chegaram ao poder foi abolir a observância do dia de sábado.

Mas a eficácia do sábado também pode ser perdida pela simples transformação do dia sagrado em feriado.

Ao adotar a prática pagã antiga de usar o sábado exclusivamente para caça, pesca, festa e diversão, anulamos completamente sua concepção e seu propósito.

O Senhor poderia muito bem dizer:

> Quero que você se lembre que no mundo de hoje há idosos, doentes, solitários e pobres. Todo meu sistema depende de que ajudem uns aos outros, e aquilo que fizerem pelos menores deles, estarão fazendo por mim. Este é meu método, este é meu padrão e este é meu programa. Poderia enviar anjos, mas não os enviarei. Enviarei você!

Isto deve sempre ser uma parte do modo de vida americano, mas muitas vezes estamos ocupados demais. Esquecemos dos doentes e deixamos de visitar nossos vizinhos. Só vamos ao hospital quando é a esposa do chefe que está doente. Nesse sentido, o modo de vida americano está destruído, pois ignora o modelo para uma vida feliz sobre o qual a ordem social americana original foi construída.

Um vácuo na formação dos jovens

E é por conta de nossa incapacidade de reservar qualquer parte do sábado para estudar a palavra de Deus que nos estamos tornando uma nação de cristãos ignorantes com grande rapidez. Sabemos tão pouco sobre a evidência que foi testemunhada de geração em geração que muitos não têm qualquer base real para suas crenças. Alguém pega uma Bíblia, levanta-a bem alto e diz: "Contos de fadas!". Depois ficam surpresos quando alguns de nossos jovens, que sabem muito pouco sobre a Bíblia, dizem: "Ah! Tipo Chapeuzinho Vermelho, né?". E o homem diz: "Claro, algo inventado por alguém".

Ou um menino criado em um lar cristão, mas nada familiarizado com as provas encontradas na Bíblia, que volta da escola completamente confuso. Nas devoções familiares, o pai lhe pede para conduzir a oração e ele responde: "Não, pai, não quero". Mais tarde, o pai pergunta: "Filho, qual é o problema? Que aconteceu?". E o menino talvez responda: "Bem, pai, não gosto de orar para alguém que inventamos — algo como uma peça de música ou um poema. E acabo de descobrir que inventamos Deus".

É realmente muito simples destruir as crenças de um menino ou de uma menina quando eles não se apóiam no conhecimento da evidência que comprova sua validade.

Os idosos são importantes?

O quinto mandamento foi criado por Deus para sustentar a integridade da família. Nele, o Senhor ordenou: "Honra teu pai e tua mãe".

A vida é uma estranha combinação de circunstâncias. Quando as crianças são pequenas, impotentes e dependentes, seus pais estão em posição de lhes oferecer amor ou abuso, nutrição ou negligência — a depender de suas inclinações. Anos mais tarde, esses mesmos pais podem sentir os estragos do tempo e se tornarem eles próprios como crianças. Então é sua prole que estará em posição de amar ou negligenciar, a depender de suas inclinações.

Portanto, Deus foi sábio. Aconselhou as crianças a honrar seus pais e os pais a honrar seus filhos. Cada um, em seu tempo, depende do outro.

A forte solidariedade familiar faz parte de nossa força religiosa e de nossa força nacional, mas é desprezada pelo materialista. Marx e Engels escreveram no *Manifesto* que eram favoráveis à "abolição da família". Imediatamente após a revolução, Lênin tentou acabar com o modelo familiar de vida, mas as chagas sociais e a desordem social obrigaram o regime a voltar atrás.

E os expurgos comunistas?

O sexto mandamento diz: "Não matarás". A lei mosaica tornou a santidade da vida humana extremamente importante. É por isso que uma pessoa que crê no código judaico-cristão e o segue não dá um bom comunista. Ela não matará porque a mandaram; não pode acreditar na justiça de uma causa que dependa de expurgos sangrentos, campos de concentração e exploração cruel da vida humana para sua existência.

Isso explica por que temos declarações como esta de Joseph Stálin:

> Suprimimos o clero reacionário? Sim, suprimimos! Uma pena é que não tenha sido totalmente liquidado. A propaganda anti-religiosa é um meio de provocar a liquidação total do clero reacionário. Há casos em que certos membros do Partido dificultam o desenvolvimento completo da propaganda anti-religiosa. É bom expulsar esses membros, pois não há espaço para tais "comunistas" nas fileiras do Partido.[28]

Significado da integridade do casamento

O sétimo mandamento diz: "Não cometerás adultério". Fundamentalmente, a força do lar americano está enraizada em

---

28 Joseph Stálin, *Leninism*, vol. 1, p. 387.

uma troca de confiança entre mãe e pai, entre pais e filhos. Deus poderia muito bem dizer. "Dou-lhes somente o que servirá para sua felicidade final. Meus mandamentos não existem para tirar a felicidade, mas para preservá-la. Quero que vocês sejam capazes de ser honestos um com o outro em suas promessas de casamento. Se quiserem uma família feliz, se quiserem compartilhar total confiança com seu companheiro, então: não cometerás adultério".

E a integridade moral não começa com o casamento; encontra sua força na cuidadosa autodisciplina ao longo dos anos. Quando dois jovens chegam ao altar do casamento, eu particularmente não conheço melhor garantia de felicidade e confiança do que ambos serem capazes de dizer em seus corações, ao se ajoelharem juntos: "mesmo antes de nos conhecermos, honrei você e fui prudente para você". Em meus tempos de policial, aprendi que, quando os jovens se aproximam da união com este espírito de devoção e disciplina pessoal, o resultado costuma ser pureza, paz e famílias felizes.

O ladrão e o assassino de caráter

O oitavo mandamento diz: "Não furtarás". O mandamento comunista diz: "Não serás pego roubando".

O nono mandamento diz: "Não prestarás falso testemunho". Igor Gouzenko afirmou que o passatempo nacional em sua terra natal é derrubar seu superior para que você possa tomar o lugar dele depois que ele for desacreditado e demitido. Em nosso país, temos algumas pessoas assim, mas este não é o modo americano. Um dos truques comunistas favoritos é o assassinato de caráter. Meninos e meninas americanos devem ser ensinados que, quando trabalham para alguém, devem tentar ser leais a essa pessoa. Certamente, ele é apenas um ser humano, terá seus defeitos, mas deve ser apoiado em todo bem que estiver tentando fazer. É isto que constrói comunidades. Constrói a indústria, constrói escolas. Constrói uma nação.

A santidade do trabalho

Em seguida e, por fim, chegamos ao décimo mandamento, o qual diz que devemos obter riqueza através de nossa própria indústria. Quando vemos a casa, o carro ou qualquer outra coisa de alguém, não devemos tentar descobrir como lhe poderíamos tirar o que vemos por meios ilícitos. Isso é o que Deus chama "cobiçar os bens do nosso próximo". Em vez disso, devemos sair e trabalhar para conseguir as coisas que desejamos.

Desejar coisas boas e trabalhar por elas não é pecado, mas é pecado tentar adquiri-las por meios ilícitos, isso sim o é. Enquanto Deus diz para respeitarmos a propriedade dos outros, os materialistas ensinam há mais de um século que o objetivo da existência humana é a aquisição de despojos e poder; que o homem forte nunca se deverá contentar, nunca estará satisfeito; qualquer coisa boa que outra pessoa possua ele irá desejar e se esforçar para obter. A obtenção de despojos, a acumulação de riqueza dos outros e a concentração de poder têm sido seu objetivo constante.

O código cristão

Por fim, gostaria de dizer apenas algumas palavras sobre o código cristão. Eis aqui os princípios adicionais que — se entendidos e postos em prática — impedirão alguém de ser um bom comunista. À medida que percorro a lista, veja se você pode determinar por que o ex-Comissário de Educação Soviético dizia: "Odiamos os cristãos e o cristianismo".

Aqui está uma série de conceitos típicos dos ensinamentos de Jesus:

Faça aos outros o que gostaria que fizessem a você.[29]

Bem-aventurados os pacíficos.[30]

É melhor dar do que receber.[31]

---

29 Mt 7, 12.
30 Mt 5, 9.
31 At 20, 35.

Não odeie seus inimigos, mas faça-lhes o bem.[32]

Seja humilde e dócil como uma criança.[33]

Seja sábio, agressivo e alerta para promover o bem e preservar a paz.[34]

Procure dominar suas fraquezas pessoais.[35]

Siga os mandamentos de Deus para aumentar o valor de sua vida e apagar as cicatrizes dos erros passados.[36]

A maior felicidade vem através do maior serviço.[37]

Faça o bem em segredo, e Deus — que vê em segredo — lhe recompensará abertamente.[38]

O cristianismo também ensina que somos responsáveis perante Deus por nossa conduta diária, até mesmo por nossos pensamentos.[39] Também ensina a realidade da imortalidade e da ressurreição humanas. Recebemos a declaração científica de Paulo, Pedro, Maria Madalena, os onze Apóstolos e quinhentos membros da Igreja que viram Cristo ressuscitado. É bom saber que, depois de passar desta vida para outra, nós também acabaremos por receber um corpo transfigurado.

Em seus ensinamentos, Jesus confirmou o que os profetas ensinaram — que, depois desta vida, avançaremos a um grande padrão de existência. Ensinou que nosso próximo estado foi cuidadosamente projetado e vai permitir uma grande variedade de novas experiências à medida que percorrermos os corredores intermináveis do futuro.

Como o código judaico, estes princípios cristãos dão grande força para qualquer pessoa livre. Não é difícil entender por que

---

32 Mt 5, 44.
33 Mt 18, 4.
34 Mt 10, 16.
35 Mt 5, 48.
36 Lc 24, 47; At 2, 38.
37 Lc 10, 29-37.
38 Mt 6, 4.
39 Gl 6, 7; Mt 5, 28.

os comunistas procuram desacreditar esses conceitos. Por outro lado, se ensinarmos nossos filhos que não há Deus, que os homens são apenas animais aperfeiçoados, que o fim justifica os meios e que as convicções religiosas não são científicas, em seguida ouviremos um sonoro "amém" do outro lado do oceano.

Uma nova tendência dinâmica na educação

Para encerrar, deixe-me dizer que nunca tive uma experiência mais emocionante do que aquilo que me ocorreu durante um ano e meio que passei ensinando na Universidade Brigham Young. Permitiram que eu participasse de um modelo de educação em que muitos milhares de estudantes estão aprendendo cidadania em sua vida acadêmica; em que ciência, filosofia e religião encontram seus devidos lugares nas personalidades desses meninos e meninas. Tenho grande satisfação ao ver esses jovens que cruzam o campus carregando de seus livros — química, física, artes, geologia, sociologia, história, economia, ciência política —, e, junto de seus livros didáticos, você geralmente encontrará um exemplar da Bíblia. Uma grande variedade de assuntos religiosos é oferecida ao estudante, e ele pode escolher aqueles que mais lhe interessam.

Em todo o país, muitas universidades estão construindo capelas e enfatizando a participação na vida religiosa. Estão agindo assim porque percebem melhor que esta constitui parte importantíssima do ideal americano e fonte de grande parte de nossa força.

Toda terça-feira no campus da BYU, aproximadamente 5 mil estudantes freqüentam voluntariamente o devocional semanal, momento em que têm a chance de receber a inspiração de alguns dos melhores líderes religiosos do país.

Se o desafio de nossa juventude de hoje é uma guerra ideológica, então é hora de tomarmos a ofensiva. Não devemos sentar e esperar que nossas crianças sejam doutrinadas pelo dogma materialista e, assim, tornem-se vulneráveis a uma conversão ao comunismo quando forem abordadas pelos agentes de força e medo que vêm do outro lado do oceano. Há duas gerações, uma fase importante da vida americana se está desintegrando. Como pais e professores, precisamos reconhecer que, se este pilar de nossa cultura desabar, nossos próprios filhos serão as vítimas. Essa desintegração tem de parar. George Washington sabia o que nos torna fortes; Jefferson o sabia, Lincoln o sabia: "Esta nação, sob Deus, não pode falhar!".

Naturalmente, temos de fazer mais do que simplesmente ensinar bons princípios — certamente, devemos praticá-los. Por isso, encerro com as palavras de Francis Bacon, que disse: "Não é o que você come, mas o que digere que o faz forte. Não é o que você recebe, mas aquilo que economiza que o torna rico. Não é o que você prega, mas o que você pratica que faz de você um cristão!".

BIBLIOGRAFIA

ADLER, M., *What Man Has Made of Man,* Longmans Green, Nova York, 1934.

ADORATSKY, V. *Dialectical Materialism,* M. Lawrence, Londres, 1934.

AVELING, E., *The Student's Marx,* Charles Scribner's Sons, Nova York, 1902.

BARBUSSE, H., *Stalin,* John Lane Co., Londres, 1935.

BASSECHES, N., *Stalin,* E. P. Dutton Co., Nova York, 1952.

BEER, M., *The Life and Teachings of Marx,* Parsons Co., Londres, 1921.

BELLOC, H., *The Restoration of Property*, Sheed and Ward, Nova York, 1936.

BELYAEV, M., *Evolution,* State Pub. House, Moscou, 1934.

BENTLEY, Elizabeth, *Out of Bondage,* The Devin-Adair Company, Nova York, 1951.

BERDYAEV, N., *The Russian Revolution,* Sheed and Ward, Nova York, 1933.

BIVORT, J., *Communism and Anti-Religion,* Burns, Oates & Washbourne, Londres, 1938.

BLODGETT, Ralph H., *Comparative Economic Systems,* MacMillan Co., Nova York, 1949.

BOBER, M., *Karl Marx's Interpretation of History,* Harvard University Press, Cambridge, 1927.

BOHM-BAWERK, E., *Karl Marx and the Close of His System*, T. Union Co., Londres, 1898.

BOUDIN, L., *The Theoretical System of Karl Marx*, Charles H. Kerr Co., Chicago, 1907.

BRAMELD, T., *A Philosophic Approach To Communism*, University of Chicago Press, Chicago, 1933.

BRIEFS, G., *The Proletariat*, McGraw-Hill, Nova York, 1938.

BROWDER, E., *What Is Communism?*, Workers Library Publishers, Nova York, 1936.

BUKHARIN, N., *Historical Materialism*, International Publishers, Nova York, 1925.

_____, *The A B C of Communism*, Communist Party Press, Londres, 1922.

BURNHAM, James, *The Web of Subversion*, John Day Co., Nova York, 1954.

BURNS, E., *A Handbook of Marxism*, Gollancz, Londres, 1935.

CARR, E., *Karl Marx*, Dent & Sons, Londres, 1934.

_____, *Michael Bakunin*, Macmillan Co., Londres, 1937.

CHAMBERLAIN, *Soviet Russia*, Little, Brown & Co., Boston, 1935.

_____, *The Russian Revolution*, Macmillan Co., Nova York, 1935.

CHAMBERS, Whittaker, *Witness*, Random House, Nova York, 1952.

CHANG, S., *The Marxian Theory of the State*, University of Pennsylvania Press, Filadélfia, 1931.

COLE, G., *What Marx Really Means*, Alfred A. Knopf, Nova York, 1934.

Constitutição da USSR, International Publishers, Nova York, 1936.

CONZE, E., *Dialectical Materialism*, N. C. L. C. Society, Londres, 1936.

COOPER, R., *The Logical Influence of Hegel on Marx*, Washington University Press, Seattle, 1925.

CROCE, B., *Historical Materialism and the Economics of Marx*, Macmillan, Nova York, 1914.

DOBB, M., *On Marxism Today*, Hogarth Press, Londres, 1932.

EASTMAN, M, *Marx, Lenin, and the Science of Revolution*, Allen and Unwin, Londres, 1926.

EDDY, G., *The Meaning of Marx (A Symposium)*, Farrar and Rinehart, Nova York, 1934.

ELLWOOD, C, *Marx's Economic Determinism in the Light of Modern Psychology*, American Journal of Sociology, Vol. XVII, 1911.

ENGELS, F., Marx-Engels, *Historisch-Kritische Gesamtausgabe*, editado por D. Rjazanov. 9 vol., Frankfurt, 1927-1932.

ENGELS, F. *Ludwig Feuerbach*, International Publishers, Nova York, 1934.

_____, *The Origin of the Family, Private Property and the State*, Charles H. Kerr Co., Chicago, 1902.

_____, *Die Heilige Familie*, Riiten, Frankfurt, 1845.

_____, *Herr Duhring's Revolution in Science (Anti-Duhring)*, International Publishers, Nova York, 1935.

_____, *Marx-Engels: Selected Correspondence*, M. Lawrence, Londres, 1934.

_____, *On "Capital"*, International Publishers, Nova York, 1937.

_____, *Socialism: Utopian and Scientific*, International Publishers, Nova York, 1935.

FOSTER, William Z., *Toward Soviet America*, International Publishers, Nova York, 1932.

FOX, R., *Lenin*, Gollancz, Londres, 1933.

FREEHOF, S., *Marx, Freud and Einstein*, Argus Co., Chicago, 1933.

GOLDENDACH, D. *Karl Marx: Man and Thinker*, International Publishers, Nova York, 1927.

_____, *Karl Marx and Friedrich Engels*, International Publishers, Nova York 1927.

GRAHAM, S., *Stalin*, E. Benn Co., Londres, 1931.

GURIAN W., *The Future of Bolshevism*, Sheed and Ward, N. Y., 1936.

GUTINN, W., *The Rise and Decline of Marxism*, Burns, Ogres & Washbourne, Londres, 1938.

GUTJAN, W., *Bolshevism: Its Theory and Practice*, Sheed and Ward, Londres, 1932.

HALM, George N. *Economic Systems*, Rinehart and Co., Nova York, 1951.

HANSCHEIL, H., *History and Class War*, Arena, dezembro de 1937, pp. 187-194.

HARPER, S., *The Government of the Soviet Union*, Van Nostrand Co., Nova York, 1938.

HAWKINS, D., *Dialectical Materialism*, Arena, dezembro de 1937, pp. 167-175.

HEARNSHAW, F, *A Survey of Socialism*, Macmillan, Londres, 1929.

HECKER, J., *Communism and Religion*, Chapman and Hall, Londres, 1933.

_____, *Religion Under the Soviets*, Vanguard Press, Nova York, 1927.

_____, *The Communist Answer to the World's Needs*, Chapman and Hall, Londres, 1935.

HERBIGNY, M., *Militant Atheism*, Society for the Promotion of Christian Knowledge, Londres, 1934.

HILL-MUDIE, *The Letters of Lenin*, Chapman and Hall, Londres, 1937.

HOOK, S., *From Hegel to Marx*, Modern Quarterly, vol. VI, 1932.

_____, *From Hegel to Marx* e *Dialectical Materialism*, Journal of Philosophy, vol. XXV, 1928.

_____, *Towards an Understanding of Karl Marx*, John Day Co., Nova York, 1933.

HYMA, A., *Christianity, Capitalism and Communism*, (edição do autor), Ann Arbor, 1938.

JACKSON, T., *Dialectics: The Logic of Marxism*, M. Lawrence Co., Londres, 1936.

JORDAN, George Racey, *From Major Jordan's Diaries*, Harcourt, Brace and Co., Nova York, 1952.

JOSEPH, H., *The Labour Theory of Value in Karl Marx,* Oxford University Press, Londres, 1923.

KAUTSKY, K., *Ethics and the Materialist Conception of History,* Charles H. Kerr, Chicago, 1907.

_____, *The Economic Doctrines of Karl Marx,* Black Co., Londres, 1925.

KOLOGRIVOF, L, *God, Man and the Universe,* Coldwell Co., Londres, 1937.

KRIVITSKY, W. G., *In Stalin's Secret Service,* Harper Brothers, Nova York, 1939.

LA PIRA, G., *The Philosophy of Communism,* Fordham University Press, Nova York, 1952.

LASKI, H., *Communism,* T. Butterworth Co., Londres, 1935.

_____, *Karl Marx,* League for Industrial Democracy, Nova York, 1933.

LENIN, V., A *Letter to American Workers,* International Publishers, Nova York, 1934.

_____, *After the Seizure of Power (1917-1920),* International Publishers, Nova York, 1934.

_____, *From the Bourgeois to the Proletarian Revolution,* International Publishers, Nova York, 1934.

_____, *Imperialism: The Highest Stage of Capitalism,* International Publishers, Nova York, 1933.

_____, *Left-wing Communism,* International Publishers, Nova York, 1934.

_____, *Marx, Engels, Marxism,* International Publishers, Nova York, 1935.

_____, *Materialism and Empirio-Criticism,* International Publishers, Nova York, 1927.

_____, *On Britain,* M. Lawrence Co., Londres, 1934.

_____, *Religion,* International Publishers, Nova York, 1933.

_____, *The Deception of the People,* M. Lawrenee, Londres, 1935.

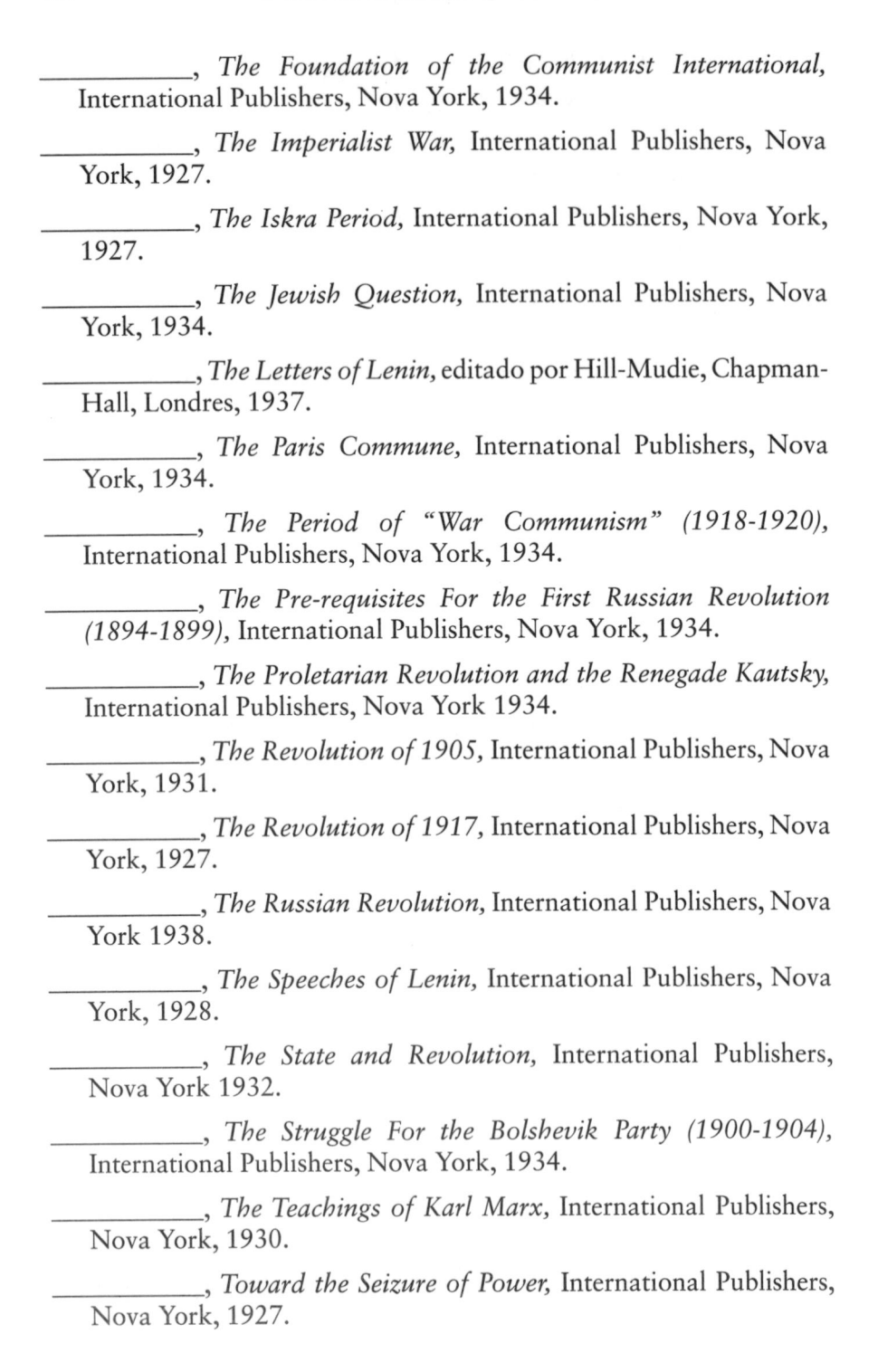

_____, *The Foundation of the Communist International*, International Publishers, Nova York, 1934.

_____, *The Imperialist War*, International Publishers, Nova York, 1927.

_____, *The Iskra Period*, International Publishers, Nova York, 1927.

_____, *The Jewish Question*, International Publishers, Nova York, 1934.

_____, *The Letters of Lenin*, editado por Hill-Mudie, Chapman-Hall, Londres, 1937.

_____, *The Paris Commune*, International Publishers, Nova York, 1934.

_____, *The Period of "War Communism" (1918-1920)*, International Publishers, Nova York, 1934.

_____, *The Pre-requisites For the First Russian Revolution (1894-1899)*, International Publishers, Nova York, 1934.

_____, *The Proletarian Revolution and the Renegade Kautsky*, International Publishers, Nova York 1934.

_____, *The Revolution of 1905*, International Publishers, Nova York, 1931.

_____, *The Revolution of 1917*, International Publishers, Nova York, 1927.

_____, *The Russian Revolution*, International Publishers, Nova York 1938.

_____, *The Speeches of Lenin*, International Publishers, Nova York, 1928.

_____, *The State and Revolution*, International Publishers, Nova York 1932.

_____, *The Struggle For the Bolshevik Party (1900-1904)*, International Publishers, Nova York, 1934.

_____, *The Teachings of Karl Marx*, International Publishers, Nova York, 1930.

_____, *Toward the Seizure of Power*, International Publishers, Nova York, 1927.

_____, *Two Tactics of Social Democracy in the Democratic Revolution*, International Publishers, Nova York, 1935.

LEVY, H., *Aspects of Dialectical Materialism*, Watts and Co., Londres, 1935.

LINDSAY, A., *Karl Marx's "Capital"*, Oxford University Press, Londres, 1925.

LIPPMANN, W. *The Good Society*, Little, Brown & Co., Boston, 1937.

LORIA, A., *Karl Marx*, T. Seltzer Co., Nova York, 1920.

MARITAIN, J., *Freedom in the Modern World*, Charles Scribner's Sons, Nova York, 1936.

MARX, K., *A Contribution to the Critique of Political Economy*, International Publishers, Nova York, 1904.

_____, *Aus dem Literarischen Nachlass von Karl Marx, Friedrich Engels*, editado por F. Mehring. 3 vol. Stuttgart, 1902.

_____, *Class Struggles in France*, International Publishers, Nova York, 1935.

_____, *Critique of the Gotha Programme*, International Publishers, Nova York, 1933.

_____, *Der Briefwechsel Zwischen Friedrich Engels und Karl Marx, 1844-1883*, editado por Bebel and Bernstein. 4 vol. Dent & Sons, Londres, 1930.

_____, *Letters of Dr. Kugelmann*, International Publishers, Nova York, 1934.

_____, *Marx-Engels: Selected Correspondence*, M. Lawrence Co., 1934.

_____, *Selected Essays*, International Publishers, Nova York, 1926.

_____, *The Civil War in France*, International Publishers, Nova York, 1937.

_____, *The Communist Manifesto*, (com Engels), International Publishers, Nova York, 1935.

_____, *The Poverty of Philosophy*, International Publishers, Nova York, 1936.

_____, *Wage, Labour, Capital, Value, Price,* Profit, International Publishers, Nova York, 1935.

_____, *Capital,* Random House, Nova York, 1932.

_____, *The Eighteenth Brumaire of Louis Bonaparte,* International Publishers, Nova York, 1935.

MCFADDEN, C. J., *The Philosophy of Communism,* Benziger Brothers, Nova York, 1939.

MEHRING, F., *Karl Marx,* John Lane Co., Londres, 1936.

MURRY, J., *The Necessity of Communism,* T. Seltzer Co., Nova York, 1933.

NICOLAIEVSKY, N., *Karl Marx,* J. B. Lippincott Co., Philadelphia, 1936.

OLGIATI, F., *Carlo Marx,* Milão, 1922.

OSBERT, R., *Freud and Marx: A Dialectical Study,* Gollancz, Londres, 1937.

PARCE, L., *Economic Determinism,* Charles H. Kerr and Co., Chicago, 1913.

PERCHIK, L., *Karl Marx,* International Publishers, Nova York, 1934.

PETERSEN, A., *Karl Marx and Marxism,* Labor News Co., Nova York, 1933.

POSTGATE, R., *Karl Marx,* H. Hamilton Co., Londres, 1933.

PRENANT, M., *Biology and Marxism,* International Publishers, Nova York, 1939.

Program of the Communist International, Workers Library Publishers, Nova York, 1936.

RAPPOPORT, C., *La philosophie de l'histoire,* Riviere, Paris, 1925.

Report of the Royal Commission, Edmond Cloutier Co., Ottawa, Canadá, 1946.

Report of the Subversive Activities Control Board, 20 de abril de 1953.

RUHLE, OTTO, *Karl Marx,* Viking Press, New Home Library Edition, Nova York, 1943.

RUSSEL, B., *The Meaning of Marx,* (simpósio), Farrar and Rinehard, Nova York, 1931.

_____, *Bolshevism: Practice and Theory*, Bruce and Howe, Nova York, 1920.

SALTER, F., *Karl Marx and Modern Socialism*, Macmillan Co., Londres, 1921.

SCHMIDT, W., *The Origin and the Growth of Religion*, Methuen Co., Londres, 1931.

SELIGMAN, E., *The Economic Interpretation of History*, Columbia University Press, Nova York, 1924. SETON-WATSON, H., *From Lenin to Malenkov*, Frederich A. Praeger, Nova York, 1953.

SHEED, F., *Communism and Man*, Sheed and Ward, Londres, 1938.

SHIROKOV-MOSELEY, *A Textbook of Marxism*, Gollancz, Londres, 1937.

SPARGO, J., *Karl Marx*, B. Huebsch Co., Nova York, 1910.

SPEAKING FRANKLY, *Harpers*, Nova York, 1947.

STALIN, J., *From the First to the Second Five-Year Plan*, International Publishers, Nova York, 1934.

_____, *Leninism*, (2 vol.), Allen and Unwin, Londres, 1933.

_____, *Marxism and the National and Colonial Question*, International Publishers, Nova York, 1935.

_____, *On The New Constitution*, International Publishers, Nova York, 1936.

_____, *The Foundation of Leninism*, International Publishers, 1934.

_____, *The October Revolution*, International Publishers., Nova York, 1934.

_____, *The Problems of Leninism*, International Publishers 1934.

STUART, J. L., *Fifty Years in China, Random House*, Nova York, 1955.

TROTSKY, L., *The History of the Russian Revolution*, Simon and Schuster, Nova York, 1936.

WADE, W, *U. N. Today*, H. W. Wilson Company, Nova York, 1954.

WHITE, W., *Lenin*, Smith and Haas, Nova York, 1936.

WILSON, EDMUND, *To the Finland Station*, Doubleday and Co., Nova York, 1953.

WOOD, H., *Christianity and Communism*, Round Table Press, Nova York, 1933.

YAROSLAVSKY, E., *Religion in the USSR*, International Publishers, Nova York, 1934.

ZETKIN, C., *Reminiscences of Lenin*, International Publishers, Nova York, 1934.

ÍNDICE REMISSIVO

A

Aborto 358, 369, 372
Abt, John J. 186
Acheson, Dean 233, 298
Aço 140, 180, 190, 407, 421
Adams, Eric 328, 443
Adler, Solomon 192
Advogados 28, 100, 241
África 193, 270, 277, 278, 279, 281, 293, 301, 304, 305, 314
Agressões comunistas 243, 383
AIDS 355, 356
Albânia 222
Alemanha 50, 51, 54, 57, 58, 60, 61, 63, 64, 65, 68, 120, 134, 137, 148, 152, 154, 155, 158, 166, 183, 198, 199, 202, 222, 242, 244, 317, 343, 366, 409, 419, 431, 432
Alemanha Ocidental 317, 419
Alemanha Oriental 222, 244
Alemão 29, 50, 54, 55, 65, 103, 121, 152
Alexandre II, Czar 131, 133
Alexandre III, Czar 135, 141
Algodão 424, 425
Aliados ocidentais 153, 160, 317
Alinsky, Saul 371
A origem das espécies 75, 78

América do Sul 270, 285, 304, 305
Ananias 428, 429
Anarquista 114
Armistício 158, 180, 207, 217, 238, 246, 247, 249, 259
Arte 32, 308, 353, 376
A sagrada família 58
Ásia 10, 120, 164, 173, 202, 228, 231, 232, 249, 301, 304, 305
Assistente administrativo 14
Associação Internacional dos Trabalhadores 64, 66
Ateus 165, 326, 368, 433
Ateísmo 54, 93, 326, 394, 440, 441, 445
Áustria 148, 200
Automóveis 127, 407

B

Baehr, Dr. Ted 352
Bakunin, Mikhail 134, 464
Bang-Jensen, Povl 261, 262, 263
Basseches, Nikolaus 165, 169, 463
Bauer, Bruno 54, 55, 145
Benjamin Franklin 338, 341
Benson, Dr. George S. 420
Benson, Ezra Taft 35, 424
Bentley, Elizabeth 12, 13, 174, 189, 190, 191, 192, 194, 195, 196, 231, 288, 463
Berger, Hans 386, 387
Bolchevique(s) 11, 131, 138, 139, 144, 145, 146, 147, 153, 154, 155, 156, 157, 158, 159, 160, 161, 168, 179, 180, 198, 391, 398
Bomba atômica 198, 208, 210, 218, 242, 243, 445, 451
Bradford, William (Governador) 174, 175, 176, 427
Browder, Earl 195, 217, 386, 440, 464
Bulgária 222, 244
Bullitt, William C. 167, 212
Burguês 57, 87, 115, 184, 230
Bursler, Norman 192
Bíblia 269, 308, 332, 333, 347, 356, 357, 391, 435, 446, 447, 448, 449, 450, 451, 453, 455, 456, 461

C

Canal do Panamá 309, 373

Capital 17, 49, 60, 67, 68, 96, 117, 118, 133, 152, 154, 161, 195, 223, 270, 290, 291, 320, 391, 407, 418, 465, 469, 470

Capitalismo 59, 64, 71, 80, 100, 106, 116, 117, 118, 119, 120, 124, 127, 128, 130, 166, 173, 176, 179, 185, 189, 216, 217, 218, 245, 251, 264, 343, 348, 376, 377, 380, 411, 412, 414, 415, 416, 417, 419, 420, 421, 423, 426, 430, 434

Capitalismo de livre empresa 128, 430

Carta das Nações Unidas 214, 261, 313

Casamento gay 352, 358, 369

Castro, Fidel 283, 284, 286, 288, 291, 293, 294, 295, 296, 297, 299

Chambers, Whittaker 12, 14, 83, 84, 170, 174, 183, 184, 185, 186, 187, 188, 189, 191, 192, 196, 201, 231, 288, 318

Cheka 160, 161

Chiang Kai-Shek 223, 224, 225, 226, 229, 230, 236, 249

China 10, 11, 28, 120, 192, 193, 194, 213, 215, 219, 223, 224, 225, 226, 227, 228, 229, 230, 231, 232, 234, 237, 240, 243, 246, 258, 262, 272, 273, 274, 293, 297, 298, 303, 306, 307, 314, 342, 343, 344, 346, 365, 408, 409, 420, 421, 471

China Vermelha 240

Churchill, Winston 210

CIA 10, 31, 32, 343, 347

Classe média 96, 119, 120

Classe trabalhadora 96, 99, 114, 118, 121, 122, 218, 380, 384, 387, 388, 398

Coe, Frank 192

Coexistência 47, 168, 198, 204, 211, 212, 220, 238, 246, 302, 304, 306, 311, 312, 322, 339, 340, 379

Collins, H. Henry 186

Comitê de Atividades Antiamericanas 12, 255, 259, 269, 270, 309, 362

Comitê de Controle de Atividades Subversivas dos Estados Unidos 178

Comitê Independente dos Cidadãos das Artes, Ciências e Profissões Liberais 19

Comunismo 7, 8, 9, 10, 11, 12, 14, 15, 16, 17, 18, 20, 21, 22, 26, 27, 28, 29, 30, 31, 32, 33, 34, 39, 40, 41, 47, 49, 57, 59, 67, 69, 70, 72, 73, 74, 75, 78, 80, 84, 85, 88, 94, 98, 99, 100, 101, 103, 104, 105, 106, 108, 111, 113, 115, 116, 117, 118, 119, 120, 121, 122, 123, 124, 125, 126, 127, 128, 129, 130, 151, 156, 158, 164, 172, 173, 174, 175, 176, 177, 180, 181, 182, 183, 184, 185, 186, 188, 189, 191, 196, 197, 198, 199, 202, 204, 208, 211, 212, 216, 217, 218, 219, 223, 236, 240, 244, 247, 248, 251, 253, 255, 258, 264, 268, 269, 277,

278, 281, 290, 298, 301, 302, 304, 305, 310, 311, 312, 316, 318, 319, 322, 323, 324, 325, 326, 327, 328, 329, 332, 333, 334, 335, 337, 339, 341, 365, 375, 376, 377, 380, 383, 384, 389, 394, 395, 398, 411, 413, 420, 427, 428, 430, 431, 433, 434, 437, 438, 439, 440, 441, 445, 450, 453, 461

Comunistas 8, 11, 13, 16, 17, 18, 19, 22, 30, 31, 32, 35, 39, 49, 58, 59, 61, 72, 76, 77, 78, 79, 80, 81, 82, 86, 90, 94, 97, 102, 105, 110, 112, 113, 114, 117, 118, 121, 122, 125, 126, 128, 129, 131, 151, 153, 156, 157, 159, 162, 163, 166, 167, 168, 171, 173, 174, 177, 178, 180, 181, 182, 184, 185, 189, 191, 195, 197, 198, 200, 201, 204, 207, 211, 212, 216, 217, 218, 219, 220, 221, 222, 223, 224, 225, 226, 227, 228, 229, 230, 231, 232, 233, 234, 235, 236, 238, 239, 240, 241, 243, 244, 246, 247, 248, 249, 250, 255, 256, 258, 259, 261, 263, 264, 268, 269, 271, 272, 273, 276, 277, 278, 279, 280, 281, 282, 283, 285, 286, 287, 288, 293, 295, 296, 301, 302, 304, 305, 306, 307, 308, 309, 310, 311, 316, 317, 318, 319, 320, 321, 323, 324, 325, 326, 327, 328, 329, 330, 331, 332, 333, 335, 337, 339, 340, 342, 345, 347, 350, 359, 365, 366, 377, 378, 379, 381, 382, 383, 385, 386, 387, 388, 392, 394, 396, 399, 411, 413, 415, 418, 434, 437, 438, 440, 441, 442, 444, 445, 451, 452, 454, 457, 458, 460

Concepção mecanicista 87

Conferência afro-asiática 250

Consciência 43, 75, 78, 86, 87, 99, 117, 118, 143, 189, 195, 196, 243, 260, 363, 381, 391, 392, 401, 413, 416, 440

Constituição dos Estados Unidos 41, 361, 404

Constituição soviética 116

Corrida espacial 275, 277

Cortina de ferro 223, 244, 283, 297

Coréia do Norte 224, 233, 234, 236, 239, 243, 341, 344, 365

Coréia do Sul 219, 233, 234, 239

Cristianismo 54, 113, 176, 332, 333, 358, 360, 392, 434, 459, 460

Cristãos 54, 103, 112, 113, 176, 333, 337, 347, 351, 353, 361, 372, 392, 427, 428, 429, 430, 434, 451, 455, 459, 460

Cuba 270, 283, 284, 285, 286, 287, 288, 289, 290, 291, 292, 293, 294, 295, 296, 297, 298, 299, 304, 314, 342

Cultivo da soja 425

Currie, Lauchlin 191

Cyrus, Miley 353

Czolgosz, Leon 180

Célula Perlo 192

Célula Silvermaster 192

Código judeu-cristão 93, 116, 451, 452, 457

D

Deane, Gen. John R. 206, 213
Degeneração 198
De Havilland, Olivia 19
DeMille, Cecil B. 27
Democracia 110, 153, 156, 157, 181, 212, 224, 225, 230, 288, 297, 345, 371, 395, 396, 404, 442
Departamento de Estado 14, 35, 186, 194, 209, 227, 231, 236, 282, 291, 292, 295, 298, 347
Desarmamento 306, 310, 311, 340, 341
Deus 46, 49, 78, 79, 80, 93, 103, 112, 142, 176, 260, 326, 332, 357, 364, 390, 392, 393, 395, 403, 430, 431, 433, 434, 435, 436, 438, 439, 440, 444, 446, 447, 448, 449, 450, 452, 453, 454, 455, 456, 457, 458, 459, 460, 461
Dez Mandamentos 113, 357, 360, 452
Direito 15, 46, 53, 64, 65, 85, 87, 88, 94, 95, 101, 114, 121, 125, 127, 136, 137, 143, 144, 166, 190, 212, 213, 221, 222, 224, 259, 271, 281, 284, 315, 318, 319, 326, 330, 331, 333, 338, 348, 354, 356, 358, 369, 372, 390, 391, 406, 413, 416, 417
Ditadura do proletariado 85, 98, 99, 119, 120, 121, 122, 123, 125, 126, 127, 129, 144, 155, 157, 158, 201, 217, 378, 385, 397
Doenças sexualmente transmissíveis 368
Domingo 142, 165, 204, 234, 260
Duclos, Jaques 216
Dulles, John Foster 31, 215, 247, 248, 268, 270, 313
Duma 143, 144, 153

E

Economia 57, 62, 67, 70, 74, 84, 89, 103, 104, 105, 110, 111, 121, 125, 133, 134, 142, 151, 159, 160, 162, 164, 224, 229, 264, 267, 289, 290, 305, 319, 320, 327, 400, 403, 409, 411, 415, 416, 417, 418, 419, 420, 426, 437, 461
Economia livre 416, 417
Educação 20, 57, 73, 113, 115, 135, 139, 254, 284, 309, 324, 325, 326, 327, 331, 339, 349, 361, 398, 405, 416, 434, 439, 445, 451, 459, 460, 461
Eisenhower, Dwight D. 35, 238, 268, 270, 271, 274, 303
Eleições 151, 156, 259, 289, 290, 291, 297, 307, 343, 442

Emenda 345, 405

Empréstimos a longo prazo para a Rússia 307, 342

Engels, Friedrich 49, 56, 57, 58, 59, 60, 62, 63, 65, 66, 67, 68, 69, 72, 74, 75, 76, 77, 78, 79, 80, 82, 83, 84, 85, 86, 87, 88, 89, 90, 91, 92, 93, 94, 95, 96, 98, 99, 101, 103, 104, 105, 106, 107, 108, 109, 111, 116, 117, 119, 120, 121, 124, 125, 126, 127, 128, 132, 134, 145, 165, 183, 264, 390, 391, 395, 396, 435, 440, 456, 465, 467, 469

Escola dos Trabalhadores Comunistas 190

Escravidão 87, 104, 110, 116, 117, 130, 175, 312, 322, 330, 405, 445

Escritório de patentes dos EUA 307, 346

Espião comunista nos Estados Unidos 170

Estado 14, 35, 85, 91, 100, 186, 190, 193, 194, 209, 210, 220, 226, 227, 228, 231, 233, 236, 247, 257, 266, 272, 282, 285, 291, 292, 295, 298, 314, 347, 431

Estados Unidos 7, 8, 9, 10, 12, 13, 19, 20, 28, 30, 110, 111, 117, 118, 147, 152, 153, 158, 161, 162, 164, 166, 167, 168, 170, 173, 174, 176, 177, 178, 179, 180, 181, 182, 183, 185, 186, 187, 189, 190, 192, 194, 195, 196, 197, 201, 202, 203, 204, 205, 206, 208, 210, 211, 212, 213, 214, 215, 216, 217, 221, 225, 227, 228, 229, 230, 231, 233, 234, 235, 236, 237, 239, 240, 243, 244, 245, 247, 249, 250, 261, 262, 266, 267, 268, 269, 270, 271, 272, 273, 274, 275, 276, 283, 289, 292, 294, 296, 297, 298, 302, 303, 304, 305, 306, 307, 308, 311, 312, 313, 314, 315, 317, 318, 319, 322, 331, 338, 339, 340, 341, 342, 343, 344, 345, 346, 347, 348, 349, 354, 355, 357, 359, 360, 361, 368, 373, 377, 381, 404, 406, 407, 408, 409, 419, 421, 437, 454

Estudantes para a Sociedade Democrática (SDS) 371

Evolução 71, 73, 91, 98, 99, 120, 176, 196, 338, 340, 446

Exército dos EUA 29

Exército Vermelho 160, 161, 217, 234, 254, 257, 258, 259, 267, 384, 385

F

Falácias na filosofia comunista 81

Família 7, 50, 52, 53, 55, 56, 58, 59, 61, 62, 67, 68, 108, 114, 125, 126, 127, 128, 129, 135, 137, 139, 151, 153, 165, 175, 183, 297, 309, 323, 324, 338, 356, 364, 368, 370, 371, 372, 450, 456, 457

FBI 12, 14, 15, 16, 17, 18, 19, 20, 21, 22, 23, 24, 25, 26, 28, 30, 31, 33, 34, 35, 36, 37, 39, 47, 188, 189, 191, 196, 220, 231, 240, 241, 242, 244, 270, 309, 331, 363, 364

Federação dos Justos 59

Fernandez Caral 287

Ferrovias 224, 246

Feudalismo 95, 111, 116, 117, 121, 330, 437

Feuerbach, Ludwig 54, 74, 75, 79, 145, 434, 465

Filosofia 18, 26, 44, 48, 53, 54, 55, 67, 73, 74, 75, 76, 78, 81, 83, 84, 85, 112, 115, 118, 120, 135, 188, 212, 327, 328, 333, 341, 391, 403, 404, 406, 437, 440, 446, 447, 450, 461

Fitzgerald, Edward J. 193

Formosa 220, 229, 232, 233, 234, 236, 246, 248, 249, 250

Foster, William Z. 94, 173, 180, 181, 182, 184, 185, 215, 217, 270, 313, 390, 433

Frank Coe 192

França 50, 58, 60, 61, 64, 98, 148, 149, 152, 153, 158, 161, 200, 201, 202, 215, 240, 246, 303, 344, 408, 409, 419

Frente Unida 240

Fuchs, Klaus 242

Fundadores dos EUA 174, 454

G

Gapon, Padre George 142

Gerson, Harold 443

Gestão 96, 109, 265, 278, 421, 422

Glasser, Harold 193

Gold, Harry 242, 243

Gold, Mrs. William (Sonia) 193

Golos, Jacob 190, 195

Gouzenko, Igor 212, 217, 441, 442, 443, 445, 451, 458

Governo provisório na Rússia 153

Green, Gil 387, 388, 463

Greenburg, Michael 194

Greenglass, David 243, 244

Gregg, Joseph 194

Grécia 110, 117

Guerra 9, 10, 23, 32, 40, 44, 74, 81, 90, 91, 141, 142, 143, 148, 149, 152, 153, 154, 155, 157, 158, 159, 160, 161, 162, 166, 178, 180, 182, 183, 198, 199, 200, 201, 202, 203, 204, 206, 207, 208, 210, 212, 213, 214, 216, 217, 218, 219, 220, 221, 222, 223, 224, 225, 226, 228, 233, 235, 236, 237, 239, 240, 245, 246, 247, 250, 251, 253, 259, 260, 268, 272, 279, 281, 289, 294, 295, 302, 303, 304, 306, 311, 312, 313, 315, 317, 321, 322, 323, 327, 330, 332, 339, 340, 341, 343, 346, 372, 376, 377, 378, 381, 383, 385, 388, 403, 419, 432, 433, 434, 441, 444, 445, 446, 451, 461

Guerra da Coréia 12, 219, 236, 237, 239, 240, 243, 249, 302, 310, 311, 439
Guerra russo-japonesa 141, 142
Guevara, Ernesto "Che" 293, 294
Gângsteres 21, 184, 431

H

Halperin, Israel 443
Halperin, Maurice 194
Hegel, Georg Wilhelm 54, 76, 103, 464, 466
Heine, Heinrich 434
Hiss, Alger 12, 14, 17, 186, 187, 188, 198, 209, 262
História 13, 15, 18, 21, 26, 27, 28, 29, 40, 41, 44, 45, 46, 48, 51, 62, 67, 68, 70, 71, 79, 84, 85, 86, 87, 88, 89, 90, 95, 103, 105, 106, 107, 108, 109, 110, 111, 116, 119, 120, 122, 123, 125, 130, 138, 139, 141, 142, 145, 148, 151, 153, 170, 173, 174, 183, 184, 189, 203, 205, 207, 220, 231, 243, 244, 251, 253, 260, 271, 284, 289, 295, 302, 308, 315, 320, 326, 327, 334, 349, 351, 352, 359, 360, 361, 379, 390, 401, 404, 416, 418, 431, 434, 435, 436, 437, 442, 443, 446, 447, 452, 461
Hitler, Adolf 38, 166, 197, 198, 199, 200, 201, 202, 203, 204, 205, 210, 211, 232, 310, 321, 388, 432
Hollywood 18, 19, 20, 32, 33, 270, 351, 352
Homem 17, 37, 43, 44, 45, 46, 47, 48, 49, 50, 51, 54, 60, 66, 69, 70, 74, 75, 79, 80, 81, 86, 87, 92, 100, 103, 107, 108, 109, 114, 115, 120, 123, 125, 126, 130, 131, 135, 145, 147, 148, 154, 163, 174, 175, 176, 177, 185, 190, 212, 242, 256, 262, 265, 276, 298, 308, 359, 364, 382, 401, 402, 403, 406, 407, 411, 412, 413, 414, 415, 416, 417, 426, 428, 430, 431, 432, 433, 434, 435, 436, 442, 448, 452, 456, 459
Homem marxista 43, 44, 45, 46, 48, 130
Homossexualidade 308, 352, 355, 356, 372
Hoover, J. Edgar 12, 14, 17, 19, 21, 22, 23, 24, 25, 26, 27, 28, 30, 35, 36, 162, 240, 241, 244, 363, 364
Hoover, J. Edgar 12, 14, 17, 19, 21, 22, 23, 24, 25, 27, 28, 30, 36, 363, 364
Hopkins, Harry 205, 206, 209, 212, 219, 220, 221
Hughes, Charles E. 166
Hungria 148, 222, 259, 260, 261, 262, 267, 314

I

I.W.W., International Workers of the World 177
Idolatria 446, 447, 448

Imprensa 20, 29, 129, 196, 201, 214, 223, 233, 247, 268, 269, 270, 275, 296, 297, 299, 308, 331, 332, 350, 351, 354, 363, 396, 397, 405

Império Otomano 149

Inchon 235

Índia 120, 232, 270, 280, 290, 304, 344

Indochina 220, 246, 247

Inglaterra 50, 57, 59, 69, 111, 120, 132, 134, 149, 153, 158, 161, 189, 200, 201, 202, 203, 214, 245, 315, 419

Inteligência militar soviética 185

Internacional Comunista 167, 178, 211, 212, 378, 384, 385, 386, 387, 388

Internacional Vermelha dos Sindicatos 180

Intriga diplomática 388

Inércia 125, 306, 414, 420

Iugoslávia 218, 222

J

Japão 141, 143, 161, 202, 224, 234, 235, 246, 270, 290, 303, 317, 409, 432

Jefferson, Thomas 317, 328, 349, 405, 450, 461

Jessup, Philip 231, 232

Jordan, George Racey (Major) 207, 208, 209, 466

Jornais estudantis 307, 349, 350

Joseph, J. Julius 194

Joy, Almirante Charles 237

Julgamentos de expurgo 169

Juramento 33, 173, 181, 192, 196, 209, 232, 346, 454

K

Kaufman, Juiz Irving Robert 243

Kennan, George F. 204

Kennedy, Robert F. (Procurador Geral da República) 36, 366, 367

KGB-NKVD 13

Khokhlov, Nikolai 248

Khrushchev, Nikita 32, 248, 249, 250, 253, 254, 255, 256, 257, 258, 259, 260, 261, 264, 265, 266, 267, 268, 269, 270, 271, 273, 279, 282, 297, 307, 311, 321, 334, 343

Kirov, Sergei 168, 169
Knowland, William (Senador) 302
Kramer, Charles 187, 193
Kravchenko, Victor 399
Krivitsky, General W.G. 200, 201, 467
Kulaks (Gulags) 130, 164, 165

L

Lady Gaga 353
Lattimore, Owen 219, 232, 234
Lee, Duncan Chaplin 194
Lee, J. Bracken (Prefeito) 36, 37, 38
Lei Battle 341
Lei da negação 73, 74, 76, 82
Lei da oferta e da procura 162
Lei da transformação 74, 77, 78, 79, 83
Lei da variação 415
Lei de Controle de Assistência para a Defesa Mútua 341
Lei de Direitos Civis 348
Lei dos opostos 73, 74, 75
Lend-Lease 198, 205, 206, 207, 208, 211, 213, 220, 221, 258
Lenin, Nikolai 79, 80, 82, 93, 94, 99, 100, 102, 120, 123, 131, 132, 134, 135, 136, 137, 138, 139, 140, 141, 143, 144, 145, 146, 147, 148, 151, 152, 154, 155, 156, 157, 158, 159, 160, 161, 162, 163, 164, 180, 184, 251, 264, 318, 323, 335, 375, 376, 377, 378, 379, 380, 381, 382, 384, 389, 390, 391, 392, 393, 394, 395, 396, 397, 399, 433, 434, 439, 457, 465, 466, 467, 468, 471, 472
Leshinsky, Solomon 194
Lewis, W. Arthur 245
Liberais 133, 141, 154, 191, 196, 293, 295, 296, 299, 350, 401, 402
Liberdade 7, 8, 9, 21, 27, 41, 47, 88, 91, 102, 123, 129, 143, 153, 166, 198, 200, 205, 206, 214, 223, 241, 244, 246, 247, 250, 259, 260, 261, 269, 270, 277, 278, 281, 295, 297, 306, 308, 311, 312, 320, 321, 322, 323, 324, 325, 327, 329, 330, 334, 337, 338, 339, 345, 346, 348, 349, 352, 353, 354, 356, 361, 364, 368, 373, 374, 388, 395, 396, 397, 401, 404, 413, 416, 417, 418, 419, 426, 427, 441, 444, 445, 451
Liberdades civis 129, 241, 297, 396
Liga Comunista 58, 59, 60, 62, 64

Litvinov, Maxim 147, 167, 168

Livre-arbítrio 358

Locke, John 362, 403, 405

Lodge, Henry Cabot 261, 313

Lovestone, Jay 184, 185

Lucros 95, 96, 101, 125

Lunarcharsky, Anatole 113, 392, 434

Lunin, David Gordon 443

Luta de classes 71, 80, 85, 89, 90, 92, 94, 103, 116, 117, 120, 121, 128

M

MacArthur, Douglas (General) 206, 234, 235, 236, 237

MacLean, Donald 238

Madison, James 33, 205, 326, 328, 349, 404

Madonna 353

Magdoff, Harry 194

Malenkov, Georgi 238, 244, 248, 256, 257, 267, 471

Manifesto de Outubro 132, 143, 149

Manuilsky, Dimitry Z. 220, 251, 334, 335, 377, 379

Mao Tse-Tung 11, 223, 246, 249, 250

Marshall, George C. (General) 226, 227, 228, 229, 230, 262, 286

Martens, C. A. 177

Marx, Eleanor 68

Marx, Francisca 62

Marx, Jenny von Westphalen 55

Marx, Karl 8, 43, 44, 49, 50, 51, 52, 53, 54, 55, 56, 57, 58, 59, 60, 61, 62, 63, 64, 65, 66, 67, 68, 69, 70, 71, 72, 74, 75, 78, 80, 84, 85, 86, 87, 88, 89, 90, 92, 93, 95, 96, 97, 98, 99, 101, 103, 104, 105, 106, 107, 108, 109, 111, 116, 117, 118, 119, 120, 121, 124, 125, 126, 127, 128, 131, 132, 133, 134, 135, 138, 145, 151, 152, 162, 165, 177, 183, 264, 323, 333, 365, 390, 393, 411, 412, 420, 422, 433, 434, 435, 438, 440, 451, 455, 456, 463, 464, 465, 466, 467, 468, 469, 470, 471

Marx, Laura 68

Marxismo 47, 48, 49, 73, 80, 108, 130, 131, 132, 133, 134, 139, 151, 176, 217, 218, 222, 375, 388, 391, 392, 394, 433, 440

Materialismo dialético 18, 78, 81, 83, 84, 123, 433, 437, 451

McCarthy, Joseph (Senador) 12, 22

McFadden, Dr. Charles 77, 81, 82, 115

Memelland 200

Mencheviques 138, 139, 146, 147, 397

Mente 23, 44, 45, 52, 65, 75, 78, 79, 81, 87, 88, 94, 106, 107, 108, 117, 119, 130, 139, 140, 147, 170, 176, 185, 188, 217, 239, 302, 306, 310, 323, 327, 328, 329, 331, 345, 393, 397, 398, 404, 447

Mercados negros 419

Metas do comunismo 8, 29, 39, 41, 337, 339

Miller, Robert T. 194

Molotov, Vyacheslav 166, 205, 257

Montesquieu, Baron de 403, 404

Moral 43, 45, 70, 80, 81, 85, 86, 88, 93, 94, 98, 107, 108, 113, 116, 120, 128, 187, 228, 269, 271, 306, 312, 334, 339, 341, 345, 354, 364, 366, 389, 390, 431, 434, 435, 439, 440, 458

Morgan, J. P. 179

Morse, Wayne (Senador) 295

Movimento 7, 30, 34, 39, 55, 59, 64, 65, 66, 75, 76, 77, 78, 79, 81, 82, 84, 118, 131, 138, 141, 143, 144, 145, 160, 177, 178, 180, 188, 206, 235, 240, 270, 288, 292, 293, 296, 302, 309, 316, 341, 350, 359, 361, 368, 372, 394, 398, 402, 412, 438, 444, 452

Movimento anticomunista 7, 30, 34

Mulheres 38, 104, 114, 115, 146, 164, 170, 174, 175, 211, 254, 261, 279, 280, 348, 354, 368, 409, 444

Murrow, Edward 295

Máquinas 97, 104, 119, 255, 414, 422

Mídia 351

N

Nascimento dos Estados Unidos 349

Natureza do homem 109, 123, 411, 412, 413

Nazismo 22, 198, 199, 204, 432

Nação livre 328, 401, 402

Nações Unidas 46, 186, 198, 213, 214, 216, 221, 226, 261, 275, 280, 313, 314

Nicolau II, Czar 141, 142, 143, 150, 153

Nietzsche, Frederick Wilhelm 431, 432, 433, 434, 435, 436

Niven Wheeler, Donald 194

Novo Programa Econômico 162, 163, 164, 245
Novo Testamento 112, 151, 448

O

Obama, Barack 357, 369
Obscenidade 308, 354, 372
O capital 49, 67, 68, 96
O comunista exposto 7, 9, 13, 17, 18, 25, 27, 28, 29, 30, 31, 32, 35, 36, 38, 39, 40, 41, 337
O código cristão 459
Ódio 97, 113, 134, 136, 168, 297, 319, 356, 363, 381, 392, 393, 434
O manifesto comunista 59, 60
Operações ilegais 379, 380
OTAN 247, 260, 266
O'Hair, Madalyn Murray 357, 358
O'Neill, Rebecca 370

P

Pais fundadores 174, 306, 308, 315, 324, 359, 451
Park, William Z. 194
Partido Comunista da Colômbia 286
Partido Comunista da União Soviética 376
Partido Comunista dos EUA 12, 178, 190, 216, 386, 387
Partido Socialista 177
Paz 10, 44, 46, 65, 74, 89, 90, 113, 162, 193, 203, 204, 205, 212, 215, 220, 221, 223, 224, 226, 229, 234, 238, 247, 251, 275, 291, 302, 304, 310, *311, 313, 314, 315*, 316, 318, 320, 322, 333, 334, 340, 343, 344, 376, 378, 379, 382, 383, 417, 423, 458, 459
Países árabes 304
Pearl Harbor 204, 206, 320, 327
Pedro (Apóstolo) 428, 429, 460
Penn, Sean 367
Peregrinos 46, 173, 174, 175, 176, 427
Perjúrio 454
Perlo, Victor 187, 192, 193
Petróleo 147, 199, 320, 408, 422

Plano Qüinqüenal 152, 164, 165, 266
Plekhanov, George 136
Plymouth 174, 176
Poland, F.W. 443
Polícia 13, 15, 25, 36, 37, 38, 39, 132, 135, 147, 160, 164, 169, 170, 188, 190, 192, 195, 216, 238, 241, 254, 257, 259, 267, 286, 287, 309, 311, 328, 366, 379, 380
Polícia Secreta Russa 188, 190, 192, 195, 259
Política de coexistência dos EUA 204
Polônia 64, 149, 200, 202, 211, 222, 244
Pornografia 308, 353, 354, 355
Port Arthur 224, 225, 246
Porter, Charles O. (Deputado) 77, 295
Powell, Adam Clayton (Deputado) 295
Powers, Francis G. 271, 273
Primeira Guerra Mundial 121, 132, 148, 149, 151, 152, 161, 177, 183, 196
Primeira Internacional 64, 66, 134, 177
Produção 70, 82, 86, 87, 88, 89, 91, 95, 96, 97, 99, 101, 108, 109, 110, 111, 116, 121, 125, 127, 129, 159, 160, 162, 175, 193, 256, 264, 265, 266, 272, 275, 353, 407, 420, 424, 425
Profintern, Internacional Comunista dos Sindicatos 180
Promiscuidade 114, 308, 309, 355, 368, 369
Propriedade privada 59, 85, 90, 91, 92, 93, 94, 95, 97, 99, 113, 114, 115, 121, 338, 365, 371, 429, 430
Prosperidade 46, 74, 163, 164, 205, 245, 249, 269, 316, 342, 349, 426, 430
Pumpkin Papers 187
Pusan 235

R

Radar 346, 443
Reagan, Ronald 7, 29, 33, 39, 40, 340
Reconhecimento diplomático 320
Redmont, Bernard 194
Reed, John 177
Relatório Wedemeyer 219, 298
Relações entre EUA e União Soviética 213
Religião 52, 54, 70, 79, 84, 85, 86, 88, 92, 93, 103, 105, 111, 112, 113, 128, 129,

145, 165, 183, 308, 326, 332, 356, 357, 358, 360, 390, 391, 392, 393, 394, 401, 413, 433, 434, 435, 440, 441, 446, 447, 448, 461

Reprodução 82

Republicanos 367, 368

Retaliação maciça 236, 248, 250, 273, 276

Revolução Bolchevique 11, 51, 176

Revolução Comunista de Outubro 115

Revolução Industrial 57, 95, 104, 111

Rhee, Syngman 234

Rheinische Zeitung 60, 99

Ridgeway, Matthew B. (General) 237

Rihanna 353

Riqueza 94, 96, 112, 118, 119, 120, 121, 127, 176, 245, 269, 277, 278, 325, 406, 407, 409, 411, 419, 426, 430, 437, 458, 459

Rockefeller, John D. 179

Roma 110, 117

Romênia 222, 260

Rosenberg, Allan 194

Rosenberg, Ethel 17, 242, 243, 244

Rosenberg, Julius 12, 243

Rosenberg, Julius e Ethel 17, 242, 243, 244

Rosinger, Lawrence 232

Roubo 347

Russos Brancos 161

Ruthenburg, Charles E. 184

Rádio de Budapeste 260

Rússia 66, 72, 114, 115, 120, 121, 122, 131, 132, 133, 134, 135, 136, 137, 138, 140, 141, 142, 143, 147, 148, 149, 151, 152, 153, 154, 155, 156, 157, 158, 159, 161, 162, 163, 164, 166, 167, 168, 169, 170, 171, 172, 174, 176, 177, 178, 179, 185, 187, 189, 197, 198, 199, 200, 201, 202, 203, 204, 205, 206, 207, 208, 209, 210, 211, 212, 213, 214, 215, 218, 220, 222, 224, 225, 231, 233, 234, 237, 238, 239, 243, 245, 246, 247, 248, 253, 256, 257, 258, 260, 261, 264, 266, 267, 268, 269, 270, 271, 272, 273, 274, 275, 276, 277, 288, 294, 297, 307, 310, 311, 313, 314, 315, 317, 318, 341, 342, 346, 365, 386, 394, 396, 397, 398, 399, 407, 408, 409, 427, 437, 441, 442

S

Safira 428, 429

Salários 11, 95, 100, 119, 122, 129, 150, 159, 162, 171, 245, 290, 294, 399, 422, 426

Samper, Carlos Pucho 285

Satélite 11, 274, 276

Schurz, Carl 60

SEATO 247, 266

Segunda Guerra Mundial 9, 14, 20, 23, 44, 186, 187, 197, 198, 200, 202, 203, 204, 205, 207, 208, 210, 211, 216, 217, 218, 219, 220, 222, 223, 255, 258, 263, 275, 303, 310, 317, 320, 321, 341, 343, 366, 377, 386, 388, 419, 432, 441, 443

Seguro de vida 118, 407, 458

Shugar, Dr. David 443

Silverman, Abraham George 193

Silvermaster, Gregory 191, 192

Sindicatos 11, 20, 22, 66, 118, 143, 155, 156, 177, 178, 180, 184, 309, 364, 365, 371, 399

Skousen, Paul B. 32, 39, 41, 337, 338

Skousen, W. Cleon 7, 8, 9, 14, 16, 17, 18, 20, 22, 23, 24, 25, 27, 28, 30, 33, 36, 37, 38, 41, 324, 337, 364

Smith, Adam 403

Smith, Bradford B. 412

Social-democratas russos 138

Socialismo 18, 41, 71, 86, 98, 99, 100, 106, 138, 155, 162, 164, 245, 258, 307, 323, 325, 327, 330, 337, 345, 348, 350, 351, 359, 371, 376, 381, 396, 397, 400, 411, 420, 423, 424, 432, 433, 437

Sociedade 35, 43, 53, 58, 59, 70, 71, 80, 85, 86, 87, 88, 89, 90, 91, 92, 94, 95, 96, 97, 98, 99, 100, 101, 102, 103, 104, 106, 108, 109, 111, 116, 117, 122, 123, 124, 126, 127, 128, 129, 132, 148, 174, 175, 176, 182, 187, 189, 327, 331, 337, 351, 353, 366, 368, 371, 372, 380, 384, 389, 390, 393, 404, 411, 439

Sociedade capitalista 70, 71, 95, 111

Sociedade Educacional dos Trabalhadores 59

Sociedade sem classes 59, 70, 86, 102, 104, 122, 127

Sociedade sem estado 109, 126

Soviete de Saralof 114

Sputnik 11, 275

Stalin, Joseph 13, 18, 93, 99, 106, 117, 131, 132, 134, 145, 146, 147, 148, 152, 154, 155, 163, 164, 165, 166, 167, 168, 169, 170, 171, 172, 185, 190, 197, 199,

200, 201, 202, 203, 208, 210, 212, 219, 220, 221, 222, 224, 238, 253, 254, 255, 256, 257, 258, 259, 321, 376, 378, 385, 388, 389, 393, 394, 395, 397, 457, 463, 465, 467, 471

Stassen, Harold 232

Stratemeyer, Gen. Geo. E. 237

Strauss, David Friedrich 54, 57

Stuart, Dr. John Leighton 230, 231, 471

Students for a Democratic Society 371

Sullivan, Ed 295

Sullivan, William C. 17, 18, 34, 36, 37

Suprema Corte, 347

Symbionese Liberation Army 371

Sétimo Congresso Mundial da Internacional Comunista 167

T

Taxa de natalidade 368

Taylor, William 193

Tchecoslováquia 200, 222, 244, 260, 294

Tea Party 367

Tecnologia 347

Televisão 20, 32, 276, 297, 308, 349, 351, 417

Tenney, Helen 194

Teoria ativista 85, 87

Terceira Guerra Mundial 10, 217, 339

The 5000 Year Leap 38

The Naked Socialist 41, 338

Tito, Josip Broz (Marechal) 218, 222, 377

Tolstoy, Leon 136

Trabalho 12, 16, 23, 28, 50, 56, 57, 67, 69, 71, 89, 91, 95, 96, 100, 101, 117, 119, 122, 125, 126, 127, 129, 142, 147, 156, 159, 160, 174, 175, 190, 192, 193, 230, 231, 256, 262, 265, 312, 321, 323, 324, 330, 364, 365, 371, 379, 385, 393, 399, 403, 407, 408, 409, 415, 422, 426, 458

Trachtenberg, Alexandre 386

Tratado de Brest-Litovsk 158

Tratado SALT II 341

Trigo 424, 425

Trotsky, Leon 471
Truman, Harry S. (Presidente) 210, 228, 234, 235, 237

U

U-2 271, 272, 273, 274
Ullman, William Ludwig 193
Universidade Brigham Young 18, 24, 25, 37, 431, 461
URSS 10, 93, 167, 170, 193, 203, 205, 215, 220, 221, 222, 238, 245, 251, 265, 272, 287, 307, 313, 314, 317, 318, 327, 329, 331, 340, 342, 343, 344, 347, 353, 376, 377, 381, 382, 383, 385, 392, 396, 397, 413

V

Valor 114, 138, 150, 261, 281, 326, 361, 365, 415, 423, 428, 430, 460
Van Fleet, Gen. James A. 237
Varga 377
Velho Testamento 112
Vida 11, 19, 20, 23, 25, 46, 49, 51, 52, 53, 55, 56, 57, 62, 68, 69, 71, 73, 75, 78, 79, 80, 82, 83, 86, 88, 92, 100, 105, 109, 118, 119, 121, 123, 124, 125, 126, 129, 130, 132, 134, 135, 137, 139, 145, 146, 147, 150, 155, 161, 163, 165, 183, 184, 188, 189, 190, 196, 220, 230, 240, 241, 248, 264, 266, 290, 292, 294, 297, 324, 325, 326, 327, 332, 333, 341, 354, 355, 356, 357, 364, 368, 370, 391, 393, 395, 398, 401, 402, 407, 408, 409, 412, 420, 421, 422, 426, 434, 435, 437, 439, 448, 450, 451, 454, 455, 456, 457, 458, 460, 461
Vida perigosa de um ditador comunista 266
Violência 72, 74, 90, 97, 98, 99, 104, 106, 122, 123, 129, 133, 142, 144, 152, 156, 161, 170, 173, 177, 179, 181, 184, 199, 255, 279, 281, 286, 291, 304, 309, 319, 371, 380, 388, 397, 437, 441
Vishinsky, Andrei 240
Von Schweitzer, Herr 65, 66
Vyshinsky, P. E. 376, 377, 382, 396, 397

W

Wadleigh, Henry Julian 187
Walker, Edwin (Major General) 366, 367
Ware, Harold 14, 187, 192, 193
Weathermen 371
Weather Underground 371

Wheeler, Donald Niven 194
White, Andrew D. 132
White, Harry Dexter 12, 13, 14, 186, 191
White Paper 229, 298
William Z. Foster 94, 173, 180, 181, 184, 185, 217, 390, 433
Willsher, Kathleen Mary 443
Wilson, Woodrow 322
Witt, Nathan 187
Wolfers, Dr. Arnold 310
Wright, Jeremiah 357

Y

Yaroslavsky, E. 93, 392, 393, 394, 440, 472
Yates vs. Estados Unidos (1957) 345

Este livro foi impresso pela Ferrari Daiko.
O miolo foi feito com papel *chambrill avena*
80g, e a capa com cartão triplex 250g.